谨以此书

献给

所有现今正在或未来将要

以"激励他人去干事"为职业或事业的

领导者、企业家或经理人

特别是各类组织中

专门从事人力资源开发工作的

管理者

战略性投资

现代组织学习型人力资源开发全鉴

李宝元　著

经济科学出版社

在现代学习型社会背景下，人力资源开发实质上是一个组织在学习中生存并通过学习型变革和创新实现长程可持续发展而进行的战略性投资。

作者题记

目录

组织学习型人力资源开发战略架构

1

2

3

学习型变革：构建人力资源开发体系 / 39

第2篇

基础开发：训练自我超越的心智模式

4

"自我超越"：改善心智模式的精义 / 69

第 3 篇

领导力开发：基于共同愿景的团队学习

7

8

9

第 4 篇

创新性开发：构建群体知识创造螺旋

10

11

第5篇

整合开发：走向系统驱动的学习型组织

13

第 **6** 篇

组织学习型人力资源开发评估系统

本篇专栏

作者自序

一

摆在读者面前的这本《战略性投资：现代组织学习型人力资源开发全鉴》，是笔者关于人力资源开发与管理"三部曲"系列著作的第三部。它虽然是在《战略性激励：现代企业人力资源管理精要》（2002年出版）和《人本方略：现代公共人力资源开发与管理通论》（2003年出版）之后完成的，但却是最先构思和着手写作的，也是"三部曲"中最感棘手、遇到困难最多和付出努力最大的一部。

关于组织学习与人力资源开发的理论与实践，是近年来学术界和社会各界普遍关注的热门话题，有关著述也是连篇累牍、汗牛充栋。但是在令人眼花缭乱的热闹氛围背后，在林林总总的培训与开发书堆中，却难以找到全面系统介绍现代组织学习型人力资源开发的精要思想方法、典型运作案例和实用操作技法的真经佳作。组织学习与人力资源开发的战略重要意义，一般说起来谁都知道，很多人都能说出个一二三四、子丑寅卯；但一到实际操作层面，那些美好动听的思想理念却又往往令人如坠五里雾中，恍惚不知所云，往往给人的感觉是"并非那么回事！"这也就是本书"想法"早有而最终成书却一再推迟的原因所在。

经过多年的研读学习和咨询实践，笔者不揣冒昧，想在本来就乱纷纷的文海书山中增加一本自以为能够填补空隙和弥补缺憾的书。与前两部书一样，笔者为本书确定的努力目标也有些"宏大"：总览现代组织学习的前沿走势，围绕人力资源开发主题，通过对相关学术研究成果和实践探索成就进行"创造性转述"，最后著就一部真正融汇理论前沿性与实践操作性于一炉，在组织学习背景下贯通人力资源开发全过程、全方位和全情景的全鉴式读本，以全面系统地展示和介绍现代组织学习型人力资源开发的精要思想方法、典型运作案例和精炼操作技法。同样地，实际是否达成此愿，也未能确知，还是要恳请读者同仁明辨指正！

二

本书共分六篇，每篇三章，共十八章。第 1 篇描述组织学习型人力资源开发战略架构；第 6 篇介绍组织学习型人力资源开发评估系统；中间四篇即第 2、3、4、5 篇，乃是全书的核心内容，围绕组织学习这个主题详细精解人力资源开发的具体操作技法。

第 1 篇　组织学习型人力资源开发战略构架

人力资源开发，从资本运营和战略管理角度来看，实质上是市场经济环境中任何组织都不得不从事而且要成功推行的一种战略性投资活动。那么，作为一种战略性投资，在组织层面上进行人力资源开发，其现实意义和时代精神究竟何在？**第 1 章**开宗明义，首先从大的时代背景和宏观层面着眼，分析说明现代组织所面临的生存竞争环境新特性，就这个问题试作一概略性描述和回答。

所谓"组织"（Organization），简单地说，就是在一定社会环境中，人们为了特定目标而组成的相对独立群体。组织是社会运动的一种形态，而人类社会乃是自然界大系统的一个小生境，组织之于社会、之于大自然，就如同孙悟空之于如来手掌，其学习行为是无法超越社会生态学法则的。因此，"组织学习"（Organizational Learning）的最普适性、最具辩证意义的解析，应该是社会生态学意义上的，即组织这种有机体在社会生态系统中的一种生存方式和成长状态，它是一种持续不断的自然历史或生命循环过程，也就是组织为适应外部社会生态环境变化，周而复始地积极积累经验所引起的行为方式之持久性变化。**第 2 章**就是用这种社会生态学的观点，对组织学习的基本原理进行深刻描述和解析。

处于运作危机状态的组织意欲重新获取学习能力，必须围绕环境适应性这个核心问题，从文化和技术两个层面入手，大刀阔斧地进行组织结构变革。其基本方向及趋势，概括地说，就是：在不稳定环境中以非常规任务为导向，为实现共同认可的"愿景"目标而积极自主地进行分工协作；组织结构以工作团队为核心，形成扁平化的以横向互动联系为主的非规范网络体系；组织文化氛围和技术基础以"民主互动、开拓创新"为主导原则和特色。通过这样一系列的创新和改革举措，就可以建立起一种适宜于组织学习的人力资源开发系统。依托这样的系统，在知识化（后工业化）的市场经济环境中，一个组织就可以积极而成功地将人力资源开发作为一种战略性投资来进行，从而获取并保持其赖以生存和可持续发展的人力资本战略竞争优势。**第 3 章**在组织战略性变革的背景下对学习型人力资源开发框架体系作了概括描述。

第2篇　基础开发：训练自我超越的心智模式

组织的学习能力首先取决于组织成员的心智模式。如果个体成员的心智模式"自我封闭"，在工作和生活中表现出因循守旧、故步自封的状态，那么整个组织的学习就无从谈起；相反，如果个体成员能够实现"自我超越"，心智模式是一种不满现状的、超前开放的、互动沟通的状态，那么组织学习就有了依托的坚实基础。因此，训练组织成员"自我超越"的心智模式，并将之凝结转化为团队和组织共有的心智模式（组织学习能力），可以说是人力资源开发的基础训练项目，它对于组织学习的实现及成败具有基础决定性意义。这正是**第4章**所要阐释解说的内容。

身心兼修，是开发潜能、实现"完整人格"的基本途径。从哲学的意义上来说，人首先是自然界中的一个现实的生命个体，是有机运动的"活生生"的主体，而思维理性和认知只不过是这个主体的一种外在的行为表现形式和功能特征。因此，通过类似佛家的一系列"修行"训练项目，才可以使外在的"知识"与内在的"个性"融为一体，即达到"身心合一"的理想境界，只有这样，人的潜在能量才可以得到最大限度的开发和释放。**第5章**介绍各种"身心兼修"的人力资源潜能开发训练方法。

所谓"人际关系"，可以说是从个体层面来看的社会关系。它可一般地定义为：个人在与他人的社会交往过程中形成的利益关联状态、信息交流方式及心理反映机制和情感体验模式。实际中的人际关系问题，大致无外乎利益冲突、信息不对称和心理情感矛盾等三个方面。利益冲突问题需要用经济学的观点及办法去思考和解决，信息不对称问题则与沟通技术有关，而心理情感矛盾要用心理学原理与方法去解析处理。**第6章**主要从这三个层面展开讨论，并详细介绍有关人际关系能力的开发技法。

第3篇　领导力开发：基于共同愿景的团队学习

从组织生命周期演变的角度看，建立学习型组织实际上意味着，组织从传统的"运作环"走向振兴的"学习环"；那么，相应地，在组织战略导向职能的转变上，就要求从过去的层级控制管理模式转变为团队自主领导模式，即"众望所归"的领导者，通过基于共同愿景的价值理性开发，激发和驱动团队学习，从而提升组织凝聚力及学习和创新能力。在**第7章**，将以"从管理到领导"为线索，研究"组织战略导向力开发"问题。

领导力开发，不仅是一个组织领导者本人如何提高领导能力和效率的问题，更为重要的是，要从团队和组织层面、特别是学习型组织有效运作的高度去认识和研究问题。我们知道，学习型组织面临的基本任务，就是通过进行战略性变革以回归原来创业时期的价值观，在新机体中重新激发原始初动状态的那股"革命热情"，以基于价值驱动的理性行为取代过去基于工具的理性行为，激发员工在无边界的网络结构中进行多元化的探索和创新，使组织在新的环境中自如地应对挑战、敏锐地抓住机遇，从而获得新生、走向新辉煌。因此，通过领导激发和互动学习形成共同愿景，进行组织价值理性开发，就成为学习型组织建设的一个关键步骤。这是**第 8 章**所要讨论的内容。

一群具有"自我超越"精神的人，在价值理性驱动下达成"共同愿景"，进而经过系统的"团队学习"修炼，使人人甘愿为实现组织目标而调动自己的全部潜能去全心全意地做"奉献"（Commitment）。这就是所谓组织"凝聚力"（Cohesiveness）开发所要追求的理想境界。在**第 9 章**，将集中讨论有关"团队学习"修炼的具体操作技法。

第 4 篇　创新性开发：构建群体知识创造螺旋

人是有思想的动物。人类行为由其思想决定，有新思想才有新行为，"创新"（Innovation）行为来源于创造性思维即所谓"创意"（Producing /Creating Ideas），其词语意义说的无非是创造新意念、巧妙构思，也就是一般人们所说的"出主意、想点子"；从学习型社会大背景来看，"创意"即人们在工作和生活过程中创造性地思考和解决问题。在组织学习中，成员个人的创造性思维能力训练是开发组织群体知识创造力的基础。**第 10 章**先从个体学习修炼的角度，系统讨论和介绍有关创造性思维能力训练要则。

如果将组织看做是一种社会性的信息系统，而将知识广义地理解为"人"的一种"经过证明的真实信念"，那么，组织整体创新能力开发就可以看做是组织中的人通过"相互作用"而进行"群体知识创造"的过程，就是将组织成员作为一种"知识工作者"群体去开发他们的整体知识创造力。**第 11 章**主要根据野中郁次郎等人的有关研究成果，从"群体知识创造"的角度来探讨组织整体创新能力开发的运作流程和操作原理。

在组织创业性、变革性学习中，企业家及企业家精神有举足轻重的作用。清楚地认识市场经济环境中的企业家角色和职能，系统进行企业家创新训练，对于一个组织的成长和可持续发展至关重要。**第 12 章**，我们将以当代管理大师德鲁克关于"创新与企业家精神"的理论框架为线索，讨论和介绍有关组织事业拓展性创新训练的一些重要实施要领和运作策略。

第5篇 整合开发：走向系统驱动的学习型组织

学习型组织的系统动力机制开发，简单地说，就是要打破组织与外部环境的内外"界限"，适应天然的"自组织"规律，将组织系统本身置于更大的"自组织"网络系统中，去探询和建立一种能够"高杠杆"推动组织健康发展的"自然动力"机制。在**第13章**，首先运用拓扑学的直观例子来说明系统思考的重要意义，然后从现代科学方法论引申出有关系统动力学的基本原理，并以此为线索描述学习型组织的协同驱动整合开发技法。

组织精神整合开发目标的达成，除了在智力潜能上进行"系统思考"的修炼以获取发展动力而外，还需要树立"以人为本"的核心理念，通过建立健全有效的"职业生涯规划和开发"（Career Planning and Development）系统，把一个人的生命及人生过程有机地整合于组织、社会活动之中。为此，需要全面分析把握个人的成长过程和发展周期，并最大限度地把员工个人的成长发展周期与组织的人力资源开发系统契合、匹配和协同起来。职业生涯规划和开发的基本任务就是：从每个员工个人职业发展出发，将之与组织的战略目标和人力资源开发规划相衔接，为员工个人提供不断成长和发展的机会，使他们能够在最大限度地实现自己的职业生涯目标和自我人生价值的同时，对组织使命和目标有极大的认同感、长期的信任和忠诚感以及全力以赴的支持和推动力。这是**第14章**所要讨论的核心内容。

"文化"（Culture），简单地说，就是一个社会群体的生活方式。一个组织在应对外部环境的适应性和内部要素的整合性过程中形成、创造和发展的生活方式或运作状态，就是所谓的"组织文化"（Orgnizational Culture）。组织文化犹如一座大部分浸在水下而只有少部分露出水面的冰山，是有层次和丰富内涵的神奇事物。因此，在组织学习背景下讨论"组织文化开发建设"，实际上是关于学习型组织驱动系统最全面、最广泛、最完整意义上的整合开发问题，而其中最核心、最重要的层面还是难于直接观察但却最具实质性决定意义的组织精神整合开发。**第15章**将概略探究这一重要问题。

第6篇 组织学习型人力资源开发评估系统

所谓"评估"（Evaluation），一般地说，就是人们认识把握某项活动满足主体价值需要的行为。通过对人力资源开发活动进行评估反馈，可以认识和把握其满足组织需要的程度，以及时矫正、改进和调整开发战略及策略，而这本身实际上就是组织学习的内生环节和重要内容。**第16 章**概要介绍人力资源开发评估的基本要点。

柯克帕特里克（Kirkpatrick，D. L.）提出的反应、学习、行为和结果四级模型，可以说是人力资源开发评估领域在理论方法上最经典、实际中运用得最普遍的模型。在**第 17 章**，将以此为基础框架，兼顾其他研究者的成果和目前组织人力资源开发评估实践情况，正面提出情感反应效果、学习认知效果、行为技能效果和经营业绩效果四层次人力资源开发效果评估框架模型，并以此为逻辑线索逐层介绍人力资源开发效果评估的有关操作方法。

投资收益分析（Cost-benefit Analysis）是基于会计核算数据对某一投资项目的经济效益进行核算评价的传统方法，而"投资回报率"（Return on Investment，简称 ROI）是一个最基本、最常用的衡量指标和分析工具，其理论研究和实践应用的历史已有二三百年，但是将基于ROI 的投资收益分析方法运用于人力资源开发领域则是近半个世纪的事情，尤其是在实际操作层面的应用还很不成熟，需要解决的难题还很多。如何设计出具有可行性、简便性、可信性和适用性的人力资本投资收益分析体系和 ROI 核算操作方案，尚是一个具有挑战性的难题。**第18 章**根据有关研究文献，对人力资本投资收益分析的一些基本问题作了简要介绍和讨论，以便为读者在实践中探索运用提供初步的方法论基础和操作性基线。

三

笔者这样的努力不知能否得到读者的认可。但无论结果如何，重要的是笔者曾经"努力"了。志忑奉上拙著，谨请读者朋友回馈意见，笔者将以"更加努力"的姿态应答您的厚爱！

需要给读者说明的是，由于主题的关联性，同时也是为了保证各自在体例内容上的完整性，《战略性激励》、《人本方略》和《战略性投资》这三部著作之间不可避免地在小部分内容上有重叠的情况。例如，《战略性激励》是将有关"人力资源开发"的问题涵盖在广义理解的"人力资源管理"框架体系中去介绍的，解说"现代企业人力资源管理精要"不能不涉及人力资源开发的问题；而在这本以"人力资源开发"为主题的著作中，为了保证"全鉴"的完整性，自然要把前书中笔者自以为是"精华"的东西吸纳进来，并做更精细的深化和完善。对于个别章节存在与前书的"重叠"情形，谨希望读者朋友能够给予理解和见谅！

这里同样要表达一个重要意思：没有前人的研究成果做基础，绝对不会有本书的面世。对于本书中所有"转述"谬误责任全在笔者本人，而如果本书对读者有所裨益，那自然首当感谢的是所"转述"研究文献的作者们。也要感谢笔者所供职的北京师范大学！她拥有"学为人师，行为世范"的百年校训，特别是宽松的学术氛围和工作环境，使得笔者能够积极向上总想干点儿"园丁耕耘"的笔头劳作之事。感谢学校领导和同事的关怀、善待和帮助！

特别值得一提的是，笔者关于人力资源开发与管理"三部曲"系列著作的顺利出版，直接得益于经济科学出版社编辑朋友的帮助和支持。笔者要特别感谢《经济研究参考》杂志社社长高进水先生！没有他的大力提携和支持，本人难成宏愿；还要由衷感谢他的团队成员、尤其是周丽丽女士等的精诚合作和辛勤劳作！他们的激励和帮助对于顺利完成此任务起了关键作用。

最后，还应感谢北京师范大学的研究生们，他们是：武亚航、陈哲、薛亮、江涛、蒋龙琴、孙宇飞、纪大卫、李超、张丽、黄晨、刘俊萍等。本书能够以目前"完善"的姿态呈现在读者面前，与他们在研究生课堂上的勤奋好学、热烈讨论、问题质疑和意见建议以及认真校订工作是分不开的。

李宝元

2004 年 7 月 20 日于北京师范大学

丽泽园居所

（E-mail：byli@163.com）

第 1 篇

组织学习型人力资源开发战略架构

1. 人力资源开发：组织战略投资意义

2. 组织学习原理：一种社会生态学解析

3. 学习型变革：构建人力资源开发体系

1

人力资源开发：组织战略投资意义

人力资本是独一无二
的，因为它是惟一可开发的
资本。

雅克·菲兹－恩兹

人力资源开发，从资本运营和战略管理角度来看，实质上是市场经济环境中任何组织都不得不进行而且要成功推行的一种战略性投资活动。那么，作为一种战略性投资，在组织层面上进行人力资源开发，其现实意义和时代精神究竟何在？这里，首先从宏观分析现代组织所面临的生存竞争环境新特性出发，对这个问题试作一概略性描述和回答。

1.1

相关概念释义：教育、培训与开发

在日常生活和实际工作中，人们讨论"人力资源开发"问题，往往还要涉及诸如"教育"、"培训"和"开发"等相关概念和术语。为使本书的论述和描述中不产生语义歧解，有必要首先将这些相关概念的意义逐一加以说明。

如果说学习、人类学习和组织学习是从"主格"角度描述人与组织适应性行为的一组概念术语，那么，教育、培训和开发就是把人力资源作为组织管理的"宾格"形成的一系列概念术语。相对而言，教育着眼于个人思想方法，培训着眼于当前工作，而开发专注于组织发展的考虑。[1]

"教育"（Education），在一般的词语意义上，是泛指改善人的思想品性、增进人们知识技能的一切社会行为或活动。

在现代社会经济中，学校"正规教育"（Formal Education）已成为教育活动的主要组织形式。学校是专门从事有组织地和系统地传授科学文化知识和训练有关专业技能，以提高国民精神素质、培养各种专门人才为基本目标和任务的社会组织机构。正规教育在组织体系上具有普适性、标准化和制度化，它以学校和班级为基本组织形式，有系统的课程结构，有明确的教学目标、入学条件和入学标准，形成包括基础义务教育、中等专业技术教育和高等教育在内的完整教育体系。

从教育内容来看，现代教育主要有四个方面：[2]

一是科学文化教育，这种教育的目的不仅在于使受教育者掌握科学文化方面的知识，知道"是什么"（Know What）和"为什么"（Know Why），而更重要的是让受教育者"学会认知"（Learning to Know），即学会运用注意力、记忆力和思维能力来学习，以便终身从教育所提供的种种机会中受益；

二是专业技能教育，即让受教育者"学会做事"（Learning to Do），通过技术和职业培训提高其熟练程度和做事技巧，交往、协作及与他人共事的能力，创新和冒险精神及应付突变、解决冲突的能力等；

三是社会人文教育，其目的是"学会生活"（Learning to Live Together），教会学生懂得人类的多样性，扩大对其他人及其文化精神价值的认识，能设身处地地去理解他人的反应，增强受教育者向相异性开放的能力以及避免、解决和应付个人间、群体间、民族间冲突或紧张关系的能力；

四是人生价值教育，目标是"学会做人"（Learning to Be），使每个人在身心、智力、审美意识、责任感和精神面貌等方面得到全面发展，保证每个人有能力自主创造自己的人生命运、不断丰富和完善自己的人格、充分实现自己的人生价值。

在正规教育系统之外，还存在各种形式的"非正规教育"（Non-formal Education），如函授教育、电视教育、企业教育、扫盲教育、扶贫教育、老年教育等。由于这些教育活动不是充分制度化的，往往是特定组织针对特殊群体的生活和工作需要而设置的，教学目标和内容具有实用性，方法和形式具有灵活多样性，并注重实际操作技能的训练，因此实际中人们往往将这种非正规教育活动称做"培训"（Training）。

培训可以定义为组织有计划地对成员进行旨在提高工作绩效的知识传授、技能训练和行为引导活动。在培训活动中，主要目的不是由"老师"向"学生"传授知识，而是很类似于体育中的体能训练活动，通过"教练"（Coach）的咨询、指导、促进和管理，使组织成员（Coachee）获得实际生活、人际关系或商务管理等方面的技能，直接目的是提高组织工作绩效。所以，在英文中，"培训"（Training）往往与"训练"（Coaching）具有更接近的意思，企业培训活动常用后者来表达。

在人力资源管理中，"开发"（Development）一词往往与"培训"（Training）连用或混用，称做"培训与开发"（Training & Development）。传统上，"培训"主要着眼于获取目前工作所需的知识技能，而"开发"着眼于组织长期战略性目标，但实际上这种区分完全是相对的而且越来越难以分清楚。

例如，任何培训实际上都对组织具有长期的和战略性的影响。所谓"战略性培训"（Strategic Training），是指与企业经营战略目标相关联，对企业市场竞争力和长期发展具有决定性影响的一种"高杠杆培训"（High-leverage Training）。这种培训要求员工树立整体"一盘棋"观点，了解整个工作系统总体运作原理和内在有机关联性，在此基础上期望员工能够获得"持续学习"（Continous Learning）能力，不断运用新知识、新技术自觉地、积极能动地进行创造性工作，并能与其他成员共享知识、互通信息、精诚合作，最大化实现组织绩效和发展目标。

因此，培训与开发的含义越来越接近，如果要区分的话，那么主要区别在于："培训"一词常常用于具体或特指的情景，而"开发"往往用于更一般或泛指的场合。在本书中，我们把"开发"作为涵盖教育、培训的大概念或一般术语来使用。

1.2

人力资源开发与人力资本投资

"人力资源开发"与"人力资本投资"实际上说的是同一件事情，它们是人类自身生产活动的两个侧面。这里又涉及两个基本概念，即"人力资源"与"人力资本"。

"人力资源"（Human Resources）概念侧重表达的是人力的实体形态或数量方面的规定性，强调其稀缺性和有用性以及人力作为一种"既存的"或"外生的"资源应如何开发利用的问题。[3] 在这个意义上，生育、教育培训及医疗卫生保健等人类自身生产活动实际上就是一种"人力资源开发"活动。

人力资源为某一经济实体在财务会计上拥有或控制时，即为"人力资产"，它可以定义为这个经济实体（如企业）所拥有的或控制的、能以货币计量的、可以带来经济利益的人力资源。当人力资产是某特定经济主体预先投资而形成、并作为生产经营要素或获利手段来使用，以取得预期收益时，可称做"人力资本"；它强调投资收益回报、价值增值、所有者权益和人力的个体素质或精神存量的形成和积累。

"人力资本"（Human Capital），是指人们花费在人力保健、教育、培训等方面的开支所形成的资本。这种资本，就其实体形态来说，是活的人体所拥有的体力、健康、经验、知识和技能及其他精神存量的总称，它可以在未来特定经济活动中给有关经济行为主体带来剩余价值或利润收益。简言之，人力资本的基本特征有二：它是凝结在人身上的"人力"；它是可以作为获利手段使用的"资本"。

人力资本，作为体现在人身上的一种资本形式，它是在人类自身的生产和再生产过程中通过相应的"投资"而形成的。一个人的特定人力资本，需要以这个具体的个人为核心和内在动因，由家庭、企业、学校、医疗卫生机构和政府提供一定的社会经济条件和人文环境，经过长期的抚养、保健、教育和培训等活动，才能最终形成。人力资本的生产和投资往往需经一二十年甚至更长的时间才能形成，其间要经过复杂的社会文化、历史传统因素的作用和影响，这就使人力资本投资和形成表现出其他非人力资本投资所没有的人文个性和长期累积性及复杂性。

明白了"人力资源"和"人力资本"两个概念的涵义，那么关于"人力资源开发"与"人力资本投资"的区别和联系就容易搞清楚了。我们说"人力资源开发"，侧重表达的是组织人力资源要素实体运作性质和业务操作技术层面的内容；而"人力资本投资"则主要是从资本价值运营属性和组织战略管理层面来说明问题。只要明确了这种方法论上的区别，我们可以说"人力资源开发"的过程实质也是一种"人力资本投资"活动，或者说作为"人力资本投资"（或战略性投资）的"人力资源开发"等，这都是合乎逻辑的说法。

一个组织的"人力资源开发"或"人力资本投资"的战略整合意义，按照管理大师德鲁克的"家常话"说，就是："一个组织的目标在于使平常人做出不平常的事来。""对一个组织的考验就是要使平常人能够取得比他们看起来所能取得的更大的成就，要使其长远的长处都能发挥出来，并利用每个人的长处来帮助所有其他人取得成就。组织的任务还在于使其成员的缺点相互抵消。"[4]

任何组织所面临的一项基本任务就是：从组织生存竞争和成长发展的总体目标出发，对组织成员个体身上既存的人力资源进行深度整合开发，使之转变成为具有整体运作功能和整合放大效应的人力资本支持系统。人力资源开发的核心内容，就是针对组织成员的职业生涯和发展路径进行经常的、大量的教育培训活动，其基本目标就是提高员工的群体知识和技能水平及其对整体绩效价值的贡献率，不断获取组织在人力资本方面的竞争优势。

本书中，我们在组织学习的平台上，主要从人力资本投资战略的高度，界定和描述人力资源开发的精要意义和操作方法。

1.3

学习型社会：现代组织面临的生存竞争环境

人力资源开发的战略投资意义，需要从组织现时和未来所面临的生存竞争环境出发，才能真切把握和理喻。从大的发展趋势来看，从与工业化相适应的传统专业教育体系，到后工业化（知识经济）背景下逐步形成现代终身学习体系，是现代组织人力资源开发、人力资本形成所面临的基本约束条件、外部环境压力和历史性挑战。

　　传统上，正如物质资源由专业化的大机器工业制造和供给一样，一个组织所需要的人力资源和人力资本，也主要是依赖专业化的正规学校教育体系来提供的。工业革命之后建立的传统国民教育体系，是以初等教育为初始对象，以规模教育、职前教育与正规学校教育为特点，以精英教育为核心，以班级授课、严格的学年制和三个基本教育层级构成的学制为基础的完整制度体系。这种体系是适应工业社会初期大机器生产对劳动力素质的需求而建立起来的，强调以统一规格制定教育培养目标和内容，以划一标准衡量评估培养对象，以学历教育为主建立学位文凭和资格证书制度，主要目的是为社会各种组织源源不断地、大批量地输送初级人力资源和具有一定专业化水平的少量人力资本（精英型人才）。

　　但是，随着工业化推进、经济发展和社会进步，特别是 20 世纪末期以互联网为核心的新技术革命的推动，以及伴之而来的经济全球化浪潮涌动，以知识化传播、虚拟化生产、网络化营销、体验化消费为基本调整的后工业社会悄然来临，人力资源开发和人力资本形成的传统教育培训模式已经很难适应现代组织战略管理需要和竞争发展要求，而逐渐走向现代国民终身学习体系中的组织内战略性人力资源开发和人力资本投资模式。

　　终身学习是工业化后期，一些西方发达国家转型为知识型社会阶段的产物，是为了追求人的生活质量和全面发展而形成的一种现代人力资源开发理念。终身学习的核心思想是：以个人一生主动自愿学习为基础，以个性化、多样化、非职业化学习为特征，以个体发展多样性和个体享受丰富性为原则，其实质是以人为本、品质为优、能力为先、服务为核，基本目标是不断促进人的全面发展。在这种情况下，学习内容扩及到包括幼儿、儿童、青年、成人和老年学习等贯穿一个人终生的所有学习行为，提供学习的主体包括家庭、学校和企业等任何社会组织，在学习形式上实现了非学历与学历学习、个体化学习与组织性学习，多样化学习与规定性学习相结合。

　　在这样的理念主导下，如果一个社会能够形成全民投资学习、热爱学习、善于学习、享受学习的公共制度体系，人人学习、处处学习、终身学习的社会环境，那么这样的社会就是所谓的"学习型社会"。在学习型社会中，学习成为人们的基本生存状态，是实现"人的全面发展"之基本途径，是工作生活的内在要求和基本形态。学习型社会，以学习者为中心，以个人的终身学习、社会的终身教育体系和学习型组织为基础，以保障和满足社会全体成员多样化的学习需求为基本宗旨和目标，它是一种全民学习、终身学习、开放公平、文明进取的新型社会环境。

1.4

学习型投资：现代组织人力资源开发的战略意义

在工业化社会背景下，组织人力资源管理的主要着眼点和核心任务可能是如何"眼睛向外"搜罗人才的问题，至于组织内部的人力资源开发活动——如果有的话，也主要属于为适应当前工作而进行的"缺什么补什么"性质的岗位培训或技能训练，其长期战略性投资的意义还没有凸显出来，人力资源开发问题还不能被管理当局提升到组织战略性投资的层面上去考虑。但是，在学习型社会环境中，任何组织要具有核心的人力资本竞争优势，就不能一味地眼睛向外猎取现成的人力资源，而更重要的是眼睛向内在战略层面上致力于自己的人力资源深度开发。在当今"不确定性"是惟一确定性因素的宏观环境中，组织必须在战略层次上实施以团队学习、系统学习为核心内容的人力资源开发，以应对来自市场竞争的各种压力和挑战。

首先，人力资源开发的战略性投资意义与人力资本形成特点密切相关。我们已经知道，人力资本形成的一个重要特征就表现在它与附着于其上的生命过程伴随始终。一个人要获得和维持其从业所必备的技能，累积和形成一定专业化水平的人力资本，不仅需长达十余年的学校教育和职前训练，而且要在其一生各个阶段连续不断地进行各种再学习、再教育、再训练，不断更新旧知识、改造旧技能，通过各种途径和形式维持、增进其人力资本水平。特别是在当今科学技术飞速发展、社会职业结构不断更变的社会经济环境中，对于每个现代人来说，接受培训和再培训不是偶然的，而是大量的、自然的、每日每时都经常发生的事情。对于现代社会中的每个组织来说，能否从战略高度为员工提供高效率的学习培训机会，形成有利于员工学习的激励机制和适宜环境，已经成为组织生死攸关、生存发展的大事。

其次，科学技术的飞速发展，不仅造成物质资本超常的无形磨损，而且使已经受过专门教育训练的合格人力资本随着时间推移加速贬值。由于知识在技术经济特点上具有很强的扩散效应和共享性，加之现代通讯技术的数字化、网络化发展，使得科学技术文化知识呈几何级数、非线性地迅速膨胀，且更新速度越来越快（现在每3~5年大约就是一个更新周期）。因此，在课程设置相对稳定、学制年限一定、教学内容难以及时更新的普通学校体系中受完教育、毕业合格而走上社会就业的成人，即使已经成为组织在职成员，为了克服知识老化所造成的种种生存和发展困境，利用各种机会接受"继续教育"、通过各种形式接受"在职培训"，进行"干中学"为主要形式的人力资源开发，自然也就成为组织应对竞争进行战略管理的题中之义。

其三，科学技术的快速更新，体现在经济结构演进上，就是主导产业的迅速更替，以及由此更替所导致的产业结构在高级化过程中更为多元化、多维化、多变化。产业从成长、成熟到衰落客观上有其自身的生命周期，同时，处于生命周期不同阶段的产业相互间又存在着各种错综复杂的技术经济联系；产业结构演进就是通过产业间技术经济联动和优势地位的更迭来实现的，其基本方向就是"高度化"，即不断更迭的主导产业或主导产业综合体，通过科技进步、组织创新不断改善自身的要素质量及要素组合方式，形成持续扩张增长势头，并通过产业间技术经济联系产生回顾、旁侧及前向关联和扩散效应，从而带动整个产业群不断由传统技术产业向现代高新技术产业转变，由劳动、资金密集型向技术、知识密集型转变，由低附加值产业向高附加值产业转变，由封闭、内向型产业向开放、外向型产业转变。产业结构这种高度化演进过程中，主导产业更迭不断加速，社会职业结构变化日趋加快，从而使产业组织对其人力资本存量结构的更新和调整变得更为紧迫、频繁和剧烈。这样，"补偿性"、"回归性"或"继续性"教育以及在职训练、岗位培训、再就业培训等各种形式的人力资源开发和再开发，就成为现代组织经常进行和大规模开展的人力资本投资和"再生产"活动。

其四，"现代性"对社会经济的渗透和影响是全方位的，它迅速而猛烈地改变着人们的生活方式、心理状态、价值观念以及社会生活的各个方面，社会需求越来越多元化、多样化，生活质量、生存意义和自我价值实现的标准也越来越高，"现代性"带来的各种变革、矛盾、问题和困境，给现代组织维持、更新和改造其已取得的人力资本提出了越来越多、越来越快、越来越高的研究课题。"学会生存"、"学会做事"和"学会共同生活"乃至"学会学习"等学习型投资活动，成为人一生伴其始末的生命内容；人们在社会交往中要随时随地承担和变换着不同的社会角色，不仅要具备这些社会角色的"任职资格"，而且要会"恰到好处"地随时空转换；人们要不断地培养和提高自己的生活消费技能，如学习和掌握汽车驾驶和维修技能，了解旅游文化知识，参加音乐、舞蹈等训练，以使自己的生活更加"丰富多彩"；特别是随着生产力提高，闲暇时间增加，如何有效地、高质量地度过闲暇，通过高质量的生活获得并维持高效率的工作状态等，所有这些都为现代社会组织人力资源开发和人力资本投资提出了新问题、战略性挑战和现实要求。在这样的形势下，组织如何为员工提供"终身学习"机会和计划，使员工在团队和整个组织中形成健全的人格、良好的心态、正确的价值观、和谐的社会人际关系，以便在不断变化的环境中自如地生存和发展，也就成为现代组织人力资源开发所要面对并必须有效解决的核心战略问题之一。

总之，为了适应社会经济形态与结构多样性、不平衡、快速变化的外部环境，现代社会中一个成功的组织必须具有学习中生存、变革中创新、竞争中发展的能力，必须营造一种有利于组织成员个人、团队不断学习创新的人力资源开发环境和人力资本形成机制，建立具有灵活性、服务性和人文关怀的弹性学习制度，使成员能够在任何时间、任何地点，以不同的方式随时随地随意愿接受教育和进行团队学习活动。

1.5

人本竞争方略：世界各国人力资源开发政策和模式

一个现代开放型组织，要通过人力资源开发应对来自各个方面的挑战。例如，它必须通过跨文化学习能力开发，提高员工在多元化的组织氛围和异域文化规范下的心理素质和社会交往技能，以应对来自全球化的挑战；它还必须通过全面质量管理能力开发，提高员工"客户中心"意识和满足客户个性化需求的服务水平及市场应变能力，以应对来自社会化方面的挑战；同时要通过提供技术学习和创新能力开发，提高员工计算机辅助生产技能和网络沟通及数字化生存的能力，以应对来自知识经济新时代的挑战；此外，也要通过有关价值观和组织文化开发，提高员工一般人际交往技能和与他人共处的社会心理素养，以应对发展和转型问题所带来的各种挑战，如此等等。组织学习与人力资源开发管理系统必须有这样的眼界、这样的意识、这样的力量和整合实力，才能在战略上赢得主动的同时在战术上赢得竞争。

当然，在任何特定的历史时期内，一个国家的宏观政策对于微观组织的人力资源开发能力和竞争力的影响也是很大的。近年来，在知识经济新时代背景下，为了全面提升企业等微观组织的国际竞争力，世界各国政府和国际社会都纷纷聚焦于人力资源开发政策驱动和体制改革层面，纷纷调整和确定各自的战略方位，重新制定和实施了新的国家发展战略和竞争策略。[5] 例如：

——美国于 1990 年由劳工部牵头创立了 21 世纪就业技能调查委员会（SCANS 即"获取必要技能部长委员会"），并发表研究报告，提出未来具有竞争力的人力资源应该具备"五大能力"（统筹，合作及交际，获取利用信息，系统运作和利用多种科技手段工作的能力）和"三大基础"（技能、思维和素质基础），先后于1998年、2001年和2002年制定公布了一系列旨在进行教育制度创新、快速提升人力资本整体水平的战略规划。

——日本政府于2001年制定21世纪教育新生计划，提出要培养富有人情味的日本人，因材施教培养创造性人才，创建适应新时代要求的新型学校等政策建议。

——2001年，韩国政府由教育人力资源部牵头、相关部门首长为法定委员组成"人力资源开发会议"，负责全国人力资源开发政策的制定和审议，并于12月颁布《人力资源·知识·新起飞：国家人力资源开发战略》，2002年8月又正式颁布旨在提高国民生活质量、提高国际竞争力的《人力资源开发基本法》。

——新加坡政府也在1998年的《"人力21"报告书》中提出综合人力发展理念、推行终身学习制度以提高就业能力、扩大人才来源、改善工作环境、发展蓬勃的人力行业和加强伙伴关系等六大人力资源战略举措。

此外，近年来，世界银行、联合国教科文组织、经济合作与发展组织、欧洲联盟等一些国际组织亦纷纷发表研究报告、颁布文件或会议宣言，提出一系列旨在推动各国教育改革、人力资源开发和人力资本积累的前景展望、战略构想和政策建议。这些宏观战略和政策导向，对于各国企业等微观组织突出人力资源开发系统的战略地位、提升人力资源竞争力，都起到了巨大的推动作用。

在美国，传统上由于外部劳动力市场机制较完善，专业化的正规学校教育系统较发达，企业组织内部的人力资源开发动力机制相对来说比较薄弱。但是，面对激烈的市场竞争，走在前沿的美国企业等组织向来将人力资源开发看做是获取与保持竞争实力的一项具有战略性的投资活动。尽管实际中成功率相当不尽人意，但90%的美国公司有正式的人力资源开发预算，小公司年平均21.8万美元而大公司则平均高达52.7万美元，每个雇员年平均接受15个小时的教育培训，美国每年分别花费300亿和1800亿美元用于正式与非正规人力资源开发，相当于美国四年制大学的教育经费；大约有800万人在公司学习，相当于每年高等院校录取的大学生人数。[6]

在人力资源管理体制上，日本传统上具有终身雇佣、论资排辈、论功行赏、集体合作及家族式等特点，因此，日本企业特别重视对员工的在职培训，普遍采取"上下一致、一专多能"的人力资源开发。所谓"上下一致"，就是凡企业员工，不分年龄、性别和职务高低及工种不同，都要接受相应层次的教育培训；培训目标就是"一专多能"，各级员工既要精通一门专业技术，又能参与经营管理，具有较强的适应性；培训内容，有层次性的纵向教育培训，即针对一般职工、技术人员、骨干人员、监督人员、一般管理人员及经营领导人员而设立不同的教育培训内容，也有职能性的横向教育培训，即分财务、人事、劳动、设备、生产、销售、研究、总务等不同业务内容而进行的教育训练。

德国的"双元制"是举世公认的组织人力资源开发之成功典例。这种培训模式是 20 世纪 60 年代在德国出现的，它实际上是把企业在职训练与学校教育按照分工合作原则有机结合起来的初级人力资源开发制度安排。在培训期间，学员具有双重身份，既是职业学校的学生又是企业的学徒工人；按照分工合作协议，学校负责理论教育、企业负责实际操作训练；在时间分配和教学管理上，以企业培训为主，侧重员工技能训练，最后由企业负责结业考试。这种"双元制"培训模式对于德国经济恢复、提高企业国际竞争力曾发挥了重要作用。

在法国，企业员工有法定带薪培训假期，雇主要按当年职工纯工资总额的一定比例缴纳本企业职业继续教育税用于本企业职工的在职培训。大部分企业、特别是一些大型企业，都有自己的人力资源开发机构，面向生产经营实际进行在职培训，取得了很好的经济效益。

可以看出，在组织学习与人力资源开发上，同样并没有一个普遍适用的、"放之四海而皆准"的一般模式，而只有根据某些基本思想、理念或理论，结合本土文化特点"自然长成"的特殊模式。中国企业人力资源开发模式的选择和形成，显然既不能照搬美国模式亦不适合采用日本模式，而要继承以"天下主义"为精髓的大中华优良文化传统，基于"社会主义发展中大国"人力资源丰富但人力资本贫乏的现实国情和转型期渐进式企业制度改革的特殊逻辑，同时总结汲取属于全人类的人力资源开发方面的文明成果为我所用，从而走出自己的成功之路。

1.6

投资理念缺失：中国企业人力资源开发面临的严峻挑战

伟人毛泽东说过："世间一切事物中，人是第一可宝贵的"。像 IBM 创始人沃特森这样的大企业家也说过类似的话："你可以接收我的工厂，烧掉我的厂房，然而只要留下这些人，我就可以重新建起 IBM"。但是，仅笼统地知道"人很重要"的大道理还不够，还要真正弄明白这"很重要的人"究竟从何而来才行。中国企业管理者的悲剧恰恰在于只知其一而未识其二。

由于历史原因，中国国有企业在教育培训方面的人力资本投资水平十分低下，除职能错位举办子弟学校和政治任务性捐资助学而外，真正用于职工教育培训方面的人力资本投资微乎其微且有逐年下降之势，各企业在职训练或岗位培训始终未形成规模化、程式化而又各具特色、优势的模式或体系。据有关文献称，直到20世纪80年代中期国民经济各部门熟练技术工人80%左右仍然是通过"师带徒"这种非正规的古老传统方式"带"出来的，至于其他类型的在职培训就更是难以提到企业经营管理的正规日程上来了。

又经过十余年的时间，中国企业在职培训至今仍未步入正常发展的轨道。由于受转型经济和教育制度大环境的约束，中国各类企业在职工教育培训方面的投资严重不足，特别是国有企业即使投入一些教育培训费用，大多数是属于不能契合企业需求的一般文化补习或学历教育活动，真正面向职工的战略性人力资源开发项目的投资微乎其微，加之近年来因受市场竞争的压力，国有企业教育培训投资更是大幅度削减。这种状况正是中国企业实力和竞争力弱化在人力资源开发层面的根源之所在，加强和实施战略性培训是增强中国企业市场竞争力迫在眉睫的任务。

仅从中国系发展中大国和市场化制度转型的国情来看，人力资源开发就具有特别重要的战略意义。众所周知，中国是一个"人口众多"的发展中国家，企业面临的是一种"人力资源丰富、人力资本稀缺"的劳动力市场环境，其人力资本投资的一项重要内容和任务，就是对数量众多而人力资本水平低下的劳动力、特别是农村剩余劳动力进行基本教育培训。由于人口增长压力、经济条件约束，在一定时期社会能维持的普通教育体系不能满足所有学龄者享有最基本的国民教育，而与此同时在自然的过程中"年龄不等人"，从而使相当数量的"人力资源"成为只有自然生理技能的"劳动力"而缺乏或几乎没有"专业化人力资本"社会智能含量。对这些"劳动力资源"进行扫盲教育和职业技能培训，就成为中国这样的发展中国家人力资源开发的一项特殊任务和内容。

加入WTO，标志着中国已经成为国际社会的重要一员，意味着中国企业已经卷入经济全球化的惊涛骇浪之中。面对全球范围内的"人才争夺战"（The War for Talent）扑面而来，中国企业最需要更新学习的战略方针和管理理念究竟是什么？是眼睛向外将主要精力放在网罗优秀人才、重金礼聘高手方面呢，还是凝聚内力创造一个可以开发每位员工的潜在人力资本价值、激发所有员工集体创造和合作精神的工作环境与氛围？是设计一系列零和博弈的"局"让员工"你死我活"地进行所谓的"竞争"呢，还是设法建立一种"各得其所"、"团结向上"的价值文化导向和组织管理系统，以便把潜藏在全体员工当中的人力资本价值能量全部地、整体地释放出来，为提升公司竞争力、实现企业价值业绩目标服务？这是一个具有挑战性的理念更新和战略选择问题。

不幸的是，实际中很多企业所普遍存在的一种浮躁情绪和急功近利心态，往往眼睛只盯着别人、关注着外部市场，热衷于高薪"猎"人、优惠政策"引"人，对外部人才似乎"求贤若渴"、有的甚至表现得"急不可耐"。在他们看来，人力资源能力建设、人力资本投资就像"临时招募雇佣军"一样简单，所谓"以人为本"战略就是"挖角"谋略，把别人的"人"一猎一引就立刻变成自己的"人"、自己的人力资本价值了，而对于自己已经拥有的"人"往往视而不见，不注意"练内功"，不愿在人力资源开发和培训方面"浪费时间"、花费精力和金钱，在人力资本价值形成上根本没有长期练"基本功"的打算。有的老板认为自己这样做很精明，别人那样搞培训、忙开发、讲文化很傻瓜，你搞成了、忙完了、讲好了我把你的拿过来用不就得了？

天下哪有那样的好事！！其实，在组织人力资本形成方面，真正是"踏破铁鞋无觅处，得来全要练内功"。真正属于你企业的、别人"挖"不走的人力资本价值，不是天上掉下来的馅饼，不是采取"拿来主义"从别人那里"猎取"或"引进"的，而是通过你所特设的"人本"文化模子和激励机制，对你所拥有的（真正"心之所向"地进入你企业）的人力资源进行深度开发的结果，是经过一定的投资周期和凝聚过程才能得到、形成的。什么叫"投资"？就是你想吃鱼的时候，你不能"今天"就"急不可耐"用手去抓，而是"退而结网"，"结网"需要时间，你要等到"明天"把"网"织好后，才能一网一网地进行"大批量"、高效率地捕捞。所以，一分耕耘一分收获，在企业人力资本价值的形成上你得有长期"投资"的概念，你要舍得花时间、花精力、花情感、花金钱去进行，要实打实地搞，不能作秀、搞形式主义。

总之，对于中国企业来说，无论实际本土化的路径多么艰难，从长期发展趋势来看，可以肯定的是：以越来越强的"快速学习"能力，引进和吸收现代组织学习与人力资源开发的先进理念，并将它根植于中国本土文化的肥沃土壤，创造性地探索适合自己情况的人力资源开发模式，这是中国企业组织要"活"下去并逐步发展壮大的必然选择和根本出路。

注释：

[1] "为了提高跨文化环境中的工作效率，培训必须着眼于工作，教育着眼于相关个人的思想，发展专注于组织的考虑。"（哈里斯、莫兰《跨文化管理教程》，新华出版社 2002 年版，第 15 页）"'培训'（Training）是指工作相关技能的学习，这种学习在短时间内就能得到回报，因而它代表一种低风险的投资。而'教育'（Education）主要是为下一个工作做准备，它在一个中等的时间段内取得回报，具有中度的回报风险；'开发'（Development）更具文化变革的意味，在长期内取得回报，因而回报的风险是非常高的。"（Phillips, Jock J.: *Return On Investment in training and Performance Improvement Program*, Gulf Publishing Company, Houston, Texas, 1997, P10 – 11）。

〔2〕参见李雯选译：《教育的四根支柱》，载于《世界教育信息》1998 年第 3 期。

〔3〕在现代管理学中，人力资源（Human Resources）概念，是由德鲁克（Drucker, Peter F.）于 1954 年在其名著《管理实践》中首先正式提出来并明确加以界定的（Peter F. Drucker, *The Practice of Management*, New York：Harper & Brothers, 1954. ）。德鲁克之所以提出"人力资源"，是想表达传统"人事"概念所不能表达的意思，指企业员工所天然拥有并自主支配使用的"协调力、融合力、判断力和想像力"。德鲁克认为，与其他资源比较，人力资源的特殊性在于，它必须通过有效的激励机制才能开发利用，并为企业带来可见的经济价值。在国内，最早使用"人力资源"一语的文献见毛泽东于 1956 年为《中国农村社会主义高潮》所写的按语。他指出："中国的妇女是一种伟大的人力资源，必须发掘这种资源，为建设一个社会主义中国而奋斗。"（见《毛泽东选集》，人民出版社，第五卷，第 252～253 页）。现在，"人力资源"术语也已经常在中央文件中出现，并被社会各界广泛接受和使用。

〔4〕见德鲁克：《管理：任务、责任、实践》（下），中国社会科学出版社，第 566 页。

〔5〕见中国教育与人力资源问题报告课题组：《从人口大国迈向人力资源强国》，《专题报告：21 世纪国际社会的战略选择》，高等教育出版社 2003 年版。

〔6〕见克雷曼：《人力资源管理：获取竞争优势的工具》，机械工业出版社，第 164 页。

2
组织学习原理：一种社会生态学解析

组织振兴需要的是这样
的管理者：他们有时理性化，
有时受到制约，经常不知所
措，但永远不会束手无策——
他们深深理解一切有生命的
系统都必须经历创造与毁灭
的自然循环。

戴维·K·赫斯特

所谓"组织"（Organization），简单地说，就是在一定社会环境中，人们为了特定目标而组成的相对独立群体。组织是社会运动的一种形态，而人类社会乃是自然界大系统的一个小生境，组织之于社会、之于大自然，就如同孙悟空之于如来手掌，其学习行为是无法超越社会生态学法则的。因此，"组织学习"（Organizational Learning）的最普适性、最具辩证意义的解析，应该是社会生态学意义上的，即组织这种有机体在社会生态系统中的一种生存方式和成长状态，它是一种持续不断的自然历史或生命循环过程，也就是组织为适应外部社会生态环境变化，周而复始地积极积累经验所引起的行为方式之持久性变化。

2.1

概念释义：从"学习"到"组织学习"

为了便于讨论，这里有必要首先对"学习"、"人类学习"与"组织学习"等相关概念的词语意义予以甄别廓清。

学习（Learning），其最一般的泛化意义，是指有机动物体的一种生存方式和成长状态，即有机体为适应外部环境而积极积累经验所引起的行为能力和心理倾向之持久性变化，这种变化不是由遗传本能、生理疾病或药物作用引起的，而且也不一定表现出外显的行为变化。[1]

人类社会是一种不同于一般生物和动物的高级有机体和有机组织形式。对于人类以及由人组成的一定社会组织来说，学习也是或者说更是其内在的、普遍的和经常的一种生存方式及成长状态。因此，人类学习和组织学习成为学习理论研究的焦点和重点。

学习，在人本主义者那里，就是特指人类学习，即惟一真正的学习就是人的自我发展过程和自我价值实现方式。人本主义者认为，人类个体作为"完整的人"（the Whole Person），天然具有发展自我的潜能和动力，其基本生存方式和成长状态就是自我实现，即自由地选择自己的发展方向和途径，并对自己的选择结果负责。所以，学习就是一个人从自己角度认识外部环境和世界，寻求自我发展路径和实现自我价值的过程或方式。

人类具有学习能力，或者说学习是人类个体的重要生存方式和成长状态，那么，对于由人组成的各种社会组织来说，学习是否也具有特殊的重要意义呢？或者说"组织学习"（Organizational Learning）的特殊问题和特殊规律性是什么呢？

对此心理学、社会学、经济学、管理学、政治学、人类学和历史学等各门社会科学都似乎有所涉及但几乎都没有给予正面的、完整的回答。[2]

首先显见的是，个体学习是组织学习的基础。心理学中关于个体学习的许多结论和原理，诸如无意学习、模仿学习、因果推断学习、动机导向学习以及已习得的知识结构在再学习中的积极和消极作用等等，对于组织层面的学习同样适用。同时，个体不是孤立存在的，而是在社会群体中与其他个体"交互"决定和影响中进行学习的。因此，组织学习实际上是在个体学习的基础上，由成员通过特定组织结构或网络进行"交互记忆"，以获取组织赖以生存和发展的群体知识和能力的社会认知过程。

其次，学习并非仅仅或主要发生在个人的头脑中，而是基于个人"参与"社会实践活动并通过"反思"展开的。这是社会学和组织社会学关于学习的基本观点。社会学对于学习之"实践"意义的强调，使组织学习更加关注行动。从组织社会学的角度看，组织学习实际上是组织中的人们基于制度化的社会关系积极参与和反思实践活动的过程和结果，即所谓"行动学习"（Action Learning）。

其三，学习不仅是人们一种"有限"的理性行为和结果，而且还是一种组织创新和变革活动。经济学关于组织学习的定义，可以简单地概括为：一个经济实体在竞争性的市场环境中，进行群体知识创新和适应性变革，以不断获得生存和发展的过程、机制和结果。经济学关于组织学习的基本原理主要有：

——经济行为者是在不确定性环境中，利用有限的信息，或者说是在既定的成本约束下，通过简单模仿或启发方式进行学习的；

——经济行为者在其中运作的制度环境不仅提供了学习背景，而且会通过社会互动性（传统）和路径依赖性（历史）的相互作用推动学习过程；

——组织通过成员个人之间的相互博弈、专业化分工或专门培训项目积累知识和技能，组织学习效益呈现出某种规律性的曲线；

——学习的战略性意义不仅在于利用旧知识，更重要地在于创造新知识。创新是组织学习的一种重要形式和特性，其中一项重要内容就是技术创新，一般说来有边干边学、科学研究和搜索学习等三种基本类型的技术创新；

——组织的性质和形式对于组织学习具有决定性意义。

其四，组织也与个人一样有它的"行为"，组织学习也是组织这个有机体，为适应外部环境而对自身行为进行权变调整，以达成自己特定生存和发展目标的一种组织行为。这是管理学中组织行为理论的基本观点。由于管理学学科本身所具有的综合性、现实性和应用性，使得组织学习的管理学研究在所有社会科学学科中是最为全面、完善和深入的，其基本理论视角和结论大致如下：

——组织学习是基于组织系统内部的决策变量和规则，在外部环境激发下随时间推移所显示出的适应性行为。组织是通过将历史经验权变推论而融入指导组织成员行为的"常规"里来进行学习的,这种常规包括组织所赖以建立和运作的形式、规则、程序、战略及技术等正式规则,也包括支持、诠释和影响正式规则的惯例、信念、范式、文化和知识等;

——组织学习是组织作为一种复杂的开放系统理解和分析所有相关因素的特征及其动力关系和网络功能的自组织或系统动力学过程,所以形成系统思考机制既是管理的一项基本任务,也是组织学习的最高境界;

——组织学习可以看做是组织通过修改其知识系统(组织意识形态或心智模式)以改善其对内外环境的理解和评估,组织在特定领域所具有的知识和技能即"核心能力"既是组织学习的结果,又是进一步产生组织学习的源泉,组织学习的实质就是组织中隐含性知识与明晰性知识的有机转化,并在这种转化中有效地形成一种创造和发展群体知识的网络或螺旋;

——组织学习是在组织层面上的行动学习,即组织成员围绕解决某种现实问题,将从经验中获得的程序化或明晰性知识应用到解决问题的行动中。

其五,在公共政治领域,组织学习被看做是人们为了在组织中获得和实施权利、取得权利平衡而进行的适应性调整。权利的失衡、转移不仅意味着危机,同时也意味着机遇。具有学习能力的组织可以巧妙地利用权利的"非均衡"获得其生存和发展的政治力量。

此外,组织学习还是一种人类文化现象和自然历史过程。

本书中,我们主要在经济学和管理学的意义上使用"组织学习"概念,同时兼及其他学科意义。我们将把"组织学习"作为研究和描述"人力资源开发"的基本背景和基础平台。

2.2

"组织学习":从赫斯特组织生态循环模型说起

关于组织行为的社会生态学观点,笔者所看到的最清晰、最形象也是最具启发性的描述和解析,要数加拿大西安大略大学的组织行为学家戴维·K·赫斯特了,他于 1995 年发表了一部名叫《危机与振兴:迎接组织变革的挑战》[3] 的著作。赫斯特基于自己的亲身管理经历,结合《美国科学》杂志关于南非卡哈拉里沙漠上布希曼人(Kalahari Bushmen)从游猎到定居放牧转变过程中社会组织结构的变迁,以及原始森林从产生开发到成长维持,进而从创造性毁坏中获得再生的隐喻类比,认为人类社会任何组织,包括现代企业的形成和发展,都是一种"战略上多属偶然,经济上每出意外,政治上源于灾难",在管理上"应急行为"、"理性行为"和"被迫行为"因应环境交替出现,"学习"与"运作"矛盾统一的自然历史过程,由此他提出了一个形象化的组织生态循环模型(见图2-1)。在图中,黑实箭头线表示赫斯特所说的"运作环",而黑虚箭头线表示他所说的"学习环"。

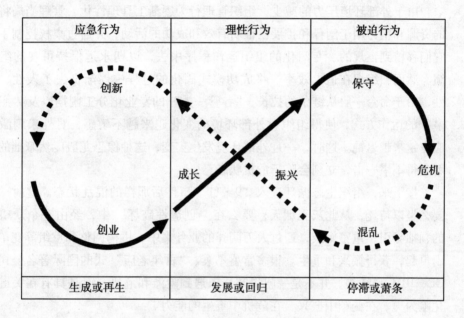

图 2-1 赫斯特组织生态循环模型

在组织创立之初,创业者就如同以狩猎为生的布希曼人在沙漠中用鼻子寻找水源一样,一些具有企业家创新精神的人凭借自己的非凡技术、丰富经验、特殊敏感和热情"嗅到"机会,因此"恰好处于一个适当的时候和适当的地方",在具体情景和特定需要的激发下"走到一起来了",形成"亲密无间"、无常规、随机应变性质的工作团队,并很快进入各自的"角色",以某一共同的"理想"或价值观凝聚在一起,从而形成最初的以"使命"驱使的组织形态。

随着共同的组织目标即"使命"的形成和确认,组织成员逐渐形成理性化的行为方式,一些一再导致"成功"的、被证明是"正确"的行为方式,逐渐以组织纪律、准则或规范的形式出现,这时,作为组织"罗盘"的使命及其所代表的核心价值观,被管理当局总结归纳绘制成具有"地图"功能的战略(包括目标、阶段、步骤和措施等要素)。这时,原先各自随机担当的角色逐渐沉淀成固定明确的工作职位，工作团队网络逐渐被等级制的职能部门结构体系所取代；而起先凝聚组织成员的无形"认可"和精神激励机制也逐渐失灵，由有形"报酬"和物质刺激机制来发挥作用；起初那些"凭着满腔热情干革命"的创业元老们也逐渐退出"历史舞台"，被从正规教育系统培养出来的专业技术和管理人员所取代。这样，组织就逐渐按照一个既定的框架、流程和模式来运作，并在"复制自我成功"的过程中成长壮大，组织的基础设施也大为改观——从最初的创业窝棚搬到豪华宫殿一样的"大地方"，此外，组织与周围的环境也逐渐"和谐"或"稳定"，甚至达到能够预期、操纵和决定外部环境的地步。

由于外部环境压力的减少，组织管理行为逐渐工具理性化，管理当局将大量的资源和精力用于阐释和扩展已证明有效和成功的活动，并通过集权控制手段将它们移植到正规的、专门化的组织运作程序中去，以期永远保持可观的组织业绩。然而，组织在追求效率、将成功模式固化的过程中逐渐丧失了人性、灵活性，由于命令—服从链条的拉长、"各管一摊"的专业化分工割据以及"照章办事"的运作方式，使得组织对外部环境的变化越来越不敏感，对外来刺激的反应也越来越迟钝。这时，一旦外部环境发生灾变，这种像恐龙般庞然笨拙的组织就变得不堪一击，立刻会陷于危机状态。

接下来，组织生态循环进入"9·11"事件后那样的混乱状态。这时，组织要么坐以待毙，从此灰飞烟灭；要么在"创造性破坏"中，经由一个众望所归的领袖导引，重整旗鼓，通过大刀阔斧的业务集中、机构调整和重组等变革，东山再起，获得振兴和重生。很多常盛不衰、"百年老店"式的国际著名公司，如GE、IBM、3M等，并不是一帆风顺从未遇到险滩和危机，而是具有在关键时刻化险为夷、在变革中振兴、在危机中重生的能力。

而所谓组织的"振兴"，就是"回归过去，走向未来"。"回归过去"，就是要通过适当途径，恢复原来创业时期的价值观，在新机体中重新激发原始初动状态的那股"革命热情"。这些途径包括：撤换过去高高在上、集权专断的当权者；实行扁平化的组织变革；采取随机应变、民主化的领导方式；开展工作丰富化、团队化再设计；面向客户形成网络化信息传递和反馈系统等。总之，以基于价值驱动的理性行为取代过去基于工具的理性行为，激发员工在无边界的网络结构中进行多元化的探索和创新，使组织在新的环境中抓住新的机遇，从而获得新生、走向新的辉煌。

就某一个组织来看，它的生命周期是有始有终、阶段性发展的，往往很少有组织能够进入"长生不死"的大组织生态循环圈。但从宏观的、动态的历史观点来看，正如图示中的"无穷号"形状所蕴涵的寓意那样，整个人类组织的生态循环是无限连续、无始无终的。赫斯特将处于前半环即用实线表示的传统生命周期上的组织称做"运作型组织"，而用"学习型组织"特指处于后半环即用虚线表示的变革振兴周期上的组织。如果我们将"组织学习"一般地理解为组织适应环境而调整并周而复始地积极积累经验所引起的行为方式之持久性变化，那么，我们就可以用赫斯特组织生态循环周期来解说组织学习的周期性运作原理。

2.3

童真无价：由情景激发的自发性组织学习

　　组织在初创时期表现出典型的自发性组织学习行为。这种组织学习，是由一群具有"自我超越"精神和能力的人，在外部情景激发下"走"到一起，为了他们心目中某个共同的志向互动影响形成的。

　　按照圣吉的说法，所谓"自我超越"（Personal Mastery）就是个人生命中产生和延续的创造性张力，即一种不断追求其真正心之所向的能力，这是组织生命力的源泉。但是，在自发性组织学习的情况下，创业者们所具有的"自我超越"的精神和能力还不是在组织内部自觉地修炼得来的，而是外在于组织作为个人既得的人力资源或资本而存在的。这些人要么是"不守本分"的激进分子，要么是对某项事业具有特殊热情的狂热分子，要么是具有非凡技术和经验的活跃分子，总之都是有"自我超越"精神和能力的人。

　　自发性组织学习的启动不是由内部动力机制正规引发的，而是在外部"情景"下激发出来的。这种情景可能是市场一种尚未被觉察的潜在需求，或者是由于人口规模和结构的变化引发的特殊机遇，还可能是某项技术发明或政府政策调整带来的新情况，更有可能是自然灾害、经济危机、政变或战争带来的意外困境。无论什么情况，由于这些人大都具有"自我超越"的精神和能力，具有相近的"心智模式"，即认识、思考和解决问题的方式，他们往往会不约而同地"嗅到"平常人感觉不到的机遇。

　　在自发性组织学习情况下，"共同愿景"的形成正所谓"心有灵犀一点通"，创业者们由于"志同道合"，所以很容易"同志式"地讨论问题和进行沟通，相互之间做到信息知识共享，对组织初创时期面临的复杂、无序和棘手的问题能够迅速做出反应并灵活地应对和解决。在自发的价值驱动下"如饥似渴"地接受新观念、吸收新知识、共担新风险、共享新成果，成为组织学习最原始纯真的特征和形态。

　　大部分公司在初创时期大致都处于这样一种自发性组织学习状态。例如，耐克公司的情形就是这样。其创始人菲尔·耐特原是著名的田径运动员，同时获得有会计资格证书和 MBA 学位，他与他的教练、慢跑运动创立者比尔·鲍尔曼，都对当时跑鞋的技术性能"不满"而基于共同志向聚到一起，全身心投入高性能跑鞋的设计和研制工作。1964 年组建公司，当时叫"蓝带体育用品公司"（BRS），直到七年后的 1972 年由加入公司的第一位雇员杰夫·约翰逊在梦中偶然想到"耐克"名字，而著名的勾形标识则是花 35 美元由一名学设计的研究生搞出来的，但这个"运动员的公司"标识所蕴涵的使命即"通过运动和健身来提高人们生活水平"，早在公司创立之初就已经自发地成为组织的学习基因。在最初的岁月，还没有"组织"来物色人选，人们通过无边界的网络关系随时以不同的角色加入其中，凭借着运动员之间的信任、伙伴关系和合作精神，以及创出最好成绩的共同愿望，通过直接亲密沟通互相学习。

就国内企业而言，例如联想，在创业初期的情形也是如此。1984 年 11 月 1 日，中国科学院计算技术研究所利用"预算外收入"投资 20 万元，由 11 名当时还端着"铁饭碗"的科技人员，在中关村一间 20 平方米的小平房，创办了"中国科学院计算技术研究所新技术发展公司"。一开始，创业者们对于能干什么不能干什么一点都不清楚，想尽快搞些短平快项目来积累资金，结果不到一个月 20 万元砸进去一大半。后来转而卖彩电，因为不懂得计算成本、没有将税金考虑进去，倒腾完一算账赔了，后来通过贩卖蔬菜、旱冰鞋和电子表等才把亏损的缺口补上。挫折之后，创业者们冷静思考自己的市场定位究竟在哪里？讨论结果很自然地指向了电脑：背靠中国最高水平的中国科学院计算技术研究所，新技术发展公司的独特优势和战略定位无疑是计算机领域，朝着发展高科技企业的方向迈进。

当时中关村的大多数公司都在做计算机贸易生意，从国外进口然后加价卖出去，一台零售价为 4 万元人民币的 286 电脑就可以赚 2 万元。新技术发展公司没有将主要精力放在这方面，而是依托自己的技术优势开拓计算机服务业务。从向中国科学院进口的 500 台 IBM 计算机提供验机、培训和维修服务业务（赚到 70 万元的巨额利润）开始，创业者逐渐开始明白自己的独特优势是自身的知识和技术，是专业化人力资本优势，要凭借这种优势寻找市场商机和突破发展瓶颈，才能获得自己的核心竞争力。于是，他们开始潜心研究中国计算机市场情况。结果发现，当时计算机在中国推广的首要障碍是西文没有汉化，解决西文汉化技术难题，开发汉字输入系统，是开拓中国计算机市场的关键环节，也是计算机市场的最大商机。最后将西文汉化作为公司的市场定位，将 70 万元全部投入到"联想汉卡"的研究开发上，并于 1986 年研制成功第一个拳头产品"联想式汉字系统"，很快推向市场，当年就获得 300 万元的销售收入，初步完成了资本原始积累。这样，在联想成立初期，柳传志及创业伙伴凭借"国有企业"这块金字招牌，"用足用活政策"，在政府与市场双重力量推动下通过自发性组织学习起步，并快速打开局面。

2.4

成熟之美：基于经验和专业化知识的常规性组织学习

获得创业成功的组织，由于成员人数和业务量的增加，规模的不断扩大，逐渐达到了"羽翼渐满"的规模效应，组织开始形成专业化分工体系，并在此基础上组建有关职能部门和科层系统；随着细密的劳动分工和专业化生产体系的建立和矩阵式部门网络构架的逐步形成，围绕不断加剧的集权和分权矛盾会形成"领导"或"控制"方面的危机。这时，需要有得力的领导精英明确组织进一步发展的使命、方向和目标，聚合组织成员个人和各方面力量带领组织朝前行进，并强化规章制度建设，进行权利界定，通过命令链实施集权化和程序化控制。在这种情况下，组织学习表现为一种基于经验和专业化知识的常规性学习形态。

首先，在创业时期经过自发试错性组织学习获得的经验教训，经过长期累积沉淀下来，形成组织正式的行为规范。原先由无形"使命"价值驱动的自发性组织学习行为，逐渐转变为战略管理框架下的理性化组织学习方式；当初的"使命"及其所代表的核心价值观被管理当局总结归纳成组织"战略"，以原则、方针、规划、条文等形式框定约束和指导规范着人们的行为或做事方式。这时，在创业的自发性组织学习过程中获得并累积下来的那些一再导致"成功"的、被证明是"正确"的行为方式，也逐渐以规章纪律、行为准则或操作规范的有形制度形式出现。

其次，原先由创业者自行选择、各自随机担当的角色，逐渐沉淀成有明确分工任务、固定工作内容、严格定额标准和操作规程的岗位。每个岗位工作被逐渐分解和细化为单一的、标准化和专业化的操作，工作者间的关系被既定的工艺过程或作业流程严格界定。在工作设计时，每"份"工作都须编制相应的一份工作说明书（见表2-1），通过书面文件的形式规定它所隶属的部门、工作性质、职责范围及资格要求等，以便工作者"有所适从"，并作为监督管理和绩效考评的依据。这样一来，组织学习对个体成员"自我超越"精神和能力的要求就完全不同了。当初，一个人仅凭对组织的满腔热情就能加入，而技能如何还在其次；现在，仅有满腔热情的学习精神就不够了，理性地掌握专业化的操作技能就成为首位要求。

表2－1   传统部门制《工作说明书》简例

工作名称：经理秘书	所属部门：软件事业部
岗位编号：140020	编制日期：2001年9月20日

工作概述： 为部门经理完成事务性和行政性文书工作。

工作职责范围及要求：

1）熟练准备、编辑、整理各种数据资料；

2）接听电话，得体地接待来访客人，并高效率地处理来函来件；

3）起草常规信函，处理查询，并把非常规查询及信函及时转交有关人员；

4）草拟各种报告、通告、工作总结等。

资格要求：

1）学历要求：中等以上文秘专业毕业；

2）技能要求：熟悉电脑操作，打字速度每分钟150字以上；

3）身体条件：30岁以下身体健康者。

再次，最初创业阶段形成的具有很大弹性和灵敏应变性的工作团队化网络，逐渐被等级制的职能部门结构体系所取代。赫斯特认为，"等级制是任何复杂机构生存下来的必要手段"，"在复杂的机构中，等级制就是历史，成功的现代组织无不在为之添砖加瓦"。随着组织走向成熟，规模逐渐增大，参与性强、技能种类多且具有较大灵活性的工作团队或生产小组就变得越来越不适应了，以一定的生产工艺流程和数据处理系统为基础、由既定规章制度所界定的专业化部门结构逐渐形成。这样，当初提供"密集"信息的网络结构被专门使用"稀薄"知识的专业化管理体制所取代，员工之间亲密无间的信息沟通"小道"也变成有正规渠道、间接分割的"命令—服从链"系统。

同时，起先凝聚组织成员的无形"认可"和精神激励机制也逐渐失灵，由有形"报酬"和物质刺激机制来发挥作用。工作和任务一旦明确，相应的知识技能也就确定下来，工作进度也能够测定出来，一整套业绩评估体系逐渐被置于组织管理系统，人力资源开发以及职业规划管理成为整个战略管理系统的一个有机组成部分。这时，起初那些"凭着满腔热情干革命"的创业元老们也逐渐退出"历史舞台"，被从正规教育系统出来的专业技术和管理人员所取代。新的职业化管理者往往雄心勃勃、目标远大，但是由于他们都是外在于组织的，对组织的历史和文化也了解得不多、没有深切感触，组织使命感和内在的价值驱动越来越弱化，而提高效率和业绩成了他们的主要目标和外在驱动力。

最后，随着组织与外部环境的界限变得清晰可见，组织与周围的环境也逐渐

"和谐"或"稳定"甚至达到能够预期、操纵和决定外部环境的地步。这样，组织学习的基本方式也逐渐转变，从过去由情景激发而积极试错式地适应环境，变为通过条条框框来"过滤"外部信息，消极地、滞后地、被动地处理和应对外部环境的变化。这样，组织就逐渐按照一个既定的框架、流程和模式来运作，并在"复制自我成功"的过程中成长壮大。

在这种组织学习架构下，其突出优越性就是能够取得规范的专业化分工好处和技术操作效率。但是，由于它与人的自主性、能动性和创造性等天然本性相违背，就是说，在这里人仅仅作为组织机器上的一颗"螺丝钉"被使用，自然会使组织大大丧失社会性协作方面的好处或非技术性效率，从而会导致组织横向协同差、趋向保守和缺乏应有的灵活应变力。

例如在耐克公司的案例中，早期吸引到公司来的不一定是好经理，却都是些优秀的球队队员选手，他们大都是具有"真实性"和"不守规矩的人"或"大型体育项目中的反传统人物"。但是，后来随着生意的扩大，起初那种仅靠通才和热情来推动的做法已经不能适应，当锐步（Reebok）公司趁其不备打入健身用品市场时，耐克公司仍然以"运动员的公司"自居，热衷于所谓"真实性"，当时一名高级经理曾声言："耐克决不会为那些搞健身的外行们生产鞋子。"结果，从 1981～1987 年锐步公司销售额增长了近千倍，耐克公司花了好几年功夫才赶上。耐克不得不雇佣一些有专业知识和技能的管理人员，1982 年任命了一名总裁，并成立了一个政策与程序委员会，决定引进海氏评价系统来框定组织职位和薪酬管理体系。原先的创业者纷纷离开公司，或将自己的股权变现当阔佬去了，或因分配不均而分道扬镳，到 1988 年所有老副总都离开了公司，伴随着创业者的退出，耐克逐渐走向基于经验和专业化运作的常规性学习组织。

康柏电脑公司的情形也很能够说明问题。该公司是由原先受雇于德克萨斯仪器公司（TI）的三位职员，于 1982 年初辞职后另起炉灶创建的，其第一台电脑设计图纸就是在休斯顿一家馅饼店盘子垫上画出来的。在罗德·卡尼恩的领导下，创业者们依靠开放型交流、团队精神、广泛协商和民主决策的"猎人社会动力机制"，不惜成本向市场快速灵活地推出高质量、配备有前沿科技的个人电脑，仅用了四年时间就跻身《财富》500 家排行榜，到 1989 年销售额达近 30 亿美元。然而，到了 1990 年由于竞争对手大幅度降价，康柏公司销售迅速下滑，到 1991 年首次发生亏损，并大幅度裁员。1991 年 10 月 25 日，董事会接受首席经营官艾克哈德·法尹弗的观点，解雇卡尼恩，裁减 25% 的雇员，转而推行专业化控制的运作机制和常规性组织学习系统，以降低成本和提高效率为首要管理目标，结果两年后公司状况迅速改观，在没有增加核心生产设备的情况下电脑产量翻了两番。

2.5

返朴归真：回归价值理性的创新性组织学习

在常规性组织学习框架下，管理当局通过严格的科层系统进行集权控制，以期永远保持可观测的效率和业绩。但是，由于命令—服从链条的拉长、"各管一摊"的专业化分工割据以及"照章办事"的运作方式，组织逐渐丧失了人性、灵活性，对外部环境的变化越来越不敏感，这样，官僚化运作的组织逐渐丧失了"学习能力"和创新活力。这时，一旦外部环境发生灾变，这种像恐龙般庞然笨拙的组织就变得不堪一击，立刻会陷于危机状态。

王安电脑公司的例子很能说明问题。该公司成立于1951年，一度在专用文字处理器和VS微机产品领域独领风骚，其等级制结构曾在全世界范围内控制和协调着31500位员工。到1989年，其经营业绩达到巅峰，年收入超过30亿美元，在《财富》500家排行榜中名列第146位。但是，三年后却迅速破产，其失败的直接起因恰恰是让康柏公司获得巨大成功的小型技术。实际上，王安电脑公司猝不及防的灾变和失败，其根本原因并不在于外部环境的变化，而在于它自身逐渐丧失了组织学习和创新能力。

为了走出"官僚危机"，组织必须精简日趋巨型化的官僚机构和繁琐的规章制度，通过组建工作团队，引进顾客导向的创新系统，学习借鉴"小组织思维"，重塑组织文化，来整合、完善组织结构体系，这些就成为组织完善阶段变革的主要任务。这个阶段是组织生命周期中一种未止的、开放的、不确定的、不断创新求发展的时期，如果组织能成功地应变环境不断创新变革，那么就会获得新生，进入新的生命周期，否则就必然以衰落灭亡为结局。

当外部环境以不确定性为常态在不断地发生变化，加之技术进步日新月异、文化背景变幻莫测，在这样的环境下组织要能够重新"振兴"必须随着这种变化不断调整自己的战略目标，通过适当途径，诸如：撤换过去高高在上、集权专断的当权者；实行扁平化的组织变革；采取随机应变、民主化的领导方式；开展工作丰富化、团队化再设计；面向客户形成网络化信息传递和反馈系统等，以便恢复原来创业时期的价值观，在新机体中重新激发原始初动状态的那股"革命热情"，以基于价值驱动的理性行为取代过去基于工具的理性行为，激发员工在无边界的网络结构中进行多元化的探索和创新，使组织在新的环境中抓住新的机遇从而获得新生、走向新辉煌。

关于回归团队精神和价值驱动的创新性组织学习，1981 年杰克·韦尔奇接手通用电气公司的情形就是一个典型例子。当时，韦尔奇接手的通用电气公司就面临着严重的官僚危机。正如赫斯特所说："管理者如果想避免遭受'自然'灾害，就得制造危机。"制造危机的目的就是"打破在传统生命周期最后阶段里束缚组织的有害制约因素"。韦尔奇一上任就大刀阔斧地进行反官僚的组织变革，努力打破等级制，首先削减总部职员和中层管理人员，要求管理者"把自己看成是身兼教师、拉拉队队长和解放者三职的人，而不是控制者"，责成 10 万员工集中致力于他所认定的几大核心业务；进而积极动员他们的情感能量和创造精神，主张恢复"你看着我、我看着你"的公开交流，强调"以价值观为基础的理性"，推崇新式平等主义，要求公司"工作能力测验"评估系统将重点放在使企业领导人能够了解组织成员的意见、感觉、情绪、士气等工作氛围方面，使他们能够与员工公开对话并就地解决迫在眉睫的问题。韦尔奇的目标实际上就是将公司从基于成功经验和专业化知识的常规组织学习系统回归到基于团队精神和价值驱动的创新性组织学习状态，以便使公司经过由危机激发的变革而获得新生。实践证明他成功了。

近年来关于"学习型组织"理论的提出，实际上主要是基于这样的组织运作阶段和背景来说的。例如，彼得·圣吉（Peter M. Senge，1990）关于学习型组织"五项修炼"，从系统动力学的角度，对工业文明以及相关的专业化和社会分化给人类思想割裂和组织学习创新带来的一系列"智障"进行了革命性的批判，从而努力寻找出使已经进入正规运作状态的组织走出官僚危机重新获得创新性学习能力的途径。野中郁次郎和竹内广隆（Ikujiro Nonaka and Hirotaka Takeuchi，1995）关于群体知识创造的"七项原则"，则是从知识论的角度对日本公司如何从第二次世界大战后的管制危机中走出来，并通过建立创新性组织学习系统迅速获得振兴，所作的精彩理论解说和经典描述。[4] 由于彼得·圣吉以及野中郁次郎和竹内广隆的理论很有代表性且影响较大，我们着重对其基本观点分别作简要介绍。

2.6

再造组织生机：圣吉"学习型组织"五项修炼解义

我们可以将彼得·圣吉关于"学习型组织"的五项修炼归纳为首要任务、关键环节和最高境界等三个方面来解说。

☐ 自我超越

学习型组织修炼的首要任务，就是发展、培育具有"自我超越"精神内涵的组织成员。按照圣吉的说法，所谓**"自我超越"**（Personal Mastery）就是个人成长的学习修炼，其精义便是学习如何在生命中产生和延续创造性张力，即一种不断追求其真正心之所向的能力，这是组织生命力的源泉。一个学习型组织的形成，必须视个人成长为组织发展之根基，持续不断地为组织成员实现个人的自我超越提供教育培训机会和组织氛围，帮助他们不断树立个人愿景以保持创造性张力，看清结构性冲突以坦然的心态面对现实，利用"同理心"融合理性与直觉，将自己置于组织整体中以廓清生命的终极目标与组织使命感的内在关联。

学习型组织修炼的关键环节，是通过改善"心智模式"、建立"共同愿景"和实现"团队学习"，把个体的自我超越精神整合成企业作为学习型组织所要求的群体精神创造力，将人力资源开发成能够为组织创造价值和剩余价值的人力资本。

☐ 心智模式

所谓**"心智模式"**（Mental Models），据笔者理解，是指来源于传统、根植于人们心中或组织运作中的思维定势或行为模式，它是人力资源的天然存在状态和具体表现形态。个体的人力资源要融于学习型组织并形成具有整合价值效应的人力资本，就必须先把组织成员的个人心智模式凝结为团队和组织的心智模式，这可以通过反思检视、互动探询等组织修炼来实现。

☐ 共同愿景

其次，在个人愿景的基础上建立组织成员我愿中有你、你愿中有我的**"共同愿景"**（Shared Vision），即基于某种核心价值观和组织使命确立一个大家普遍认可、共同创设的未来景象。这是组织创造性学习的焦点和能量，是组织发展的强大驱动力，它决定着组织员工在使用和发挥其知识技能实现组织目标时的积极性、能动性和创造性大小，决定着组织成员的行为是"奉献"、"投入"、"真正遵从"、"适度遵从"、"勉强遵从"还是"不遵从"乃至"冷漠"——一句话，决定着人力资源使用效率和人力资本投资效益的大小。

☐ 团队学习

第三个关键环节是通过所谓"深度汇谈"（Dialogue）实现沟通，组织成员可以通过正当的途径以适当的形式无障碍地把各自的行为假设"悬挂"在工作伙伴面前，以有效化解工作过程中的矛盾和冲突，及时消除"习惯性防卫"等心理障碍，明确各成员在团队中的角色和作用，形成合理的分工协作关系，从而达成提升组织整体人力资本水平的"**团队学习**"（Team Learning）目标。

☐ 系统思考

学习型组织修炼的最高境界，是从组织发展战略的高度形成和健全组织的"**系统思考**"（Systems Thinking）功能。组织作为一种"动态系统"（Dynamic System），具有因果关系非线性的"动态复杂性"（Dynamic Complexity），由此会引发诸如今日的问题来自昨日的解、愈用力推系统反弹力愈大、渐糟之前先渐好、对策可能比问题更糟、欲速则不达等等，使人们难以摆脱的困境。所谓系统思考的真义，就是基于动态系统的整体联动机制，通过分析研究复杂问题背后的简单结构即所谓"系统基模"（Systems Archetype），从而帮助人们找出摆脱上述困境的"杠杆解"或"反直觉（Counterintuitive）"对策。

圣吉是把"系统思考"作为学习型组织的"第五项修炼"提出来的。他认为："自我超越"是不断反照个人对外部影响的一面镜子；改善"心智模式"能使人们以开放的方式体悟其认知方面的缺陷；建立"共同愿景"是为了培养成员对组织的长期责任感；而"团队学习"则是训练团队协同能力、产生整体放大效应的技术；最后，作为第五项修炼的"系统思考"乃是在强化以上四项修炼的基础上，实现"一种心灵的转换"，使每一个成员将自己融于团队、融于组织。

2.7

群体知识创造螺旋：关于"学习型组织"的知识论解说

圣吉的"系统思考"第五项修炼理论，与日本学者野中郁次郎和竹内广隆提出的"群体知识创造螺旋"理论有明显的相通之处。野中郁次郎和竹内广隆认为，一个组织中的"知识"，广义地，包括明晰性的知识和隐含性的知识两大类。明晰性知识是把隐含性知识外在化了的知识，是可以用语言逻辑证明、教授和传播的知识；而隐含性知识则是将明晰性知识内在化凝结于人体或组织实体之上，往往是"只可意会、不可言传"的知识，是来源于个人高度主观感悟和亲身体验或组织团队精神及行动经验、具有高度专有性而难以传播和共享的知识。所谓"学习型组织"，从知识论的观点来看，就是一种能够有效实现这两类知识转化、进行群体知识创造的组织。

关于一个组织中两类知识的转化，野中郁次郎和竹内广隆提出有四种模式（见图2-2）：

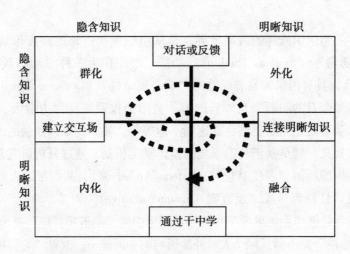

图2-2　知识转化模式与知识创造螺旋

——从隐含性知识到隐含性知识，即群化（Socialzation），通常是通过交互作用的、有助于成员共享经验和思维模式的"场"进行的，它产生的是"认同型知识"，诸如共同的思维模式和技术技能；

——从隐含性知识到明晰性知识，即外化（Externalization），通过有意义的"对话或反馈"来触发，其中适当的自喻或类比可以帮助成员将难以交流的隐含知识清楚地表达出来，外化产出的是"概念型知识"；

——从明晰性知识到明晰性知识，即融合（Combination），由新创造的知识和组织中其他部门的现有知识"网络化"而触发的，由此两种知识具体化为一种新的产品、服务或管理系统；融合产生的是"系统化知识"，诸如一个原型和新的部件技术等；

——从明晰性知识到隐含性知识，即内化（Internalizati），通过"干中学"来实现，它产生关于项目管理、生产工艺、新产品使用和政策实施的"运作型知识"。

野中郁次郎和竹内广隆认为，群体知识的创造就是隐含性知识和明晰性知识的一种连续和动态的交互作用。每一种知识转化模式所创造的知识内容自然是不同的，这些知识内容在创造知识的螺旋中彼此交互作用。例如，涉及消费者需求的认同型知识可以通过群化和外化变成关于一个新产品构想的明晰概念化知识；这样的概念化知识通过融合变成一个用来创造系统化知识的指导方针，如一个新产品概念主导着融合阶段，在这个阶段中新开发的知识和现有的技术结合起来产生一个"原型"；系统化知识（也就是对于新产品的一个仿制生产过程）经过内化，转变为面向产品规模化生产的运作型知识；而以经验为基础的运作型知识常常触发一轮新的知识创造循环，如用户在一种产品方面的隐含运作知识常常群化，并由此引发对现有产品的改进或创新。

在这种群体知识创造过程中，一个组织本身不能自我创造知识，群体知识创造的基础是个人的隐含知识，组织必须通过适当的激励机制调动个人创造和积累起来的隐含知识，而后才能在组织具备战略意图、个体自主性、波动即创造性混乱、信息冗余即要素多样性等启动条件时，通过四种知识转化模式，经历共享隐含性知识、创造理念、检验概念、建立原始模型和跨层交流新知识等五个阶段，使知识在更高的本体层次上具体化并从"组织"层面上加以放大，形成规模不断扩大的群体知识创造螺旋。

从知识转化的角度，组织的基本功能就是为组织成员和团队提供创造和积累知识的工作条件和适宜环境，使之能有效地进行群体知识创造。野中郁次郎和竹内广隆认为，日本公司在二战后之所以能够很快摆脱危机、取得战略竞争优势，其奥妙就在于能够连续地、渐进地和螺旋地进行这种独特的群体知识创造。在这个意义上，所谓学习型组织的"修炼"（Discipline），实质上就是如何将隐含于员工身上的精神创造力转化为群体性的知识创造力的过程。一个组织要具有连续不断地获取、积累、利用和创造知识的组织能力，就必须进行系统思考、整体修炼并形成群体知识创造螺旋，这是学习型组织运行和发展的战略层面和主轴基线。

从东方文化所追求的境界角度来看，"自我超越"的修炼实质上就是，将明晰性知识或他人与组织及组织外部的隐含性知识转化为组织成员个人的隐含性知识，即通过教育培训或边干边学把明晰性知识或他人他物的隐含性知识融于一个人的"个体"和"个性"之中，从而达到"身心合一"的精神境界；三个关键环节的修炼，就是要使组织成员达到一种"人我合一"的境界，凝结于个人身上的知识技能被"群化"并被整合为组织化或团队化了的人力资本；而"系统思考"所要实现的"心灵转换"，就是要求每一个成员将自己融于团队、融于组织、融于社会、融于世界，最终达成身心合一、人我合一和天人合一的"三合一"境界。只有到了这种境界人们才能真正"活出生命的意义"，而"学习型组织的真谛"正在于此。

由此，野中郁次郎和竹内广隆提出了"群体知识创造"的七项法则：

☐ 确立知识前景

公司高层领导应创建并向员工传达"留有余地"、没有限度的知识前景，即关于获取、创造、积累和开发利用知识的总方向、主要领域和战略重点。这样有助于培养中层管理人员和一线员工的高度责任感，使他们在工作岗位上从事的日常工作任务变得有意义，他们会对现有知识进行重组，有方向、有目标地自主追求新知识。公司高层管理者必须能以知识的眼力来看世界，激活组织内部每个成员的知识潜能去进行群体知识创造。

☐ 建立知识队伍

知识创造始于个人高度主观的洞察力、直觉和预感。为了培育丰富的洞察力和直觉，增强组织应变力，创造知识的公司必须使内部储备的人力资源多样化。而为了保证人才储备的多样性并保持个人的自由和自主性，公司应该提供包括项目负责人、功能专家、生产线管理人员和知识工程师等多样化的升迁机会。对于所有知识队伍成员要建立鼓励创新的绩效评价系统，允许他们犯"有意义的错误"，以他们尝试过多少新事物、新方法作为评价标准。

☐ 建造一线队员互动的高强度场

人类知识的创造和增长是通过在隐含知识与明晰知识之间社会性的交互作用而实现的，而精髓的知识创造发生在隐含知识转变为明晰知识之时，即我们的预感、感觉、想法、信念和经验转变为可以用正式的、系统的语言交流和传达的某种形式的时候。因此，创造知识的组织应该提供可以丰富直接经验来源的场所，即知识创造队员之间能够经常和大量地进行交互影响的环境，以使成员通过隐喻和类比创造"共同语言"，在队员之间或成员与外部市场之间进行"对话"，从而完成隐含知识向明晰知识的转化。

☐ 驾驭新产品开发过程

新产品开发过程是群体知识创造过程的核心，群体知识创造过程就好像是新产品开发的衍生物，一个公司管理新产品开发过程的好坏就成为群体知识创造过程能获得何等成就的关键性决定因素。为了能够成功地搞好新产品开发，公司必须注意遵循三个要点：一要有高度灵活而适宜的新产品开发途径，以适应新产品开发过程中大量重复性、动态连续性和螺旋交互式的试验工作特性；二要保证由一个自组织项目组来管理新产品开发过程，给予他们自主权并容许波动和创造性混乱；三要鼓励非专业人员加入新产品开发，以增加开发过程所需要的多样性和创新活力。

☐ 采取自中而上而下式管理

全体知识创造过程往往是由于一个组织内有紧迫感和危机感而触发的。如果一个公司设定一个远远超过其现时能力、富有挑战性的组织目标，或采取"在行动中反思"的方式来鼓励其知识创造队伍摆脱过去，这时就会在内部触发"创造性混乱"。而管理创造性混乱的最有效方式之一就是自中而上而下式管理。最高管理层提出公司前景"梦想"，而处于底层一线员工则盯着现实，在梦想与现实之间的缺口则要由中层管理人员来填平，他们将双方的隐含知识融会在一起，使之明晰化并将其体现到新技术、新产品和新计划中。中层管理人员在群体知识创造过程中起着"结合"、"桥梁"和"知识工程师"的关键作用。

☐ 转变为超常规组织

为了使公司具有连续而动态地获取、积累、利用和创造知识的组织能力，以及将这些知识进行战略性重组和整合以供机构内其他人或下一代应用的组织能力，必须进行组织结构变革，将公司转变为超常规组织。等级制是获取、积累和利用知识最有效的结构，任务组则是创造新知识最有效的结构；所谓超常规组织，就是要在这两层结构基础上，建立一个嵌植于公司前景、组织文化或技术之中的"知识基础"层次，其作用就是对隐含知识和明晰知识进行存储和重新解释；超常规组织最基本的核心特征则体现在，使知识创造队伍成员能够在三个层次来回转移，但在一个时刻只处于一个层次上。这样，既可以利用专业化提高知识创造质量，又可以为群体知识创造提供宽松的环境和多样化的机会。

☐ 建设一个与外部世界联系的知识网络

创造知识不是简单地处理有关客户、供应商、竞争者、社区或政府等客观信息的问题，而是通过社会交往激活外界利益相关者们拥有的隐含知识。通过双向对话引发客户心中隐含的需要图景，或触发一小群有创造力的"舆论领袖"的明晰知识，是这类知识创造活动的典型事例和关键环节。

2.8

小结：组织学习及学习型组织要义

组织学习，可以一般地定义为，组织适应外部环境而对自身行为进行权变调整，以达成自己特定生存和发展目标的行为。组织学习的过程，在一个生命周期的管理行为上，表现为"应急行为"、"理性行为"和"被迫行为"因应环境交替出现；而在广泛的社会生态学意义上，可以看做是"学习"（环上的组织状态即所谓"学习型组织"）与"运作"（环上的组织状态，可对应称做"运作型组织"）矛盾统一的自然历史过程。

在创业和形成阶段，组织学习表现为一种灵活的、权变的自适应行为，它是由一群具有原始"自我超越"精神和能力的人，在外部情景激发下"走"到一起，为了他们心目中某个共同的价值志向而凝聚驱动、随机互动和影响，从而在实干过程中试错性解决矛盾和问题。

在成长和成熟昌盛阶段，组织学习很大程度上是一种在稳定的外部环境中基于组织系统内部决策变量和规则而有序运作的适应性行为。在这个阶段上，组织往往是通过将历史经验权变推论而融入指导组织成员行为的"常规"里来进行学习的，这种常规包括组织所赖以建立和运作的形式、规则、规程、惯例、战略及技术等正式规则，也包括支持、诠释和影响正式规则的惯例、信念、范式、文化和知识等。

在鼎盛并走向衰落阶段，组织要获得新生，必须通过组织变革和管理创新，重新振兴学习能力。这时，组织需要进行有计划、有步骤的系统修炼，以修正其知识系统（组织意识形态或心智模式），以改善其对内外环境的理解和评估；组织学习的实质意义就在于，促使组织中隐含知识与明晰知识的有机转化，并在这种转化中有效地形成一种创造和发展群体知识的网络或螺旋。

从赫斯特组织双环（无穷号）生态模型来看，可以将组织学习状态分为运作型和学习型两种极端抽象化的典型模式。

"运作型组织"即处于赫斯特组织双环（无穷号）生态模型中运作环上的组织，也就是依照韦伯、泰勒和法约尔等传统组织理论所描述和分析的科层官僚等级制（Hierarchy / Bureaucracy）模式。其基本特征为：在稳定环境中从事例行工作；组织基本宗旨明确，但具体操作目标多元复合需要权威集中统一；技术以效率为本，文化系统崇尚非个人化的等级原则，成员以遵守纪律、照章办事、忠于职守、忠诚服从为己任；组织结构以专业化分工为核心，形成金字塔式的纵向层级命令—服从链和正式权威体系。

"学习型组织"即处于赫斯特组织双环（无穷号）生态模型中学习环上的组织，也就是以马斯洛、梅奥、赫茨伯格和温勒等人所阐释和描绘的现代开放型组织行为模式。其基本特征为：在不稳定环境中完成非常规任务；为实现共同认可的组织目标而积极自主地进行分工协作；组织技术和文化以目标为导向，强调成员个人独立自主、平等互动、责任分担、开拓进取；组织结构以工作团队为核心，形成扁平化的横向互动联系为主的非规范网络体系。

关于运作型组织与学习型组织的本质区别，我们可以进一步借助尼古拉斯·亨利关于组织的封闭模型与开放模型区分的四个层面来甄别[5]：

第一，运作型组织与学习型组织的最重要区别是面临的环境不同，或者说是对组织环境的认识不同。因为组织的生存和发展敏感依赖于其所处的环境，组织在环境中就如同在一个永远变化的蛛网或不断抖动过滤的筛子之中，只有适应蛛网或筛子而变化才能生存下去。面对稳定的、常规的环境，运作型组织可能是最适的组织模式和状态，在这种环境中学习型组织模式可能无法生存；同样，学习型组织可能是应对不稳定、变化剧烈的外部环境的最佳组织形态，而在这种环境中运作型组织很可能被淘汰。可以说，运作型组织与学习型组织在目标、技术、文化和结构上的差异，从根本上说来是因为其所面临或所认识的环境不同导致的。

第二，运作型组织与学习型组织的重要区别还体现在人性观或人性假定方面。运作型组织理论是建立在人性恶的假定基础上的，韦伯官僚组织理论产生的时代背景是"铁血宰相"俾斯麦统治时期，面对自负、愚蠢、贪婪、腐败的庞大官僚群体，建立理性、法制、效率、纪律的运作型科层行政组织显然是明智的选择；泰勒制（科学管理组织模式）下的施米特们是"愚蠢的"、"反应迟钝"、"视钱如命"、"像公牛似"的"机器般的人"（Person-as-machine），他们厌恶工作，缺乏主动创造性，只有在监督、威胁和命令下才会有效率地工作。而学习型组织理论对人性的假定截然不同，马克思、马斯洛、梅奥、赫茨伯格等都强调人的本质是社会的、自由的、具有能动性和创造性的，工作本身很可能是成员实现自我价值、全面发展的内在要求。

第三，运作型组织与学习型模式的区别还在于权威理念上的差异。权威意味着通过一定的控制（Manipulation）手段支配他人去干事。运作型组织强调使用直接的、强力的、法律的、物质的、命令的手段去操控人；而学习型组织正好相反，重视运用间接的、公开的、互动的、协商的、平等的、精神的、人本主义的手段和方法去激励人。权威是建立在强制性层级命令—服从链条上还是建立在民主自主平等基础上，是区别运作型组织与学习型模式的重要标志。

第四，运作型组织与学习型组织的区别还与组织的社会地位和功能认识有关。传统组织理论认为，组织的社会功能是通过理性的秩序、法制的规章、严格的控制取代非理性社会中的混乱状态，组织就是在无序社会中追求有序规则的单元，因此需要组织（官僚制）中成员忍受纪律约束、非人性的法律规制，以便为社会大众（公民、人民）的公共利益服务。学习型组织理论则认为，社会是由一个个组织构成的，在组织之外不存在什么非组织化、非理性的社会，所有个人都是"组织中人"，所有公民都是在组织中生存和发展的职业者，因此用外在的非人性化的手段去对待组织成员就是非人性化地对待所有社会成员，是不"道德"的或"恶劣"的，因而也是不允许的。

本书关于"现代组织学习型人力资源开发"的讨论，是在一般的组织学习意义上，以"学习型组织"（现代组织面临学习环上变革挑战）为时代背景，来研究现代组织如何在战略投资层面上进行人力资源开发，目标是能够让人们在操作方法和管理方略上以资通鉴。

注释：

[1] 施良方著：《学习论》，人民教育出版社 1994 年版，第 5 页。

[2] 关于各门主要社会科学对于"组织学习"的理论研究脉络和进展情况，有兴趣的读者可参见迈诺尔夫·迪尔克斯等主编《组织学习与知识创新》（上海人民出版社 2001 年版）的第一部分文献。

[3] David K Hurst：*Crisis and Renewal*：*Meeting the Challenge of Orgnazitional*。Harvard Business Press，1995。中译本见中国对外翻译出版公司 1998 年版。后文有关引述不特别注明者皆出此著。

[4] 管理界普遍接受和推崇关于"学习型组织"（Learning Organizations）的概念及设计与变革理念，应归功于彼德·圣吉（Peter M. Senge）。他被美国《商业周刊》推崇为当代最杰出的新管理大师之一，于 1990 年发表《第五项修炼：学习型组织的艺术和实务》（*The Fifth Discipline*：*The Art and Practice of the Learning Organization*，New York：Doubleday Currency，1990），其中译本由郭进隆翻译，上海三联书店 2000 年版。日本学者野中郁次郎（Ikujiro Nonaka）和竹内广隆（Hirotaka Takeuchi）的观点见其著《创造知识的公司》（*The Knowledge-Creating Company*：*How Japanese Companies Create the Dynamics of Innovation*，New York Oxford：Oxford University Press，Inc. 1995），科学技术部国际合作司中译本。下面有关介绍内容皆出自这两部著作，不再一一注释。

[5] 见尼古拉斯·亨利：《公共行政与公共事务》，华夏出版社 2002 年版，第 60～66 页。

3

学习型变革：构建人力资源开发体系

为了弄明白为什么进行
持续的重大变革如此难以实
现，我们需要更多地从生物
学家而不是管理者的角度进
行思考。

彼得·圣吉

　　处于运作危机状态的组织意欲重新获取学习能力，必须围绕环境适应性这个核心问题，从文化和技术两个层面入手，大刀阔斧地进行组织结构变革。其基本方向及趋势，概括地说，就是：在不稳定环境中以非常规任务为导向，为实现共同认可的"愿景"目标而积极自主地进行分工协作；组织结构以工作团队为核心，形成扁平化的横向互动联系为主的非规范网络体系；组织文化氛围和技术基础以"民主互动、开拓创新"为主导原则和特色。通过这样一系列创新和改革举措，建立起适应组织学习的人力资源开发系统。依托这样的系统，在知识化（后工业化）的市场经济环境中，组织可以积极而成功地将人力资源开发作为一种战略性投资来进行，从而获取并保持组织赖以生存和可持续发展的人力资本战略竞争优势。

3.1

目标导向愿景化：组建战略激发性领导系统

　　组织变革需要以"解放思想"为先导。组织目标是描述组织存在价值、使命、经营宗旨和主要任务的指示性系统。所谓"战略目标"，就是考虑了外部市场竞争环境情况的长期性、全局性努力方向，组织变革是由组织的战略目标调整导向的。组织结构有其固有的稳定性和运作惯性，而且其变革涉及组织中所有成员、部门和层级方方面面的利益关系，因此必须有高层管理者在战略层面发动和全员参与配合，同时结构本身又有某种相应的创新杠杆或机制，组织变革才能成功达成。

　　一般说来，任何组织，包括工商企业，作为"社会的器官"，都是为社会而存在，为了对外部做出贡献，为了供给产品和服务并满足组织外部的社会成员需要，而存在和发展的。因此，在现代社会中，任何组织的管理者，时刻都要牢记、永远也不能忘记的一件事情就是：其组织运作对民众、社区、经济发展和社会进步的影响，并能自觉地承担起应有的社会责任。从组织所承担的"社会责任"出发进行检核，就会发现组织为什么而存在的真正原因和意义，从而提炼和确认出组织的真正使命，使组织有了长期持续发展的方向和指针。特别是当一个组织获得初步创业成功时，及时提出并回答这一基本问题，是管理当局的重要职责，也是决定一个组织持续发展和成功的关键因素。

　　组织宗旨和使命的确认要"由外向内"思考问题。德鲁克认为，组织的宗旨只有一个定义，这就是顾客。这是因为，任何组织都是为满足客户需要而存在的，要回答"我们的组织是什么？"的问题，只有从外部、从顾客和市场的观点来看，才能找到答案。组织使命可以通过检核如下问题而认定：

——谁是以及谁应该是我们为之服务的客户？客户在哪里？

——客户的价值需要是什么？

——经济发展、社会进步和文化变迁使客户和市场发生了什么变化？

——我们将凭借什么独特的核心理念和竞争优势来应付这些变化？

在检核以上问题的基础上，需要进一步确认长期指导组织行为、在任何情况下都不能放弃的核心价值观究竟是什么。核心价值观是一种关于企业所承担"社会责任"的深刻认识，是一种关于组织生命意义的敏锐判断和凝练概括，是长期指导和激发员工待人处事、企业经营管理和市场竞争等组织行为的永恒准则。核心价值观作为组织的"灵魂"，它不是由专家根据逻辑推理"论证"出来的正确结论，而是由具有企业家精神的组织领袖在带领成员奋发实践中，借助理性但更主要是内省自悟出来的"主观信念"。

因此，组织核心价值观的确认和形成，要经由组织领袖和高层管理者激发，借助（也仅仅是"借助"）外部专家客观指点，但主要是经过全体成员长期互动、民主沟通和充分讨论。根据核心价值观，进一步追问：组织现在和将来应该永远固守并追求卓越的事业究竟是什么？最后以精练的、不致产生歧解或使所有成员都能够明白其操作性含义的通俗语言或业务术语，将之表达和描述出来，就是"愿景目标"。愿景目标是组织成员基于"祖训"即永恒不变的信条而行事的基本方针和行为准则，是实现组织使命的"指路明灯"或"标度盘"，战略目标愿景化也是学习型组织战略变革的主题内容和核心路线。

"再造工程"（Reengineering）是目前流行于欧美国家管理界的新理念，它是管理学家借用电子行业术语来描述以互联网为技术基础的新经济时代背景下组织所面临的战略性变革特性。这种战略性组织变革特性就是：以全新的"由外向里"思考问题方式，重新审视和评估组织业务流程，找出发挥组织独特优势的关键价值环节，以工作团队为基本单元组建横向型动态网络结构。要实施组织战略性变革，首先要做的事情就是"摆脱过去"，克服变革阻力。变革的阻力可能来自个体的习惯势力、安全需要或对变化的恐惧尤其是出于保护既得利益等，也可能来自群体的惯性，变革推动者应以"众望所归"的领袖角色出现，通过教育、沟通、谈判、强制和民主参与机制来克服变革阻力，以使组织尽快摆脱过去进入新状态。

从组织学习动力系统来看，面临潜在危机和振兴任务的组织变革，需要有"众望所归"的领导系统进行战略性激发。所谓"众望所归"（Charismatic），是指能够代表广大民众或某一群体意愿或价值取向，并以普遍认可的方式和途径号召并带领大家去为"愿景目标"而奋斗。"众望所归"是任何"好的"或"坏的"社会性变革和创新活动都具有的特征，它既与"最激动人心"的事件有关，也与"最令人胆寒"的灾难相连。一个现代组织的"学习型变革"应该通过适当的民主制衡机制，使"众望所归"的领导系统具有正面的价值驱动和精神创造效应，而避免和克制专权独断、损害大众利益的行为倾向。

很多组织往往是在"丧钟"已经敲响的情况下才不得不变革，这时往往为时已晚，即使能够成功也是事倍功半；而在危机还未凸现时又很难启动改革，尽管这时成功的可能性会很大而且往往是事半功倍。面对这样的悖论情景，一个组织如果能够建立和形成"众望所归"的战略激发性领导系统，这对于组织变革的成功实现就具有关键决定意义。按照赫斯特的说法[1]，在学习型组织变革过程中，管理者的角色如同园丁，其职能不是"拔苗助长"，而只能是"放任自长"，即创造最佳条件使植物天生的自组织能力得以发挥。具体地说，管理者要采取三步行动：

☐ 行动一：创造危机

为了避免遭受"自然灾害"，使组织在意外危机中丧生，管理者必须事先有意地"制造危机"，在经营业务看上去还很顺利但已经日益趋向保守的组织内部烧出一道"放火线"，打破组织生命周期最后阶段里束缚创新的有害制约因素——诸如：有可能奖励故步自封行为的薪酬体系，可能已经严重扭曲和滞后误导的信息系统，已经事过境迁的"既定"行事准则，只具有维持现状而无创新应变能力的专业化管理机制，等等。

1980 年，韦尔奇继任通用电气公司的 CEO 时，虽然也存在一些经营上的问题，公司股票价格低迷，但没有出现有目共睹的危机甚至在可见的将来可以说是"毫无危险"，但以韦尔奇为首的领导团队已经看到公司在官僚体制维持下所面临的潜在危机，有意地通过"标杆管理法"等举措将外部同行业的先进经验和创新精神注入到组织内部，并在内部进行战略性激发，故意"制造危机"，唤醒沉睡中的组织成员奋起变革，有条不紊地"烧掉"一些当时还很盈利但很快将衰败的成熟业务，使新的业务种子能够获取充足营养而茁壮成长起来。

☐ 行动二：言出必行

随着危机产生自然会出现一种"无所适从"的混乱局面，但这是一种"有道的无序"，即为组织振兴而创造的可控混乱局面。这时，领导系统就要对未来做出"众望所归"的展望，明确提出组织所期盼的行为是什么，并与成员一起全力以赴地投入到自己所倡导的实际改革洪流中去。

　　生气勃勃、足智多谋、反应敏捷、民主平等、集体主义的英雄式领袖集团，对于学习型组织变革的战略性激发意义就在于：他们创造出一个能够让人们在其中自组织起来的环境。"众望所归"的领导角色是：他们在引导民众同时又被民众所引导，他们不是在后面通过发号施令驱使，而在前沿激发精神、统一意志、率先引领人们不断前行；他们通过以身作则的行动，树立和传播典型的模范事迹、共同的价值观、对未来的共同信念和自我超越的集体主义精神等，来建立责任感和信任关系，利用组织归属感带来的自尊和自豪来凝聚人心。

　　在学习型变革过程中，管理者自己的一言一行就是振兴和变革行为的角色样板，通过自身的"行为"而不是"语言"示范出组织期待的行为来。正如赫斯特所比喻的："管理者是厨师同时也是配料，每个振兴菜谱（即规划）的最后一步烹饪程序必须是：'将你自己投入菜里'。"[2] 为了在需要变革的时候能够及时组建"众望所归"的战略激发性领导系统，一个组织最好能够保持一种宽松、宽容和弹性的环境，以便给那些不循规蹈矩的"异端分子"留下必要的生存空间。

行动三：培育环境

　　在振兴周期的第三个阶段，"众望所归"的战略激发性领导系统面临的基本任务，是培育和维持一种使学习活动在组织的所有层次上得以开展的压力环境。在这样的环境中，人们有广泛的空间和机会进行面对面的对话交流；人人都是听从情势而自我引导的多面手，能够在工作过程中获得充分信任和授权，自主地学习、探索和解决新问题；每个人、各个工作团队之间的关系都是开放性的、弹性的、互动性的和互相依赖的，知识和资源可以共享，组织各个层次上的学习和创新行动都具有合法性。

　　"众望所归"的战略激发性领导系统必须能够了解情势，通过处理矛盾、平衡关系和权衡利弊，把握变革节奏，在组织内把所有力量创造性整合起来："他们有时理性化，有时受到制约，经常不知所措，但永远不会束手无策——他们深深理解一切有生命的系统都必须经历创造和毁灭的自然循环。"[3] 在组织变革和振兴过程中，对于何时应该行动而何时应该等待，何时应顺水推舟而何时应逆流而上，何时应该走前人的路而何时应该闯出新路才能前行，"众望所归"的战略激发性领导系统必须具备基于价值导向的敏锐感觉。

　　总之，"众望所归"的战略激发性领导系统需要具备三个方面的基本职能：一是开拓创新，为组织创造未来。正如德鲁克所指出的：组织总是由并非永久存在的人创建的，但一个组织必须超出个人或一代人的生命期间而继续存在，以便对经济和社会作出其贡献;[4]因此,"众望所归"的战略激发性领导系统一个最重要、最中心的任务就是:使目前已经存在、特别是目前已经取得成功的组织在未来继续存在并取得成功。二是价值驱动,为组织建立共同愿景。为了使组织在未来能够持续发展,"众望所归"的战略激发性领导系统需要基于共同的价值观为全体成员描绘出清晰的愿景目标,并通过身体力行的行为激发大家为组织愿景而奋斗。三是战略协调,为组织提供适宜的创新环境。审时度势,平衡和协调利益关系,化解矛盾和冲突,为组织所有成员和各个层次上的全方位学习和创新提供宽松适宜的条件及环境。

3.2

组织结构变革:层级扁平网络化与运作弹性虚拟化

任何组织都是由"命令链"(Chain of Command)连接起来的科层体系。控制层级描述的是在组织中成员之间是一种什么样的命令—服从关系,决策是集中还是分散,谁对谁负责或报告传递信息,以及权威控制的跨度有多大。显然,在其他条件既定的情况下,命令—服从链越长、控制跨度越窄,组织层级越多或越陡峭,组织管理人员与一般员工的比例相对越大,同时如果组织"集权化"(Centralization)的程度较高,决策和信息传递速度就越慢,越难于顾及微观多变的信息和情况,下属自主性往往越小;相反,命令链较短、控制跨度越宽,组织层级越少或越扁平,组织需要的中间管理人员相对就较少,同时如果组织"分权化"(Decentralization)的程度较高,决策和信息传递速度就较快,有利于充分调动和有效利用组织"各方面的积极性"。学习型组织结构变革在控制层级上的基本方向就是扁平化、分权化和网络化。

为了提高对外部环境的应变能力和速度,使组织具有学习功能,组织结构变革必须大刀阔斧地精简高层职能机构,缩减中间管理层级和中层管理人员,向下充分授权,加强横向交流,变传统纵向金字塔式科层结构为横向扁平化结构。进而需要淡化组织边界,并通过环形化组织设计和机构重组,使组织形成犹如生命体那样的网络结构,形成向外部环境多元伸触感应的触角,具有可渗透性、柔性化的信息及能量交流功能(见图3—1)。

网络型组织结构是经年累月自然选择的结果,它具有应对复杂环境、灵敏适应环境变化的学习功能,具有以局部功能故障和受损来替代或避免整体系统危机

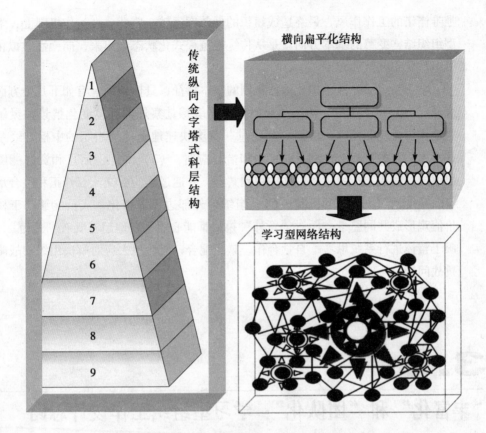

图 3 – 1 学习型组织结构变革：控制层级扁平网络化

的旺盛生命力。在这样的架构下，每个组织都呈现一种复杂的、非线性的多维网络形态，它们与外界环境融为一体，并在整体上形成相互依存、和谐有序的"生态系统"；学习型组织就是在这样的"学习环境"中不断地"学习"的，生态系统如同"箩筛"，它框定并不断地"抖动"着，组织在其间适应情景而变形、调整、革新、振兴和发展，演绎着优胜劣汰的悲喜剧。

运作机制描述的是一个组织的日常维持和运作状态，在多大程度上是依靠标准化的工作程序或明文的规章制度来规范和协调的，而又在多大程度上是通过随机的"现场干预"或自主调节来完成的。

在传统高规范化运作的组织中，同类工作往往是以统一规定的工作程式来进行的，工作内容和要求被详尽的工作说明书加以描述和规定，员工行为及其奖惩激励都一概"照章办事"。这样，运作规范化容易做到：分工清楚、责权明确，规则公开、机会均等，奖罚分明、公平合理；员工行为有明确的预期，管理者省去许多事务麻烦，容易避免"窝里斗"等非生产性寻租行为或 X 效率损失。但是，建立专业化分工基础的规范化运作机制往往不具有应对变局的灵活性，处处照章办事，条条框框约束，一来二去必然形成官僚主义的僵化模式和按部就班、唯唯诺诺的工作作风，最终造成组织的低效率运转。鉴此，在运作机制上，学习型组织结构变革的基本方向就是从传统规范程式化状态走出来，向弹性虚拟化有机运作状态调整和转变。

学习型组织弹性虚拟化运作机制的基本特征，具体地说，有如下几个方面的表现：(1) 每个成员、团队和部门都能够敏感觉察外部环境变化情景并灵敏自主地作出反应和调整，任何"坏消息"都会快速地上传到组织的中枢神经系统并经由适当的执行层得到及时控制和恰当应对；(2) 知识、信息和资源能够在组织成员间或工作团队和群体中得到共享，并通过实验、交流、修正和整合形成有效系统地解决问题的机制；(3) 组织内外部边界虚拟化，成员能够基于核心价值观形成共同愿景，面对"意外"挑战都能心照不宣地超越既有"规范"，着眼于整体进行系统思考，自觉合作、默契配合，灵活地去应对解决组织的战略性挑战问题。

3.3

"丰富化"和"团队化"：学习型组织工作设计思路

现代组织的学习化再造，意味着工作理念和工作方式的全新变革。在动态网络性组织结构中，专事重复性操作的"工人"会逐渐消失，"工作"将不再是某种"个体劳动"而是意味着"集体创造"活动，工作场所作为人类活动的"主空间"将会更加生活化、内在化和人性化，"工作生活"将被赋予更加深厚的人生价值意义，以"团队"为核心的激励性工作体系将成为主导学习型组织运作的基础架构。

在传统的部门制结构中，工作被分解和细化为单一的标准化和专业化操作，工作者间的关系被既定的工艺过程或作业流程严格界定。在工作设计时，每"份"工作都通过书面文件的形式规定它所隶属的部门、工作性质、职责范围及资格要求等，以便工作者"有所适从"，并作为监督管理和绩效评估的依据。这种工作设计的突出优越性是能够取得规范的专业化分工好处和技术操作效率，但由于它与人的自主性、能动性和创造性等天然本性相违背，自然会使组织大大丧失社会性协作方面的好处或非技术性效率，从而会导致组织横向协同差、趋向保守和缺乏应有的灵活应变力。

为了增加工作的激励效应，一种传统的改进做法是实行工作轮换。工作轮换是在原有专业化分工框架维持不变的情况下，按照事先确定的周期使员工在不同但相近的工作岗位间变换，以缓解操作单调带来的厌烦感，使员工"一专多能"具有较强的工作适应性。这种改良做法在日本很多企业中被广泛采用，效果很好。再就是进行工作扩大化设计，其典型做法是：在水平方向上扩充工作任务和操作内容，增加工作定额要求，减轻工作节奏以缓解工作压力等。无论工作轮换还是扩大化设计，都是对传统专业化工作设计的改良做法，没有真正触及工作的内在激励特性。因此，赫茨伯格认为，这只是"用零代替零"或"用零加零"的无意义设计，真正的激励性工作设计是在纵向上扩大工作内容即"工作丰富化"。

❏ 工作丰富化设计思路

在赫茨伯格等人激励因素论的基础上，一些行为科学家提出了一系列关于工作激励特性的理论描述模型[5]。他们认为，工作的任务特性，如复杂性、挑战性等，以及人们对这些特性的主观评价是褒扬还是针砭，对于员工的激励效应关系极大。员工对工作是否感兴趣，一般存在三种层次的心理判断：首先要看工作是否有意义，这要取决于他们对前三个特性，即技能多样性、任务完整性和价值重要性，所做的主观判断；其次要看工作是否具有挑战性，这就要看他们如何判断工作所具有的决策自主性了；再次要看工作能否带来成就感，这显然与反馈灵敏性的工作特性有关。为此，工作丰富化设计可以采取如下五个基本思路来设计：

——重组任务，将零散的、相关联的工作任务组合起来，使之成为一种新的、内容更多的工作单元，以增加工作技能的多样性；

——加大责任，使工作内容扩展到"自然边界"，让员工负责有独立意义的整个工作单元，以强化"主人翁"责任感；

——面向客户，重建员工—客户关系，使员工更直接面对客户，这样可以提高员工工作的应变性、自主性和绩效反馈的灵敏性；

——纵向扩权，将以前高层管理者的责任和控制权下移给员工，扩大授权范围，以增强员工工作的自主控制能力；

——直接反馈，保证员工本人在工作过程中就能够直接得到有关工作绩效的信息反馈，而无须通过上司间接评估。

值得一提的是，工作丰富化设计发挥激励作用是有条件的。首先，"保健因素"的满足是工作丰富化设计的前提条件；其次，工作绩效低下主因在于"激励因素"不足，工作本身存在丰富化的潜力，是工作丰富化设计的必要条件；此外，员工认可、经济技术可行以及不存在其他更好改进途径等是工作丰富化设计的现实条件。

　　此外，工作时间的弹性安排，对于调动员工的主动性和积极性，也有重要激励作用。因此，实际中很多企业，也往往通过调整工作时间，如缩短工作周和实施弹性工作制等，来强化工作的激励效应，是激励性工作设计的重要辅助手段。

☐ 工作团队化设计思路

　　在组织中，成员可能由于命令链、层级关系、共同利益或友情等而组成一定的正式或非正式的"群体"（group）。两个及以上相互依赖的个体组成正式的"工作群体"（work group），如生产车间、行政办公室、销售门市部、研究开发处等，往往是由于工作性质相同或相似而被"放"在一起的，这样就形成了传统组织中以工作专业化分工为基础的纵向部门制结构。被科层命令链串结和区格的部门中，群体成员聚合在一起互相帮助，可以共享资源和信息，这样会产生某种"规模效应"使成员更"经济"或更有效地承担起共同的职能和责任。但是，在这样的工作群体中，成员不一定需要、有机会或能够参与需相互配合和共同努力才能完成的集体行动，往往难以产生一种积极的协同效应或整合作用。

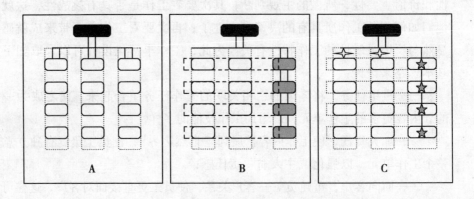

图 3 - 2　组织结构横向团队化演变及再造

　　为了弥补纵向职能制部门的缺陷，很多现代化的大公司，如 GE、摩托罗拉、丰田等，都纷纷大刀阔斧地进行工作团队化的组织变革。一般的做法和变革过程为：先是借助跨职能的信息系统，或设置专职联络员或整合员，沿横向设置"事业"部，以叠加、改善原来的工作流程和结构（见图 3 - 2B）；进而，围绕问题、项目或任务等组成"工作团队"（work team），以彻底重组原来的工作流程和结构，从而增强组织横向联系和对外部不确定性的应变能力（见图 3 - 2C）。

　　工作团队与传统纵向部门中的工作群体不同之处在于，它是围绕特定问题、项目或任务等而组成的目标导向群体，需要有凝聚成员协作、协同或合作的"集体主义"精神，通过其成员的积极协作和共同努力能够获得远大于个体成员绩效总和的整合绩效水平。工作团队化已成为现代企业组织变革的基本趋势。工作团队的组建和运作具有灵活、快捷的组织优势，有利于组织更好地配置和整合其人力资源来应变瞬息万变的市场环境，从而使组织能够在不增加人力资源存量的情况下大大提高组织绩效产出水平。

工作团队的组织形式多种多样。解决问题型团队（Problem - solving Teams），是工作团队的一种初级形式。其成员有的是来自同一个部门，通常由5~12位职责范围部分重叠的员工及主管人员组成，更多的时候是由不同部门的代表组成，实际上是一种围绕某一特定问题、特别是跨部门问题而组成的任务组或临时工作委员会。他们或是每周用几个小时的时间来碰碰头，或是以某一事业部的专职整合员为龙头形成较规范的研究合作小组，共同讨论研究诸如怎样提高产品质量、生产效率或改善工作环境等问题。在这种工作团队中，成员就如何改进工作程序和工作方法互相交换看法或提供建议，但这种团队几乎没有独立权力根据这些建议单方面采取行动，因而在调动员工参与决策的积极性方面显然存在很大局限性。

自我管理型团队（Self-managed Work Teams），是新兴横向学习型组织结构的基本工作单元，是一种具有真正独立自主权的工作团队，团队不仅要研究存在的问题，而且制定和执行解决问题的方案，并对工作结果承担全部责任。团队可以挑选自己的组成成员，通常由10~15人组成，他们承担着以前由主管上司所承担的一些责任，如制定工作节奏、分派工作任务、安排工间休息以及在成员间相互进行绩效评估等。这样，部门经理责任下放，员工具有很大的工作自主性和积极性。这种工作团队的基本特性体现在如下三个基本方面：（1）团队拥有完成整个工作任务所需的物质资源、信息资源和其他条件；（2）团队成员拥有互补的专业化技能和综合性技能，可以整合设计、生产和营销等方面的职能去完成团队目标和任务；（3）团队拥有自主决策权，独立进行目标规划、实施步骤、过程监控、绩效评估和外部协调等。

综合功能型团队（Cross-functional Teams），是一种不仅跨越纵向的职能部门而且跨越横向的事业部门组成的高效工作团队，其成员一般由来自不同工作领域（职能部门或事业部门）的员工组成，以完成临时性的某项攻坚性任务为目标。这种多功能综合的工作团队是现代公司、特别是制造企业普遍采用的一种有效的组织运作方式。它通过组织内（甚至组织之间）不同领域员工相互交流信息、互动学习，激发新观点，解决面临的特殊难题，协同攻克复杂的研究课题和开发项目。但是，多功能团队在其形成的早期阶段，团队成员往往要消耗大量的时间才能学会处理复杂多样的工作任务，尤其是要在那些文化背景不同、经历和观点各异的成员之间，建立起信任并能真正地协同合作，需要付出更大的努力和耐心。

有效的工作团队建设，首先须有适当的人员搭配。团队的规模一般不应太大，按照经验，如果团队成员多于 12 人，相互交流就会遇到障碍，很难达成一致意见，从而难以形成凝聚力、忠诚感和相互信赖关系，这样也就难以顺利开展高效率工作。同时，在人员组成和有效配置上，一个工作团队需有不同技能类型的人互补：一是需要有技术专长者；二是需要具有解决问题和决策技能，能发现问题、解决问题，并权衡各种建议，然后作出有效选择决策的成员；三是要有若干善于倾听反馈意见、解决冲突及其他人际关系技能的协调人员。此外，人们的个性千差万别、各有不同，如何使成员的工作性质与个性特点相匹配，是提高工作团队绩效水平的又一关键问题。团队成员不同于正式组织结构中的"岗位"或担任特定的"职务"，他们在团队中各自扮演一定的"角色"。角色不是由工作合同、职务说明书或岗位规范明确规定的，而是根据各人的天赋爱好、技能特长自觉地经过磨合形成的，是在面对和挑战不断出现的新情况、新问题并以合作精神来处理解决这些矛盾和问题的过程中逐步形成的。

其次，有效的工作团队要具有一个大家共同追求的、有意义的目标，它能够为团队成员指引方向、提供推动力，让团队成员愿意为之贡献力量。高绩效团队的成员通常会用大量时间和精力来讨论、修改和完善一个在集体层次上和个人层次上都被大家接受的目的，这种共同目的一旦为团队全体成员所接受，就能起到指引团队工作方向的作用。同时，成功的团队会把共同目的转变成为具体的、可以衡量的、现实可行的绩效目标。

再次，工作团队存在的一个主要问题是"搭便车效应"。在团队中，由于个人贡献往往无法直接衡量，个人可能会隐身于群体中，在集体努力和绩效的基础上成为惰化的一员。因此，只有团队的协同整合效应明显大于搭便车效应，工作团队才是有效率的。这就涉及个人及团队绩效考评问题。因此，高绩效团队必须通过恰当的激励约束系统，包括团队奖金、利润分享、股票期权等团队奖励，行为规范约束，以及竞价选任、工作轮换、竞争机制及相互评判等制度安排，使其成员在集体层次和个人层次上都为团队的目的、目标和行动方式承担责任，来最大限度发挥互补性、专业化、信息共享及相互学习等正面效应，而最大限度地消除职责权益不清造成的搭便车倾向。

此外，培养团队信任感是提高工作团队绩效的又一个重要方面。高绩效团队的一个共同特点，就是团队成员之间相互高度信任，彼此相信和认可各自的人格正直、个性特点及工作能力。在工作团队中，这种信任往往很脆弱，一旦被破坏很难再建，且有正负强化效应，须成员长期一贯地以各自的正直、能力、开放、忠实去培养，并小心谨慎地加以维持才能达成。值得注意的是，组织管理者对团队领导信任关系是团队成员之间形成相互信任关系的前提，管理者培养团队对其信任感须注意：表明你既是在为自己又是在为别人的利益而工作；成为团队的一员，用言语和行动来支持你的工作团队；开诚布公说出你的感觉，让人们充分了解信息；决策或行动客观公平；表明指导你进行决策的基本价值观是一贯的；保守秘密；表现出你的领导才能。

高效工作团队的最高境界是形成有高度凝聚力的"团队精神"。这种精神一般具有如下规定性：团队成员拥有共同的信念和一致价值观，都了解相互依赖、协同合作的重要性，并清楚无论是个人还是团队目标必须团结一致、齐心协力才能圆满完成；团队成员具有默契的心理契约，对团队具有强烈的组织归属感和主人翁责任感；鼓励每个成员培养自己的技能，保证他们都能够以自己的独特优势和互补性的技能，积极、主动、创造性地为实现团队目标而努力工作；团队具有和谐的人际关系和相互信赖的人文气氛，成员之间可在公开场合与诚恳氛围中进行交流沟通，相互尊重，鼓励公开表达各自的想法、意见，共同探讨工作中存在的问题及解决办法；在团队中，人们把矛盾冲突看做是工作互动过程的正常现象，而且是获得新点子与创意的基本途径和方式，遇到矛盾和问题时具有较强的自我控制和解决问题的能力，能建设性地快速化解矛盾和冲突并达成解决问题的一致行动。团队精神的形成不是一蹴而就的，其形成和发展要经历准备、困扰、成型、行动、强化等一系列不同阶段的修炼。

3.4

建设"知识创造队伍"，构筑创新型人力资源开发体系

如果将组织看做是一种社会性的信息系统，而将知识广义地理解为"人"的一种"经过证明的真实信念"，那么，学习型人力资源开发就可以看做是组织中的人通过"相互作用"而进行"群体知识创造"的过程。

按照野中郁次郎和竹内广隆的观点，"知识"与"信息"不同，它不仅是发现、袒露和解释客观事物的"新观点"，而是"经过证明的真实信念"，是关于人的信念、承诺、行为等具有价值意义的信息，它要"依靠扎根于信息持有人的信念和承诺的信息流而创造出来"。所以，"从严格的意义上说，知识只能是由个人创造的。没有个人参与，一个组织无法创造知识。组织可以支持有创造性的个人或为他们提供创造知识的环境。因此，群体知识创造应该理解为'有组

织地'将个人创造的知识放大，并将其具体化为群体知识网络中一部分的过程。"[6]在这个意义上说，组织人力资源开发的基本目的和任务，实际上就是这样一种组织能力修炼行为：将凝结和隐含在组织成员个人身上的知识和技能（人力资本），通过外化、内化、群化和融合等转化形式传播开来，使之以较高的"附加价值"体现在产品、服务及顾客满意度等组织产出系统中。组织人力资源开发的实质意义，最主要的还不是体现在如何利用各种手段和途径尽量增大组织成员个人创造知识的能力（即提高个人人力资本水平）上，而最为关键的环节乃是通过外化、内化、群化和融合等知识转化途径将已经凝结和隐含在组织成员个人身上的知识和技能（即人力资本），进行"群体知识创造"，从而获得高"附加价值"的组织产出成果。

从"群体知识创造"的角度来看，人力资源开发就是将员工作为一种"知识工作者"[7]群体去开发他们的知识创造力。野中郁次郎和竹内广隆将进行"群体知识创造"的知识工作者分为三类人，即知识操作从业者、知识中介管理者和知识战略领导者。基此，"群体知识创造"型人力资源开发体系相应地可以分为三个子系统，知识操作从业者人力资源开发、知识中介管理者人力资源开发和知识战略领导者人力资源开发。

❏ 知识操作从业者

知识操作从业者是在具体工作场景中直接进行知识积累、更新和创造的知识工作者群体，具体包括业务操作人员和专业工程人员两大类。

业务操作人员，包括一线生产工人、生产线管理员、质量监督员、技师、市场推销员、职能业务员等，他们处于业务实际操作岗位上，通过"手脑并用"亲身体验和积累隐含知识（经验和技能）。例如，汽车制造公司的试车员，他们往往具有丰富的驾车技能和经验，熟悉不同车型的技术性能和感性特点，了解不同国家、地区和市场上消费者个性化需求——包括他们的生活方式、开车习惯、风俗和购买力等，这些人可以利用自己日常积累的隐含知识为汽车产品设计和改进提供良好的知识创造基础。

专业工程人员，包括研发科学家、工程设计师、软件工程师、战略规划专家以及财务、人事、法律和市场等方面的研究专家，他们处于相关的知识创造专业领域，主要通过"脑力劳动"（将自己身上的隐含知识外化）来调动利用并创造可以量化处理的明晰知识。在群体知识创造过程中，一些担负公司科研攻关项目的跨职能型团队中的成员，大多都属于这类人员。

知识操作从业者需要开发和具备的技能包括：丰富而广阔的业务知识和经验，娴熟的业务操作技能和专业研究能力；强烈的自主意识和工作责任感，以及在工作中脚踏实地、精益求精的敬业精神和创新热情；与外部客户群体、内部团队成员进行平等对话、自由交流和畅快沟通的处世态度，以及相应的人际交往技巧和能力。

知识战略领导者

知识战略领导者是基于组织基本宗旨和核心价值观，站在组织总体可持续发展战略的高度，把握和指引知识创造基本方向，提炼和确定知识创造愿景目标，提出和制定知识创造价值标准的知识工作者群体。如果说，知识操作从业者所做的是"Know What"的工作，那么，知识战略领导者负责的工作就可以说是"What Should Be"。

知识战略领导者的基本任务就是：把握和指引组织知识创新的基本方向，提炼和确定知识创造愿景目标，提出和制定知识创造价值标准。他们要特别清楚组织之所以存在的社会经济价值以及成长和发展的根本宗旨，以及组织需要固守的、无论在何时都不能放弃的核心价值观和基本原则究竟是什么，并且要用精练的、涵盖组织各个业务领域共同性征的通俗、抽象语言将之表达和描述出来。知识创造愿景的阐释要"清晰而含糊"，所谓"清晰"是指价值志向或指导思想单一而明确，所谓"含糊"是指在具体操作策略、实现路径上具有开放的、多样的弹性，故意"留有余地"以便为知识创造群体留下自由发挥的空间。知识战略领导者还要在战略上决定支持还是放弃、促进还是延缓哪些创新项目或规划，以及衡量这些规划是否吻合组织目标价值的定性和量化标准。

知识战略领导者需要开发和具备的技能主要包括：对知识创造趋势和前景的高度战略洞察力，赋予组织知识创造活动以方向感的能力；激发和总结组织核心价值观，向组织成员传达知识创造愿景目标以及营造共同文化氛围的能力；根据准则或标准判断知识创造价值以及选择项目或规划方案及其团队负责人的能力；善于树立"胆大包天"的挑战性目标在组织内部进行"创造性破坏"，并以身作则激发和带领组织成员投身并献身知识创造工作的能力；指导、统揽并整合管理知识创造全过程的能力。

知识中介管理者

知识中介管理者是群体知识创造系统的中坚力量，是介于高层战略领导者与基层操作从业者之间起桥梁或纽带作用的知识工作者群体。他们将高层战略领导意图转化为基层操作从业者可以"听懂"、感受、领悟的业务术语或概念模型，使战略领导落实在"活生生"的实践基础上，同时也使实际业务操作和工作实践有了"灵魂"或"指针",从而使知识创造得以实现。

　　知识中介管理者整合高层知识战略领导者和一线知识操作从业者的隐含知识(人力资本),使之外化为具体可以"捉摸"或"意会"的明晰知识,并进一步协调和促进群化、融合和内化,使知识转化和创造的流程沿着"认识论"方向持续前行的同时,沿着"本体论"方向在组织的各个层次上贯通起来,步调一致地进行群体知识创造(见图3-3)。

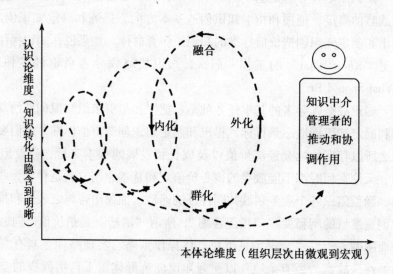

图3-3　知识中介管理者在群体知识创造螺旋的作用

　　知识中介管理者需要开发和具备的技能包括:协调和管理知识创造过程的一流才干;擅长使用隐语提出假设并创造新概念的知识外化技能;综合运用各种方法、技术和工具的能力;营造团队信任氛围,娴熟地促进团队成员进行对话交流的本领;根据过去经验预想未来行动方向的远见卓识。

　　这样,围绕建设"知识创造队伍",学习型人力资源开发框架体系设计的基本思路就应该是(见图3-4):以促进"群体知识创造螺旋"正馈循环为宗旨,确立人力资源开发的基本方向和中心任务;以常规科层附加"超文本"(hyper-text)链接系统的超常规组织结构为"基座",构建人力资源开发的组织基础;以"自中而上而下"的战略管理流程为主导,形成人力资源开发的传导机制;以知识操作从业者、知识中介管理者和知识战略领导者三大知识工作者群体的技能提升为基本内容,来设计和调整人力资源开发的具体工作系统。

　　在以"群体知识创造"为核心的学习型人力资源开发框架体系中,人力资源职能部门的主要任务是:营造有利于开展群体知识创造的组织学习环境,为组织成员进行知识转化和创造建立共同的基础平台;为知识操作从业者提供各种技

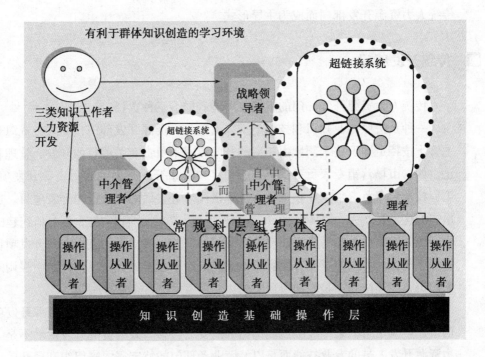

图 3-4　学习型人力资源开发框架体系

能训练项目和素质提升计划，为他们互动学习、交流创新建立各种类型的"知识转化场"，诸如有利于群化的"情景感应型场"、有利于外化的"对话比喻型场"、有利于内化的"实况演练型场"和有利于融合的"虚拟网络型场"，等等；作为组织知识中介管理者和知识战略领导者的战略伙伴和智囊机构，对学习型人力资源开发流程和各个层面进行战略协调和宏观监控。

3.5

战略协同：职能部门设置及管理流程设计

在实际中，学习型人力资源开发管理组织形式是多种多样的。从职能部门来看，一般可分为三大类型：传统人力资源开发部门、职业大学模式和虚拟型人力资源开发组织[8]。特别是一些实行分权化的大型公司，往往存在着多种不同的人力资源开发需求，各部门或单位可能需要很不相同的人力资源开发管理方式。当组织发展成为学习型组织时，职业大学模式和虚拟型人力资源开发组织将取代传统人力资源开发部门而成为主导形式。

☐　传统开发部门

传统人力资源开发部门的组建，可能有如下三种选择：

一种是按照专业知识和技能类型来设置人力资源开发部门，即人力资源开发主管下按特定知识技术领域由相应的开发专家来负责有关项目的开发、管理和修正。如，市场营销专家负责销售技能和客户关系开发方面的人力资源开发项目，工程技术专家负责生产操作工艺、计算机网络等方面的人力资源开发项目。这种形式的优点是，人力资源开发计划容易统一拟定、安排和实施，但是所组建的人力资源开发项目也容易与组织业务需要相脱节，本该提供的人力资源开发项目和课程可能会因为人力资源开发者的专业局限而不能提供，相反，计划中强调的专业知识技能往往并不是组织所需要的。

有些组织按照业务职能类型来设置人力资源开发部门，即人力资源开发项目的组建以满足组织某个业务职能部门的需要为转移，人力资源开发活动不是以人力资源开发人员的专业技能而是以经营业务部门的特定需要来组织和展开。这种组织形式使得职能部门处于更加积极主动的地位，大多数人力资源开发项目是由他们根据业务需要提出来的；而人力资源开发部门则相对处于被动地位，在实际操作过程中，人力资源开发主管人员可能无法有效保证这些人力资源开发项目能够在战略层次上得到整合安排和协调实施。

为了克服以上两种组织设置的局限性，可以考虑建立一种矩阵式结构，在这种组织结构中，人力资源开发项目和课程安排既受人力资源开发主管领导，又须向特定职能部门经理负责和汇报工作。基层人力资源开发组织作为人力资源开发部门分支机构，他们要保证人力资源开发项目具有战略统一性和运作系统性，同时作为职能部门的人力资源开发机构，又要不断熟悉业务情况和更新业务知识，以保证人力资源开发项目与经营需要紧密联系起来。但这样可能使人力资源开发活动面临多头领导以及由此引发的矛盾和冲突。

☐　新型开发组织模式

随着经济全球化进程的加快和知识经济时代的来临，组织结构扁平化、分权化和虚拟化的战略性变革和重组已是大势所趋，传统的人力资源开发组织形式已经不能适应新的市场环境和人力资本投资的要求，于是新兴学习型人力资源开发组织形式应运而生，其典型形式就是职业大学模式和虚拟型人力资源开发组织。

目前，企业学校化、企业办大学已成为流行之势，许多著名的国际公司几乎都设有自己的独立职业大学，结合各自特点设置比传统人力资源开发部门广泛得多的人力资源开发项目和课程，特别是有些重要的企业文化和价值观教育培训项目都被统一纳入职业大学系统。职业大学人力资源开发组织形式，有利于在整个组织范围内推广人力资源开发经验、传播经营信息，这样不仅便于将人力资源开发提升到经营战略层次上发挥其应有的主导能动作用，亦便于与外部正式教育机构合作开展大型人力资源开发项目和课程；同时，一些新的人力资源开发技术和方法也可以很容易地得到系统化开发和应用，还可以通过开发统一的政策系统来控制人力资源开发成本、提高人力资源开发经济效益。

同时，许多高科技企业都在组建网络虚拟型人力资源开发组织，以便能适应激烈竞争和多变的市场环境，对市场上客户的个性化需要做出灵敏反应，并为之提供高质量的服务。这种新兴组织形式的特点是：人力资源开发活动是组织成员通过自学主导的，职能部门的主要职责是为被开发者的学习提供机会和条件；突破传统课堂讲授的教育培训模式，以"干中学"（Learning by Doing）作为最主要和最有效的学习方式；经理或项目负责人应为团队成员在工作中应用人力资源开发成果提供便利条件，负责为他们排除学习实践中遇到的困难和障碍。

虚拟人力资源开发组织的运作框架是：为团队提供人力资源开发的战略导向；让直线经理、雇员和人力资源开发人员合作，根据战略性的设计原则和基准，进行开放性的人力资源开发项目设计；为成员提供可选择的人力资源开发项目组合，在工作岗位上开展在职人力资源开发，让员工个人在人力资源开发中充分发挥主观能动性。

所谓"战略导向"，就是帮助工作团队明确目标和方向，以顾客为中心为他们提供有关人力资源开发项目组合，以及为他们是否选送雇员参加人力资源开发和人力资源开发经费预算提供决策咨询。虚拟人力资源开发组织以提高团队工作绩效为服务宗旨，根据服务对象的业务需要及时灵活地提供人力资源开发信息、人力资源开发项目和其他人力资源开发服务，及时监测评估学习和人力资源开发的有效性。在整个人力资源开发过程中，工作团队成员始终处在主动、负主要责任和发挥主观能动性的状态，人力资源开发活动始终是现时实景性和具有动态灵活性的。

总之，组织必须把人力资源开发统一纳入其人力资源战略管理系统，根据自身情况和特点选择确定战略性人力资源开发的组织形式，以及实施战略管理的运作模式和基本步骤，包括预期评估人力资源开发需求，量化确定人力资源开发目标，设计实施人力资源开发项目和比较评估人力资源开发效果等。此外，人力资源开发战略管理还包括应变处理一系列特殊矛盾和问题。

❏ 明确开发目标

人力资源开发战略管理的逻辑起点应从评估需求开始。人力资源开发作为人力资源战略管理的核心内容以及实施组织长期发展战略的主导环节，事先应该由中高层管理者直接参与、广大员工积极配合，进行全面深入的人力资源开发需求分析评估，包括明确人力资源开发面临的战略挑战问题是什么，哪些环节和方面需要人力资源开发，以及谁在什么时候需要开展哪些项目的人力资源开发活动，等等。人力资源开发需求分析可以从组织、团队和个人三个层面展开。

首先，应从组织整体目标和战略要求出发，从提高整个组织人力资本竞争优势的高度预期审视人力资源开发需求，将人力资源开发计划纳入组织经营战略规划统一加以考虑。具体需要检核如下三个基本问题：

——组织发展战略导向，人力资源开发在组织战略管理中所扮演的角色决定着开发项目的类型、内容、重点、频率以及组织形式；

——人力资源开发的组织保障，在人力资源开发问题上，高层管理者、经理和员工的沟通、合作及支持至关重要；

——人力资源开发的资源基础，包括人力资源开发经费来源、人力资源开发时间安排、人力资源开发人员队伍、人力资源开发技术设施以及这些资源在各人力资源开发对象间的配置。

其次，进一步根据组织结构和工作职位要求，在工作团队层次上确定员工究竟需要提高哪些方面的知识技能。其基本步骤是：

——确定哪些部门和工作团队需要进行人力资源开发；

——通过专家讨论或其他调查方法，对有关工作任务进行详细分析和描述，列举出各项工作任务的性质、责任、重要性及执行频率和难度，确定哪些是战略性的和关键的工作任务；

——进一步明确工作任务所需要的知识技能和学习要求。

而后，在搜集员工绩效考评结果、技能测试成绩和人力资源开发调查问卷等信息的基础上，将员工个人的目前绩效或技能水平与组织预期绩效要求或技能标准相对照，确定每个员工个人的人力资源开发需求。要通过检核如下问题具体明确人力资源开发是否是提高组织成员个人绩效的最佳解决途径：

——该员工是否存在工作绩效问题，严重程度如何？

——该员工是否知道如何有效地开展工作？

——该员工是否掌握并正确运用了工作所要求的知识技能和行为规范？

——该员工是否得到了恰当的激励和工作反馈？

——是否存在其他可替代的解决方案？

这三个层次的需求评估不是孤立的，而是循环往复、连续反馈、相互协同进行的。应该借助一定的管理平台（如目标管理系统）将三个层次的需求评估上下贯通起来。

此外，人力资源开发需求评估还可以针对新老员工的不同情况来进行。对新员工或从事新工作的员工，可以采用工作任务分析的方法，即通过设计编制工作说明书、工作规范和任务分析记录表等明确工作任务，从而确定对新员工或从事新工作的员工进行哪些方面的岗前教育或技能培训。对在职员工的人力资源开发需求，可以采取工作绩效分析的方法，即通过绩效考评了解员工的绩效差距，并从中分析哪些是由于主观努力不够或不愿做而导致的绩效差距，哪些是由于技能水平低或不能做而需要人力资源开发来解决的绩效问题。另外，即使是员工目前的工作绩效是令人满意的，但由于科技进步、工作调换、员工晋升等原因，也会提出人力资源开发的新需求，需要随时对员工这方面的开发需求做出评估。

设计开发方案

首先，要明确人力资源开发目标。人力资源开发目标实际上是将人力资源开发需求分析结果具体化，是人力资源开发内容的量化概括。目标的确定总的来说应以明确、可度量为原则。在实际中，一项人力资源开发活动或项目所包括的目标往往不是单一的。例如，职前教育或上岗引导的基本目标，是为新雇员提供有关组织的基本信息，包括硬件方面的和软件方面的、技术方面的和社会方面的背景和情况；但更为重要的和根本性的目标是消除新员工进入组织遇到的"现实冲击"（Reality Shock），使新员工被"社会化"到组织中，学会和接受组织所追求的价值目标、行为规范和文化模式。在确定人力资源开发目标时，不仅要用准确的语言文字对人力资源开发项目的内容加以概括和描述，而且应尽可能地给出定量化的衡量指标或指标体系。

其次，要确定人力资源开发内容。随着学习型社会的形成和发展以及组织学习化越来越重要，人力资源开发的内容范围有日益扩大和不断加速变化的趋势。一般来说，人力资源开发内容包括读写能力补习、健康和个人成长知识、客户关系和服务技能、法律政策知识、价值观和团队精神、销售技能、人际关系和沟通能力、计算机技能、领导能力和管理技能等方面学习型开发活动。归纳起来，人力资源开发项目可分为基本知识技能型开发、领导管理技能型开发、团队合作精神型开发和企业文化形象型开发等几大类型。更简洁地说，人力资源开发的基本内容就是提高认识、训练技能、改变态度、调整行为。具体开发内容应因时、因人、因情势应变调整和确定。

其三，要进行人力资源开发项目设计。开发项目是人力资源开发内容的具体安排，包括开发课程名称、开发对象、开发形式、开发时间地点、开发师配备、开发设备器材以及具体开发方案、方法和技术等。其中主要有两方面：一是人力资源开发对象范围的确定，二是人力资源开发技术和方法的选择，这二者是相互依存和关联的。开发方法和技术因对象不同而有别，开发对象可分为一般操作员工、领导管理人员、技术工程人员、市场营销人员等而采用各有侧重的技术和方法。如，对于一般员工，可选择自学、讲座、工作指导（学徒）、工作轮换、视听技术（电影、闭路电视、录音录像带等）、程序化教学等手段和技术；对于领导管理与营销人员，则侧重于诸如角色扮演、无领导讨论、案例研究、评价中心、公文处理、沟通分析法（TA）及管理方格（MG）技术等；而工程和技术创新人员，则适宜于采用拓展训练、头脑风暴法等智能或潜能开发技术和方法。

☐　评估开发结果

人力资源开发计划的实施包括设定教学目标、审读教学材料、行为示范、实习演练及学习成绩反馈等环节。开发效果包括认知、技能、态度、情感、绩效等方面的改善效果和人力资本投资收益回报情况。人力资源开发效果受个人动机和能力、管理者和同事的支持、应用机会和技术可行性以及组织创新氛围等因素的影响。开发结果评估工作包括：确定人力资源开发成果衡量标准，即用以评价开发是否有效的依据或尺度；设计人力资源开发评估计划，包括评估信息的内容、来源、时限、搜集整理和分析方法等；进行人力资源开发评估，即根据标准和信息衡量人力资源开发有效性的具体工作过程。

对人力资源开发项目的结果进行评价时须检核如下一些问题：

——人力资源开发内容是否按计划及时完成？

——参与者对所教授的内容掌握程度怎样，知识和技能有哪些改善？

——参与者对该开发项目的反应如何，有什么样的主观感受？

——学习开发是否对提高工作绩效有显著影响，具体表现在哪些方面？

——开发项目对工作行为有哪些影响，这些影响是否有助于组织目标的实现？

——相对于直接和间接成本来说，人力资本投资收益是大是小，等等。

其中，行为改善、绩效及投资收益提高是最为重要的衡量指标。因为一个人力资源开发项目，只有能够导致员工工作行为改变，并对组织绩效产生积极影响，才是真正有效率的和有效益的。开发项目检查评估应及时反馈，进行动态跟踪，以不断提高开发的有效性。

❑　应对特殊挑战

　　人力资源开发战略管理还包括应变处理开发过程中的一系列特殊矛盾和问题。在经济全球化环境下，一个组织必须前瞻性地权变应对如下特殊挑战问题：

　　首先，跨文化人力资源开发问题。跨国籍配置人力资源是当今人力资源管理越来越普遍、越来越经常面对的战略任务，如何针对外来或外派人员进行跨文化开发成为一项亟待研究解决的战略管理课题。

　　其次，多元化人力资源开发问题。与跨文化人力资源开发相关联的是多元化人力资源开发问题，即如何将来自不同文化背景，并在种族、家庭出身、宗教信仰等方面有很大差异的员工经过战略性开发整合在一起，使他们统一和凝聚在组织价值观和目标上，能够在更好地实现组织目标的同时获得个人的全面发展。随着时间的推移，这个问题越来越尖锐、越来越重要、越来越具有战略决定意义。

　　再次，新生代人力资源开发问题。不断引进新生代人力资源是组织保持"青春活力"的重要途径。日新月异的时代不断快速地产生"新人类"、"新新人类"，这些新生代是在与他们父辈们迥异的环境中成长起来的，其价值观和所拥有的知识结构及技能都有令父辈们惊叹的变异。在这种情况下，组织面临的一个重要开发问题就是：如何针对这些新生代人力资源进行有关适应性人力资源开发，以便将新老员工在动态上有机整合在一起。

　　最后，契约性人力资源开发问题。在人力资源开发与管理过程中往往会发生一系列法律纠纷问题，诸如事故和歧视、知识产权保护、管理制度不合法以及其他有关社会责任和影响问题等。因此，组织应该重视和研究的一个特殊开发课题就是：如何通过加强契约化管理，来预防并及时处理这些纠纷、矛盾和问题。

　　此外，其他有关特殊挑战问题。如扫盲教育和基本技能培训问题、下岗人员救济开发问题、开发与薪酬激励问题和人事决策挂钩问题等。

3.6

"行动学习"：人力资源开发方法概览

　　所谓"行动学习"（Action Learning）是一种以完成预定工作任务为目的，在团队成员支持帮助下进行持续不断地反思实际中遇到的情景问题，以帮助人们建立积极的生活和工作态度，提高解决实际问题能力的学习理念和学习方式。这种学习理论认为，在实践中学会学习是个人成长和发展中最重要的因素，在实践中通过行动不仅可以获得新知识和新技术，而且能够通过深刻反思经验来提升对成长有决定性影响的能力；行动学习是通过小组成员的合作和情感互动，将"在干中学习"与"在思考中学习"有机地结合起来，使组织成员在团队合作中获得和提升创造性解决问题的能力。[9]

　　行动学习理论和实践起源于50年前的英国，后被西方各国各种类型的组织广泛运用于人力资源开发活动。近十多年来，行动学习理论被引进到中国来，在组织学习和人力资源开发领域得到广泛传播。在当今学习型社会的时代背景下，行动学习已经成为现代组织学习型人力资源开发普遍采用的基本形式。以行动学习为核心理念和基本形式，借助各种训练设施、器械模具、多媒体和互联网络技术提供某种互动性、虚拟化情景，让受训者积极参与到实际情景的演练过程中来，以训练开发其特定技能、学习某种操作方法或模拟有关行为方式等，已经成为现代组织学习型人力资源开发的基本发展趋势。行动学习的具体方法一般有在职培训、案例研究、情景模拟、行为示范、经营游戏和角色扮演等。

☐　在职培训

　　在职培训（On the Job Training，OJT），是指在工作过程中边干边学，通过自学或者向有经验的同事或上司学习取得知识和技能。学徒制（apprenticeship）就是一种最古老、最常用的在职培训制度，尤其是在机械、电工、木工、建筑和管道维修等操作性较强的工作中，由一个师傅带若干徒弟进行在职培训是非常普遍的做法。直至20世纪80年代中期，中国各行业熟练技术工人80%左右仍然是通过"师带徒"这种在职培训方式"带"出来的。由于在职培训与实际工作不分离，随意性较大，因此为了保证在职培训的有效性需要采用一些程式化的工作规范。

☐　案例研究

　　案例研究（Case Study）是一种提高综合、分析和解决问题能力的培训方法。在培训过程中，培训者通过巧妙引导和课堂讨论，要求参与者就某个工作或生产经营问题提出书面研究报告，描述问题状况、分析根源所在以及提出自己关于解决问题的对策建议，并在与其他受训者相互讨论中进一步剖析和挖掘案例的深刻内涵和意义，以提高其综合分析、探索创新及研究评价能力。在案例研究中，学习者处于积极主动的地位，对教师的依赖程度降到最低限度；培训者只起诱导、启发作用，并权变组织和调控研究讨论进程。

情景模拟

情景模拟（Simulation）主要是侧重于人—物关系或物理属性的实景演练法。通过模拟现实中的工作片段或处境，让受训者身临其境地进入工作状态，使他在一个可控制的无风险环境下实际体验行为过程和后果，以提高其操作或管理技能。例如，对于生产操作人员可以通过模拟器械和设备进行实景训练，对于办公室人员可以采用"公文处理模拟法"以训练其日常阅读和处理文件的能力。

行为示范

行为示范（Behavior Modeling）是一种主要用于有关人际关系技巧和计算机操作技能方面的培训方法。其基本步骤是：首先向受训者展示一个做事的行为范式，如演播一段能清楚展示关键行为的录像或电影，并做出必要的解说，使受训者明白何者是正确的何者是不正确的模仿行为；然后让受训者在相同情景中模仿关键行为，扮演模拟情景中的行为角色进行实际体验；最后，培训者提供行为模拟情况的反馈意见，提出进一步改善行为的建设性指导建议，鼓励受训者在实际工作中应用所学到的行为方式或技能。

经营游戏

经营游戏（Business/Management Games）是一种主要针对经营管理人员的团队培训方法。一般是将受训者分成若干经营管理小组，让他们模拟真实的生产经营单位或公司进行竞争，做出有关经营管理方面的决策，并允许他们有各自的博弈对策行为，以提高受训者的领导能力、培养其团队合作和创新开拓精神。这种方法生动有趣，在实际培训活动中深受欢迎，效果一般较好。但毕竟只是游戏，也有其实施成本方面的局限。

角色扮演

角色扮演（Role Playing），是一种主要侧重训练社会人际互动技能的实景演练法。通过让受训者在模拟的情景中扮演相应的角色，使受训者真正设身处地感受在社会交往中哪些行为是对的，明白哪些行为会给他人造成伤害，以及学会如何才能有效地与人沟通和合作等，由此培养和提高人们对人际关系互动问题的反映和处理技能。利用角色扮演法应该注意的问题是，应力求受训者对真实场景中的角色有真正的体验，要避免纯粹作戏表演的倾向。

❑ 网络虚拟

行动学习还可以借助多媒体和互联网络技术来进行。通过计算机网络提供的智能指导、远程学习、实时视听、电子会议、虚拟现实、动感画面、平等互动和人际沟通等氛围，受训者会产生"身临其境"的学习效果。随着电脑网络技术的普及和改善，这种借助现代"高科技"手段的行动学习已经成为越来越普遍的组织人力资源开发形式。

在本书中，我们将分为"基础开发"、"领导力开发"、"创造性开发"和"整合开发"等四个层面，对现代组织学习型人力资源开发操作方法和技术做全面系统的介绍。这些方法和技术在当初形成时，其开发成本往往很高，但经过长期开发实践积累现已一般化为"全人类文明成果"，因此几乎可以"无成本使用"，一旦掌握并能按照实际情况改造修正后成功应用，其开发效果和收益一般是非常显著的。

3.7

民主与创新：塑造适宜文化氛围，搭建技术支撑平台

组织文化（Orgaizational Culture），是指一个组织中所有成员共有和传承的价值体系，包括价值信念、思维方式、经营宗旨和人际关系等。而"技术"（Technology）则是组织将投入要素转化为产出的工艺流程、方式方法或物质手段。文化是硬性的"结构"框架得以完好内置于组织的软环境，技术是支撑组织结构及其有效运作的平台和物质基础。学习型组织文化和技术变革的基本方向，概括地说就是：民主为本，创新为先。

组织文化可以千变万化、各种各样，但就文化对学习型组织变革的影响来看，无论什么样的组织文化，都必须有利于应变外部市场竞争环境；否则，如果组织文化不能适应外部环境变化，越是具有凝聚力的强势文化，对组织结构变革的影响越不是正面而是负面的。例如，如果外部环境不确定性较大，组织战略重心和控制强度侧重于外部市场竞争问题，那么，最好的组织文化应该是支持探询

未知、自主创新、承担风险等企业家精神和行为倾向的创新型文化。为适应多变的外部环境变化，组织需要鼓励成员广泛参与和共享信息，充分授权、民主化管理和团队创新精神的文化氛围对于组织学习和变革就具有重要意义。

组织的生产技术、服务技术和信息技术及其变革，同样决定和影响着组织结构的类型及其变革的方向。随着生产技术从传统制造技术向计算机一体化制造技术转变，与计算机辅助设计（CAD）技术、计算机辅助制造（CAM）技术和管理自动化系统等相适应的组织结构须具备如下特性：专业化程度低，团队化，工作具有较大的适应性和技艺性；层级少，控制跨度宽，决策分权化；自主控制，弹性工作制，用功能创造性、灵敏地满足供应商和顾客个性化需要。

服务型组织的技术特点是：生产和消费过程合一，顾客参与组织活动，产出无定形或具有分异化弹性，人力资源密集型；与这些技术特点相适应，服务性组织结构相对于生产制造企业来说，其专业化程度较低但员工技能素质要求高，层级少、决策分权化，运作规范化程度也比较低。

至于信息技术，乃是支撑组织中个人、部门、团队以及上下层级间沟通和协调的物质支柱和媒介系统。以互联网为核心的电子信息技术从根本上改变了传统的生产和服务方式，也改变了人们的生活方式、思维方式和行为方式，同时使企业组织结构发生了革命性的变革。与此相适应，工作丰富化、项目团队化、层级扁平化、决策分权化和运作弹性化，成为组织结构变革的基本方向和大趋势。

总之，文化和技术变革具有重要意义。"文化非常像是鱼缸里的水，尽管它在相当大的程度上是不易被人觉察的，但是它的化学成分以及能够支持生命的元素却深深地影响着鱼缸里的生物。一个要求转型的组织很像是一个其中的水质受到太多藻类污染的鱼缸，它需要在环境中实现各种因素的重新平衡。"[10] 而组织技术及其变革则是实现这种生态平衡的辅助器或化学试剂，没有技术变革的支撑和推动，组织变革的历程将是一个很漫长曲折的过程。

注释：

[1] 赫斯特（Hurst, David K）：《危机与振兴：迎接组织变革的挑战》（*Crisis and Renewal: Meeting the Challenge of Orgnazitional*），中国对外翻译出版公司1998年中译本，第167～215页。

[2] 赫斯特（Hurst, David K）：《危机与振兴：迎接组织变革的挑战》（*Crisis and Renewal: Meeting the Challenge of Orgnazitional*），中国对外翻译出版公司1998年中译本，第192页。

[3] 赫斯特（Hurst, David K）：《危机与振兴：迎接组织变革的挑战》（*Crisis and Renewal: Meeting the Challenge of Orgnazitional*），中国对外翻译出版公司1998年中译本，第215页。

[4] 见德鲁克:《管理:任务、责任和实践》(上),中国社会科学出版社 1987 年中译本。

[5] 有兴趣的读者可参见 S. P. 罗宾斯《组织行为学》(第七版),中国人民大学出版社中译本,第 460～464 页。

[6] 野中郁次郎,竹内广隆:《创造知识的公司》(1995),科学技术部国际合作司 1999 年中译本,第 40 页、第 41 页。

[7] "知识工作者"是由德鲁克于 1993 年在《后资本主义社会》(Post-Capitalist Society)一书中提出来的,他在这里主要是将"知识"看做在"后资本主义社会"背景下的特殊生产要素,其重要性是传统"资本主义社会"中的资本、劳动和土地等生产要素所不能比拟的。而野中郁次郎和竹内广隆所说的"知识创造队伍",其知识含义不仅是一种"生产要素",而且也是公司的一种"产出成果"。另外,赖克(Reich, R. B.) 1991 年在《国家的作用:21 世纪的资本主义前景》(见上海译文出版社 1994 年中译本)也提到"符号分析人员"的术语,来特指那些在网络经济时代通过电脑终端进行控制和管理的知识阶层,他们可能是一群"用脑而不动手"的人,而野中郁次郎和竹内广隆列在"知识创造队伍"中的,则主要是指那些"既动脑又用手"的人。下文关于三类知识工作者的论述,请参见野中郁次郎和竹内广隆,1999 年中译本,第 108～113 页。

[8] 参见雷蒙德·诺伊:《雇员培训与开发》,中国人民大学出版社,第 31～36 页。

[9] 参见伊恩·麦吉尔、利兹·贝蒂:《行动学习法》,华夏出版社 2002 年中译本。

[10] 参见梅瑞狄斯·D·艾什比,斯蒂芬·A·迈尔斯:《领导:全球顶级 CEO 的领导智慧》,辽海出版社 2003 年中译本,第 17～18 页。

第 2 篇

基础开发：训练自我超越的心智模式

4

"自我超越"：改善心智模式的精义

横看成岭侧成峰，

远近高低各不同。

不识庐山真面目，

只缘身在此山中。

[宋] 苏 轼

　　组织的学习能力首先取决于组织成员的心智模式。如果个体成员的心智模式"自我封闭"，在工作和生活中表现出因循守旧、故步自封的状态，那么，整个组织的学习就无从谈起；相反，如果个体成员能够实现"自我超越"，心智模式是一种不满现状的、超前开放的、互动沟通的状态，那么，组织学习就有了依托的坚实基础。因此，训练组织成员"自我超越"的心智模式，并将之凝结转化为团队和组织共有的心智模式（组织学习能力），可以说是人力资源开发的基础性项目，它对于组织学习的实现及成败具有基础决定性意义。

4.1

"我是谁"：关于自我及其超越的人格心理学意义

　　在日常生活和工作中，"自我"几乎成为人们的习惯用语，诸如"自私"、"自主"、"自爱"、"自我意识"、"自我价值"，乃至我们本章所要讨论的"自我超越"等，无不与自我概念有关；同时，自我概念还不仅是一个个人经验的问题，而且与组织的认知系统和学习运作有直接关联。因此，在讨论"自我超越"问题之前，我们有必要首先弄明白"自我"概念的人格心理学含义究竟是什么。这里，主要从社会认知的、发展的和精神分析的三个心理学层面，对"自我"概念的理论含义做一简要梳理分析。

　　在心理学中，"自我"概念最初是由詹姆斯（James, William）引入的。詹姆斯对自我进行了"充满热情"的研究，他认为：自我是人们所有经验的中心，正是基于我们与他人的相互作用才使"我"与"非我"划分开来，因此，"自我感"其实是一种投射到"镜子中的自我"，随着环境和个体的变化，"社会交互作用"中投射的"自我"是多样和变化不定的。以此观点为基础，自我的社会认知观强调：在不同的文化传统中，自我的本性和重要性是不同的。在具有个人主义文化传统的社会中，当被问及"你是谁?"时，往往倾向于回答其名字和所从事的工作，个人身份的界定以私人财产权和个人成就为基础；而在具有集体主义文化传统的社会中，当被问及"你是谁?"时，往往倾向于回答其所属社区和家族，个人身份的界定则以群体遵从和集体成就为基础。因此，"自我"的本质意义，可以说是在社会认知过程中观察外部世界、与别人打交道并随情景而变化的独特方式。在这个意义上，所谓"自我超越"就是要在"社会交互作用"中对自己有一个明确的定位，在各种社会交往关系和情景中知道并理性地回答

"我是谁?"的问题。

从发展心理学的角度，人有一个从"自我知觉"（Self-perception）到"自我意识"（Self-consciousness），或者说，是从"存在自我"或"主体的我"到"类型自我"或"客体的我"的转化过程。也就是说，人在成长过程中，首先是作为行动者和观察者的"我"（I），大约从 3 个月到 1 岁期间，通过触摸感觉自己的身体有关器官，或者凭借视听自己以外的环境及声音之经验，来将自己与他人、物体区别开来，并发展起外部"物体恒常性"或"跨情景恒常性"，从而形成"自我"感觉即所谓"自我知觉"；然后，作为被观察的我或自我认知的对象（Me），大约在 15 个月左右到 2 岁之间，才被觉察和认识（例如，通过镜子映像），从而发展出"自我意识"即自我反省能力和将自己当作对象物看待或对待的能力，这时儿童开始用语言在某种程度上将自己与他人加以区别，开始表现出尴尬、自豪、害羞等所谓"自我意识情绪"（Self-conscious Emotions）。由此，"自我超越"实质上就是能够理性地将"客体的我"与"主体的我"分开，在理性层面上能够不断强化和完善"自我意识"的一致性（Self-consistency）及其感知体系。换句话说，"自我超越"就是个体试图在自我知觉之间以及自我知觉与即将获得的信息之间寻求一致性，即试图让人们了解我是谁或相信我自己将会成为什么人，即所谓"自我验证"（Self-verification）；或者个体试图寻找维持或提高自尊的信息，即试图让人们了解我愿意成为谁或成为什么人，即所谓"自我增强"（Self-enhancement）。

根据弗洛伊德的精神分析论，人格是由"本我"、"自我"和"超我"构成的个人行为内在动力系统。"本我"是人格结构中最原始的部分，它由人的基本需要和生存本能构成，并依据所谓"唯乐"原则内在促动个体求生活动；"自我"是个体在后天现实的环境中由本我分化发展而产生的，即在现实情景约束下本我欲望和需求满足的具体形式；而"超我"则是由于个体在社会中接受文化道德规范而逐渐形成的自我理想和良心感知状态，是人格结构中居于"管制"地位的最高层次。弗洛伊德将人格结构分为两个意识境界："自我"和"超我"居于上层，属于"意识境界"；"本我"居下，属于"潜意识境界"。"自我"介于"本我"与"超我"之间，对"本我"的冲动与"超我"的管制具有缓冲及调节的功能。从这个层面来看，"自我超越"的实质意义可以解释为：克制"本我"的本能冲动、争脱"超我"的约束和限制，使"自我"价值能够得到顺利实现，即在个体成长中其身心各方面的潜能获得充分发展，最后达到一种臻于完美、到达顶峰且超越时空与自我的心灵满足感，即马斯洛所说的"高峰体验"（Peak Experience）。

4.2

"解放思想"：摆脱过去，打破传统思维定势

　　所谓"心智模式"（Mental Models），就是指来源于传统、根植于人们心中或组织运作中的思维定势或行为模式，具体表现为印象、成见、经验、习惯、假设、惯例标准、价值观、人生观、思维方式、意识形态等，它决定、支配或影响着人们在日常工作和生活中如何看问题以及采取什么样的途径、方式和方法去解决问题。心智模式需要"自我超越"，但很困难，因为它天然地存在一种"不识庐山真面目，只缘身在此山中"的技术性障碍。

　　心智模式对人们行为的约束往往是很"硬"，因为，除特殊例外，人们的任何行为都必须是在"想通"了或自以为"想通"了、"合情合理"的情况下才会发生；同时，心智模式又常常具有很大"惰性"，过去的经验、特别是顺境情形下形成的成功经验往往会"沉淀"下来，积郁在心中成为日后心智模式的精神元素。因此，心智模式大多情况下是"滞后"的，除非经过特别修炼加以克服，否则它总是"缩手缩脚"、"自己约束自己"、"自己与自己过意不去"。

　　中共十六大报告将"创新"提到关系一个民族、一个国家生死存亡的战略高度，认为"创新是一个民族进步的灵魂，是一个国家兴旺发达的不竭动力，也是一个政党永保生机的源泉"；"创新就要不断解放思想、实事求是、与时俱进"，"实践基础上的理论创新是社会发展和变革的先导"；"通过理论创新推动制度创新、科技创新、文化创新以及其他方面的创新，不断在实践中探索前进，永不自满，永不懈怠，这是我们要长期坚持的治党治国之道"。因此，"一切妨碍发展的思想观念都要坚决突破，束缚发展的做法和规定都要坚决改变，影响发展的体制弊端都要坚决革除"。一个国家、民族、政党是这样，其实，任何组织的生存和发展、任何个人的学习成长又何尝不是这样。但问题是，理论和思想的惰性和滞后性往往极大地阻碍着人们的学习进取行动，如何"不断解放思想、实事求是、与时俱进"，以保证"不断在实践中探索前进，永不自满，永不懈怠"，往往说着容易做着难！

　　这就需要通过专项人力资源潜能开发计划，专门花工夫进行学习修炼，系统地、有组织地"摆脱过去"，明确规定要摆脱的"老的和无意义的事物"是什么，迫使人们进行思考和行动，使新思想、新行动、新事物得以立足的机会以及

可以利用的资源。所谓"自我超越"（Personal Mastery），首先是关于"个人成长"方面的精神潜能训练，其要义便是学习如何在生命中产生和延续创造性张力，即一种不断追求其真正心之所向的能力，而这恰是组织生命力的源泉。一个组织必须视个人成长为组织发展之根基，持续不断地为组织成员实现个人的自我超越提供教育培训机会和组织氛围，帮助他们不断树立个人愿景以保持创造性张力，看清结构性冲突以坦然的心态面对现实，利用"同理心"融合理性与直觉，将自己置于组织整体中以廓清生命的终极目标与组织使命感的内在关联。

4.3

"己所不欲，勿施于人"：超越自我中心主义的人际模式

如果说心智模式"自我超越"的第一层涵义，是通过禅宗佛教般的"修炼"来追求一种"身心合一"境界的自我超脱个性，使人们在个体生命中产生和延续一种内在的创造性张力；那么，心智模式"自我超越"的第二层涵义，就是要通过类似儒家道德所倡导的"内圣外贤"教育，来追求一种"人我合一"、"己所不欲，勿施于人"的人际境界，使人们在人际交往关系中能够持有和固守一种超越自我中心主义的达观态度，具有随时随地与人为善、与人沟通、与人协商的现代自主精神和民主作风。

所谓"人际关系"，按照心理学的解释，是指人们在交往过程中形成的心理反应机制和情感体验模式。例如：由管理、指导、教育等行为导致尊敬和顺从等心理反映或情感体验；由帮助、支持、同情、赞同、合作、友谊等行为导致归属、友好、信任、接受等心理反映或情感体验；由尊敬、赞扬、求助等行为导致积极、主动和帮助等心理反映或情感体验；由怯懦、礼貌、服从等行为导致骄傲、夸张、炫耀、控制等心理反映或情感体验；由反抗、攻击、责骂、怀疑、厌倦等行为导致仇恨、处罚、拒绝等心理反映或情感体验，等等。人际关系的不和谐，原因非常复杂。从个体层面来看，无外乎利益冲突、信息不对称和心理情感矛盾等三个方面。

关于人际关系的利益冲突问题，需要从经济学角度去帮助人们达观地认识和处理。经济学以其独特的角度和方法，在与其他社会科学的"分工协作"中共同对人类行为进行研究。其"独特"之处就在于它把人类行为看做是在稀缺环境约束下来追求自身预期收益最大化的理性行为。[1]在经济学看来，追求自身利

益是人的天然本性，并认定每个人天然是他们的自身利益的判断者。在实际中，人们的偏好结构千差万别，人们的自利目标变量具有无限多样性，这些目标变量具体组成的"函数关系式"也会各不相同；而且人们作为组织特定"社会"中的成员追求"自利"并非就只是"自私自利"，他人利益也可能进入自己的目标函数，人们追求自身利益不意味着就"不管别人死活"，而是基于人的理性，虽强调自己的利益，但却是从"理性"出发，遵循"己所不欲，勿施于人"的道德律，时刻准备为改善个人与他人的利益关系做某种妥协。

"己所不欲，勿施于人"和"己所欲，施于人"是关于人际关系方面完全不同的两种心智模式。[2]"己所不欲，勿施于人"是一种人我和谐同一的人际状态，它是一种将自己看做组织中与其他成员一模一样的"普通一员"，在日常交往中，能够推己及人、"将心比心"，自己不愿意的"讨厌事情"决不强加于他人；人们在这样的人际关系中，无论文化背景、宗教信仰等多么不同，都会相安无事、和平相处，整个组织的人际关系才能整合凝聚在一起，从而才能有"组织的学习"发生之可能。而"己所欲，施于人"则提倡的是一种"伪善"，它往往从自己的良好愿望出发，而把别人当作没有他高明的"傻瓜"，去将自己的意志强加给别人，结果往往是"好心办坏事"，用"积极"的态度做"消极"的事情，也容易被那些"别有用心"的人利用来损害别人的利益；在这样的矛盾和冲突中，还能谈上什么团队和组织的学习修炼呢？

关于信息不对称的问题，涉及沟通技巧和网络技术等方面的策略及操作；而如何化解心理情感矛盾方面的问题，涉及心理学、行为学、管理学等多方面的研究课题，情况比较复杂。但无论是哪个层面的问题，说到底实际上也都是一个心智模式即"处世态度"的转换和调适问题。在现代全球化、跨文化、多元化环境下，组织中成员之间的人际交往是遵循一种"己所不欲，勿施于人"的达观行为准则，还是采取一种"己所欲，施于人"的自我中心主义强权原则，是直接关系到一个组织学习成败、获取和保持学习竞争力的战略性因素。

4.4

"自觉奉献"：自我超越追求的最高境界

"自我超越"心智模式追求的最高境界是，组织成员个体能够自觉地将自己融于组织去思考问题，将自己的命运和行为与组织的使命和目标紧紧联系在一起，教派般地信仰、崇尚、遵守和维护组织核心价值观和经营宗旨，发自内心深处地热爱组织的事业，视自己为组织不可分割的一分子，必要的话可以为组织目标的实现而"忘我"地奉献自己所有的一切（甚至包括生命）。如果一个组织都能够达到这种宗教般狂热的献身精神，那么还有什么不可以"学习"的呢？肯定无论学习什么都会"无往而不胜"！

美国著名管理学家吉姆·柯林斯等的实证研究发现：与一般公司相比，高瞻远瞩的卓越公司，例如 IBM、迪斯尼、宝洁等，大都具有强烈的教派般狂热的文化：全体成员热烈拥护的信念驱动（这一点与真正教派的"领袖崇拜"有分别）；完善的信仰灌输、教育培训和文化熏陶体系；严厉的嘉奖惩戒规则和正优汰劣机制；忘我工作、自觉奉献的英雄主义精神。[3]这样的组织"文化模子"塑出来的人，个个具有"自觉奉献"的自我超越境界，由这样的人组成的公司才有可能成为高度适应变化、具有快速学习能力的卓越公司。例如，IBM 的发展历史证明："IBM 获得最大成就、展现最能适应世界变化的杰出能力时，正是 IBM 教派般的文化表现得最强烈的时候"。[4]

需要指出的是，培养"自觉奉献"自我超越精神的组织目标必须符合社会伦理原则。在历史和现实中，同样是提倡和培养组织成员的"自觉奉献"自我超越精神，但所追求的目标之伦理意义却有很大差别。很多"邪教"及邪教般的邪恶组织，从纳粹主义的党卫军到军国主义的武士道，从意大利的黑手党到中东本·拉登的恐怖主义组织，其组织成员无不具有"自我牺牲"的奉献精神，但其所献身的组织目标却是野蛮的、惨绝人寰的、非人性或人道的。而现代组织作为学习型人力资源开发系统中自我超越训练，其所追求的"自觉奉献"精神则是严格限定在人道的且符合正义目标的限度、范围和领域内。这是我们讨论和研究问题的一个基本底线。

总之，关于组织成员"自我超越"心智模式的开发训练，很值得借鉴佛教徒的"修行"之道，需要讲究身心兼修、人我互动、天人合一之法。这意味着：首先要通过身心兼修，超越自身生命个体的天然智障；然后通过"人我互动"训练，超越人际交往过程中的社会障碍；最后才能实现"天人合一"，真切领悟人类自身的生命意义，达到自觉奉献、终极关怀、与时俱进、追求无限的最高境界。

4.5

"超越自我"：改善心智模式修炼技法介绍

无论你身在何处，都得从这里开始；任何组织学习都必须舍得在自我超越修炼上进行必要投资（花时间、精力和金钱）。心智模式是人们持有的各种假设和信念，像有色眼镜轻易扭曲我们所看到的景象一样，心智模式决定着我们看问题的方式。心智模式修炼主要通过自我反思和互动探询来实现。本节简略介绍几种修炼技法。[5]

☐ 个人价值观检核法

利用事先设计的价值观清单，先选择你心目中最重要的十个行为要素或生活准则，然后采用剔除法逐渐筛选出你最看重的价值观究竟是什么；最后再从如下方面核查你最重视的三个价值：

（1）其确切意义是什么？即使在逆境中你也不会放弃它吗？

（2）假如它们都能付诸实践并发扬光大，你的生活会是什么样子？

（3）鼓励员工实现这些价值的组织将会是一个什么样子？

（4）你描绘的个人愿景反映了这些价值吗？如果没有，是否需要重新考虑或阐述你的个人愿景？

（5）你愿意选择时刻以这些价值观为要则的人生或组织吗？

（6）如果有人诱导你放弃这些价值观，你会有什么反应或感觉？

☐ 描绘个人愿景法

最好像童年做游戏一样，充分发挥想像力，静心向自己提问和回答你心之所向的情景。基本步骤如下：

（1）设想实现愿景后的情景。想像你一生中最渴望得到的成果是什么？到底是什么样的一种情景？你的感受如何？你如何用语言将它描述出来？

（2）思考愿景中出现的个人反应。你可能的回答是："我得不到我想要的东西"，"我想要别人想要的东西"，"我想要什么并不重要"，"我已经知道我要什么"，"我害怕自己想要的东西"，"我不知道我要什么"，"我知道我要什么，但在实际工作中没有办法实现"，等等，要排除这些心理上误区，大胆地想像自己的愿景目标。

（3）描述你的个人愿景。从自我形象、个人财产、婚姻家庭、健康状况、人际关系、职业工作、个人爱好、社会责任和人生目标等方面，试探描述自己的愿景。

（4）检验并澄清你的愿景。针对每个项目问自己："如果我现在就可以实现愿望，我会接受它吗？"以及"如果我现在就可以实现愿望，它能够给我带来什么？"等问题，逐项检验愿景是否真愿。

（5）回顾现状与建立新的愿景。针对各个层面逐项检核现状如何、是否发生了变化，每年进行一次练习。

（6）为组织设想的话，你个人希望看到你所在组织成为什么样子？这样的组织能给你带来什么？它有助于实现你的个人愿景吗？

❑ 推论阶梯辨认法

"推论阶梯"（见图4－1）说明：由于有先入之见，所以在观察事物时往往根据自己的假设信念解析意义，然后得出更一般的判断结论，进而强化原先的偏见，形成认识和行为偏误。

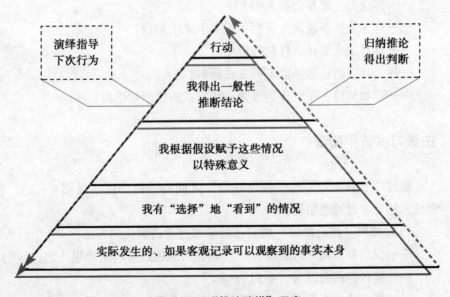

图4－1 "推论阶梯"示意

利用"推论阶梯"可以帮助认识我们是如何从具体的事物跳跃到概括性的概念，而以抽象的概念来推论又是怎样影响我们的学习判断的。具体地说，通过如下途径可以检核心智模式存在的问题：

（1）自我反思：可以更直观地看到你自己是怎样思考问题的；

（2）互动探询：将你的思考和想法更明确地告诉他人，并探究别人的思考方式和过程，进行双向沟通；

（3）增进理解：通过客观陈述可观察的情景资料，发现共同点、排除分歧并达成一致。

□　左右栏对比反思法

通过将"所想的"和"所说的"分别列示于一个有左右专栏的表格上，对比分析哪些隐藏的假设阻碍着我们与他人的沟通。基本步骤如下：

（1）选择过去一段时间所遇到的棘手人际关系难题，例如写一段文字将局势描述下来；

（2）回忆一下当时发生或有可能发生的难堪交谈，将你"所想的"列在左手栏，而将你"所说的"列在右手栏；

（3）搁置一段时间后，试按照如下问题进行反思：

——是什么东西让我们这样想或有这样的感觉？

——你的目的是什么？企图获得什么？

——你获得了想要的结果吗？

——你为什么不说出左手栏中记录下来的东西？

——你对他人做什么样的假设？

——是什么阻止你采取不同方式行事？

——你如何将左手栏作为改善心智模式的资源和手段？

□　主张与探询平衡法

通过"自我主张"与"探询倾向"之间的平衡分析（见图4-2），使自己和他人的思考过程透明化。

（1）按照"推论阶梯"将自己的思考过程透明化的方法：

——说出并描述你的假设（"这是我所想的以及产生此想法的过程"）；

——解释你的假设（"我以为……"）；

——展示你的推论（"我得出这样的结论是因为……"）；

——解释你观点的背景，包括你的建议会影响谁、怎么影响和为什么，举例说明你的建议等；

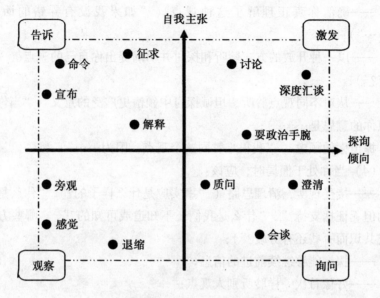

图 4 - 2　主张与探询倾向

——公开测试你的结论和假设；

——克服防卫心理，鼓励别人探讨你的观点和假设（"你对我刚才的话意见如何？"，"你发现我推论中的缺陷没有？"或"你有什么补充意见？"）；

——展现推理中的最模糊不清的部分（"在这方面，或许你能帮我弄清楚……"）；

——即使正在提出主张，也要聆听别人意见，保持开放的态度，鼓励别人提出不同的观点（"你有不同看法吗？"）。

（2）要求别人将他们的推理过程透明化：

——让他们走下推论阶梯，找出行动所依据的事实（"你根据什么得出这样的结论？"，"你依据的资料是什么？"或"什么促使你这样的看法？"）；

——用婉转而不激发防卫或"引导证人"的语言进行询问（"你能帮助我理解一下你的推理吗？"而不说"你什么意思？"或"拿出证据来！"）；

——让对方说明推理（"这件事有什么意义？"，"这件事与其他你关心的事有什么关联？"或"你进一步的推理是什么？"）；

——解释你探询的原因（"我询问是因为……"）；

——让他们引申解释或举例说明（"你的建议这样影响……"，"你举个例子好吗？"）；

——验证一下你对他们所说的理解（"你在谈……，是这样吗？"）；

（3）面对你不同意的观点，可以采取如下办法：

——再度询问对方为什么这样想（"你考虑了我所忽视的情况?"）；

——确信你真正理解了这种观点（"如果我没有弄错的话，你的观点是……"）；

——以一种开放的方式聆听和探讨并明确提出你自己的观点（"你想过……没有?"）；

——从对不同观点聆听、坦诚探讨中领悟更广泛的意义（"当你说……，我猜想你的意思是……"）；

提出你的顾虑（"我很难赞同这个观点，因为……"）。

（4）当你处于僵局时，应该：

——接受现实，清理思路（"事实应是什么样子的?"，"什么是我们感觉是对的但无证据支持?"，"什么是我们还不知道或可知的?"，"哪些方面我们已经达成共识而哪些还有分歧?"）；

——探询能够继续前进的信息；

——好像首次一样聆听别人观点；

——查询分歧在心智模式方面的问题；

——让别人从不同角度谈问题时，避免据理力争。

□ 效忠报告练习法

这个练习可以帮助你检验关于组织中关键的人与物的心智模式，锻炼多视觉去观察和解决难题。

（1）列出你效忠的对象。设想你正要着手解决一个危机事件，需要拟写调查报告给有关部门和相关当事人看。首先列举出你希望效忠的人或物（他们阅读时谁的反应对你很重要? 或对什么影响最大?）。

（2）选择其中你最关心的两个（两组）对象，再附上事实真相。也就是说，在拟订报告或备忘录时，除了这效忠对象外，你应该在心里还要效忠你所见到的事实。

（3）忠于事实真相拟写一份完整报告。要把它当作密封的"锦囊"，直到你死后100年才会打开；要有吸引人阅读的"引子"，有客观描述谁、什么、在哪里、什么时候、为什么、意义何在、牵涉到谁等事件来龙去脉的"核心段"，以及关于希望警示后人什么的"结尾"。

（4）为你效忠的对象写报告。休息一两天后，再回过头来给你选取的对象仍然按照三段式样去写：首先他想知道什么，或什么内容会吸引他的兴趣；其次你想告诉他有关局势的基本要点是什么；最后想在哪里结束。

（5）进行忠诚度分析。隔一段时间后，将三份报告拿出来，像初次发现一样阅读之。先看看"事实报告"，按如下问题提问：

——你对报告作者的印象如何？

——什么资料（实际报告内容）让你得出这样的结论？

——你对报告中揭露的事实如何看待？它们重要吗？

——哪些特别的语言描述使你产生这样的印象、得出这样结论？

然后分别看看其他两份"效忠报告"，都按如下问题提问：

——从报告中你对报告所"效忠"的对象获得了什么印象？

——什么内容（例如，特别为他强调了什么）让你得出这样的结论？

——从"引子"看看作者相信报告对象关注什么？

——作者希望报告对象忽视（报告里省略了）什么事实细节？

——作者希望报告对象得出什么结论？希望他采取什么行动？

——将结论给报告对象看，他会同意你的评论和假设吗？他的情感反应会是怎样的？

——报告的假设能够被验证吗？它是否包括了不正确的成分？

（6）比较三个不同版本，进行审慎选择、删改，最后综合拟定一份兼顾事实和效忠对象的报告。

（7）将三个版本及最后报告拿给你的效忠对象看，告诉他们在最后定稿你将强调哪些材料，问他们更喜欢哪些材料，以验证你的假设和思考问题的框架。

☐ 轮盘角色转换法

设计一个在圆桌能够转动的轮盘（如图4-3所示），通过角色转换游戏，开启或拓展团队成员多视角思考问题的能力。

当轮盘转换一格，每个角色名称就会转动对应一个相关人士，这个人就要站在相关角色的立场上去分析问题或评论观点。例如，人力资源总监角色转到张三面前，张三就要完成这样的阐述："从我作为人力资源总监的角度看，这个问题最关键的因素是……。"扮演者要回答如下问题：

——我在什么样的时间区间处理这个问题？

——要预期或期望得到什么样的结果？

——我会投入多大精力去应对这个问题？

——我是如何理解这个问题的？哪些是其他人没有或不愿看到的？

——我日常思考和处理问题的方式有哪些局限？

——在今后的工作中我应如何与其他团队成员合作共事，以妥善处理紧急问题和实现团队目标？

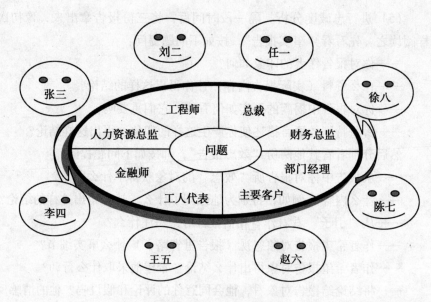

图 4 - 3   轮盘角色转换游戏

☐ 未来情景规划法

通过类似讲故事的研讨会"在想像中跃进未来"，以便清楚地检核目前影响你思想和行为的究竟是什么。基本步骤如下：

（1）选择主题。情景问题应该是讨论小组成员（一般 8～20 人）都关注的即带有全局性和不确定性的焦点问题。

（2）理解驱动力。将未来情景的影响因素划分为基本可以确定的先决性因素和不确定的关键性因素，调查、讨论和分析这些影响因素的可能效应以及它们对事件所产生的驱动力。

（3）情景企划。从你的现状来构思所有可能的关于未来情景的"典型故事"，思考为了应对这样的故事发生，你应该做什么样的准备以及具备什么样的能力。

（4）预演未来情景。所有参与者担当不同角色，利用自己所创造的语言、策略、对话来进行演练，体会心智模式的转换感受。

注释：

[1] 发展到今天的经济学，在"世界观"和"方法论"上确已发生"革命性"的变化，其研

究领域业已囊括整个人类行为，以致出现了所谓"经济学帝国主义"新时代。现在，人们已经不能再把它与什么"物质生产"、"物质利益"相提并论，也不能在狭隘的意义上理解它的"经济人假定"从而大加批判。经济学已经成为真正从正面研究人类行为的科学新思维。

人类社会活动是丰富多彩的，具有多重属性和层面。所谓"经济行为"、"经济活动"、"经济领域"、"经济关系"等，指的是全部人类社会"行为"、"活动"、"领域"、"关系"等的"经济层面"，而并非是指现实社会过程中有"一块"是经济的，而另"一块"则是非经济的。任何人类"活动"都是一种"投入产出"活动，任何人类活动的"领域"都是"一种"进行稀缺资源有效利用和配置的领域，任何社会关系都可以看做是"一种"追求自身利益最大化的经济行为主体相互之间的关系。所以，经济是人类行为的一个基本属性或基础层面，或用萧伯纳的话说，"经济是充分利用人生的艺术"。经济学就是从这样一种角度，利用成本—收益分析等特有的方法，来研究人类社会行为的。

[2] 关于"己所不欲，勿施于人"与"己所欲，施于人"理念的根本性分别，茅于轼先生在一篇文章中做了专门论述，见其著《谁妨碍了我们致富》，四川文艺出版社 1996 年版。

[3] 吉姆·柯林斯、杰里·波勒斯：《基业长青》，中信出版社 2002 年中译本，第 161 页。

[4] 吉姆·柯林斯、杰里·波勒斯：《基业长青》，中信出版社 2002 年中译本，第 167 页。

[5] 本节主要参阅了彼得·圣吉等《第五项修炼·实践篇》（东方出版社）第三、四、六章的内容，不再一一注释。

5
"身心兼修"：人力资源潜能开发

对于一个人来说，所期
望的不是别的，而仅仅是他
能全力以赴地献身于一种美
好事业。

爱因斯坦

如果你能想到，你就能
做到。

沃尔特·迪斯尼

身心兼修，是开发潜能、实现"完整人格"的基本途径。从哲学的意义上来说，人首先是自然界中的一个现实的生命个体，是有机运动的"活生生"的主体，而思维理性和认知只不过是这个主体的一种外在的行为表现形式和功能特征；因此，通过类似佛家的一系列"修行"训练项目，才可以使外在的"知识"与内在的"个性"融为一体，即达到"身心合一"的理想境界，只有这样，人的潜在能量才可以得到最大限度的开发和释放。

5.1

人类创造力的"精神"实质

从人与自然的关系来看，人作为物质或精神财富的生产者，其所拥有的能力，与其说是作为物质实体存在的自然人力（或称原始人力、体力），倒不如说是以自然人力为基础的智能人力（或称精神人力）。

且不说精神生产，单就是物质生产来看，作为自然人力，正如庞巴维克所说，"人在生产中的作用是极其有限的"，"人的力量是具有双重缺陷的：比起所要降服的物质的体积来人是太渺小了，比起物质的结构来人是太粗糙了。"因为，"物质的体积以及我们在达到目的之前必须加以克服的阻力往往都是很大的，然而我们所能使用的体力却是很有限的，而且比较地微不足道的。在另一方面，物质往往又是太微妙了，非我们的一双粗手所能操纵的。我们的利益往往要求我们把无限细微的东西重新作无限精密的安排：我们粗笨的手指，如何不适宜于对付原子和分子呀！自然每天在每一株植物、每张叶片中生出成千上万的奇异精微的细胞组织，而人类的手即便企图仿造这么一个细胞也完全是无能为力的呀！"而人之所以"能使自然力按照人的意志在何时、何地以及按照何种方法进行活动"，以致创造出无限丰富的社会财富，全在于"人类的智慧"使我们能在自然的宝库中找到"使自然自相对抗和自然力自相矛盾的手段"。[1]

因此，创造社会财富、作为价值增值源泉的主体创造力，主要不是自然（物质）人力，而是以这种自然（物质）人力为基础的智能或精神创造力，后者才是人力的实质规定性。[2]事实也是这样，无论从个人群体还是民族国家层面来看，人力资本水平和国民素质的差异，都主要表现在精神文化方面。

美国文化人类学家本尼迪克特女士曾在其名著《菊花与刀》中深刻地分析了日本民族性格的"精神"实质。[3]本尼迪克特认为：日本民族的人格结构是

"菊花"和"刀"两种极端禀性的刚柔混合体。对内，表现为"菊花风情"，人与人讲究和谐、相互尊重，人们对世代流传下来的等级权威观念"像呼吸一样自然地接受和认同"；而对外，则是"军刀风格"，霸道且充满进攻性，骨子里有着不可征服的"神佑民族"的强烈种族优越感，他们无条件地一致对外，而且在手段选择上没有道德顾虑。她还引用了第二次世界大战中日本广播电台曾大力宣扬的一则英雄飞行员战死神的事迹，来说明日本人的特殊精神意志力。

故事是这样说的：空战结束后，首批着陆的飞机中有一架是大尉驾驶的。大尉跳下飞机后，站在地上用望远镜观察着天空。他一架一架地数着返航的部下，脸色极其苍白，但是很镇定。当看到最后一架着陆后，他立即写了一份报告，立即送往司令部，向司令官作了报告。报告一完毕，他突然瘫倒在地，在场的军官们立即跑过去帮他，发现他已气断身亡。经检查，是一颗子弹击中了他的胸部，造成致命伤。按说，刚断气的躯体是不会凉的，可大尉的尸体早已冰凉。人们断定，大尉必定是死了好长一段时间，作报告的乃是他的灵魂。这种奇迹般的事实想必是这位战死的大尉所具有的强烈责任感和武士道精神创造出来的人间神话。故事虽然似神话般离奇，但很能说明这里我们所说的人力的"精神"实质。

5.2

人脑的奇妙及其蕴藏的巨大潜能

人的巨大"潜能"（Potentiality）来自于无限奇妙的精神世界以及具有无限驱动力的意识志向，而精神世界的奇妙和意识志向的强大，又主要是存在于人体并作为人体"指挥控制中心"的人脑之机能。20 世纪脑科学发展大致经历了以下四个阶段：第一阶段是俄国生理学家 N. n 巴甫洛夫于 30 年代创立的高级神经活动学说，其核心思想是条件反射学说；第二阶段是 1938 年美国心理学家 B. F. 斯金纳创立的操作性条件反射学说，它的基本观点是：欲使个体行为形成，强化必须依随反应而发生。第三阶段是 1961 年美国生理学家 R. 斯佩里（Sperry）及其同事们通过对裂脑人的研究提出了大脑半球功能"一侧化"的新理论，其中关于右脑主管形象思维的观点曾在全球掀起了一股"右脑开发"、"右脑革命"的热潮。第四阶段是 1976 年美国生理学家 M. S. 加查尼加（Gazzaniga）提出脑认知功能的"模块（Module）说"：脑是由在神经系统中各个水平进行活动的子系统以模块的形式所进行的动态组合。这里，我们有必要根据脑科学的研究成果，对人脑奇妙的构造和功能做一简要说明。

人脑是由 10000 亿个像章鱼或树状分支、具有巨大电化复合和微处理功能的脑细胞（其中，约 1000 亿个活跃的神经细胞，9000 亿个粘连、滋润和隔离着神经细胞的胶质细胞），由近乎无限多样的路径和方式——每个神经细胞可以长出 20000 个"树突"（Dendrite）与其他细胞相连[4]，这样，就可以总共有 1000 亿×20000 = 2×10^{15} 支，它们通过叫做"轴突"（Axon）的"绝缘电线"（神经纤维）向大脑和全身发射各自的信息——连接而成的一种高级信息网络系统，其功能相当于一台 $10^{14} \sim 10^{15}$（可存储 100 万亿～1000 万亿信息单位）的超级天然电子计算机[5]，它是大自然经过 60 多亿年的地球进化、40 多亿年的生命进化、5 亿多年的神经系统进化、7000 万年的哺乳动物进化以及 300 万年的人类进化之伟大成果。人类的巨大潜能就潜藏在此。

科学家将人脑在解剖学意义上分为三个部分（见图 5 - 1A）：位于脑壳底部的是"脑干"（Brainstem，包括延脑、脑桥、中脑和网状结构）和"小脑"（Cerebellun），它控制着心率、呼吸等人体许多非常简单而重要的本能型功能，由于这是蜥蜴、鳄鱼等低级冷血（爬行）动物都具有的脑组织，所以又称"爬行脑"；中间部分是裹住脑干的"边缘系统"（Limbic），这是引导婴儿一生下来就知道吸吮母亲奶水本能的"古哺乳脑"，它控制着人的情感系统，与大脑处理记忆存储的功能直接相关，因为"刻骨"才能"铭心"[6]；边缘系统顶上是左右大脑（Cerebrum）以及覆盖其上约 30 毫米厚、由 6 层组成的脑皮层（Cerebral Cortex），这是人类独一无二的脑组织，控制着人类创造性思维活动。

大脑由两侧半球组成（见图 5 - 1B）：大致上是左半球管制右半身，右半球管制左半身；每半球功能也上下分层，大致上是上层管下肢，中层管躯干，下层管头部。如此形成上下倒置左右交错的微妙结构。每侧大脑半球在形态结构上大致相同，每侧半球的皮层都有感觉区、运动区和联合区，也都有相同的皮下结构，但各自功能不同：大脑左半球主要对于语言、逻辑、数学和次序等抽象思维活动起控制功能；而右半球则主要负责控制韵律、节奏、音乐、图像和想像等形象思维活动。大脑两半球由胼胝体相连，胼胝体是由 3 亿个活跃神经细胞组成的高度精密的交换传输系统，它将左右脑信息交换并整合起来，使两侧大脑半球之间形成广泛的神经纤维联系，并组成统一的中枢神经系统有条不紊地管理和控制着整个身体机能。[7] 人在一生下来时发育最健全的是右脑，但大多数人后天的学习训练主要侧重于左脑，而将在母胎中就已发育健全的右脑长期搁置不用。有鉴于此，有潜能开发专家提出针对"右脑开发"的一系列理论和方法。

脑组织各部分具有各自的功能（见图 5 - 1C）：前额皮层复杂思考；运动原皮层控制活动；顶叶负责空间能力；枕叶是视觉中心；颞叶是语言中心；小脑在调节姿势和平衡中起重要作用，"干中学"的功能由它控制；而网状结构则相当

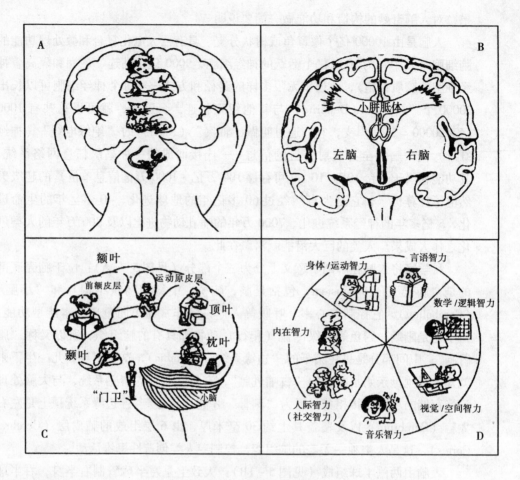

图5-1　神奇的人脑

　　资料来源：珍尼特·沃斯、戈登·德勒顿《学习的革命：通向21世纪的个人护照》，分别见第90、94、96、92页，上海三联书店1998年中译本。

于大脑的"门卫"和指挥中心，负责信息传递功能。1983年，哈佛大学心理学教授加德纳（Gardener, Howard）在《智能结构》一书中指出：每个人至少有七种"智力"（见图5-1D）：语言智力；逻辑或数学智力；音乐智力；空间或视觉智力；运动或身体智力；人际或社交智力；内在或内省智力。这些智力不是随意杜撰的，而是经过脑外科和脑科学研究证明了的，它们都是在脑中相应位置上的功能，损伤了哪个部位就会有失去相应功能的危险。[8]

　　人的潜能还可以理解为隐藏于人脑潜意识中的能量。科学研究表明：存于人的大脑皮层下部（潜意识脑）的潜在能量是巨大的，占到人的总能力的90%以上；它通过感知、直觉、情绪和信念等形式对人们的行为产生着潜移默化的影响。与"显意识"（Consciousness）不同，"潜意识"（Subconsciousness）是潜隐在意识层面之下因受意识控制和压抑而不自觉知的意识状态，它往往是睡眠、梦吃、醉酒等"不清醒"的前控制状态下不自觉或不随意发生的"放松性警觉"
（Relaxed Alertness）。潜意识犹如自动记录仪，能自动记录和存储人们在成长过
程中的感应、经验、想像、情绪及各种暗示，具有自动操作性、重复记忆性、巨
量存储性、不用则废性和易受环境干扰性等运作特征。

　　显意识与潜意识之间是一种在信息交换上的"潜式"与"显式"、在推论逻
辑上的"逻辑"与"非逻辑"、在思维过程中的"渐进性"与"突发性"的辩
证统一，而"灵感"正是显意识与潜意识通融交互的结晶。相对于显意识，潜
意识主要有如下几个方面的特征：潜意识不能直接驱使肌体而获得但可以间接接
受人体各部位信息而"自动"累积，潜意识中的不愉快经验积压多了就形成
"情结"（Complex）；潜意识由显意识活动累积转化而来，当积累到一定阈限或
偶然受某相关信号刺激就显现出来并表现出意外"神力"；潜意识具有为显意识
筛选信息的功能，它以"知觉信息"为基础进行非逻辑性的"推论"，往往表现
得杂乱无章、琢磨不定；潜意识先于显意识，比显意识更加活跃，其在脑组织中
的活动区域多居于同知觉和空间相关的右半球，这与"右脑开发"理论不谋而
合。[9]

　　近三十年来，脑科学研究突飞猛进。1989 年，美国国会参众两院通过了
"脑的十年"提案，指出神经系统疾病对人类所产生的严重影响以及脑科学对改
善人类健康的重要性，脑科学中的技术革命使人们能在无创伤条件下细致地观察
活体脑，确定在特定脑疾患中所涉及的脑区，开始认识参与记忆的脑的复杂结
构，并在数学、物理学和计算科学的协助下，设计神经网络，模拟其动态相互作
用。1991 年，欧共体成立了"欧洲脑的十年"委员会，1994 年成立欧洲神经科
学学会，1996 年成立"脑研究联盟"，以加强欧洲和美国脑科学研究的联系和合
作。1996 年，日本经过长时间酝酿准备后，推出了"脑科学时代"庞大计划纲
要，计划从"认识脑"、"保护脑"和"创造脑"这三个方面推动脑科学研究，
基本目标是：阐明行使认知、情感和意识的脑区结构和功能，以及脑的通信功
能；控制脑发育和老化的进程，以及神经性和精神性疾病的治疗、预防；设计、
开发仿脑计算机和信息处理系统。脑科学的重大突破预示着全面开发人脑潜能理
论和实践的广阔前景。[10]

　　基于以上关于人脑机能的理论分析，我们就可以初步了解和把握关于人力潜
能开发的实质意义。所谓"人力潜能开发"，就是通过开展内在或外在的、正向
或逆向的身心修炼计划和课程，以激发情感、开发右脑，或获得潜意识的"放
松性警觉"（Relaxed Alertness）以获得"灵感"，从而达到磨炼个人意志、提高
智力素质和强化学习能力的目的。

5.3

"右脑开发"：基本原理及训练要点

美国著名脑科学家、1981 年度诺贝尔医学生理学奖获得者斯佩里基于割裂脑实验提出的"左右脑分工理论"证明：人类的大脑由大脑纵裂分成左、右两个大脑半球，两半球经胼胝体即连接两半球的横向神经纤维相连并具有不同的分工；左脑作为理解语言、进行逻辑思维的中枢支配着右半身的神经和器官，而右脑是一个没有语言中枢的哑脑，作为观赏绘画、欣赏音乐、凭直觉观察事物、纵览全局的中枢则支配着左半身的神经和器官；人脑所储存的信息绝大部分在右脑中，其信息储存量是左脑的 100 万倍，并能够有条不紊地加以记忆。

☐ 右脑的优长

从思维方式上看，左脑长于顺向思维，而右脑善于逆向思维；左脑的优长功能在于寻求共同点，而右脑则善于发现事物的差异处。左脑主要根据已知的信息进行"按部就班"的逻辑推理分析，而右脑则擅长借助"通觉"（图形、空间、绘画、形象等）的感知和领悟能力进行创造性思维。

从进化论角度看，低等动物只有右脑而没有左脑，高等动物才分化出左右脑；因此，可以说左脑作为"本生脑"记载着人后天习得的知识，而右脑作为人的"祖先脑"则储存从古至今人类进化过程中遗传因子累积的全部信息。如果说人生短短几十年学习积累是一滴水珠，那么，右脑存储着祖先千百万年留下的遗传信息则是汪洋大海。

从科技发展趋势来看，右脑所具有的"非智力"功能越来越凸显其重要性。现代科学技术成就，包括电子计算机、智能机器人等所模拟和替代的大都是人类左脑的功能；而右脑的情感和知觉等"自然选择"遗传和进化的功能，却很少能够被"人工智能"所模拟和替代。

就对人生态度的影响方面看，左脑多与挫折情绪发生联系，右脑多与愉快情景发生联系；悲观主义者用左脑思维，而乐观主义者用右脑思维。以左脑为中心进行思考，容易陷于利害得失计算的"理性自负"泥潭，这样看待的世界和生活往往是狭隘的和"灰色"的；而右脑则是基于人类遗传信息考虑问题，因而学会用右脑思考可以使人更豁达、视角更宽广、心态更美好。[11]

☐ 右脑开发的意义

遗憾的是，传统人类教育系统，包括现代西洋式科学、技术和文化正规学校教育体系，特别是中国传统的科举应试教育方式，从背"四书五经"、考"八股"到当今的中考、高考方式，都是主要针对左脑的后天教育训练，而对经由千万年"自然选择"祖先遗传下、在娘胎里就发育健全的右脑却长期来弃置不用，而且往往有意无意地损害其创新活力。这样，使用右肢进行工作和生活，就成为人类后天长期习得的结果，一来二去也就形成了歧视"左撇子"的社会文化环境。

例如，所有工具和操作系统都偏重于为某右手使用而设计；大多数国家和民族的文化习惯、宗教信仰和社会惯例都有"以右为尊，左为不恭"的倾向；在各民族的语言中也显现对"左撇子"的偏见，英文"右"（right）为"正确"，而"左"却有笨拙、邪恶的意思，法文"左撇子"（gauche）意思是"不灵活的人"，德文"左撇子"（linkisch）的意思是"怪人"，中文象形文字右为"口"天而左为"工"助，等等。

其实，左右半脑的发育速度和水平因人而异，从而导致了人们在大脑左右两半球偏性功能有程度不同的专门化发展。由于左半脑掌管语言，大多数人左半脑的优势显得突出，而个别人右半脑较有优势；这种大脑"侧性化"现象使人在某个领域中发挥特殊的才能并容易建立优秀业绩，例如，左脑侧性化者成为"科学巨匠"，而右脑侧性化者即所谓"左撇子"，则往往成为"艺术天才"。对于大多数人来说，面临的关键开发任务是如何激发和活化右脑功能，以求得左右脑均衡协调发展。

爱因斯坦就是一个平衡和谐地运用左右脑进行创造性劳动的典型楷模。爱因斯坦既是一个伟大的科学家，也是一个"左撇子"，对艺术有很高的造诣。他曾说过："这个世界可以由音乐的音符组成，也可以由数学公式组成。"爱因斯坦将其许多重大科学发现归功于"右脑"的想像游戏，他思考问题不是借助语言，而是用"活动的、跳跃的形象"进行思考，然后再花很大力气将之转化成语言文字表述出来。据说，有一年夏天，他在一个小山上昏昏入睡，当梦见自己骑着光束到达了宇宙遥远的极端，而后发现自己"不合逻辑"地又回到太阳表面时，他忽然有了"宇宙本来就是弯曲的"顿悟。事后，爱因斯坦将这个"想像"的图景转化为数字、公式和词句等语言形式，这就是著名的"相对论"。

因此，有计划地进行针对右脑的开发训练，使左右脑在思维学习活动和日常工作生活中保持平衡、和谐和协同关系，对于提升人类的先觉感知力和灵感创造力具有重要意义。

☐ 右脑开发方法

右脑潜能开发有各种方法。这里仅根据专业文献列举介绍几种主要方法：

指尖刺激练习法　认为人体的每一块肌肉在大脑层中都有着相应的区域（即"神经中枢"），其中手指运动中枢在大脑皮层中所占区域最为广泛。前苏联著名教育家苏霍姆林斯基将双手比喻为大脑的"老师"，因此，练习弹琴等指尖运动，特别是左右手并弹，有利于将大脑皮层中相应的活力激发出来，达到提高智力水平的目的。

多重语言学习法　美国神经外科学家发现：单语言学习仅需大脑左半球，如果培养同时学习几种语言，就会"启用"大脑右半球。

娱乐体育锻炼法　例如，在进行打拳或做操、跳迪斯科健身操、打乒乓球、羽毛球等活动时，随人体运动而形成的鲜明形象，右脑细胞激发相对较快；同时由于右脑的活动使得左半球机能受到某种抑制，大脑活动容易摆脱了既有逻辑思维局限，"灵感"经常由此引发。运动时，可以同时借助音乐伴奏的力量，有意让左右手多做动作，以刺激右脑活动。

珠式心算训练法　"珠式心算"是以珠算训练为基础，从实际拨珠到"模拟拨珠"，再过渡到"映像拨珠"，最终在脑中形成"珠像运动"图景进行计算的一种计算技能。形象地说，就是在脑子里打算盘，它从依靠算珠到脱离算珠，通过视觉、听觉、触觉把抽象的数码变成直观算珠映像，并在脑中快速完成计算过程。这种珠式心算训练，利用算盘的直观来引导练习者进行实际的双手操作，起到"手脑并用"的效果，促进右脑发展，以提高记忆力、理解力、注意力和思维敏捷性。

围棋技艺训练法　围棋是起源于中国的神奇技艺，据说是远古尧帝为启发愚顿儿子丹朱发明的。它是一种用黑白棋子攻取阵地的棋艺，靠围地决定胜负，只要一方围地超过 181 目即胜出。下围棋不像其他棋艺需要进行数学计算，而需要一种深邃的空间思维，棋手对弈时脑里浮现的是一种不断变换的图形布局，而这正是右脑发挥的功能。

左手反横书画法　"左书"相对于正常的"右书"，即用左手写字或者写反字，这是中国传统书法的一个奇特流派和罕见艺术表现形式。它从落笔到收功、从点书处理到规整结构、从着墨效果到宏篇审美、从虚处行气到实处收笔，皆与右书相反，能凸现出与右书相平甚至超出右书的观赏效果；特别是"反横书法"，利用宣纸透墨的特点，用笔力在纸的背面横书反字，横画为竖、竖画为横，然后翻转过来钤印盖章，既有镜面观书的妙又有篆刻起草之功。[12] 这种书法练习显然是右脑开发的一个很好的训练形式。

5.4

"以身修心"：全面开发人脑潜能的三层含义

全面开发人脑是一项前沿性的系统工程。人脑不仅是一切心理活动的器官，而且还是人体适应内、外环境的各种行为的始发者和各机能系统活动的协调者，它同时具有对外部信息的加工功能以及对自身身心的调控功能两个不可分割、交互作用的功能系统，两者常常体现在统一的活动之中。在人脑的调控系统中，作为高级功能的"意识"起着作用。从脑科学角度说，意识是神经系统在正常工作状态下的一种功能表现，在大脑功能态中，脑高级活动的意识性质决定着低层次神经活动的进程；从人体科学角度说，意识是人特有的一种对客观现实的高级心理现象，而作为"人对自身心活动的认识、调节和监控"的"反思"系统则是人脑调控系统中的最高层次。[13] 关于"全面开发人脑"，具体说，主要有三层含义：

☐ 周身开发

首先是以人脑为核心的整个身心功能的全面开发。人的任何活动，从表面看只是手、眼、脑的活动，而实际上无论个体是否意识到，人的整个身心都参与了操作活动。因为人的心理活动是整个身心的活动。心理学家指出：心理不仅是人脑的机能，感觉器官也是重要的心理器官，其他如周围神经、肌肉、腺体，甚至内脏也都是心理器官或者和心理活动有所联系的。总之，可以认为整个人体都是心理的器官。这里又有三层意思：

——脑与整个身心是密不可分的有机整体。一方面，脑指挥、调控着人的身心活动；而另一方面，身心的功能，如个体身体器官的功能及其协调性和身体的健康状况等，又影响着脑功能的开发。

——身心修炼是指生理和心理功能的全面开发。在生理功能方面，是指人体各个器官（眼、耳、口、手、身等）功能的协调开发，其中包括大运动（全身活动）和小运动（手指的精细动作）的有机结合；而在心理功能方面，则是指对感知、记忆、思维（尤其是推理）、意识和情感、意志乃至个性品质诸方面的全面开发，其中，意识和心态的训练尤其重要。

——生理和心理两大功能的开发都不是孤立进行的，两者是在同一活动中完成的。

□　全脑开发

其次是脑的各个部分的全面开发，即"全脑开发"。在人脑高级功能中，大脑固然起着举足轻重的作用，但人脑的其他部分脑干和间脑也都起着不可忽视的作用。现代脑科学研究表明：脑干部分的功能是：延髓是生命中枢，控制呼吸，心率等；脑桥是中脑与延髓之间传递运动信息的桥梁；中脑控制许多感觉功能和运动功能，其中包括眼球运动及视觉、听觉反射间的协调；小脑调制运动的力度和范围，参与运动技能学习。间脑各部分的功能是：丘脑，处理自中枢神经系统其他部分到达大脑的信息；下丘脑，调节自主功能，实现内分泌和内脏功能的整合。

即使是大脑，也不只是左半球与右半球某一侧的开发，而应是左右两半球整体功能的协调开发。应该指出的是，关于大脑的两半球功能定位现象是在特殊情境下表现出来的。对于正常人来说，不应把左右脑分开来进行研究和开发，把这个观点引入人力资源教育开发实践更应慎重。这是因为大脑两半的功能是平衡、协调发展的，左脑与右脑相互配合，一个正常人大脑任何一个半球功能都以大脑两半球的协调功能为基础，大脑两半球是作为一个整体来接收外界刺激的，无论是语言的刺激还是形象的刺激都并不只作用于某一个半球，对同一种刺激左右两半球都将会作出各自的反应，直觉行动思维、具体形象思维和抽象逻辑思维这三种思维成分是有机组合并螺旋上升的。因此，科学的做法是着眼于从整体上开发大脑。

□　深层开发

其三是人脑的多层次全面开发。这里有三个基本层次，即：现有水平（显能）、潜能水平（潜能）和自我调控水平（"反思"功能）。在全面开发人脑功能时，首先要展示并调整人脑现有的水平，并以此为基础挖掘脑的潜在能量，而这两步又是靠调动人的"反思"功能实现的。

上述三层含义不是并列的，也不是简单的包含关系，而是层层深入递进的。从总体上说，人的身心的全面开发是全面开发人脑的基础，而全面开发人脑是身心全面开发的核心；具体地说，人脑的全面开发又可以分为三个不同的层次，其中，反思是最高层次，它是人脑全面开发三层含义的核心内容，是实现人的身心全面发展和人脑全面开发的一种"高技术"。

迄今为止，国内外许多专家对人脑潜能开发进行了许多有益探索，诸如：用特制的仪器和装置诱发人脑电波；对双手动作强化训练或某种技能（如书法）的训练；对某种功能有困难的一侧半球进行强化刺激；用汉字教学或珠象心算的方法；用禅宗静坐等精神放松法进行修炼等。这些方法无疑都有一定成效，但从方法论的角度看，它们多半是单方面的、局部的开发，是主要靠外部各种刺激开发大脑功能，因而开发大脑的短期或即时效果往往不错，至于长久效应如何就不得而知了。无论采取什么开发方法，都应该立足于主体自身，以某种知识、技能为载体通过激活主体内在的能量来自觉、主动地进行开发，以达到自身身心的全面、和谐、主动的发展。

5.5

"拓展训练"：在大自然中挑战自我

"拓展训练"（Outward Bound），又译"外展训练"。其英文原意是船舶离开安全平静的港湾，勇敢驶向大海，在探险旅程中接受挑战、战胜困难。拓展训练最初起源于"二战"英国训练海员冒险精神和生存技能的军事学校，后推广应用于人力资源潜能开发领域。这种训练项目以外化型体能训练为先导，将受训者置于野外各种艰难困苦、具有挑战性的场景之中，以达到磨炼意志、克服畏难心理、培养积极进取人生观和增强团队合作精神的目的。训练活动通常包括热身准备、挑战自我、团队协作、高峰体验等环节，一般包括拓展体验、回归自然、挑战自我、领导才能和团队建设等课程。

☐ 拓展训练由来

第二次世界大战期间，许多英国大西洋商务船队和军舰经常遭到德军袭击。这些船队和军舰在遭德军潜艇袭击后沉没，大批海员和水兵由此丧生，但总有少数人能在灾难中幸存生还。人们发现，这些幸存者并不一定是体格最健壮的，而是能够与大自然顽强抗争、求生意志最坚强的人，这些人往往能够坚持到生命极限，最后终于获救。针对这种情况，有个叫库尔特·汉斯的人提议，是否可以利用一些自然条件和人工设施，专门建立训练基地和开设野外训练课程，让年轻海员做一些具有挑战性和有利于提高其心理素质及生存技能的活动项目；后来，这个倡议得到其好友劳伦斯的赞同和支持，于是他们便在1942年专门成立了一所"阿德伯威海上训练学校"，以年轻海员为对象进行拓展训练。

战争结束后，这种形式新颖的拓展训练项目得到保留和推广，它对于处于和平时期都市生活、商业竞争和室内工作状态下的人们来说，仍然而且越来越具有很大吸引力。人们借助拓展训练项目，利用野外活动形式，模拟真实工作和生活面临的挑战情境，锻炼意志、团队合作意识和创新精神。于是，拓展训练对象由最初的海员扩大到军人、学生、工商业职员、公务员等各类群体，训练目标也由单纯的体能、生存训练扩展到心理训练、人格训练、管理训练等，并很快就风靡欧美洲和全球。目前，全世界28个国家和地区共成立了近50所以"Outward Bound"命名的拓展训练学校，并已发展成为一种国际性组织（其总部设在加拿大渥太华）。

概括地说，拓展训练是这样一种自我超越训练项目体系：它以大自然为背景、舞台和道具，以体能活动为导引，以心理挑战为重点，以综合性、实景性、挑战性亲身体验活动为主要内容，以锻炼意志、挑战自我、完善人格为宗旨和目标。它通常利用崇山峻岭、瀚海大川等自然环境，以外化型体能训练为先导和介体，通过精心设计的基地、山野和水上训练项目，经由计划安排、实景体验、回顾总结和反馈应用等训练环节，达到磨炼意志、陶冶情操、完善人格、熔炼团队，实现自我超越的潜能开发目的。

☐ 拓展训练特征

拓展训练的主要特征可以概括为如下五点：

（1）**体能引导，由身修心**。训练项目大都以外化的体能锻炼为引导和介体，在浩瀚神奇的大自然氛围烘托下进行的实景演练中引发诱导出人们"自我超越"的认知、情感、意志和人际交往行为。

（2）**挑战自我，追求极限**。拓展训练的基本准则是"体能消耗最佳、心理挑战最大"，训练项目往往都具有一定的体能难度，需要学员在心理素质和精神意志上跨越"极限"去进行体验，向自己既有能力极限挑战。

（3）**团队合作，个性张扬**。训练一般实行集体分组活动，力图使受训者体悟到集体智慧和合作力量的重要意义，善于从团队成员合作精神中吸取力量和信心，在集体力量中发挥个性的张力。

（4）**自发体悟，自我教育**。培训师只是在事前向学员把训练内容、目的和要求以及必要的安全注意事项讲清楚，而在训练过程中只进行旁观指导，充分尊重和发挥学员的自主及主观能动性，在课后总结中也只是点到为止，主要让学员自己体悟亲身感受，达到了自我教育的目的。

（5）**高峰体验，精神升华**。拓展训练结束，使受训者在经历磨难、克服险阻而顺利达成训练目标后，能够体会到发自内心的胜利感、自豪感和成就感，获得人生难得的"高峰体验"，即将人的身心能力中最卓越、最出色的品质升华到极致状态。

☐ 拓展训练项目

拓展训练项目一般分为基地训练、山野训练和水上训练三大类项目。基地训练项目通常有：天梯断桥、爬越电网、空中单杠、高空蹦极、信任背摔、盲人方阵等；山野训练项目如：负重行军、伞翼滑翔、远足露营、登山攀岩、野外定向、逆境求生；水上训练项目一般有：游泳跳水、扎筏划艇、海洋潜水、龙舟比赛等。下面举例介绍几个常见基地训练项目：

天梯断桥：通过爬攀天梯、跨越断桥等活动，克服恐高心理障碍，增强自我控制和平衡能力，建立自信心、增强决断力，启发队员不断创新寻找解决问题的新思路、新方法，体验队员间彼此信任、互相合作、互相负责的重要性。

爬越电网：设置一张与地面垂直的绳网，告诉队员这是不能碰触的"电网"，网上每个洞就是一条生路，要求学员穿越，通过时身体的任何部位都不能碰到网洞边缘，否则就会"触电"身亡。"牺牲"者可以继续爬越前进，但每条生路却只能使用一次。本项训练目的是让学员体会计划、整合、分配资源去达成工作任务目标的重要性。

空中单杠：学员在穿戴保险装备后，沿突兀矗立的钢管登高踏脚，独自攀上离地约 8 米、只有 50 公分直径的圆盘顶，站直后，向 1.5 米外悬着一根被风吹得微微晃动的单杠跳过去，作一个抓杠动作。通过训练增进人与人之间的沟通，克服恐惧带来的心理压力，增强对伙伴的信任和理解。这种训练可以帮助人们面对机会时勇于出击，相信外在因素影响是可克服和战胜的，以提高面对风险时的心理承受力。

信任背摔：一名学员背向站立在离地 1.6 米的平台口，其余学员在台沿下纵向两边面对面用双臂搭成非连接的接人网，即每个人只是伸直两臂掌心向上而并不相互紧握，当培训师发出口令后，台上学员便向下倒去。背后是一群素不相识的人，要将自己的安全交给他人，须要有对他人和团队坚定的信赖感。通过这种训练可以增进人与人之间的沟通理解，克服恐惧心理压力，增强对他人的信任和理解。

盲人方阵：所有人自愿结成小组，全部蒙上眼睛站好，培训师发给每组一根绳子，要求在 45 分钟之内每个人都摸到绳子并将绳子围成三角形，哪组先完成就算获胜。该训练可以观察和培养组织团队精神、集体行为状态和领导能力形成机制等。

□ **拓展训练操作**

拓展训练流程一般包括如下几个环节：首先进行热身准备，野外环境变幻莫测，同时学员彼此也陌生、相互不太了解，学员需要做思想、身体和工具设备等方面的准备，以便轻松愉悦的投入到各项培训活动中去；然后在培训师指导下，根据"体能冒险最小，心理挑战最大"的原则，以提高受训者合作意识和团队精神为目标，分别设计有关设计个人和团队项目进行训练；最后进行回顾反思，组员分享检讨训练过程中的感受、体悟、经验和成果，并迁移转化为实际的工作动力和人文精神。

对于拓展训练的培训师在素质上有一定要求。首先身体和心理素质状况要比较好，人生经历比较丰富，有高度责任心和激情。拓展训练培训师的工作主要是针对学员情况设计适当训练课程，训练过程中只以辅导员的身份告诉学员注意事项，起一种引导、催化、激发和提升的作用。在训练过程中，培训师要全神贯注，并在某一观察点注意学员行进动态，以随时采取调控防范措施保护学员安全。训练结束后，培训师能够把握学员的心理反应，并积极地加以引导和启发，使训练达到"拓展"目标：

——让受训者学会尊重、欣赏和关爱自然，获得大自然的宽阔心态；

——能够重新认识自我价值，正面认识自身潜能和局限；

——克服心理惰性、增强自信心，提高想像及创造能力；

——增强集体参与意识与责任心，改善人际处世态度。

5.6

"魔鬼训练"：钢铁般坚强意志是怎样炼成的？

所谓"魔鬼训练"，其实也是一种外化型心智潜能拓展激发训练方法，只是它更加强调通过"魔鬼"般外在超强度的体能训练，以磨炼坚定意志，追求不怕困难、勇往直前的大无畏精神。"魔鬼训练"最初起源于 20 世纪 70 年代日本"联合赤军分子"的军事训练。第二次世界大战结束后，日美订立"安全条约"，美国驻军日本，一些军国主义分子反对抗议，遭致失败后就进行恐怖主义活动，在山林中进行刻意于体能和意志强化、具有宗教式修炼色彩的"魔鬼训练"，后由其反对恐怖主义的成员大江白内诚开发、被日本企业界推广应用到人力资源开发领域。

魔鬼训练思想渊源

据说，人的肌肉锻炼与否，力量可以相差七倍；而人在压力下，潜能可以增长 50 倍。"魔鬼训练"的核心思想是：一个具有坚强意志的人，必然具有一个体能最强健、最具强大生命力的躯体。因此，像"旷野狼"一样赤身裸体在暴风雪中接受严酷寒冷考验和磨砺，像"瀑布神"一样在瀑布顶端接受酷暑烈日曝晒，在死亡边缘领悟生命的本质意义，就成为魔鬼训练的传统必修课。超强度的体能训练所导致的一个直接后果是意志力"坚硬"而"迟钝"，这正好为单一宗教般的信仰驱动留下空间；后来，魔鬼训练未被恐怖主义极端分子裹狭到邪教路上去，与身为"老魔鬼"的大江白内诚独具慧眼的预见力以及他"到生活中去，生活才是真实的"的劝导和指引有很大关系。

其实，"魔鬼训练"起源于日本不是偶然的，显然与武士道文化传统有直接传承关系。据介绍，日本武士道起源于 16 世纪，传统上几乎所有武士都得接受类似的魔鬼训练。武士道精神有许多糟粕的东西，魔鬼训练的一些基本做法和特征，明显承袭了日本武士道精神中的正面传统文化渊源：

——在武士道鼎盛时期，武士名分是世袭的，也就是说，武士一生下来就开始接受训练了。在武士道的训练中爬行是绝对禁止的，所以小武士通常是先会讲话而后会走路。当小武士学会走路时，大人通过讲故事使死亡的阴影一直笼罩和威慑他幼小的心灵使他从小形成循规蹈矩的习性。后来，在日本有很多儿童也加入到魔鬼训练中，可能与武士道这种文化传统有很大关系。

——构成武士道屹立不动的三大精神支柱就是"智（慧）、（残）忍、勇（气）"。武士道精神提倡"不是教养拯救了人类，而是人类使教养合理化"，这成为鼓舞武士勇往直前的精神源泉。而这正是魔鬼训练的基本思想基础。

——武士道训练的主要科目有剑术、射击、柔道、骑术、枪术、战略战术、书道、道德、文学等，这些都进而演变成日本民族的传统文化。魔鬼训练正是继承了这些文化传统，最初主要是设计一些野外逆向挫折训练项目，通常为期一周左右，通过大喊发声、限时背诵、夜急行军等严酷体能训练，培养雷厉风行的工作习惯、百折不挠的拼搏精神和排除万难的勇气信心。后来，为了适应商业社会的需要，也加进了有关"智能"方面的内化训练项目。

——武士道不计较利弊得失，身为武士者，从小就接受"不贪求财富"、"富足以害智"的教育。武士不向逆境屈服，清贫精神使得他们不贪慕金钱权势。自制心对一个武士而言是必备的素质。他们是行动主义者，更是代表着不断地磨炼而产生自制心的楷模。武士道强调克制满腹牢骚，追求喜怒哀乐都不形于色的处世态度，提倡遇到挫折不屈不挠的精神和勇气。远离都市喧器，清心寡欲修炼，也是传统魔鬼训练的基本特征；后来被日本企业家用金钱"软化"后，魔鬼训练主旨有所改变，提倡"到生活中去，生活才是真实的"，训练目标也调整为培养适应时代和市场变化的"超人"。

目前，流行于美日等发达国家的"魔鬼训练"计划已被商业社会大大地"软化"改造。例如，魔鬼训练的入门课程改为让学员做自我生涯设计，回答"我从哪里来?"、"我在何处?"、"我到哪里去?"、"怎样达到目标?"以及"达到目标后又怎么做?"等五个基本问题，明确奋斗目标后，通过一系列向心理和体能极限挑战的训练项目，以最大限度地开发学员的潜能。在企业界，这种魔鬼训练已经逐渐发展成为企业员工"强化自我、克服障碍、重塑人格、培养意志"的重要人力潜能开发方法。但是，魔鬼训练作为"磨砺修炼商战超人"之术，近乎野蛮、残酷的意志训练原则基本没有什么大的改变。这也是魔鬼训练与一般拓展训练比较的突出特点之所在，现在魔鬼训练应用最普遍、最成功的，还是体育、军队、特警等对体能、意志力有特殊要求的行业领域，其原因也可能同样如此。

☐ 魔鬼训练应用：实例介绍

在体育竞技领域，很多教练普遍采用"魔鬼训练法"来开发队员精神毅力和体能潜力，以达到提高竞技水平的目的，常有令人惊异的效果。例如，20世纪60年代，日本排球教练大松博文最早运用"魔鬼训练法"训练日本女排，经他训练的"东洋魔女"居然使身材高大、依靠高点强攻战术垄断冠军多年的前苏联女排束手无策，无论多么力大无穷的扣球都让"日本魔女"在跌打滚爬下救起，最后不得不将冠军奖杯拱手让出。另据新华社媒体报道，1992年底来华执教的韩籍主教练金昶佰训练中国女子曲棍球队的办法，与当年大松的"魔鬼训练法"如出一辙，正是他的近乎残酷的魔鬼训练，才将首次参加奥运会的中国女子曲棍球队送到了第五名的位置上。

关于武警特殊部队进行军事化魔鬼训练的情况就更是普遍。在美国东部，有一个神秘的军事基地"北卡罗来纳州布雷堡"，驻扎着一支神秘的"三角洲"部队，这支部队自20世纪70年代末成立以来，专门用来执行反恐怖作战任务。

"三角洲"突击队成员资格要求十分严格：必须是美国公民，年龄22岁以下，而且在特种部队已服役两年以上；体能条件方面，要能在25秒钟内逆向爬行35米，每分钟仰卧起坐37次、做俯卧撑33个，24秒钟内通过所设置的障碍，15分钟内完成4公里长跑，能全副武装泅渡1000米。完成以上项目后，紧接着进行18公里行军。休息两小时后，再进行体力极限测试，应试者在24小时内，在得不到任何暗示及指点的情况下，使用一块罗盘和一张地图，在荒无人烟的地区，单独行军74公里。在技能条件方面，要求会熟练使用各种轻型武器装备，操作多种机械设备和驾驶各种汽车、坦克、装甲车，会开大型运输机或直升机；此外，还要求擒拿、格斗、攀援、越障样样在行；最后，每人至少还要有一门以上的专长，比如撬锁、开箱、修理、爆破、救护、报务等等，参选者还要具备良好的心理素质。[14] 所有这些要求都需要经过严格的魔鬼训练才能合格。

另据国内媒体报道，某市警方组建全国第一支专业化女子刑侦队，180名女警被集中到一荒凉偏僻的废旧机场，进行为期一个半月的严格残酷的魔鬼化封闭式岗前培训。警花们要接受夜间拉练、按图行走、登山攀岩的大运动量体能训练，刑侦专业技能培训，查缉战术、擒拿战术、实战射击警务技能培训，常用车辆驾驶与维修培训等20多项内容。此外，还要在训练中加入单人夜间荒野地带巡逻、二人抬尸体、亲自解剖尸体、10天不许洗澡等七八项心理素质训练。女警们的"宿舍"就设在一间破旧的大停机库内。培训期间不建食堂、不许出去买饭，市局给她们配了辆流动野炊车和5个大帐篷，吃饭时间在训练场地就地支个帐篷、用野炊车自己动手做。培训采取全封闭式军事化管理，任何人不许私自外出，所有通讯工具全部上交区队集中保管，不许家人、亲友探视，不准佩带首饰且头发不得过肩；行李仅限换洗警服和洗涑用具，其余物品一概不许带。[15]

在企业界，魔鬼训练也得到广泛推广运用。如著名的"魔鬼训练工厂"课程在美国已有接近30年的历史，一些世界著名的大公司，诸如AT&T、通用汽车、通用电气、沃尔玛、福特汽车、可口可乐、IBM、联邦快递、康柏等，都在内部引入"魔鬼训练工厂"课程；全球数以千万计的人从魔鬼训练中大受教益，并造就了无数百万富翁与各界知名成功人士。近年来，魔鬼训练也逐渐引入中国，各地针对企业员工和管理人员乃至总裁的各种"魔鬼训练营"、"魔鬼训练工厂"、"魔鬼训练中心"等层出不穷，相关训练活动十分火爆，各类企业对于魔鬼训练也热情不减，说明魔鬼训练确实对于建立学习型组织背景下的员工自我超越潜能开发具有重要作用。

华为公司对新员工的"魔鬼训练"

华为公司每年对新员工的培训，都是极其残酷的"魔鬼训练"。岗前培训已经成为很多企业的必修课，但华为的做法仍然与众不同。一是时间长，达 5 个月之久；二是全面正规，内容包括军事训练、企业文化、车间实习、技术培训、市场演习等五个部分。这 5 个月的训练生活就像"炼狱"，但是"生存"下来的人，则有获得"新生"的感受。经过训练，过去的文凭学位已抛在脑后，"华为人"三个字开始渗入血液。

◇　优胜劣汰制军训：中央警卫团教官担任主训官

从 1997 年开始，招聘来的大学生到华为报到后，立即就进入包括为期一个月军事训练在内的严格的封闭式训练。军事训练的主教官是中央警卫团的退役教官，训练标准严格按照正规部队的要求，凡是在训练过程中遭到淘汰的员工将被退回学校，经过几轮筛选的"幸存者"才能正式进入华为公司。很多员工事后评价这段受训生涯就是"苦、累"，再就是"考试多"，如同高考冲刺阶段一般，这段时间考试次数远远超过了大学四年的总和。很多曾经参加过训练的学员都对这种痛苦的煎熬铭记终生，但这段经历又往往成为他们日后向他人炫耀的资本，并受用一生。这期间，新员工都是带薪的，包括奖金全部都有。

◇　"第一次握手"：用故事灌输的文化教育

进入华为后的第一周，新员工便到位于深圳市龙岗石岩的华为培训中心进行文化课程的培训。华为给每名学员都发有一本厚厚的企业文化学习教材，教材用了很多发生在华为内部的真实故事作为教学案例，学习间隙就所学过的专题进行辩论赛。除了公司人力资源部门老总们去给学员们讲课外，其他所有部门的高层主管也要分期分批去讲。老总任正非也经常亲自到培训班为学员们讲课，与基层员工座谈。任总讲课很有煽动性，他善于以一些身边的细小例子阐明一些深刻的人生道理，经常使学员们斗志高昂，充满了奋发向上的活力。新员工学习企业文化所写的心得文章曾被编辑成册，取名《第一次握手》。

◇　车间实习：和"岛主们"生活一个月

文化课之后，新员工要到一线车间实习一个多月，跟着车间的师傅学习组装、测试。车间装配和测试过程处处体现了"华为人"的严谨作风。华为的装配车间分为不同的小组，"华为人"习惯称之为"岛"，称小组的负责人为"岛主"。车间的装配工人一般是中专文化，但是，每个"岛"都配备一名硕士以上的技术人员把关，合格的产品由他签字后才能出厂。华为最看中"基层经验"，要求年轻人注意克服哗众取宠的毛病，养成脚踏实地去做事的习惯。

◇ **5% 被淘汰：最难熬的技术培训**

车间实习结束后，就开始接受技术培训。作为市场人员，也必须了解公司的产品和技术。很多员工认为，这三周的技术培训是最艰苦最难熬的，因此认为是真正的"魔鬼训练"。新员工每天早上 8 点起床，从深圳龙岗坂田公司总部乘公司的班车，花 40 多分钟时间赶到位于车公庙培训基地；一直到晚上 9:30 分才结束课程学习回去，一般回到宿舍都是十一二点了。这期间，就如同大学里一样严格地上课、复习和试验操作，每学完一段就考试，大概每周要考试两三次。考试不合格者就要留级、补考、工资停发。当时，华为有 5% 的淘汰率，一个班二三十人中，最后一名无论考试成绩多好，都要被淘汰。这三周严格残酷的技术训练培养了华为员工吃苦耐劳的精神，同时激励着每一名新员工都积极努力学习、力争上游。

◇ **销售实战演习：上街叫卖三个月**

华为市场部新员工还要到市场部见习三个月，期间的考试更是多如牛毛。还有销售技能实战演习，要求新员工到街上推销、叫卖。为了增强实践的真实性，在销售过程中不允许说出自己是华为员工。但是，由于深圳市严格禁止无证小贩摆摊售卖，进行销售技能实战演习的"华为人"往往被当作乱摆卖的无证小商贩，被深圳市的城市市容管理人员抓住。华为市场部门有一句话：天下没有沟通不了的客户，没有打不进去的市场。华为对于市场的开拓，从来不是派有丰富经验的员工，而是派一些刚从学校毕业、没有任何社会经验（尤其是市场开拓经验）的新员工去做市场，目的是训练新员工陌生拜访、开辟新路的勇气和能力。华为的这种策略使大批新员工在实践中得到了锻炼，一批批新员工在磨炼中成熟起来，成为经验丰富的老员工。这样，华为员工的整体能力越来越强，综合素质越来越高。

资料来源：程东升、刘丽丽：《华为真相：在矛盾和平衡中前进的狼群》，当代中国出版社 2003 年版，第 89～93 页。

5.7

"超觉静坐"：瑜珈内化身心修炼法

与拓展训练和魔鬼训练不同，"超觉静坐"是一种内化型身心修炼方法。通过静心安坐的方式进行身心修炼，追求忘我、无我的超越境界，是儒家、道家和佛家都崇尚沿袭的修身之道。但各家修炼的侧重点各不相同：儒家强调"外静"而"内动"，即通过身体和语言的"静"而达到活跃思想、胸怀大略的"动"；道家的"炼丹"修道意即通过内炼丹田之精气而达到"得道成仙"的目的；而佛家的"打坐修行"则主要是通过"静心"而超脱尘世之烦恼，超越"生死轮回"循环而修成永恒不灭的"佛身"。现代心理学和行为科学所研究的"静坐"（Meditation），主要属于印度瑜珈、类似日本禅宗的超觉冥思模式，它可以当作一种改善心智模式、实现自我超越的有效训练方法来运用。[16]

传统上，瑜珈派的静坐修炼方式有两种：一是开放式静坐（Open – up Meditation），即静坐时先将生活中的任何情景置之度外，心中不想任何事情、不做任何期盼，只须放松自己的肉体和心灵，让意识像天空中的飞鸟、海洋中的波浪般自然飞翔、自由流变，完全以一种超然空无的心态去接受和体验心灵感应，使身心各方面得到静养安息；一是专注式静坐（Concentrative Meditation），即静坐时心无旁顾，将意识专注于眼前一目标物（如鲜花、香烛或挂钟等），以排除周围环境的其他刺激干扰，使注意力从外界收敛回来，从而达到忘却自我、超凡脱俗的境界。至于具体修炼方法，则有好多流派套路，其中最流行、最简易的一种方法就是"超觉静坐"（Transcendental Meditation，简称 TM）。

超觉静坐法最初是由一印度传教士（Maharish Mahesh Yogi）于 20 世纪 60 年代创立。它虽然不是一种宗教仪式，但带有宗教般的神秘色彩，学习者首先要拜师，经由师傅传授一个咒语（Mantra）——通常只是一个没有具体寓意的单词，目的是供静坐时诵读以使自己排除杂念、意识集中。后来，哈佛大学的宾逊（Benson，1975）将之进一步简化和科学化，从而使之成为一种改善个性和生活态度、促进生活情趣和提升工作效率的自我修炼技术，使长期练习者可以摆脱精神压力和情绪焦虑，能够在工作和生活中充分发挥个人潜能并使自己得到全面发展。

所谓"超觉"，即"超感应力"（Extra Sensual Perception，ESP,），是心电感应、透视力、触觉感应力和预知能力的总称。具有这种强烈"超觉"机能的人就是我们平常所说的"天才"，通过超觉修行的得道高僧可以获得这种 ESP 能力。超觉静坐修炼有四大要领：（1）静坐的内外环境，即个人心境和身所处的物理环境，均须安静；（2）静坐时要有一个供以专注的目标物，可以是重复默诵的单词或声音，也可以是一个抽象图画；（3）静坐时必须根除一切杂念，要心静如止水，无所思、无所欲，静观心灵自然波动起伏；（4）最重要的是保持心身安适，静坐者永远遵循"轻松、舒适、安静、自然"八字诀。具体修炼步骤如下：

① 在安静的灯光柔和的房间内，练习者盘腿坐在垫褥上；

② 闭上眼睛；

③ 尽量放松全身肌肉，尝试先从脚部开始，然后由下而上，一直放松到头部；

④ 用鼻子呼吸，并使自己感觉到空气从鼻孔出入，每次呼吸时心中默数"一"，如此进行 20 分钟后自行停止，睁开眼睛看看时间（切忌用闹钟），再闭

起眼睛休息一两分钟，一段练习即告结束；

⑤ 只要保持练习，不求急功，不必担心是否有进步，即使身心一时不能深度放松也不必着急，只管继续按要领修炼即是；

⑥ 一天练习一到两次，但练习时间必须是在饭后两小时。

超觉静坐修炼可以有效地控制身心状态，使交感神经系统受到抑制影响。其生理效应主要表现在：练习者自己可以获得自发休息，有效缓解生活和工作中各种压力带来的焦虑。首先，有经验的静坐者可以在五分钟内减低氧气消耗量10%～20%，而睡眠四五小时才可以降低8%左右；其次，超觉静坐可以使心跳速率每分钟减少三次；此外，超觉静坐对于高血压者也有降血压作用。至于超觉静坐在心理方面的效应，也有研究证据说明：超觉静坐修炼方法可以在调适心理障碍、促进智力发展、提升学业成绩和改善人际关系以及戒除不良生活习惯等方面，发挥明显的影响效果。

从脑电波理论角度，超觉静坐之所以能够获得"修身养性"的效果，就在于它可以在 α 和 θ 波之间处于"放松性警觉"（Relaxed Alertness）的潜意识能量释放状态。根据脑电波理论，人的脑波大致有四种类型：

——"β 波"，又称"压力波"，这是人类在清醒警觉、高度紧张情形下从脑中释放出来的一种脑波，通常在 13～25 赫兹的波段上传送和接受信息；

——"α 波"，又称"放松波"，这是人类在沉思幻想、安定放松情形下从脑中释放出来的一种脑波，通常在 8～13 赫兹的波段上传送和接受信息；

——"θ 波"，又被称为"假寐波"，这是人类在睡意朦胧、熟睡和觉醒之间的一种脑波，通常在 4～7 赫兹的波段上传送和接受信息，在这种状态下将会大量分泌出"脑内荷尔蒙"；

——"δ 波"，通常在 0.5～3.5 赫兹，这是熟睡时释放出来的脑波，人处于一种无意识的世界。

据说，胎儿和婴儿的脑波频率与宇宙波动频率同步，都是"7.5 兆赫"，这个频率刚好是介于 α 和 θ 波之间的频率。因此，α 波让你进入潜意识状态，一旦 α 波和 θ 波在脑内同步，人类的心灵总是呈现出不急不徐的安定状态，就产生共振共鸣的"灵感"机能，这时高度专注、非凡的记忆力和创造力最容易发生。

"气"是流通于全身的能量，可分为"生理能量"和"宇宙能量"两种。在超觉坐禅，以及其他静坐念佛、打太极拳、瑜珈气功、光能冥想等身心修炼活动中，"气"得以顺畅流动，生理能量与宇宙能量贯通，人类意识进入一个"清醒的无意识"境界，这样可以排除外界干扰，求得呼吸顺畅、心态平衡，从而获得灵感浮现、创意顿生、恍然大悟的心智提升效应。

注释：

[1] 见庞巴维克：《资本实证论》，商务印书馆，第 49 页、52 ~ 53 页。

[2] 当然，从人与人的社会关系来看，人力资本的精神创造力意义还表现在改进人与人之间分工协作及利益关系的社会组织能力方面。人力资本所归属的那个主体，是存在于特定的社会人文环境中的人，因此，社会文化传统、人际交往关系、分工协作组织及各种制度知识经过长期积累凝结在这个人身上，形成某种社会性的精神创造力，就成为人力资本内在规定性的一个重要方面。人力资本作为经济发展的永久动力，更主要的是因为这种精神创造力的社会规定性。因为，单个人的能力，即使是智能精神方面的创造能力，总是有限的，原因在于单个人的寿命是有限的，其用于增长学识和技能的时间就总是有限的。而在专业化分工和市场化交换的社会中，就可以实现知识技能在人与人之间的互补、替代和积累，使整个社会的精神创造力在规模上无限扩张、在动态上加速增长，从而推动收益递增、经济持续增长。关于这个层面的潜能开发是本章第 3 节所要研究的内容。

[3] 本尼迪克特：《菊花与刀：日本文化的诸模式》，浙江人民出版社 1987 年版。

[4] 1973 年，莫斯科大学教授彼楚柯西·米奇公布了他长达 60 年的脑细胞研究成果，证明：人的 1 万亿个脑细胞中的每一个细胞所产生的连接数是 1 后面加上 28 个零（转引自陈荣德《就是要超过你》，中国科学技术出版社 2002 年版，第 5 页）。1984 年，美国斯坦福大学的 Robert Omstein 在《神奇的大脑》（*The Amazing Brain*, Houghton Mifflin）指出：神经细胞作不同连接的可能数目也许比宇宙中的原子数还要多。

[5] 每个神经元（即神经细胞，Neuron）由两部分构成：神经细胞体（Cell Body）及其突起即"树突"（Dendrites）和"轴突"（Axon），后两者统称"神经纤维"（Nerve Fiber）。细胞体的大小从 5 微米至 100 微米（直径）不等。各个神经细胞发出突起的数目、长短和分支也各不相同，长的突起可达一米以上，短的突起则不到其千分之一。神经元之间通过"突触"（即一个神经元终纽与另一神经元之间的小空隙）互相连接，突触联系的方式是多种多样的，常见的是一个神经元的纤维末梢与另一个神经元的胞体或树突形成突触联系，但也有轴突与轴突、胞体与胞体以及其他方式的突触联系，不同方式的突触连接其生理作用各不相同。神经元之间的组合形式也是多种多样的。一个神经元可以通过纤维分支与许多神经元建立突触联系，使得一个神经元的信息可以直接传递给许多神经元。不同部位、不同区域的神经元的纤维末梢也可会聚到一个神经元上，使得不同来源的信息集中起来，此外，还有环形组合、链形组合等等，错综复杂。神经回路的复杂多样，不仅在于神经元和突触的数量大、组合方式复杂和联系广泛，还在于突触传递的机制复杂。现在已经发现和阐明的突触传递机制有，突触后兴奋，突触后抑制，突触前抑制，突触前兴奋，以及"远程"抑制，等等。在突触传递机制中，释放神经递质是实现突触传递机能的中心环节，而不同的神经递质有着不同的作用性质和特点。现已发现能够成为神经递质的化学物质已不下十余种。有人将一个神经元比作一个集成电路，一个突触比作线路中的一个接点。实际上突触远不止起着接点的作用，其功能是十分复杂的，既可以传递神经冲动，又可以产生电紧张性影响；既可以产生兴奋，也可以产生抑制，还可以产生异化，出现疲劳等。脑的部位越高级，神经回路越复杂。恐怕目前任何电子线路的复杂程度都难以和脑的神经回路相比拟。因此，将人的意识、思维等功能的出现归结为脑的高层次神经回路活动的结果，是完全可以理解的。见刘觐龙：《关于思维的神经基础》，载于钱学森

主编：《关于思维科学》，上海人民出版社 1986 年版，第 67~78 页。

[6] 现在 40 岁以上的中国人大都能够回想起当年是在什么地方听到毛主席逝世的噩耗吧！

[7] 有一位病人名叫保罗，幼年时一侧颞叶曾受过损伤，后来因病施行了胼胝体切除术，两侧大脑之间的视觉图像和其他信息的传递能力完全丧失。如果将图像选择性输入一侧大脑，对侧大脑完全不会知道。这个病人的左侧大脑有完整的语言功能，可以用语言和文字表达他左脑的思想。可是右脑不能"说话"，为了检查右脑是否具有思维和意识功能，实验者设法将一些问题有选择地输入病人的右脑而不让左脑知道，要病人用左手按压打字机键盘上的按键作出回答。实验表明，右脑虽不能"说话"，但可以理解文字和回答问题。下面是他们的一次"对话"：问：你是谁？答：保罗。问：请拼出你最喜爱的女孩的名字。答：莉兹（他的女朋友）。对于其他的问题，如他的爱好、明天是星期几、他希望从事什么职业、他当时的心境等等，都一一作出了正确的回答。由此可见，右脑也有思维活动，可以表达感情和爱好，可以判断时间，也具有自我意识，可以表示对未来的向往等。

那么，如果要求两侧大脑同时思考不同的问题时，情形会怎样呢？下面是这个病人的另一次实验结果：将两张内容不同的图像分别输入其左、右大脑。输入左脑的是一只鸡爪，输入右脑的是室外积雪的景象。在病人面前放着八张彼此内容毫不相干的画片。要求病人对输入大脑的"图像"进行联想，用手指出与图像的关系最密切的画片。这时，病人很快就用左手指着一把铁铲，用右手指着一只鸡。当试验者问病人看见了什么图像时，他回答说："我看见了一只鸡爪，所以我选择了一张鸡的画片。"接着他马上又补充说："你必须用铁铲去清扫积雪。"这实验结果说明，左侧大脑能够很容易地正确说明它选择画片的理由。随即它很快就把右脑的反应也纳入它的范畴。显然，病人的左脑并不真正知道右脑选择那张画片的原因（是用铁铲来清除积雪），而只能凭猜想。可是，他说起来却像是肯定的事实一样。

对于上面这样的实验结果尽管可以有各种解释，但至少说明意识、思维等并不是什么神秘莫测的东西。只不过是高度组织化了的复杂神经回路的功能表现。在两侧大脑半球之间存在密切联系时，整个大脑将作为一个统一实体进行活动；在两侧大脑之间的联系被切断后，只要大脑半球内部结构没有破坏，每侧大脑仍能以其固有的方式实现其功能。割裂脑的研究还表明，左、右大脑对于语言性和非语言性信息的处理能力是不完全相同的。对于多数右利手来说，左脑对于语言性信息的处理能力较强，右脑对于非语言性信息的处理能力较强。根据这种差别，我们是否可以推想，左脑在抽象思维方面占优势，而右脑则在形象思维方面占优势。在正常情况下，两侧大脑之间存在着极为密切的联系，因而形象思维与抽象思维这两种思维方式实际上是不可能截然分开的，而是互相交织、互相补充和互相转化的，从而达到对客观世界最完美、最本质的认识（见刘觐龙《关于思维的神经基础》，载于钱学森主编《关于思维科学》，上海人民出版社 1986 年版）。

[8] 转引自珍尼特·沃斯、戈登·德勒顿《学习的革命：通向 21 世纪的个人护照》，上海三联书店 1998 年中译本，第 95~97 页。

[9] 见刘奎林《灵感发生论新探》，载于钱学森主编《关于思维科学》，上海人民出版社 1986 年版，第 351~354 页。

[10] 见朱法良《对全面开发人脑的思考》，载于《教育研究》2001 年第 7 期。4.2-4 小节主要根据此文献将对人脑潜能全面开发的重要意义作简要阐释。

[11] 有专家评论说："左脑既以个人利害得失为基点考虑问题，诱导分泌的荷尔蒙多是肾上

腺素类的斗争荷尔蒙。这种荷尔蒙可以使人紧张起来，但有毒性，若不能及时排出体外，则会在体内产生活性氧，进而破坏遗传因子，形成可致癌的特殊蛋白，并给人体带来种种伤害。枭雄不长寿，和他们总使自己处于一种紧张状态有关。让我们敞开右脑思维，去争取和营造更丰富美好的人生。"（http：//lefty. nease. net/index. htm）

[12] 书写时，伴随着手的提、按、挫、轻、重、缓、急的韵律，毛笔如游龙般地变幻出奇特的造型，正所谓："重如长云暗雪山，轻如鸿毛舞翩翩；势比雨后出新竹，韵追魏晋求新颜；大小错落似无心，神妙反转一瞬间。"

[13] 本节内容主要参阅朱法良《对全面开发人脑的思考》一文的第四部分，载于《教育研究》2001年第7期。

[14] 见《解放军报》，2001年12月5日。

[15] 见河南报业网。

[16] 本小节介绍的有关内容，主要参阅了台湾师范大学教授张春兴《现代心理学：现代人研究自身问题的科学》，上海人民出版社1994年版，第204~212页。

6

"推己及人"：人际交往能力开发

己所不欲，勿施于人。

孔子

超越自我，以一种客观、
同情而坚定的目光来看待整
个世界，以及个人在这个世
界上所扮演的角色，拥有这
种能力是非常关键的。

约翰·T·汤普森

所谓"人际关系"，可以说是从个体层面来看的社会关系。它可一般地定义为：个人在与他人的社会交往过程中形成的利益往来、信息交流方式及心理反映机制和情感体验模式。正如前文已经提及的，实际中的人际关系问题，大致无外乎利益冲突、信息不对称和心理情感矛盾等三个方面。利益冲突问题要用经济学的观点及办法去思考和解决，信息不对称问题与沟通技术有关，而心理情感矛盾要用心理学理论与方法去解说和处理。本章我们就主要从这三个方面展开，来介绍一些有关人际关系能力的开发技法。

6.1

超越"自私"：在经济学意义上树立达观人际观

在经济学看来，人们总是在既定的环境约束下追求自身利益达到最大——预期收益"最大化"，这是经济人行为的"理性"所在，是经济行为的基本规定性。那么，究竟应如何理解经济学关于人们理性行为的公理性和普遍性呢？我们可以重点把握如下三个基本要点：

首先，应明确经济人利益目标的自主性。追求自身利益是人的天然本性，这种自利本性最深刻地根源于任何开放系统（耗散结构）所具有的自组织功能和生物遗传基因的自控原理，是"最硬"的即性质最稳定的生成元素，因而具有普遍适用性。马克思主义经典作家也曾明确承认：对于每个人来说，出发点总是他们自己，个人总是并且也不可能不是从自己本身出发的。[1] 同时，经济学认定，每个人天然是他们的自身利益的判断者。个人利益以及追求个人利益是人与生俱来的天性，在这方面，正如亚当·斯密所言，"哲学家"和"街上的挑夫"没有太大差别；他们对自己想要什么、不想要什么最为清楚，把个人的选择权交给一个外人（不管他是政治家或是立法者），"是再危险没有的了"。[2]

其次，人们所追求的是当时特定约束条件下的"预期收益"的最大化，而自利目标变量也不是单一的。人们之所以这样行为而不那样行为，就是因为处在"当时"的他认为这样行为优于那样行为，他"预期"这样行为对他"最优"；但结果究竟如何则是不确定的，也许"更优"，也许"正好"，也许"更糟"。因此，不能用结果"非优"来否定目标优化行为，从而否认最大化行为的普遍意义。同时，在实际中人们的自利目标变量具有多样性，这些目标变量不仅包括物质享受、货币收入等物质性利益，而且包括社会地位、名誉、人生价值、幸福感等精神性利益。人们的偏好结构千差万别，这些目标变量具体组成的"函数关系式"也会各不相同，因而"人人都在最大化，并不意味着都在最大化同样的东西"，但就某一特定的个人来说，其目标函数的单一性和目标变量的多样性是内在统一的。[3]

最后，还要特别明确的是，作为组织特定"社会"中的成员追求"自利"并非就只是"自私自利"，他人利益也可能进入自己的目标函数，人们追求自身利益不意味着就"不管别人死活"。"自利"（Self-interested）不同于"自私"（Selfish），"自利"说的是基于人的理性，虽强调自己的利益，但却是从"理性"出发，遵循"己所不欲、勿施于人"的道德律，时刻准备为改善个人与他人的利益关系做某种妥协。[4]

一般而论，现实中的每个社会成员，作为一个理性人，一个完整的、具有生命连续性的经济行为主体，其目标函数都会由三种类型的子目标变量组成：（1）"独立自利变量"，这种变量的取值与其他人的利益没有关系（零相关），可用 $IX = (IX_1, IX_2, \cdots, IX_n)$ 表示；（2）"利他收益变量"，这种变量取值与他人利益正相关，可用 $HX = (HX_1, HX_2, \cdots, HX_n)$ 表示；（3）"损人利己变量"，这种变量的取值与他人利益负相关，可用 $DX = (DX_1, DX_2, \cdots, DX_n)$ 表示。基此，若用 Y 表示经济人总利益，那么其目标函数可表示为：

$$MaxY = F(IX, HX, DX)$$

三种类型变量的具体取值大小，其在总目标中的权重如何，不同偏好结构的人或同样的人在不同的时空场合或环境约束中会很不相同。这样，我们就可以将"特立独行"、"助人为乐"、"损人利己"等所有看似矛盾的人际关系，统一纳入到一个框架中去思考、认识和把握。

因此，经济学字典里写的是"平等"、"尊重"、"民主"，而不是教导人去为了自己利益"损人利己"、"自私自利"甚至"你死我活"。经济学提倡人与人之间的"平等"，它劝导人们在看待他人时，要把别人看做是与自己"一样"的利益主体，与别人打交道的时候要互相"尊重"，不要把别人看做"弱智"或"傻瓜"，时时处处自以为是地替别人着想、做打算，结果却干出一系列干预别人生活、侵害别人利益、破坏别人幸福的"好心坏事情"来；经济学希望人们在面对利益冲突时，不要"与人过不去"，只强调自己利益而不顾别人"死活"，不要搞"阶级斗争"，动不动就"革命"，而应该通过"民主互动"、"平等协商"和"妥协忍让"的办法去解决问题。这才是经济学真正的精神实质。人人有了这样达观的人际价值观修养，人们之间还有什么利益问题不能解决呢？！

6.2

"授权"与"竞合"：组织中纵横向人际沟通的核心问题

在组织中，人际关系无外乎两大方面：纵向关系和横向关系。这两种人际关系的性质是不一样的，纵向人际关系则是一种命令—服从的上下级非对称合作博弈关系，横向人际关系是一种具有平等竞争的合作博弈关系。因此，实际中人们在这两种人际关系中所遇到的心理情感矛盾和问题也会不同，需要有各异的处理技巧和应对策略。

☐ 有效授权

纵向人际关系问题的关键在于能否实现有效授权。"授权"的实质是一种"相互影响"，涉及在纵向人际关系链中上级对下级鼓励、指导和要求，以及下级对上级负责、支持和监督等，是对责、权、利在纵向上以"创造性"为宗旨的分配和整合。

一个基本事实是：权威是由领导掌握但是由追随者根据领导服务的能力和目的授予的。本来，权力是一种非对称的支配和影响力，往往表现为少数上级对多数下级的"发号施令"。但是，实际上，任何权力从根本上说来都是由"人民"赋予的，领导权威是由下属认可和支持而产生、以下属的创造性工作为基础而维持的。因此，纵向人际关系的和谐有效性就取决于这种上下"相互影响"的合理性，以及是否实施了有利于群体创造力发挥的授权。

有效授权意味着与下属和员工共担责任。通过有效授权，决策风险将成为学习创新的机会，信息分享成为增强信任感和创造力的源泉和途径。一个会"有效授权"的上司，要知道该在什么时候、什么状态下自己"不做"什么，能够让员工自主做出富有创造性的工作决策，并对自己所做决策负责。共担责任的基本步骤和做法是：

——从小处（具体工作项目）着手；

——与可以负担责任的人讨论决定什么时候由谁做什么；

——然后制定明确的工作计划和日程安排；

——并在实施过程中随时根据情况修正和调整计划；

——最后结束时回顾一下和庆祝一番。

在授权这种"相互影响"的纵向互动关系中，管理者处于主导的地位，示范诱导、启动变革和宣传推广是管理者的基本职责。作为管理者，要进行有效授权，必须具备如下几个方面的能力：

(1) 有效传递信息和分享知识；

(2) 创造学习机会和多元沟通；

(3) 恰当评估、处理竞争与合作的关系；

(4) 在底层（后方）向上层（一线）提供支持和服务；

(5) 人性化设计塑造工作环境和氛围；

(6) 持续不断地开发员工潜在的人力资源。

总之，通过有效授权，可以发现组织的核心价值观和团队精神支柱，使纵向权利结构和人际关系得到改善，从而大大增强组织的凝聚力。

□ 竞争合作

在横向人际关系方面，组织成员之间往往处于一种"竞争—合作"的博弈状态。由于资源的有限性，人们在交往中为了"一个共同目标而走到一起来了"，进行竞争是不可避免的。这里，如果"共同目标"是单一的，那么往往会使人际关系限于"有你没我"的零和博弈困境；如果目标是多元的，人际关系就会少因利益冲突而陷入僵局，但也会因为实现目标的手段或资源的有限性而陷于"囚徒困境"，即本来是竞争（不合作）"两败俱伤"、合作"皆大欢喜"的事情往往却以两败俱伤收场。

关于竞争合作博弈问题有两个著名的心理学实验，见图6-1。

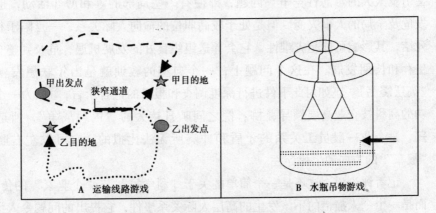

图6-1 竞争合作博弈心理学实验

在卡车运输竞赛游戏中，运输绩效按速度考评，速度快者为胜，甲乙双方各有两条路可走：一条迂回远道，一条中间有段须单行互换使用的捷径。如果不合作争用近路，在单行道上互不相让，结果谁也过不去，各自绕行远道，浪费时间。最好的策略是合作，相互配合各自等几分钟轮流使用有单行道的捷径。

在水瓶吊物游戏中，在一个下面有注水装置的大玻璃瓶中，有若干瓶口大小的纸做锥体物要吊出，参与者各执线头吊出锥体物。若不合作争吊必同时受阻，水漫上来"同归于尽"，最佳策略是相互配合。实验者设计了两种规则：一种是如果未湿前将锥体物吊出者给奖金若干，失败者被罚款；另一种是要求在规定时间内吊出锥体物即为成功。结果前者多是竞争失败的情况，而后者多是合作成功的成绩。

上述两例心理学实验给我们的启示是：面对竞争带来的人际困境，首先我们每个人都要有把自己放在别人位置上想问题的良好心态和习惯，淡化自我以顾全大局，通过合作协商来争取双赢结局；其次，从人力资源管理层面上，应该注意多设置多元的"共同目标"而少设置单一目标，使人们有"竞"而不"争"，也就是多进行"非零和博弈"而避免"零和博弈"所带来的"损人利己"、"你死我活"等人际关系陷阱。

一般说来，随着组织层级的上升，由于目标利益越来越趋同、越来越单一，横向人际关系的"零和"竞争性会越来越强，竞争性带来的人际矛盾和冲突会越来越大；但另一方面，随着职位的提高，横向合作的重要性也越来越大，同时由于博弈人数的减少，小群体比大群体更容易采取集体行动，使得高职位的横向合作机会和可能性也越来越大，操作难度和成本也越来越小。

因此，基层普通员工的横向人际关系，只要规则侧重于非零和博弈，一般不会引发太大的"恶性竞争"问题，即使有一些局部的零和博弈活动，也不会引发危及全局的人事灾变。但是处于较高职位的横向人际关系，一旦陷于相互争斗死结，其影响可能是灾难性，它会葬送组织良好的发展机遇，危及到整个组织的生存和长期发展。在这个问题上，一个典型的教训就是当年联想发生的剧烈"高层震荡"。正如对此事件进行深度调查和报道的记者所言，[5] 作为一个相当成功的高科技企业高层领导，柳、倪之间旷日持久的"内耗战争"，所造成的震荡，是企业一般员工关系的矛盾和冲突所无法比拟的，它可以左右联想这辆"战车"的方向和生死存亡。

记者评论说，这不是一个简单的关于"科学家"与"企业家"的传奇故事，而是一个令人痛惜的不该发生的高层人际关系事件，它提出的问题令人深思，关系到当代中国"企业家"的形成机制及生存状态，关系到未来中国企业在日趋激烈的国际化市场竞争环境中奋力搏击、安全扬帆的前途命运。有没有想过，

"告倒"柳传志，联想将会怎样？没"告倒"柳传志，倪光南又损失了什么？倪光南曾经是柳传志最真心相待的人，柳传志被倪光南誉为"十年难得的一知己"。在柳传志、倪光南这场"战争"中，倪光南没有"告赢"。倪光南没"告赢"，难道柳传志就胜了吗？没有。这场"战争"没有胜者，不仅两个人的心都在"交战"中被扎得鲜血淋漓，而且还影响到了联想的发展速度。中国的高科技企业最大限度地向前跑，还不一定能追赶上世界的潮流，哪能还有人为的"内耗"！

总之，为了营造融洽的人际关系氛围，激励机制设计应注意横向人际关系在层级上表现的上述情况，巧妙地诱导人们去"竞合"而不是"竞争"。

6.3

TA 训练：人际心理沟通分析法

从心理学的广泛意义上看，所谓"沟通"一般有两种方式：一种是"内在沟通"，即通过潜意识中的"自我对话"所领悟到的内在思想感触；另一种是"外在沟通"，即通过语言、声调、表情、肢体动作等与外界、特别是他人进行交往交流。相对来说，后一种沟通、尤其是人际方面的沟通更是具有决定性意义，因为人生活在社会中，人际关系是一个人心理健康、生活幸福和事业成功的关键因素。[6]当然，这两种沟通之间并不是不搭界的，也还有一个如何沟通的问题；正如有的专家所说，善于沟通者，就是能有效地将自己的内在心灵与外界环境巧妙地、和谐地加以连接的人，他们"对内可改变自己的生命历程，对外可改变世界的历史"。

TA 就是一种旨在通过内在交流和外在交流以提高人际心理沟通能力的普适技术。TA 是英文 Transactional Analysis 的首字母缩写，意为"交流分析"或"沟通分析"。[7]TA 训练起源于 20 世纪 50 年代初，它是由美国心理学家埃里克·伯恩（Eric Berne）博士创立的一种小团体精神分析和心理治疗方法，后经玛丽与罗伯特·高尔顿（Mary & Robert Goulding）等人的发展，推广应用于人力资源开发的广泛领域，成为培养员工自律自省、互动沟通、理解他人和宽容待人等人际交往能力的训练项目。

❑ TA 训练特点

人是"寻求意义的动物"，工作不仅是为了求生，更是为了完善生命意义、实现自我价值。作为一个活生生的生命个体，人们除了工作本身而外还有感情、婚姻幸福、家庭美满及个人爱好等方面的追求。TA 就是让人们透视自己、认清自我、善待他人，深刻领悟和把握人与人之间沟通的奥妙，以全面提升工作绩效、生活质量和人生价值。TA 训练的特点就是：

——从内心着手，先改善"心智模式"进行自我认识，帮助人们充分了解自己的人格状态、信念心态、沟通模式以及"常玩的心理游戏"是什么，做好内在交流再解决外在沟通问题，通过内动力驱动与他人外在的交流动力；

——着眼于"改变行为"，不仅心里知道在人际沟通方面是什么、为什么和怎么做，还要能够行动起来将思想转化为行为，因此，训练的核心任务就是在充分了解自我的基础上经由导师引导，找到超越自我的特殊行动方案；

——沟通分析是一种契约式心理疗法，训练目标与历程以一种"成人对成人"（adult to adult）的契约关系为基础，训练当事人双方均被契约界定了各自的责任，以此使当事人专注在目标上并对其有明确行动承诺；

——训练程序和方法讲究科学、系统、有针对性，课程设计针对受训对象进行个性化量身订制，采取互动式、演练式、体验式教学，循序渐进，持续累积地收获改善效果。

❑ PAC 模型

中国有句俗话："三岁看大，八岁看老"，是说一个人的命运往往在孩童时就决定了。按照 TA 理论的说法，一个人的"人生剧本"（Life–script）是在童年时经父母"辅导"而拟订，后来在生活中随着阅历的增加而一个个角色、一幕幕、一系列主题和事件及特定结局逐步"修改"完善的。因此，每个人的人格中实际上都有三种自我，即家长式（the Parent Ego State）、成人式（the Adult Ego State）和儿童式（the Child Ego State）；每种自我都有各自的思想体系、情感状态以及相应的行为表现，人们在交往过程中会因应情景而采取某种自我角色。这便是所谓 PAC 模型的基本思想。

■ **家长式自我角色**　其特征是：这是父母影响自己行为方式的翻版，在交往中表现出与经验有关的行为倾向，如专断、冷淡、呵护、负责、批评、指导、保护、控制等，往往倾向于基于经验办事、照搬政策和标准而不以逻辑事实为根据，常用应该、不要、必须等口吻驱使和约束他人遵守规矩、听从命令。

■ **成人式自我角色**　其特征是：在交往中表现出与理性有关的行为倾向，如精于算计、尊重事实、调查研究、客观分析和解决问题等，在工作和生活中往往试图通过寻找事实、处理数据、估计可能性和展开基于事实的讨论等来调整自己的行为方式，代表性的问题用语有：是什么，为什么，何时何处，怎么样，谁，有可能吗，等等。

■ **儿童式自我角色**　其特征是：在交往中表现出与感性有关的行为倾向，如害怕、愤怒、莽撞、兴高采烈、腻烦、哭鼻子等，往往反映出由于童年经历所形成的本能的、依赖性的、创造性的或逆反性的情感特征，处于这种自我角色状态的人往往在工作中希望得到上司批准、他人关心和爱护，更喜欢立即表扬、赞赏和回报等。

人们在交往过程中三种自我角色往往会发生多种交互作用（见表6-1），其中有些是互补性的，即沟通双方自我行为角色是平行对口的；而有些可能是非互补式的，即双方沟通线不平行对口。人们主要遵循童年时期形成的"人生脚本"而行为，但在实际生活中每个人始终不停地从一种自我状况转换到另一种状况，任何时刻和场景的行为都与当下的某种自我状况相关联，而人际冲突与矛盾就可能发生在当事人用某种曾经合适而现时不再有效的自我角色与人交往，如果能很好察觉和把握自我角色定位及其转换，那么就可能有效避免矛盾和冲突。

表6-1　　　　　　　　　　　三种自我角色的交互作用

乙方 甲方	家长式自我角色	成人式自我角色	儿童式自我角色
家长式自我角色	对立	交叉	互补
成人式自我角色	交叉	互补	交叉
儿童式自我角色	互补	交叉	对立

在组织内部工作场合的人际交往中，如果能够形成成人对成人的交互作用，双方都以对方同样理性相对待，这样可以减少情感冲突，形成健康的人际关系，因此一般会产生最好的沟通效果。而其他互补式交互作用，如主管以父母式自我对下属说话而下属以儿童式的自我应对，也可能形成一种良好沟通和有效工作关系，但会产生情感依赖和不平等问题；当出现非互补式交往时，如主管以成人式自我与下属沟通，但下属却以儿童式应对等，则很容易产生沟通障碍和人际冲突。

❑ TA 训练操作方法

　　TA 训练的基本形式有三种：一是两两交谈，使人们学会在工作中以成人的方式沟通、影响和相处；二是小组讨论，通过三至五人组成的小组讨论，帮助学员在与人交往中体认自己的人生观、处世态度和价值取向等；三是交流分析，在训练过程中，受训人员必须首先确认自己和谈话对象所处的"自我状态"，然后从理论到实践分析研究学习不同自我状态下的人际沟通模式，并基于自我存在状态设想提出在人生旅途中自我实现的目标和途径。其大致程式是：首先达成训练契约；然后进行自我状态描述和分析；最后重新设定行为角色并采取转换行动。具体地说，有如下几个操作环节：

　　第一个环节：就训练目标达成共识性契约。TA 训练的前提条件是：参与者有意并愿意改善自己的心智模式和行为方式，对自己的行为方式和行为后果敢于承担责任。训练开始前，要由指导人员与小组成员之间达成一个渐进式的弹性训练契约，明确想要实现的训练目标是什么，确定以什么方式达到和何时达到的衡量标准，以及双方共同和各自分担的责任是什么。

　　第二个环节：进行自我状态描述与分析。从四个方面进行：

　　一是人格结构分析。以 PAC 为基本理论架构进行人格系统分析，帮助成员学习如何鉴别和分析自己的惯化自我状态，了解哪些是自己需要改善的排斥性、混杂性自我状态，并反省其对当前生活和工作的实际影响。

　　二是沟通模式分析。帮助成员分析自己与别人沟通时惯常采用什么样的沟通模式，是互补式（Complementary）还是交叉式（Crossed）或对立式（"牛眼型"Bow Eyes）沟通，以及这些沟通类型在其人生时间维度上的分布情形（生命型态）。

　　三是心理游戏分析。通过"戏剧三角"（例如由三名成员分别扮演迫害者、受害者和拯救者）角色扮演游戏，帮助受训者检视自己在人与人互动过程中借助潜意识在不知不觉所玩的"操纵性"、"漠视性"等种种心理游戏和防卫策略，以及自己在人际困扰中所表演的角色及其形成的原因是什么，在现实生活中的影响程度如何。

　　四是人生脚本分析。从文化、次文化（特殊群体或阶层）、家庭和个人等三个基本层面研究一个人成长的背景及历史，去了解他对未来及目前行为所作的设定。指导者可以要求参与者回忆他们童年时所喜欢的民间传说、典故、伟人、明星及生活故事，自己是怎样不知不觉地受这些影响并融入自己的人格模式；可以通过角色扮演让参与者了解其童年时期是不加批判地接受以及后来维持的种种禁令和约束；也可借助一份问卷来激发成员对过去生活脚本进行分析。

第三个环节：重新设定行为角色并采取转换行动。指导者可以从当事人最近某事件开始，引导参与者返回到其童年的自我状况，或以游戏方式重现早年经历以及重新体验当时自己和他人的反应及感受，帮助他们冲破僵滞于童年的角色困境，顿悟自己是如何经由行为习惯和思维模式长期维系着不良状态，并发现替代性选择路径。在这个团体历程中，团体成员会以新的方式开始体验和行动。在此基础上，进一步鼓励参与者行动起来，将训练情景中的行为和态度改变成果转换到日常生活中去，并创造性地应对人际交往中的新情况、新问题。

☐ TA 训练辅导

在 TA 训练中，指导人员的主要工作有以下几个方面：

（1）"强化"，即辅导当事人运用 PAC 模型进行自我状态描述和分析的能力理论，使他们明确"父母"、"成人"、"儿童"三种自我状态的涵义，熟悉这三者彼此间交互作用类型的功能，以强化自我状态描述的准确度和清晰度。

（2）"去污"（Decontamination），即帮助当事人分析自我状态间互相重叠或干扰的"污染"现象，例如，父母自我状态污染成人自我状态所形成的"偏见"，儿童自我状态污染成人自我状态所造成的"妄想"等等，要让当事人了解自己受污染的状况及其原因，使他们重建人际和谐的自我状态。

（3）"再倾"（Recatharsis），即帮助当事人将所排斥的自我状态激发出来，使当事人能够顺利地因应环境变化而转换自我状态或呈现更适宜的自我状态。

（4）"澄清"（Clarification），指将当事人所说或想说的相关信息串连结合起来，或把当事人隐藏在潜意识中而未能说出来的感觉和想法帮助他表达出来，引导当事人回到现实生活中以适当的方法去处理人际问题。

（5）"导入"（Reorientation），通过训练使当事人舍弃不良行为方式，将其导向更和谐的人际关系状态。

目前 TA 已经发展成为全球 60 亿人类通用的系统心理沟通技术，并成立专门的国际 TA 协会，已在全世界 70 多个国家和地区设有 TA 研究分会。现在，TA 已是一套广泛应用于各个领域、有数千培训小时的人格心理训练方法，TA 不仅对个人树立自信心、缓解精神压力、消除心灵创伤、增进家庭和谐、提高沟通能力和领导亲和力等有显著效果，而且也被全球上千家大公司运用到营销谈判、团队及文化建设等方面，成为高级经理人和企业家的必修课。

6.4

NLP 要则：人际心理沟通的神经语言程式

NLP，其英文原意是"神经语言程式"，是由美国加州大学语言学家约翰·葛林德（John Grinder）和数学家兼电脑专家和心理治疗师理查·班德勒（Richard Bandler）于20世纪70年代初期研究提出。[8]

当时，两位学者研究的兴趣和目的是，想弄清楚那些在人际关系中能够出色进行沟通交流者究竟是具备了什么样的素质？而大家知道，心理治疗师一般是最善于沟通交流的人，于是，他们共同研究了一些在临床心理学界心理极为卓越的治疗师，如"完形治疗"（Gestalt Therapy）大师费兹士·波耳士（Fritz Perls）、家族治疗权威维珍尼亚·沙维雅（Virginia Satir）和催眠治疗大师米耳顿·艾力逊（Milton Erickson），以及善于沟通交流、成就卓著的英国人类学家格利葛利·拜特森（Gregory Bateson）等，他们将这些大师级人物在卓越沟通过程中的思想、语言和行为模式进行分类编辑，结果发现沟通能力与信息过滤、传递和接受方式有关，基于这个结论他们进一步归纳总结了一整套提高有效沟通能力的 NLP 操作技巧。

NLP 即"神经语言程式"（Neuro Linguistic Programming）的英文首字母缩写。Neuro，词义即"神经"系统，意译"身心"，指思维过程乃至整个行为；Linguistic，词义为"语言"，意指内心对外界进行信息交流的一系列指令、路径和方式，包括姿势、表情、手势等"身体语言"，以及态度、好恶、偏见等存在于潜意识层的语言；Programming 即"程式"，描述的是人们行为如何由语言信息系统控制以及身心对语言信息反应的运作模式。

实际上，NLP 可以看做是广义 TA 理论的一个学派或 TA 训练课程体系的一个分支，它综合运用了脑神经学、生理学、心理学、语言学和控制论等多学科知识，研究了人们在沟通交流过程中信息传递和处理规律，即人们是如何选择、摄入、认知、储存、融合和运用来自外部环境及他人传递的信息的，从而发展出一套帮助人们通过改变心态来实现有效沟通和提高人际关系技巧的自我修炼方法。

人们在人际交往中实现有效沟通的最大障碍不是别的，而是心智模式及人们常说的"心态"问题。NLP 实际上就是一套关于心智模式调整和改善的修炼技法，它专注于帮助人们修正和重新设计心智模式，十分注重心态的改善和提升，使学员通过修炼具有丰富的内心力量和清晰深邃的洞察力，在日常交往中无论面对什么人际挑战都能轻松自如地应对。NLP 的基本观点就是认为，人的交往行为模式由"神经语言"即心智模式决定，所以研究把握二者之间的作用规则就会帮助人们思考和改善人际关系状况。

从人们交往过程双方信息传递的角度看，"神经语言"无外乎四种情况：我知你知，我知你不知，我不知你知，你我都不知。即使是第一种情况下，如果对方的情况你"了解"但不能给予"理解"也不能算"知"，只有"了解"对方情况并能给予"理解"的情况下，才能够有效沟通。在这样"知"的情况下，日常交往中遇到更多的是"我知你不知"或"我不知你知"这样两种"信息不对称"的情形，这里的沟通问题主要是一个信息传递的问题。但是，绝大多数情况是"我不知你也不知"的潜神经语言沟通难题，"不知"的东西只有在特殊的外在压力下或由内在的情爱和意志激发才能"看"出来，这也是人与人之所以"不一样"的关键原因以及人们沟通障碍的关键所在。

NLP 沟通要则（NLP Presupppositions）[9]可以简要归纳如下：

- 人与人不一样，人要改变人也是不可能的；
- 想像无疆界，重要的是主观效用，沟通的意义取决于对方的回应；
- 重复旧行为只会得到旧结果，任何问题都至少有三个解决办法；
- 人们总会选择最佳行为，人人都已具备成功所需条件，专注就有力量；
- 选择胜于不选择，任何局面都是由最有灵活性者所控制；
- 没有失败，只有反馈；动机和情绪不会错，只是行为无效。

NLP 理论认为：每个人作为一个意识主体，都会以其独特的角度和方式去感知世界。你有你的看问题角度，我有我的处世态度，他有他的思考方法，我们每个人都不一样。在接受信息方面，有些人是"视觉型"的，有些是"听觉型"的，还有的属于"触觉型"或"嗅觉型"的人；在处世态度上，有些人属于"豹子型"的粗犷率直，也有"孔雀型"的矫揉造作，还有"猫头鹰型"的精打细算，以及"海豚型"的慢腾从容。在与人沟通过程中，关键是要了解对方"神经语言"属于什么类型和模式，以便"看人下菜碟"。

沟通的实质意义在于双方的回应和感受。"人活得没有道理，人生就是一种态度"，与别人沟通主要不是绝对地"了解"对方的"道理"或情况，而重要的是要"理解"对方的"态度"，知道什么是他高兴的而什么是他反感的。因此，在交往过程中，光有美好的动机是不行的，关键要看你给对方是带来了好感还是反感，沟通的意义不看动机只问效果。当然，我们在与人打交道时，其反馈回来的结果有些是我们所期望的，而有些往往不是自己想看到的。对于前者，人们一般会很高兴，而对于后者的反应，人们往往有种被挫败的感觉。其实，这关键是一个心智模式的问题。如果将所谓"失败"仅看做是一种"不合意的反馈结果"，将它作为循序渐进逼近目标的必经步骤，或激发你改善对策或调整策略的动力，那么必然会不断进步最终达成目标。

6.5

"敏感性训练"：人际关系模拟实验法简介

"敏感性训练"（Sensitivity Training）是由美国学者布雷德福（Bradford，L.）于20世纪40年代在进行无领导小组讨论研究中发现的一种人际观念训练技术。其基本思路是：在模拟实际工作情景的实验室中组成训练小组，以提高受训者对于人际关系的敏感性，使他们能够自省自己的情感和动机并建立更现实的个人行为标准，正确地感受自己行为对他人和他人行为对自己的影响，增强对人际差异的宽容、达观及平和态度，进而改善个人、团体和整个组织的行为。

敏感性训练的操作要点是：在行为科学专家的辅导下，通过10人左右为一组的无领导小组自由讨论方式，帮助来自不同组织、同一组织不同工作团队或同一团体的成员在真实的角色体验和人际关系中互动交往；按照事先拟好的训练纲要，经过旧态度解冻—敏感性体验—新态度巩固三个基本阶段，通过数十次有循序渐进控制的聚会讨论，以提高受训者的人际敏感性。

敏感性训练属于典型的无领导小组实景演练法。其主要特点是：

——没有预设固定的课程结构，也没有严格的日程表和操作程序，无严密组织程序，讨论无主席、无议题、无议程；

——在敏感性训练小组中，成员都是以其实际工作当中的本来角色，进行面对面的"无结构式"的小组自由互动和讨论；

——组织者仅以辅导员的身份进行必不可少的行为指导和保护措施，以防止过分的心理压力和伤害情形的发生；

——通过团队活动、自我观察、自由讨论、自主表白等环节，使学员直接面对自己的心理障碍和挑战，并重新建构健康完善的人际心理状态。

敏感性训练的局限性在于：所需的时间较长；有造成学员心理伤害的可能与危险；对组织支持者专业素质要求较高；可能学员由于不愿外显实情进入实际角色等而影响整个训练进程效果。所以进行敏感性训练，需根据不同类型人员的特点，针对具体问题，采取扬长避短的有力措施加以应对。

组织训练时，主持人要特别注意下列问题：训练场地设置要尽可能舒适宽松，以免给学员造成心理压力；训练小组一般不超要过 15 人，训练持续时间最好控制在 1~2 周内；由于主持人只说明训练的程序、规则与目的，讨论完全交付所有学员共同参与并完成，因此主持人要特别注意避免在实际互动过程中有可能造成某些学员的心理伤害；主持人最后评价总结要注意鼓励、赞许学员自我超越的行为和勇气，并着重增进人际关系，相互学习、促进合作，鼓励学员根据实际工作中的情景和问题调整行为，巩固学习效果。

6.6

从"归属"到"凝聚"：组织中人际整合的精神境界

组织凝聚力来自成员的共同价值观和理想信念，其人文基础是和谐的人际关系。在和谐的人际关系和相互信赖的人文气氛中，成员之间可在公开场合与诚恳氛围中进行交流沟通，相互尊重，鼓励公开表达各自的想法、意见，共同探讨工作中存在的问题及解决办法。矛盾冲突可能是工作互动过程中不可避免的现象，实际上也是获得创意和创造性工作绩效的必要途径和方式，但具有团队合作精神的组织在遇到矛盾和问题时，具有较强的自我调试、控制和解决问题的良好机制和能力，使得成员能建设性地快速化解矛盾和冲突并达成解决问题的一致行动。在高凝聚力的组织中，成员之间具有默契的心理契约，对团队具有强烈的组织归属感和主人翁责任感；在这种组织"精神状态"下，每个成员能够得到有效的激励去开发和利用自己的技能，并以自己的独特的优势和互补性的技能，积极、主动、创造性地为实现团队目标而努力工作。

组织行为学认为，在组织中，一个成员的行为方式在很大程度上是由他们各自扮演的"角色"（Role）以及其他成员对他的"角色期待"（Role Expectations）所决定的。在组织中，人们的行为和工作绩效也与其角色及角色期待有非常大的关系。所谓"心理契约"（Psychological Contract），就是组织与成员间彼此在心理上达成的角色期待。

人们进入一个组织时，往往要签订一份正式的具有法律效力的书面合同，明确规定双方的权利以及应尽的义务。事实上，在正式契约关系形成的同时，成员与组织间还缔结了一种"心理契约"，即彼此在心理上对对方的角色期待，希望在特定的情景中对方做出自己所希望的行为反应。这种契约虽然不是正式的，在法律上也没有可以追究责任的效力，但是如果"违约"，会实实在在地影响组织的凝聚力和工作绩效。心理契约实际上是成员与组织间彼此吸引的均势状态，其有效性和最终达成是以双方准确判断对方的角色期待并予以适当满足为基础的。如果心理契约中隐含的角色期待没有得到满足，就会损害到组织正式关系和团队精神。

组织归属感（Organizational Commitment），是在心理契约中员工对组织的角色期待满足后所产生的一种基本心理感受，主要表现为对组织价值观和目标导向的认同、尊崇、忠诚和奉献精神。组织归属感在本质上是一种态度、一种心理取向。它是由对组织的感知和认同，到对组织的情感依恋以及作为组织成员的自豪感，进而在行为上产生积极主动、热诚奉献等行为倾向和内驱力。组织归属感的形成是一个由浅入深的渐进互动过程（见表6-2）。培养和强化员工的组织归属感是精神化整合管理的一个基本层次和重要任务。

表6-2   组织归属感形成的层级状态

内容 层级	认知态度	情感态度	行为态度
初级归属感	初步感知组织要求	功利交易性	接受顺从组织安排
中级归属感	认知组织宗旨目标	对组织有情感依恋	能尽职尽责完成任务
高级归属感	真诚接受组织价值观	积极热情，自豪感	自觉奉献，视厂为家

所谓"凝聚力"（Cohesiveness），就是组织成员之间相互吸引并愿意留在组织中并为组织做贡献的内聚向心力。具有凝聚力，意味着组织成员的行为趋同性或一致性，但不能反过来说，凡是有一致行为者就一定有凝聚力。例如，靠分光吃光、长工资发奖金换得短期一致行为不能说是具有凝聚力，不讲效率、纪律松懈、一团和气也不能说是具有凝聚力。凝聚力最终体现在工作效率和组织绩效上，只有那种真正具有默契的心理契约和内化的组织归属感，并能将成员的力量整合起来高效率地实现组织目标的群体心理和行为趋同性或一致性，才能形成真正的组织凝聚力。

组织凝聚力的形成受很多因素影响，诸如外部压力、领导方式、企业规模、信息沟通和人际关系等。增强组织凝聚力，一般说来有如下几个要点：寻找凝聚力生长点，即首先要弄清楚组织成员的共同利益和自我实现的价值目标究竟是什么；通过有效的激励机制将成员个人行为导向组织目标；有效授权、民主参与，塑造团队合作精神；在更广泛的层次上构筑富有特色和创造性的组织文化。

注释：

[1] 见《马克思恩格斯全集》，人民出版社，第 3 卷，第 86 页、274 页。

[2] 见亚当·斯密：《国民财富的性质和原因的研究》，商务印书馆，第 15 页、27～28 页。

[3] 见樊纲：《论经济学的五个基本要素》，载于《天津社会科学》1989 年第 5 期、6 期。

[4] 见汪丁丁：《经济发展与制度创新》，上海人民出版社，第 129 页。

[5] 参见《中国企业家》2000 年第 7 期封面文章的深度报道。

[6] 世界著名的成功学大师卡内基经过大量实证研究得出结论：在一个人的所有成功因素中，专业知识技能只占 15%，而人际关系方面的沟通技巧则占到 85% 的权重。因此，可以说在工作和生活的大多数场合，人与人的差距并不在专业技能方面，而是在沟通技巧方面。

[7] 又作 "TCA" 即英文 Transational Capability Analysis（沟通能力分析）的缩写。

[8] 对 NLP 发展完善做出贡献的还包括：Dr. Robert Dilts, Judith DeLozier, Leslie Cameron, Steve Andreas, Dr. William Tad James, Suzi Smith 等人。

[9] 以下各条要则对应的英文原文分别为：

——No two persons are the same. One person cannot change another person.

——The map is not the territory. Usefulness is more important. The meaning of communication is the response one gets.

——Repeating the same behavior will repeat the same result. There are at least three solutions to every situation.

——Every one chooses the best behavior at the moment. Every one already possesses all the resources needed. Where your mind focus, where you give energy.

——Choice is better than no choice. In any system, the most flexible person has the control.

——There is no failure, only feedback. Intentions and emotions are never wrong, only the behavior has not been effective.

第 3 篇

领导力开发：基于共同愿景的团队学习

7

从管理到领导：组织战略导向力开发

领导是一种影响力，它
使人们心甘情愿地为实现群
体或组织的目标而努力。

哈罗德·孔茨

从最根本性的层面上说，
领导是跟变化有关的。

约翰·P·科特

我们已经认识到，从组织生命周期演变的角度看，建立学习型组织实际上意味着，组织从传统的"运作环"走向振兴的"学习环"；那么，相应地，在组织战略导向职能的转变上，就要求从过去的层级控制管理模式转变为团队自主领导模式，即"众望所归"的领导者，通过基于共同愿景的价值理性开发，激发和驱动团队学习，从而提升组织凝聚力及学习和创新能力。

7.1

学习型组织中的领导角色及含义

关于学习型组织"领导力"及其开发问题，学术界存在着概念之争，有大量的文献专门讨论过"领导"（Leadership）与"管理"（Management）在词语意义、理论内涵和实际外延上的分别。其实，概念之争的背后是思想方法或理念的调整和变革问题。除去纯粹词语意义上的区别不谈，从大的学术传统和实践背景方面来看，从看重"管理能力"到强调"领导力"，有着特殊的意义在其中。

在一般的意义上可以这样来看："领导"是人类社会群体普遍存在的导向行为，"领导学"实际上是一门很古老的学问，其学术源头最早可以追溯到 2400 年前的亚里士多德时代；而"管理"及"管理学"，作为一种典型的组织控制行为和专门学术研究领域，则显得相当"年轻"，它主要是工业化社会、特别是 20 世纪工业组织规模化运作的思想产物。但是，这样的"现代"组织在专业化经理人的"管理"控制下运作到一定程度，越来越失去了原始纯朴的"人性"和"激情"——也就是我们所说的没有了"学习能力"；在这样的情况下，就自然提出一种要求：追寻组织的原始"价值"意义，使权威控制的"管理者"改换角色和转换职能，回归到"满腔激情"、"众望所归"的领导者角色上，去引领组织"返朴归真"，再造学习和创新机能。

这样，相对于运作型组织进行层级控制式"管理"来说，学习型组织进行自主激发的"领导"就表现出一系列不同的特性：领导是在战略层面激发人们学习和创新以适应变化的领袖式人物，而不是教导人们循规蹈矩、按部就班干事的管家或工头；领导是自己在前面冲锋陷阵号召队员"跟我上！"的人，而不是跟在后面踹你的屁股高喊"给我上！"的角色；领导是在团队成员中通过自己满腔热情和身体力行来激发、鼓舞、凝聚、带动大家朝共同愿景目标努力奋斗，而不是通过规范的层级结构和操作规程来将人们的行动控制约束在所需要的范围内；领导善于授权，让人们都能独当一面自主地创造性地干事，而不是事必躬亲，通过集权控制让所有的人都按照既定要求干事。根据一些西方学者的论述[1]，我们可以将领导与管理的差异罗列整理如表7－1，其比较乃相对而言，仅作参考。

比较项目	领　　导	管　　理
基本职能	激发学习、变革和创新	维持秩序和一致性
适应环境	变化的和挑战性的学习型环境	稳定的和惯例性的运作型环境
人性假设	Mcgregor 氏 Y 假设	Mcgregor 氏 X 假设
思维方式	归纳式、开放的和想像的	演绎式、封闭的和常规的
思想方法	注重做正确的事情	注重正确地做事
理性特点	价值理性，长期效果和组织发展	工具理性，短期效率和财务效益
行为方式	战略导向，亲和激发，示范带动	战术指导，官僚控制，命令服从
信息传递	横向的、网络化的和直接的	纵向的，单向的和间接的
学习状态	主动的、灵活的和探索的	被动的、教条的和接受性的
个人风格	远见卓识，鼓舞士气，英勇奋斗，精神领袖	独断专行，精通专业，精明能干
人际作风	注重团队互动、集体力量、联系群众和民主精神	崇尚个人魅力、权威和居高临下的层级控制

表7－1　　　　　　　　　　　领导与管理的差异

　　表7－2是两位西方学者开发的关于评估领导/管理潜能的一种测试量表，该量表列举了常见的20种管理行为与20种领导行为。请仔细阅读这些行为描述语句，并在你认为恰当的重要性程度数字上画圈。将所有画了圈的奇数项加起来，并将结果填入 A ____；将所有画了圈的偶数项加起来，并将结果填入 B ____。可能的行为解释：（1）如果 A > B，说明你更需要加强领导力开发；（2）如果 B > 80 分，说明你"已经"具有相当的领导力；（3）如果 60 < B < 80，说明你需要"准备"加强领导力开发；（4）如果 B 的得分远远低于 A，说明你很不具备领导能力。（5）其他解释？读者可以根据这份量表检核一下自己在领导/管理的倾向性和潜在开发余地。

表7－2　　　　　　　　　　管理／领导潜力评估量表

重要程度　　　　行为描述	最高	高	中等	低	最低
1. 必要时顽强不屈	5	4	3	2	1
2. 在众人面前能说会道	5	4	3	2	1
3. 纪律严明	5	4	3	2	1
4. 用信息来吸引他人	5	4	3	2	1
5. 提供有利于培养集体凝聚力的环境	5	4	3	2	1
6. 给人一种"这里由我负责"的感觉	5	4	3	2	1
7. 得到下属的鼎力支持	5	4	3	2	1
8. 将员工变为追随者	5	4	3	2	1
9. 通过让员工获得成功自己也获得成功	5	4	3	2	1
10. 吸引别人加入自己的团队	5	4	3	2	1
11. 给予成员慷慨的奖赏	5	4	3	2	1
12. 以审慎的、前后一贯的态度使用权力	5	4	3	2	1
13. 富有同情心	5	4	3	2	1
14. 向来都能做出有充分根据的果断决定	5	4	3	2	1
15. 善于倾听	5	4	3	2	1
16. 确定需要沟通的内容并通告众人	5	4	3	2	1
17. 能清楚地表达自己的想法	5	4	3	2	1
18. 是一个审慎的冒险者	5	4	3	2	1
19. 使员工们都充分了解情况	5	4	3	2	1
20. 提出激动人心的使命	5	4	3	2	1
21. 严守道德	5	4	3	2	1
22. 使追随者有自豪感	5	4	3	2	1
23. 善于将任务委托分配给他人	5	4	3	2	1
24. 将短期工作目标与长期使命相联系	5	4	3	2	1
25. 胜利无论大小都与员工一起庆祝	5	4	3	2	1
26. 以自身的积极力量带动他人	5	4	3	2	1
27. 使工作变得有乐趣	5	4	3	2	1
28. 形成积极活跃的工作节奏	5	4	3	2	1
29. 保持乐观积极的态度	5	4	3	2	1
30. 精力充沛，绝不死守办公桌	5	4	3	2	1
31. 勇于认错	5	4	3	2	1

续表

重要程度 行为描述	最高	高	中等	低	最低
32. 精通谈判，知道何时做出让步	5	4	3	2	1
33. 在决策时讲究逻辑和理性	5	4	3	2	1
34. 如果辞职，别人会考虑跟着一起走	5	4	3	2	1
35. 做决定时会听取他人的意见	5	4	3	2	1
36. 使他人也投入自己的事业	5	4	3	2	1
37. 在行使管理职责时小心谨慎	5	4	3	2	1
38. 坚持原则	5	4	3	2	1
39. 只有在行使职权时才会受到员工尊敬	5	4	3	2	1
40. 具有令人敬佩的个人魅力	5	4	3	2	1

资料来源：根据 Elwood N. Chapman and Patricia Heim：Learning to Lead 改写；转引自：Paul R. Timm & Brent D. Peterson：《人的行为与组织管理》，中国轻工业出版社 2004 年中译本，第 55 ~ 57 页。

但是，有些管理学家，例如德鲁克，对于区别管理和领导的做法很不以为然，甚至认为这是"胡说八道"。因为管理与领导如果说有区别的话，那也如同左手与右手或鼻子和嘴巴的区别一样，在理论上将它割裂开来加以区别是没有意义的。"领导就是责任，就是肩负职责，就是'做事'。"不负责任的具有个人魅力的所谓"领导"不可避免地会形成误导，甚至会像希特勒那样给人类带来灾难。"对于一个领导者的考验不在于其有多大成就，而在于他离去后会发生什么样的事情。继承才是最大的考验。如果那些了不起的、富有魅力的领导人刚一离去，整个事业就毁于一旦，那就不叫领导，那属于——毫不客气地说——骗子。"[2]德鲁克其实是要强调，一些学者对于管理与领导的区分只是相对意义上的，它们是整个组织导向行为的两个不可分割的层面，只是在组织生命周期的不同阶段上各有侧重罢了；说管理侧重运作控制方面并不能将它与因循守旧划等号，说领导注重在战略上激发学习和创新而不是说就可以不负责任，如果在绝对意义上去强调很可能会造成误导。正如我们后文将讨论到的，恰恰相反，一个卓越领导者才正是要对组织未来发展高度负责任的人。

除去关于领导与管理的概念术语之争不谈，由于 20 世纪典型的工业化组织中经典管理思想以及其他方面的意识形态和文化传统的影响，在日常中人们对于"领导"角色性质也往往产生很多误会和谬见，有学者罗列了七种情况，很有洞见（专栏 7 – 1）。

关于领导的七种谬见

◇　**谬见一：领导是一种罕见的才能**

没有比这更不真实的了，其实每个人都有当领导的潜力。当领导的机会很多，全世界有成千上万个领导角色，而且大部分都在人们力所能及的范围内。人们可以在一个组织、场合或团队担任领导者，而在另一个组织、场合或团队做被领导者或追随者。

◇　**谬见二：领导者是天生的，不是后天培养的**

传记会误导人。由于名人传记往往将伟大领导者描绘得神乎其神，使得人们误以为他们天生就是当领导的料。其实，领导才能并不是一种抽象得无法定义、神秘得谁都不知道的天赐禀赋。任何人经由培养和训练都会成为领导者。

◇　**谬见三：时事造英雄（领导者）**

"时事造英雄"的说法试图使人们相信：领导者只是在特定的乱世突然冒出来的。言下之意：领导只与某种剧变或权力更迭有关，而日常环境中就没有施展才能的机会。其实，在实际中，每天都有各种各样的人在各种情况下发挥着领导作用。

◇　**谬见四：领导者只存在于一个组织的高层**

如果我们将注意力集中于最高领导层，而忽视组织中可以有全体员工充当的领导角色，我们就会产生这样的谬见。企业界正在通过组织扁平化、有效授权和建立自我管理型团队，致力于发展多元化、多样化的领导格局。

◇　**谬见五：领导者所做的就是控制、指导、督促和操纵**

这恐怕是最有害的谬论了。领导重在有赋予他人以力量的能力，而不在对权力本身的运用。领导者应当把他们的力量与他人的力量结合在一起：他们吸引而不是强迫员工，给他们鼓舞而不是命令。管理者可以对下属发号施令、使用奖惩制度、用恐吓的方式来维持他们的控制——但领导者所借助的手段是与此截然不同的。很多组织常常被过分管理而领导不足，有的管理者试图以管理来代替领导，要知道管理绝不能替代领导。

◇　**谬见六：领导者都富有魅力**

有的是这样，但大部分并非如此。他们都是非常普通的人，会犯错误、有缺点，在外表上并没有什么特别过人之处。所谓"魅力"是有效领导的结果，而不是颠倒过来。

◇ **谬见七：追求权力是不道德的**

拥有权力是变革的关键前提，是通向目标的一种途径。权力作为一种能量其本身是中性的，正如任何形式的能量一样，其价值取决于我们如何使用它。不能将权力与征服和控制相混淆。

资料来源： 见 Paul R. Timm & Brent D. Peterson（2004），第 144~146 页。

另外，关于一个组织中"当家人"（如企业 CEO）的"领导"角色及其性质问题，是人们特别关注的一个焦点话题；这方面的研究，柯林斯（Collins, Jim）2001 年的最新成果具有典型代表性和启迪意义。[3]

当然，需要特别说明的一点是，在学习型组织背景下所说的"领导"，并不是指传统意义上由某特定的人担当的特定任务，而是每个团队成员都可以依据自己在团队中独当一面的角色和职能，为实现团队目标而对其他成员产生的一种影响力。在这个意义上，团队中的每个成员都有机会成为特定工作情景中的领导角色。因此，领导力提升并不是某个或某几个人的特殊开发任务，而是学习型组织中每个团队成员都需要进行的素质开发和技能训练项目。[4]

7.2
"评价中心"：基于特质理论的领导者基础开发

关于领导者的"特质理论"（Trait Theories），其研究起源于 20 世纪早期的"伟人论"，即当时主要侧重于对社会、政治、军事等领域"伟人"禀赋特征的归纳总结。到 20 世纪中叶，一些学者对领导具有普适性特质的问题产生怀疑，认为在多样化情景中不可能存在一套一成不变的普适性领导特质。进入 80 年代，一些西方学者重又对"特质理论"产生兴趣，通过调查研究证实领导者个人因素与情景因素一样都对领导力有着重要影响。

☐ 领导特质

根据心理学家斯托格迪尔（Stogill, R. M.）1948 年与 1974 年的两次大规模调查研究成果[5]，归纳起来，对领导力具有决定性影响的特质因素主要有以下 10 个方面：

◇ 机敏，具有与团队成员相匹配的才智和洞察力；

◇ 主动性，具有完成工作的内在驱动力；

◇ 韧性，具有坚忍不拔追求目标的激情和恒心；

◇ 自信心，即具有自我认同感和自我超越精神；

◇ 合作性，具有接受人际关系压力的心理准备和能力；

◇ 开拓性，敢于冒险，善于创造性地解决问题；

◇ 责任感，勇于承担决策和行为后果；

◇ 宽容，能够忍受挫折和延迟；

◇ 影响力，即具有影响和带动他人的能力；

◇ 社交能力，即能够恰当地处理人际关系。

1997～1998 年富兰克林·柯维（Franklin Covey）研究中心进行了一项关于领导者素质的调查[6]，对回收的 37000 多份问卷做分类归纳后，得出频率最高的 11 项期望领导力为：

◇ 善于沟通（22.1%）；

◇ 品格正直：值得信赖，诚实，正直，坦诚，有道德（19.2%）；

◇ 喜欢团队合作（14.8%）；

◇ 具有远见卓识（10.2%）；

◇ 果断决策（7.2%）；

◇ 关心下属：富有同情心，服务大众，关切（5.6%）；

◇ 总是以身作则做表率（5.5%）；

◇ 献身工作：对于工作甘心乐意，热忱，勤奋（5.3%）；

◇ 鼓舞人心（3.8%）；

◇ 有能力，有智慧，学识渊博（3.5%）；

◇ 英勇无畏（3.0%）；

关于领导"特质"问题的研究显然有非常大的局限性，例如，无法提供一个权威列表，指出什么样的领导特质在什么程度上与相应的领导效果相关联；有关列表中的特质项目往往重叠矛盾，给人一种似是而非、主观随意、无所适从之感。但是，这些研究毕竟从问卷调查和心理测试两个方面为基础性领导开发提供了一种方向性的指引，并为后来的领导行为模式分析及领导风格开发提供了一个基本理论基础。"评价中心"就是基于特质理论的普适性领导力开发方法。

❑ 评价中心由来

所谓"评价中心"（Assessment Center），或称"管理评价中心"（Management Assessment Center），并不是一个机构或地理概念，而是指 20 世纪 50 年代由美国电话电报公司摩西博士，在总结"二战"期间美军战略后勤局利用情景模拟法测评选拔敌后情报人员的成功经验基础上，首先开发并推广使用的一套主要适合评估和开发领导特性的规范化程序体系。

1956～1960年，美国电话电报公司先后对422名基层主管或中层领导利用这套评估体系进行考核检测并获得成功，后于1975年通过第三次"评价中心"国际会议肯定和推广，在西方国家得到广泛应用。目前，包括美国电话电报公司、国际商用机器公司、通用电气公司、福特汽车公司、柯达公司等数百家知名的美国公司都建立了自己的评价中心，有上千家企业组织采用此法，每年以此法开发和选拔的管理人员达数十万人。

☐ 基本操作方法

评价中心的基本要求是：评价须以确实成功的领导行为特征为依据，采用包括情景模拟、角色扮演等多种主客观评价技术，使用不同类型的工作模拟方法；要求评价人员非常熟悉评价工作和具体工作行为，最好具有该工作的经验，并在评价中心受过系统的训练。评价活动是在团体中进行的，评价人员与被评价人员的典型比率是1:2，通常是3个评价人员、6个被评价人员，或者6个评价人员、12个被评价人员，被评价人员以小组为单位，必须使每个评价人员都有机会观察和记录每个被评价人员的行为，以便评价人员有效地观察被评价者的相互作用和影响。

设置评价中心开发项目要做如下几方面的工作：

——确定评价中心领导开发目标。通过对候选领导人员个人特质评价，或来挑选高层领导者，为他们提供一个自我发现、自我提升的机会，亦或是帮助他们制订个人培训和开发方案。当然，一种评价中心方案往往可以用于多种用途，大多数组织在开始时一般仅为一种目的而发展评价中心项目，在取得成功的经验后再用于其他目的。

——确定所要评价的职务级别和候选人。评价中心方法适用于各级领导人员潜力、素质和能力特征的评价及开发，尤其适用于行为结构较为复杂的领导者评价。只要申请者的组织背景和教育水平比较一致，就可以举办相应的评价中心项目。一般可先考察被评价者职务所包括的工作内容，然后找出重叠的部分，再根据经费和时间要求做出具体选择，最后从组织的不同部门抽调较高级别的评价人员进行兼容评价。从领导开发的角度看，被评价的候选人员可以尽量宽泛些，以便较早或在较大范围内识别出有潜在领导才能的后备领导人选，对其有针对性地进行培养和实施领导开发计划。

——确定评价内容。首先，通过查阅组织现有文献、进行任职人员或上级管理者面谈以及问卷调查等方法，对要评价的职务进行工作分析和定义，进一步明确职务内涵，必要时用具体例子补充说明，以便使所有评价人员都能够正确理解定义的内容。

——选择评价方法。常用方法包括面谈、纸笔测验、心理测量、公文处理练习、管理对策研究和情景模拟训练等。模拟情景练习除了常用的"公文处理练习"和"无领导小组讨论"之外，常用的练习还有"小溪搬运练习"、"干扰建筑练习"和"翻越墙壁练习"等。[7]通过这些练习，评价人员可以客观有效地观察被评价人员在各种压力环境下的领导特征、能力特征、有效的智慧特征和社会关系特征等。

评价过程是分阶段进行的，一般需要花费二三天时间，有的须持续一周。其程序大致是：首先由评价人员观察与记录被评价人员的行为，按某个非常清楚的、既定的客观标准评价，并将资料在评价人员之间进行交流，然后进行集体讨论并作出领导成功与否的预测。

❏ 有效性

评价中心体系具有多功能性，不仅可用于领导人员招聘，无论对于被评价者还是评价者亦或是开展评价的组织来说，都具有显著的领导开发意义。通常评价和开发的领导特质能力包括：

- ✓ 影响力；
- ✓ 口头传达信息和描述的技能；
- ✓ 书面表达能力；
- ✓ 创造性；
- ✓ 面对压力环境的承受力，顽强精神；
- ✓ 说服能力；
- ✓ 人际敏感性和灵活性；
- ✓ 冒险性；
- ✓ 积极主动性；
- ✓ 独立工作和处理问题的能力；
- ✓ 计划和组织能力；
- ✓ 委派授权能力；
- ✓ 管理控制能力；
- ✓ 观察、欣赏、分析和判断人们行为和活动的能力；
- ✓ 决策果断性；
- ✓ 培养下属的能力；

✓ 技术和组织变革的适应性，等。

评价中心开发技术的有效性在许多企业和政府部门中已得到广泛认同，特别是在估计管理者潜力方面的预测力比其他人事测评更为显著，因为评价中心能够根据实际行为的抽样，而不是根据申请领导职位者本人所说的情况作出判断。美国电话电报公司在建立这一制度之始，曾对数百名领导人员候选人进行测试，随后将结果密封，八年后就直接提升的领导进行核对，结果64%在预测之内，凡采取任意提拔方式的正确性仅15%，经过领导部门提名的为35%，采取领导部门推荐结合评价中心测验的达76%。评价中心的经济效益也非常显著，如齐洛克斯公司曾测试一批销售领导，总共花费成本34万美元，而增加的收益达490万美元。[8]

专栏 7-2　典型案例

美国电话电报公司领导评价中心操作要点

美国电话电报公司是首先开发运用评价中心技术的公司，目前已拥有60个使用评价中心的机构。这里具体描述的是其一个典型的评价中心过程和步骤。

◇　建立样组

选择6名被评价人员，通过评价决定他们能否提升为高级领导人员。其中，4名是工商管理硕士，录取其中1名；另2名不是大学生，他们是作为非管理人员雇佣来的，但是已经担任了四年以上的低层管理工作或中层管理工作。3名评价人员都不是被评价人员的上级，其中2名是受过心理学训练的贝尔电话公司的高级管理人员，1名是工业（临床）心理学家。

◇　确定成功领导者的特质

评价人员选择与被评价人员今后工作环境有关的情景，根据已有文献资料和贝尔人事管理系统，选择和确定一系列在相当长时期内稳定不变的成功领导者特征。他们共确定了25个成功管理的特征，其中包括：

——管理功能，如组织、计划、决策等；
——人际关系，如交际技能、个人印象、敏感性等；
——一般能力，如智力、适应能力、情感控制能力等；
——价值观和态度，如工作中心、社交中心、主动积极、独立性等。

◇　选择评价技术

根据已确定的25个领导特质，评价人员选用了多个评价技术。首先是长达2个小时的面谈，谈话内容包括年龄、婚姻状况、孩子数、教育程度、工作经验、特殊成就等个人背景情况，以及个人目标、社会价值观和兴趣等方面。此外，还有公文处理练习、无领导小组讨论、罗特句子完成测验、主题统觉测验、自我描写测验、爱德华兹爱好量表、观点问卷、生活态度和个人史调查等。

公文处理练习的内容包括起草备忘录、命令、函件等，这些都是被评价人员提升后可能遇到的日常公文。评价人员要求被评价人员在3小时内处理完25件公文，并观察他们是如何处理的：是分轻重缓急、有条不紊地处理并授权下级，还是拘泥于细节、杂乱无章地处理。显然，不喜欢处理文件的被评价人员就不能在提升后的岗位上很好地工作，因而就不能获得提升。

无领导小组讨论中，被评价人员组成一个小组，假设他们现在都是一个公司的高级管理人员，评价人员要求他们在半年之内为公司增加利润，并且告诉他们关于公司和市场的情况，要求他们在2小时内提出一个切实可行的方案，以观察每个人的领导能力。在他们的讨论过程中，评价人员还要增加对他们的紧张感和压力感。在讨论到一半时或在得出方案后，评价人员往往还要再告诉他们关于价格、成本、材料、人员等的变化情况，要求他们重新讨论，得出适合新情况的方案，以系统观察在具有压力和紧张的状态下被评价人员的领导能力与行为状态等。

此外，为了考察被评价人员的用人能力与说服能力，评价人员可以给他们5个中层管理人员的材料，要求他们讨论提拔其中的一位管理人员。至于谈话及心理测验则主要由工业临床心理学家实施，其内容与一般心理测量和谈话法没有什么差异。

◇　**实施评价流程**

评价要花费两天的时间，评价人员要仔细地观察和记录与被评价人员的谈话结果、心理测验和模拟练习的结果。每位评价人员在评价中分别负责记录两位被评价人员的结果、尤其是他们说的或做的特殊事情；但要注意的是，每个评价人员在评价过程进行中，并不是仅仅负责某两位被评价人员，而是要观察每个被评价人员的行为状态。

在评价进行过程中，评价人员不要对被评价人员作过多的解释性说明，而是要求他们按标准和程序进行即可。每项测验完毕之后，评价人员立即要按25个成功领导特质，独立地评出等级（共分五等），并评论被评价者解决问题的水平。这五个等级是：

5分，为显著地高于成功领导者所需要的标准；

4分，为有些高于成功领导者行为的定性定量标准；

3分，为符合成功领导者行为的定性定量标准；

2分，为有些低于成功领导者行为的定性定量标准；

1分，为显著地低于成功领导者行为的标准。

然后，评价人员逐一讨论每位被评人员的所有测量结果，直到确定一个大家都同意的等级为止。其一般过程是：首先，由每位评价人员宣读他对被评价人员的观察记录结果，另两位则根据此结果，确定某被评人员的等级，若此时有听不明白之处可以提问，但不允许讨论；全部完成之后再一起讨论三位评价人员所作的评价等级，在讨论过程中，三位评价人员可以改变他最初作出的评定等级，直到取得一致同意的等级时为止；最后，可以根据评价的目的，作一些额外的讨论，如决策能力、组织能力如何等等，并可以指出进一步发展的建议和方法，这些具体意见在评价结束后可以告知被评人员。每位评价人员宣读结果，一般按照谈话法的结果—无领导团体讨论的结果—心理测验量表的结果—公文处理练习的结果之顺序来进行，基本内容包括：被评价人员在某测验练习中的地位与作用，观察到的与 25 个成功管理特征有关的行为以及初步的等级。

最后，评价人员形成一个最终的全面评价等级，并写出进一步发展的建议，以书面的形式交给公司的人力资源管理部门。书面评价结果内容包括：建议人事管理部门应该录用哪一位被评价人员；对于暂时未被录用的被评价人员，评价人员则需作出大约再过几年之后可以同样被录用的预言，以供人事管理部门参考并有针对性地加以训练和培养；对于难以确定的被评价人员则不轻易作出相关预测。

资料来源：李雪峰、岳峥嵘主编《现代领导发展与培训》，中国人事出版社，第 53~56 页。

7.3

"领导难题·方格解法"：二维领导行为分析原理

二维领导行为模式论是直接于领导"特质理论"基础上发展起来的一种领导行为理论和领导力开发技法。它起源于 20 世纪 50 年代美国俄亥俄州立大学的斯托格迪尔（Stogill, R. M.）、密歇根大学的李克特（Likert, R.）等学者的领导学研究活动，后来在 60 年代由德克萨斯大学布莱克（Blake, Robert R.）和穆顿（Mouton, Jane S.）以及日本九州大学的三隅二不二教授等做了进一步发展和完善。

学者们在自己的研究中，对于领导行为的二维分类名称和具体分析角度各有差异，但基本思路基本是一致的（见表 7-3）。实际上，他们都是以"特质理论"所列举的领导素质特征为基础，从行为分析的角度做了进一步的归纳总结，将领导行为分成"任务导向型行为"（Task Behaviors）和"关系导向型行为"（Relationship Behaviors）两个层面，来研究领导者如何有计划地开发和在实际中协调运用这两种行为以提升领导水平。

表 7-3　　　　　　　　　　　　　二维领导行为模式研究概况

理论（代表人物）	任务导向型行为	关系导向型行为
二元论（斯托格迪尔）	定规型（Initiating Structure）	关怀型（Consideration）
支持论（李克特）	生产导向（Production Orientation）	员工导向（Employee Orientation）
方格论（布莱克、穆顿）	对生产（业绩结果）的关心	对人的关心
PM 论（三隅二不二）	工作绩效（P, Performance）	团队维系（M, Maintenance）

这里，我们主要以美国行为科学家布莱克和穆顿于 1964 年提出的"管理方格"（Managerial Grid）论、后来经过长期修订已发展成为日臻完善的"领导难题方格解决"（Leadership Dilemmas-Grid Solutions）理论为基本框架，兼顾其他理论学说，来介绍、分析和说明二维领导行为开发模式的思路和方法。

根据布莱克等人的新方格理论[9]，领导行为关键问题就是如何运用好"3R"要素，即将领导行为看做是在一个组织中，借助人与人的相互关系（R_2），利用人力资源（R_1）并调动其他资源，来获取某种结果（R_3）的过程。在这个所谓"3R"的领导行为模型中，R_2 是最为关键和重要的，无论是解决矛盾、主动进取、调查研究、表达立场、决策方式、反馈批评等这样六个所谓领导元素中的哪一种，领导的核心问题归根结底都是如何在 R_2 的竞技场上施展才能。

任何行为都是以主体的主观假设为基础的，领导行为也是这样。为什么一些领导采取这样的行为方式，而一些领导则会表现出那样的行为倾向，这与他们的行为假定即他们心目中所"关心"的事物不同有关。在组织的领导过程中，有两个基本层面的事物可以刻度领导心智模式的特征：一是"对人的关心"（作为纵标），即人与人的相互关系（R_2）在其心目中所占的权重和位置大小；一是"对事的关心"（作为横标），即利用人力资源（R_1）并调动其他资源来获取某种结果（R_3）在其心目中所占的权重和位置大小。

如果将两个维向按照九个等分刻度分别给出，同时将"对个人利益或组织目标的关心"作为竖标考虑，那么领导行为模式可以用如图 7－1 所示的方格图加以刻画和分析。以布莱克理论为基础，我们将几种典型的领导行为模式进一步改造叙述如下：

□ 1，1 定格：保守主义行为

基本行为特征是"对不起，但这不关我事"，以最低努力维持最低功能的组织运作。这种领导行为的心理个性和主观倾向，从正面说是尽量在"不参与"状态下能够完成工作岗位要求，从负面来看就是不要被解雇就行。保守主义典型的座右铭是："无过便是功"，他们追求的最高境界就是"在场但不被看见"，日常典型的行为表现是熬资历、保职务、任自流、不介入、无主见等。

□ 9，1 定格：泰勒主义行为

基本行为特征是"我命令，你服从"，以"监工"身份通过严格的或权威的外在控制来完成短期既定任务。其遵循的行为假定是：人是很"麻烦的动物"，

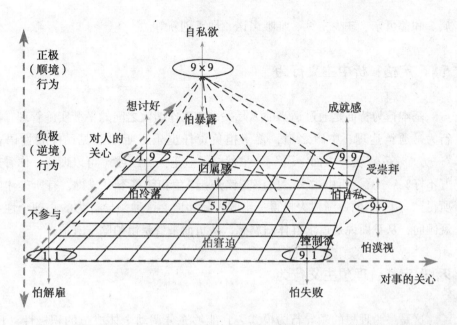

图 7-1 领导方格分析模型

他们的个人利益与组织成果是矛盾的，只有在被控制和监督的情况下才可以好好干事；所以，在管理过程中应尽量减少人际关系方面的"麻烦"，通过监控将人际因素的"干扰"减少到最低限度，典型的座右铭是："不干事，就滚蛋!"。这种领导行为的心理个性和主观倾向，从正面说是控制欲望，从负面来看是惧怕失败。当一个组织如果是在这样的领导控制下，一些具体、微观层面的工作看起来可能很有效率，很由于人文环境极差、缺乏团队合作精神，其整体业绩效果不会很理想，而日常典型的行为表现可能大多是争强好胜、办事武断、长官意志、按部就班、短期行为、互不信任、规避责任等等。

☐ 1, 9 定格：乡情主义行为

基本行为特征是"你好，我好，大家都好"，主要通过与他人建立友谊、同志、忠诚、亲切、快乐、宽松、和睦、团结的人际关系来推动做事。其遵循的行为假定是：人是"有情感、很情绪化的动物"，他们的个人需求对于组织目标的达成关系重大，只有在他们高高兴兴的情况下才可以好好干事；所以，领导的主要任务就是做好人际关系方面的工作，使大家都高兴、满意、快乐，典型的座右铭是："别担心，高兴点，好好活着!"。这种领导行为的心理个性和主观倾向，从正面说是渴望被拥戴，从负面来看是惧怕被冷落。当一个组织如果是在这样的领导笼罩下，就很酷似乡村俱乐部模式，而日常典型的行为表现往往是关心下属、和蔼可亲、缺少主见、唯唯诺诺、缺乏创新等。

□ 5，5 定格：折中主义行为

基本行为特征是通过适当的人际关系和工作绩效之间的平衡实施管理，典型行为是通情达理、中庸之道，善于担负责任也乐于听取意见；代表性语言是"一方面……，另一方面……"、"虽然……但是……"或"可以理解，你看这样好不好？……"。折中主义者的座右铭是："鱼和熊掌不可兼得，有所失才能有所得"，用一半的业绩损失换得一半的人际和谐。这种领导行为的心理个性和主观倾向，从正面说是追求群体归属感，从负面来看是惧怕陷于窘迫。

□ 9，9 定格：理想主义行为

这是最为理想的领导行为模式，它能够充分调动全体成员的积极性（R_2），最大限度地利用资源（R_1）来达成组织目标（R_3）。理想主义领导行为假定是，相信组织目标可以通过人们追求成就感的工作动机来实现，因此，在实际中可以真正实现"对事的关心"与"对人的关心"一体化有机统一。这种领导行为的心理个性和主观倾向，从正面说是追求内在价值和成就感，从负面来看是避免外在自负和失去远见。在理想主义领导下，组织辉煌成就的达成完全来自于成员的共同努力、分工协作和尊重信赖，人们在共同的事业中追求"人人为我，我为人人"的理想境界，工作自主效率、乐于学习进取、正视矛盾冲突、切实解决问题、积极激励员工、重视协同发展等是理想主义领导行为的典型行为特征。

□ 9 +9 定格：家长主义行为

9 +9 定格属于"9，1 定格"与"1，9 定格"的嫁接，基本行为特征是"让人拜倒在你的脚下！"，以"慈善的独裁者"面目出现进行"软硬兼施"：一方面通过正规渠道施行惩治等强硬措施控制人们，让他们按照自己的意志行事；另一方面试图通过私下的仁慈亲和及奖励手段激赏服从、忠诚行为，努力制造一种"大观园"式的封建家族气氛和树立家长的权威形象。典型的座右铭是："我是最明白的！"这种领导行为的心理个性和主观倾向，从正面说是喜欢搞个人崇拜、被顶礼膜拜，从负面来看是害怕被否定、憎恨不听话。利用"铁面无私"的严厉惩罚和富有人情味的个人化奖励，来认可下属的服从或防止、减少其不服从的行为，是家长主义领导行为方式的一个基本秘诀和判断标志。

□ 9×9 定格：机会主义行为

机会主义领导方式的基本特点是，为了维持己见、个人利益或纯粹是为了打败竞争对手，可以"不择手段"地采取任何方格行为。其基本心态和思想方法是："这样做对我有什么好处?"，机会主义行为是任何一种或几种甚至所有 9×9＝81 个方格的嫁接组合，究竟怎样嫁接组合完全视增进个人利益的需要而定。机会主义行为的心理个性和主观倾向，从正面说是追求个人成功的欲望，说的不好听就是"野心"，从负面来看是害怕私心暴露。在日常工作和生活中，他们善于装腔作势、哗众取宠，善于"利用一切可以利用的关系"、"调动一切可以调动的力量"去实现自己的意图和目标；至于是否考虑和有利于组织目标，这完全要看对自己有没有好处，在组织目标与个人利益冲突的情况下可以毫不犹豫地牺牲"共益"而保"私利"。

需要指出的是，不能将以上分析当作机械化、教条化的东西去生搬硬套地理解，读者自己可以根据这样的分析框架去灵活地发挥，也可以再进一步分解出其他一些领导定格行为方式。而且，由于行为主体假定会随着情景而变化，这些定格行为方式也并不是一成不变的，在主导行为有限的情况下往往有一系列后备定格行为会随时随地发挥作用。例如，机会主义定格行为不是某些特定的人所独有的，按照经济学的观点，人人都有机会主义倾向，因此这也和其他一系列后备定格行为一样，它同样是人们经常的、普遍的一种后备行为方式。

领导方格框架在方法论和实践操作上的意义主要在于：它提供了有效分析和把握组织领导行为及其形成原因的理论框架，为人们改进领导方式、实现有效领导提供了全面、宏观的指导原则和开发思路。领导方格框架提供了一种理解和讨论领导行为的共有概念和通用语言，为自我评价行为后果以及比较选择有效领导方式提供了有用的工具，也为组织绩效评估以及选拔、培养和开发有效领导的工作团队系统提供了一个基本模型。领导方格实际上是一个分析人们在组织中各种行为方式的一般理论框架，具有广泛适用性。对于任何一种和别人一起并通过别人取得成果的情况，包括工商业、政府公共机构、教育培训和非营利性服务等不同规模组织中的各种教育程度、层级和经验水平的人，领导方格框架都是适用的。

7.4

"领导难题·方格解法"：个人自我开发要点

关于基于"领导方格"的团队协作和组织开发，我们将放在第9.2节来介绍，这里先对个人自我开发的要点作一系统介绍。

☐ 自我评估

首先，对自己的领导定格类型进行初步自我评估。尽量避免先人之见，对自己目前领导状态的真实情况做出客观评价。请对于下面六种领导要素中的每个陈述对照自己的实际工作状态作出整体反应，最吻合你的打7分，依次类推，最不符合的打1分。

要素1：解决矛盾

A ＿＿＿我保持一种中立的立场，或者试图完全脱离矛盾。

B ＿＿＿当矛盾发生时，我就设法除掉它，或者通过权威压制的方式使我的主张获得胜利。

C ＿＿＿我力图避免不愉快的事和引发矛盾，但当矛盾发生时，我试着平息人们情感，以便继续保持团结。

D ＿＿＿当矛盾发生时，我主张通过求同存异的办法来调和他们的观点，试图找出一种每个人都能接受的合理解决途径。

E ＿＿＿我正视矛盾，并将矛盾看做是正常的和解决问题的机会；当矛盾发生时，我努力分析和寻找原因，并通过有效沟通的办法，以组织大局为重去从根本上化解和排除矛盾。

F ＿＿＿当矛盾发生时，我承认它，但是重申我的建议之正确性和重要性，使别人接受我的观点并站到我的立场方面来。

G ＿＿＿当矛盾发生时，我为努力绕开它而变换或调整位置，以避免被正面揪住，并极力维持别人对我的好感。

要素2：主动进取

A ＿＿＿我通常是在别人请求作出反应的情况下才勉强付出旨在过关的努力。

B ＿＿＿我作出高度努力，其他人热情地加入。

C ＿＿＿＿我鞭策自己进取，以便和别人保持和谐一致。

D ＿＿＿＿我设法保持一种稳定的步调，并把所有的努力仅仅限于可靠的事物方面。

E ＿＿＿＿我主动采取任何有用的行动并且支持别人的努力。

F ＿＿＿＿我带头行动并期待着别人跟着我干，对于那些支持我努力者给予肯定和表扬。

G ＿＿＿＿我主动采取那些在同别人做交易时对我有利的行动，如果他们能够有助于我获得所需要的东西，那我就帮助他们获得某种东西。

要素3：调查研究

A ＿＿＿＿我很少提问，通常，有时候多些有时候少些，仅仅用闭口不语的方式同意大家告诉我的任何什么事情。

B ＿＿＿＿我期望别人使我了解情况，当他们这样做的时候我表示欣赏；对于那些没有使我了解最新情况的人，我冷淡地对待他们。

C ＿＿＿＿我寻找并去证实各种情报；我追求并倾听别人与我不同的观念和看法；我不断地通过将自己的想法和别人的想法进行比较，来测验我的想法是否合理健全。

D ＿＿＿＿我搜集那些表示一切正常的情报，为了协调的缘故，我不倾向于反驳别人说的话。

E ＿＿＿＿我推动团队成员积极参与调查研究，搜集详尽信息以便了解和对照别人在某个问题上的观点，并使我知道我自己的想法是否对头。

F ＿＿＿＿我掌握情况以便确认我的驾驭正常，并且对我所听到的每件事情反复核对，以便确保别人不犯什么错误。

G ＿＿＿＿我如饥似渴地搜集情报，用询问而不是用威胁的办法，来查处对我有重大个人利害关系的事情。

要素4：表达立场

A ＿＿＿＿我不暴露自己的意图，但在有人提问时给予回答；我很少透露我的信念，否则我就不必去保持它了。

B ＿＿＿＿我对自己的信念坚定不移，因为我知道我是对的；如果别人反对我，我就想法证明他们是错误的。

C ＿＿＿＿即使在我自己有个人保留意见的情况下，我也拥护别人的观点；虽然我明明知道什么是正确的，我感觉还是支持别人更好些。

D ＿＿＿＿我将别人想要或预期听的事情告诉他们。

E ＿＿＿＿我感到表达自己的关心和信念是很重要的，那样就使别人知道我在想什么；如果别人的想法更健全，我愿改变我自己的想法。

F ＿＿＿＿虽然我很少放弃自己的信念，我也允许别人表白他们的观念；这样，我就可以了解他们，并帮助他们认识他们的想法中有什么错误。

G ____我用一种试试看的方式表达我的信念，并随时准备迎合其他人。

要素5：决策方式

A ____我让别人去做决策或听天由命。

B ____我很在乎自己做出的决策，不管别人说什么，我很少受影响。

C ____我寻求可以维持良好关系的决策，也鼓励别人在可能的情况下替我做决策。

D ____我寻找他人可以接受的可行决策。

E ____我很欣赏能够制定出健全决策，并力求得到别人理解、同意和支持。

F ____尽管在做决策时我力求最后拍板，我仍然倾听别人要说的话；通过这种方法，别人从我思想中获益，而我可以继续博得他们的忠心。

G ____我向别人游说以便宣传自己的主张，必要时可以使用耐心说服或间接威胁来确保我的愿望得到实现。

要素6：反馈批评

A ____我避免做出反馈，并很少批评他人或我自己的工作。

B ____我能极其精确地指出并谴责缺陷或错误，以使工作符合要求。

C ____当某些积极的事情发生的时候，我就给予鼓励并加以赞扬，但避免说任何消极的话。

D ____我提供非正式的或间接的反馈以便使其他人能够继续以适宜的步伐前进；如果必须说些消极事情的话，那我还肯定要说些积极的事情。

E ____我鼓励双向的反馈来加强工作。我十分重视评估，这在我做的每件事情上都可以显示出来。

F ____当我给他人反馈意见时，我希望他们知道这是为他们好，并能够欣然接受。

G ____我使用批评来推动和启发别人，使他们继续做对我最有利的事情；我倾向于将成绩不足的方面说得轻一些，否则会降低士气和工作热情。

以上各项领导因素中的七个陈述对应的领导定格类型分别为：A：（1，1）定格；B：（9，1）定格；C：（1，9）定格；D：（5，5）定格；E：（9，9）定格；F：（9＋9）定格；G：（9×9）定格。将以上各陈述的得分填入表7－4中，以得分排序情况确认自己的领导行为状况。最高总得分就是你的主导风格，次高总得分为后备风格。

❑ 了解定格行为模式

其次，要全面系统地了解不同领导定格模式的行为特征。

借助领导方格分析模型中的第三维度，可以弄清楚不同定格中的人所追求的"合乎理想"的状态（正激励），即顺利的情况下的感觉是什么？而他所"害怕"的具有威胁性的事物（负激励），也就是说逆境的情况下的态度又是什么？以及两极轴心的"舒适"区域在哪里？

表 7-4 是各领导定格模式行为表现的比较。

表 7-4 　　　　　　　　　　领导风格自我评估得分汇总表

定格类型 要素　得分	A (1, 1) 保守主义	B (9, 1) 泰勒主义	C (1, 9) 乡情主义	D (5, 5) 折中主义	E (9, 9) 理想主义	F (9+9) 家长主义	G (9×9) 机会主义
1 解决矛盾							
2 主动进取							
3 调查研究							
4 表达立场							
5 决策方式							
6 反馈批评							
合计得分							

❑ 学习（9，9）定格的原则和策略

其三，需要深刻领会理解（9，9）定格原则和策略。

领导要处理的核心问题是怎样伴随并通过别人取得成果，而（9，9）定格是解决这个问题的最有效方法。（9，9）定格原则是具有战略普适性的有效行为支柱，因应情景而变化的工作策略是以此为基础的。构成（9，9）领导行为定格牢固基础的基本原则如下：

——通过贡献求得满足是给人类活动以毅力并支持生产力、创造力、满意与健康的动力；

——公开交流对于实现自身和共同职责是必不可少的；

——矛盾要以谅解、协商一致作为合作基础加以解决；

表7－5　各领导定格模式行为表现特征比较

定格类型 / 行为表现	(1,1) 保守主义	(9,1) 泰勒主义	(1,9) 乡情主义	(5,5) 折中主义	(9+9) 家长主义	(9×9) 机会主义	(9,9) 理想主义
正极	力求处于局外 不知不为过 办不到 少做志愿者 放弃责任 拖延行动 最少跟踪 不做承诺 不做贡献	控制欲望 支配 最易通牒 威胁 是与非 嘲笑 没有道理可讲 既成事实 与群属隔开 顽固不化 强迫人干工作	追求快乐 爱可以征服人心 永远有同情心 融洽 赞美 关心 过多表扬 过分热情 深信不疑 柔顺 过度地帮助别人	追求归属感 知道什么流行 "我也是" 留心观察别人 有地位意识 好成员 团队选手 合理的 多数人观点 中间立场 经过试验核对 可接受的进步 保守的规则	热衷个人崇拜 有使命感 要求盲从 和蔼而严格 以恩人自居 带领一群人 提出忠告 取得"大成功" 说教 严厉 俯视群属 有影响力 有德行，有权威	渴望成功 自我中心服务 操纵 头头的帮手 隐瞒 用计取得职位 令人感到欠情 阴谋诡计 胜人一筹 幕后操纵 精明	自我价值实现 成就感 理想领导 原则管理 卓越标准 启发创造性 创造性解决问题 明确期望 公开讨论问题 提出挑战性目标 相同作用 坦率
中间状态	单纯传达 精神罢工 不干预 中立 机器人 不可见 走过场 履行起码义务 很少影响 蒙混过关 不甚麻烦 无谓的旁观者	工具理性 不干事就滚蛋 人是手段 不耐烦 好争辩 命令服从 不容忍爱偏执 找岔子，爱挑剔 多疑 争强好胜 不信任，怀疑一切 给于处罚	不看坏事 人是重要的 不能说"不" 突出好事 抑制否定观点 不喜欢争论 讲各种笑话 服从 容易伤感 情绪低落 自我怜悯	调和，妥协 骑墙 不确定 似是而非 风平浪静 不兴风作浪 小心谨慎 避免风险 不独来独往	遵守道德 增恨挑战 警告 我是"都是为你自己好" 不批准 引发内状感 指责 抛弃坏分子	孤立敌人 玩手段 出风头 排除敌人武装 散布怀疑种子 两面人 冠冕堂皇 狡猾 含糊其词 半真半假 不诚实 默许 阻挠别人	促进互相依存 共同价值观 自我管理的团队 正视矛盾 远虑 调整观点，视角 双向沟通 检核自己的想法 因果联系 追问何为正确 诉诸道理 避免自私自利
负极	借口不知情 害怕被解雇	害怕失败	害怕对抗	恐惧著境	害怕被否定	惧怕暴露	恐惧自利

──为自己的行为负责代表了成熟的最高水平，而只有通过广泛向下授权才能达到这样的水平；

──共同参与解决问题和作出决定能激发建设性和创造性的思考；

──通过目标进行管理；

──功绩是酬劳的基础；

──支持个人和组织杰出成就的准则和标准；

──吸取工作经验教训要通过反馈与批评。

任何有效协同工作都是表现个人领导力的一个重要方面。(9，9) 定格提供了如何协同工作的指导准则，这涉及到怎样有效利用人力资源最大程度地提高决策质量，以及决策后的执行和团队开发问题。具体地说，可以通过检核如下问题决定参与策略：

● "谁占有问题？" 如果你的回答是："那是属于我管的而我自己能解决它。" 那么在自发基础上的 "1/0" 行动是符合准则的；如果你没有足够能力解决该问题，那就表明应属 "1/1" 情况；如果该问题与全体中每人都有关，则 "1/全体" 为最好对策。

● "我有时间让别人参与吗？" 在紧急情况下你可能必须采取单独行动，因为来不及与别人商议了；不过这样的决策只能是例外，而不可以成为惯例。通常是有时间进行一项 "1/1" 或 "1/一些" 决策的。若是有足够时间，可召集全团队开会参与，那么，"1/全体" 就是可靠的办法，有可能产生完善的决策。

● "我有能力单独做决策吗？" 如果你有洞察力和经验对某问题作出可靠的判断，最好的决策办法是 "1/0"；如果你经验有限，采用别人专长可以作出更好的决策，就该是 "1/1" 的情况；如果需要全组成员联合的资源来作可靠的判断，那问题就该按 "1/全体方式" 解决。

● "有协作可能吗？" 协作效应就是所有的人共同合作会比任何一个、两个或数个成员单独干能产生更加可靠精湛的成果。有时 "1/全体" 协作在时间容许情况下是最好的办法，因为这样不仅可以获得巨大的协作效应，而且也给你提供了倾听意见和创造性思想、化解怀疑、矛盾和协同不同立场的机会；倘若不能指望协作并且没有提出特别要求，最好采取 "1/0" 行动；如果只要一人加入就可获得协作效应，那 "1/1" 行动就合适。

● "对团队其他人有影响吗？" 如果这次行动仅和你一人关系密切，那就可以用 "1/0" 方式来处理；如果与其他组员或下属有关，就应以 "1/1" 方式去执行。对于有重大战略性调整、组织结构变革或团队运转方式转换的决策，由于将影响全团队的目标、方向、性质或常规，这就要求以 "1/全体" 方式参与。

● "我需要别人参与和承诺吗？" 弄清楚问题和围绕解决该问题做决策的过程，可能对于成功地实施决策是关键性的。只有当人们都了解决策的来龙去脉，才能充分调动人们的积极性。如果你单独负责解决问题，也许就没有理由让其他人承担义务。此外，一件事需要齐头并进地协同工作时，"1/全体"行动就以保证充分了解任务状况为前提。一般说来，那些未来行动受此决策影响的人们需要彻底全面考虑问题，并讨论其密切合作关系，彻底地了解情况以及他们对此所要承担的义务。

● "其他人有开发的潜力吗?"有时，即使在他们经验不足贡献较小的情况下，让组员们参与也是有益的。这样有助于他们取得知识，并提高其未来处理这类问题的判断力。如果其他人不具备开发潜力，则应按"1/0"处理；如果只对个别人有开发意义，那就应按"1/1"处理；如果对全部成员都有开发的重要意义，那就采取"1/全体"行动。

这七条问题准则可以帮助领导人决定何时需要团队成员们参与。但是，参与不一定是要多数人意见一致，往往相反，参与要包容意见、怀疑和争论。在任何团队里，矛盾和冲突都是难免的；实际上，在一个运转完好的"9，9"定格团队中，矛盾和冲突往往可以自由表现，并被看做是拓宽视野的一个机会，是形成一种具有坚强责任感、高水平群体精神和凝聚力的建设性工作方式。一个"9，9"定格领导以公开和正视的态度去处理冲突时，在"1/1"的场合，需要具备一些策略或技巧，例如：

——坦诚告诉对方你决策和举措的根本理由，要说明"什么是对的"而不是"什么人是对的"，更不要指责和贬低对方；

——在倾听别人的想法和感受时，抱着"没有什么事是理所当然的"的态度，不要引用假定或自以为看透了人家想法；

——回答问题时要直截了当，以避免他人对你的立场产生怀疑，不要隐瞒有关信息和问题来回避你认为会产生不快的场面；

——咨询他们对不同行动方针的看法，特别是为何那样想的来龙去脉；

——帮助他们探究其所倾向的解决办法所带来的运营后果是什么，并请求他们帮助探究你所倾向的解决办法之后果或你所忽视的事是什么，坚持用讨论方法求得一致意见；

——要确保决策评议过程是公开的并且不是事先确定的，让对方知道他们能对后果起到影响作用，而不是怀疑你只不过是故作屈尊姿态而已；

在"1/全体"的情况下，如果出现意见分歧或僵局，可以把整体的问题拆开几部分，然后讨论每部分有多少一致和不一致的地方。一个有效操作办法是要求每个成员写出一份"立场声明"，采用一项4点法逐一检验：(1)"我不同意声明的这一部分，理由如下……"；(2)"为了澄清声明的这部分含义，我想问以下几个问题……"；(3)"我同意按下面方式改写的这个声明"；(4)"我同意所写声明"。这种方式使成员在思考问题时求异存同，关注有分歧的地方，并补充调查各方的事实资料，进一步检验和修正逻辑思路，了解各自情绪状态。各方接着交换他们的调查结果。这项活动等到许多的1、2、3情景尽可能转为4的情景时，才算完成。这反映了相互一致。

批评是（9，9）定格领导术的标志。坦诚、正视矛盾的人际价值观和探索性态度，为反馈即放手让组员们做到从评议中学到经验教训提供了可能，从而能使（9，9）定格领导的团队具有不断学习和创新能力。作为一种学习的方法，评议通常发生在两人或两人以上，人们交换他们各自对事件的描述，讨论共识和分歧、潜在的误解、观念差异或其他个人行动不可预见的后果，从而汲取经验教训并得以进行调整改进。下列一些看似相当"机械"的规则可以最大程度地从评议中得到益处：

——当反馈是描述性的而非评价式或判决式的时候就会被欣然接受，并较少可能引起辩解和反驳，且较少可能伤害人或引起对抗情绪；

——反馈越接近被描述的事件，就越易追忆和重现真正发生的情景及其相关的思想、感情和情绪，这种更大的再现力能使人更充分地学到东西；

——应提供专门的、具体的小单元反馈而不是琐碎的、缺少专门细节的、次要或不重要的信息；

——应集中注意一个人能改变的事；

——要发觉个人提供反馈信息的动机，（9，9）定格者的基本动机是期望通过关心别人的效率并取得成果从而作出贡献。

调整自己的领导行为

其四，以（9，9）定格作为目标模式调整自己的领导行为。

■ 关于（9，1）定格者行为调整的建议：

1. 在解决矛盾领导要素方面：当你发表争论性意见之前，请检查一下构成你的动机基础：你是从实现控制的愿望出发进行工作呢，还是你正在寻找最正确的解决方案；因为你是进攻性倾向的人，应该让其他人开始先说话，当你答辩或叙述你自己的见解之前，应当重复那些你认为已经有人说过的意见；不要中断争论或压制争论，要正视争论并把争论进行透彻，并积极寻求结束争论的方法，以便使争论各方分享意见一致的结果或相互理解的结果。

2. 在主动进取领导要素方面：要让别人发挥首创精神，不要把你的解决方案强加给他们，事先多问问他们将如何做某件事情；邀请某个人参加你的下一步活动，并且当你进行该项活动时尽量保持一种虚心态度，让他们对该项活动提出意见然后设法参与他们的下一步活动；在计划做事情前先问问其他人，以便获取有价值的信息。

3. 在调查研究领导要素方面：不要自动低估其他人的见解，并请他们提供各种见解的理论说明；当你提出问题时请提供理论说明，以便让人们知道你的问题是从那里来的；停止追究"谁错了"，而要寻求"解决方案是什么"。

4. 在表达立场领导要素方面：在叙述你自己的见解之前，让其他的人先说话；当提出你自己的见解时，要客观地叙述、说明其优点和弱点；要发掘其他人所说事情中各种积极的东西，而不是将注意力集中在各种消极点上，对于消极点应该关注怎样可以克服及解决方案的可行性。

5. 在决策方式领导要素方面：最终决策前，针对其他人的想法试作各种可能的决定；综合其他人的各种正确思想，不要因为它们不是你的而拒绝；邀请那些将执行这项决定的人参与决策过程。

6. 在反馈批评领导要素方面：如果不能说些建设性的意见，最好什么都不要说；培养主动听取意见的习惯，当其他的人正在谈话的时候你不要说话，记住你的职责就是听；不要轻视其他人的各种建议，让他们多试一试，并比较各次试验的结果。

■ 关于（1，9）定格者行为调整的建议：

1. 在解决矛盾领导要素方面：鼓励其他人不要附和你的意见，为了更进一步地澄清看法，问问他们自己的意见；关于你已经加以规范化的那些事情，寻求了解各种保留意见和各方面的疑虑，对别人说过的事情要愿意发表你个人的意见；假使你认为某个人有一个比你更好的解决方案，特别地说明你正在转变你的想法，并特别说明理由，以免将被人看做不果断或软弱无力。

2. 在主动进取领导要素方面：当你趋向于退避的情况下，恰恰是你要开口说话并干下去的时候；如果你知道做某件事情有一种更好的方法，就果断地采取行动去改进它；用"我将得到某个机会"来代替"我或许不会做得更好"，记住：实际行动胜于千言万语。

3. 在调查研究领导要素方面：各种会议之前再次考虑你自己对各类问题的理解，并做好准备；开放性地征求各种意见去解决问题；应避免交际方面的细节，抓住特殊问题并集中搜集有意义的数据。

4. 在表达立场领导要素方面：预先考虑和复述你自己关于各种问题的意见；当要求发表意见的时候，要成为第一个发言者；提出的问题要具体明确，不要空空洞洞或留退路。

5. 在决策方式领导要素方面：即使发现决策会令人为难或不愉快，也不要拖延时间；只有当其他人能作出贡献时，才邀请他们参加决策过程，停止仅仅为了获得许诺、接受或赞同的磋商；适当的时候可以一个人单独拟定有关决议，并且连同理论说明一起通知其他人。

6. 在反馈批评领导要素方面：当你说明你对其他人的各种意见时，要公开、公正和明确；当你每一次作出让步时，请他人帮助你给出提示和反馈信息；继续注意你行为的各种结果，在每一项主要活动结束时，请求他们告诉你可以怎样用不同的方法做工作。

■　关于（9＋9）定格者行为调整的建议：

1. 在解决矛盾领导要素方面：承认各种差别、不一致是组织学习的基础，停止将矛盾仅仅看成是个人之间的事；为了获取可供选择的各种解决方案和新见解，鼓励发表各种不同的观点；接受那些因其价值值得接受的对立意见，而不是因为是谁提出的这些意见。

2. 在主动进取领导要素方面：从事某项活动之前先去征询他人意见，并用替代方法试做该项事情；在没有你的安排或建议之下，把各种活动委托给其他人自主去做；如果改变你目前做法是必要的，不要一意孤行，而要立刻改变。

3. 在调查研究领导要素方面：接受已知或澄清了的信息，将它作为最可用的信息来使用；使那些沉默的人表达他们的信念；在"为什么"背后探索理论根源，以便得出较正确的结论。

4. 在表达立场领导要素方面：发表意见之前先让其他人发表他们的意见；不要给其他人关于你会喜欢他们说些或做些什么的暗示；避免使用"应该"或"不应该"的说法，征询别人关于可行与否的意见，在证据不足的情况下宁可假定他们是对的或无辜的。

5. 在决策方式领导要素方面：当你把某项活动委托给别人去做时，让他们在没有你的干预下作出决定；在某项决策的讨论过程即将结束时，问问其他人站在哪一边，做决策要根据证据而不是凭你个人的偏好；停止试图说服和试图强制其他人按照你的做法去做，为防止这种情况发生最好请他们反馈信息加以监督。

6. 在反馈批评领导要素方面：要以"小学生"的心态和身份接受反馈信息及批评；要避免作出指责性反应，恰恰相反，要对人们的真诚表示感激，而后一起对该项意见的客观性进行核查；一旦你已经提出了你的观点，就要把它放下，不要再继续不断想它。

■　关于（1，1）定格者行为调整的建议：

1. 在解决矛盾领导要素方面：今后在每一个问题上你都要采取一种坚定的立场，问问清楚，然后作出判断；避免苛待你自己的信念，即使它们看来可能不受人欢迎；不要仅仅为了避免争论而接受别人的意见，充分发表你的各种观点，同时推动其他人提出他们的各种主张和理由。

2. 在解决主动进取要素方面：在你的职责范围内积极采取各种解决方法，并征求合作者的帮助；请求分担更多的相关任务；积极为团队成员提供援助，成为一个自愿的积极活动分子。

3. 在调查研究领导要素方面：通过询问涉及下级人员和同级人员的各类问题，重建你的知识基础，不要害怕让其他人知道你无知；整理和融会贯通有关知识，变成精通业务的人；在发表意见或解决问题之前先做好充分准备。

4. 在表达立场领导要素方面：当你提出某种主张时，明确表达其意义，要确认它不会被误解；假使在有些事实方面你掌握的证据不足，请他们允许能够进一步探究到底，然后回到相应的当事人中告诉他们结果；要用行动而不是用言语来表明所承担的义务，采取各种行动作为你再次承担义务的实际基础。

5. 在决策方式领导要素方面：多问你自己"我曾经仅仅以某种信息传送的方式委派这项任务了吗？"告诉下属反馈监督你的行为；有意"事必躬亲"，促使自己不要站在局外往里看，要参加进来；避免简单地服输以摆脱困境，要对你自己和你的各种活动负起责任。

6. 在反馈批评领导要素方面：主动进行批评和自我批评；积极征求他人对你的反馈信息，并做出相应改进步骤以使工作做得更好；假使人们轻视你，你要有耐心坚持下去，直到你得到某种回应为止。

■　关于（5，5）定格者行为调整的建议：

1. 在解决矛盾领导要素方面：考虑问题是不要顾及谁将达到目的或谁将失去面子，记住问题在于"什么是正确的"而不是"谁是正确的"；要公开并善于接受分歧意见；在未被问及的情况下，要预先主动一些并征询和提供相关见解及其理论说明。

2. 在主动进取领导要素方面：争取站到核心的位置上并领导有关活动；要认识到传统、先例和过去的习惯做法是有局限性的，不冒一点风险你决不会学到做某件事情的更好方法；避免仅仅因为顾及他人不赞同而从你认为是一个好的主张后退，要乐于采取某种立场而不要受各种不确定因素的干扰。

3. 在调查研究领导要素方面：资料收集要做到尽可能地完善，在各种会议开始之前，最好对于你乐于让那些在会上讨论的问题设置一本记事册；通过记笔记或询问各种附加观点以保证你的理解是完整的；要有准备并且要使其他的人告诉你那些他们知道的事情。预先准备回答他人将要问你的各种深奥或正在探索的问题。

4. 在表达立场领导要素方面：叙述你自己的观点，不管其他的人站在什么立场上，然后听取每一种主张的优点并在正确思维的基础上调整自己的位置；应该说出和坚持你真正想说的主张，除非确信这种观点的局限性而不再坚持；不要自动地附和大多数人的观点，对少数人的各种意见及其理论基础也要给予特别注意。

5. 在决策方式领导要素方面：你有一种"1/1"式作出决定的倾向，请重新评价你是否正在按可能最正确的方法运用各种资源；按一种适合时势的方法做出各种决定，应进行一次投票以了解你是否得到了多数人的支持；在只有你能够做出的各种决定中，向其他人征求他们可思考的信息（而不是征求同意）。

6. 在反馈批评领导要素方面：要获得正确反馈信息的最好方法是表明你需要这种信息，当这种信息传送出来时就接受它，其他就没有什么好讲的；对于那些你要做的事情，在你不得不采取行动以前，问问你所尊敬的一个或几个人的意见，以便为核查及修正行动提供依据；反馈信息给你一次机会来表达你对他人想法所产生的各种反应，假使你不是坦率地表达你的反应或者假使你试图掩盖真相，那么你就损害了他们反馈信息的诚意。

■ 关于（9×9）定格者行为调整的建议：

1. 在解决矛盾领导要素方面：公开地表达你的各种不同意见，不要通过隐藏在沉默背后或暗示同意；避免试图防止或掩饰矛盾，而要用正确的观点看待并寻求理解矛盾；听取其他人正在说的那些事情，并请他们解释之。

2. 在主动进取领导要素方面：向其他人证明你的方法有价值，看看他们是否能够提供一种更好的解决办法；要为原则而奋斗，不为私利而计较；要冒损失的风险，注意从你所犯错误中进行学习。

3. 在调查研究领导要素方面：告诉其他人你想要知道的真实事情；不要装作了解那些你不知道的事情；不要做游戏，要实事求是。

4. 在表达立场领导要素方面：让那些你常常隐瞒的事情成为众所周知，直率地对待事情；用某种直接的方法对待那些对你有怀疑的人，镇定地面对他们，告诉他们你是守信用的，然后真正成为守信用的人；在你知道其他人站在哪些立场上之前而先说明你的某种立场，如果某人提供了更好的解决方案那你就采纳之。

5. 在决策方式领导要素方面：应该把组织的利益放在首要位置进行决策；要求其他人试着推翻你的决定以及会怎样推翻你的决定；一旦你做出了决定，你就要遵守各项决定，并且要对决定所产生的结果负责。

6. 在反馈批评领导要素方面：进行批评时，要把真理放在策略之上，把真诚放在哄骗之上，把原则放在私利之上，把寻求最正确的思路模式放在寻求实际的工作方法之上；避免用各种高尚和傲慢而毫无意义的抽象词语描述你自己，你所说的事情也要有特色和具体；要将你的真实想法原封不动地表达出来，不管它是积极的还是消极的。

7.5

"情景权变"理论及其领导力开发模式

"情景权变"理论，实际上是在二维领导行为理论的基础上，进一步考虑影响领导效果的情景因素，研究领导者如何通过将自己的领导风格与情景变量相匹配来权变处理领导问题，以提高领导能力和水平。比较有代表性的几种理论有：菲德勒的"权变理论"（Contingency Theory）；赫塞和布兰查德的"情景领导理论"（Situational Leadership Theory）；豪斯的"路径—目标理论"（Path - Goal Theory）；格雷恩等人的"领导—下属交互理论"（Leader - Member Exchange Theory，LMX）以及弗罗姆和耶顿的"领导参与理论"（Leader Participation Theory）等。[10]这些理论都可以笼统归结为"情景权变理论"，其核心思路都是研究"领导风格"（Leadership Styles）与"情景"（Situation）之间的匹配问题。本小节主要以菲德勒的"权变理论"为主线索，兼及其他理论说明、介绍有关领导力开发模式。

☐ 领导风格的测验和评价

在权变理论中，关于"领导风格"的描述同样沿袭二维领导行为分类法，即将领导风格划分为"任务导向型"和"关系导向型"两种。关于两种领导风格划分的标志，不同学者略有差异。

在赫塞和布兰查德的研究中，则将领导风格按照"指导性"（任务导向型）和"支持性"（关系导向型）的强弱程度两两组合形成四种模式：一是"指示模式"，即强指导—弱支持型，通常向下属指出目标及其达成目标的办法，并对其进行严格的监督管理；二是"教练模式"，即强指导—强支持型，在确定目标、策划运作方案的同时，注意从社会情感层面鼓励并支持下属开展工作；三是"支持模式"，即弱指导—强支持型，领导将主要精力放在激发和促进员工工作热情方面，而将日常事务的决定权下放给员工自己处理；四是"授权模式"，即弱指导—弱支持型，即采取放任自流、无为而治的领导方式。[11]

菲德勒的理论则是从领导者对于下属合作状态的主观判断为标志，通过设计"最难共事者问卷"（the Least Preferred Co - worker Questionnaire，简称LPC）测验来进行判断。通过自答式的LPC问卷测验（见表7-6），可以判断一个人属于什么样的领导风格。大致标准是：得分较高者，被认定为关系导向型领导风格，他们能够在自己最不愿意与之合作者的身上也能找到积极的因素；得分较低者，则被认定为任务导向型领导风格，他们将完成工作任务放在首位；而得分中等者，则属于远离工作情景、愿意独立工作、自我指导的领导风格。

这种测验主要用来衡量领导者个人动机层面的因素。它假定：任务导向型领导以一种否定的眼光看待"最难共事者"，因为这些人往往阻挠他们完成任务；而关系导向型领导则能够以更积极的态度来对待"最难共事者"，因为他们的首要目标是与人友好相处。显然，这种假定与现实情况是有一定距离的，在实际测验过程中，这种衡量也往往因受太多的主观和不确定性因素影响而缺乏效度和再测信度。

| 表 7－6 | 一份典型的 LPC 测验量表 |

答分说明：本测验属于一种个性测验。想想曾经或现在你最不愿意与之共事的同事或下属，他们不一定是你最讨厌的人，但确实是你觉得最难与他们合作来完成一项工作的人。现在请你按如下 20 个项目依次描述一下他是怎样的一个人。

得分

1	快乐	8	7	6	5	4	3	2	1	不快
2	友善	8	7	6	5	4	3	2	1	敌意
3	拒绝	1	2	3	4	5	6	7	8	接受
4	紧张	1	2	3	4	5	6	7	8	轻松
5	疏远	1	2	3	4	5	6	7	8	亲密
6	冷漠	1	2	3	4	5	6	7	8	热情
7	支持	8	7	6	5	4	3	2	1	反对
8	无聊	1	2	3	4	5	6	7	8	有趣
9	好斗	1	2	3	4	5	6	7	8	融洽
10	忧郁	1	2	3	4	5	6	7	8	欢快
11	开放	8	7	6	5	4	3	2	1	封闭
12	谨慎	1	2	3	4	5	6	7	8	轻率
13	阴险	1	2	3	4	5	6	7	8	忠诚
14	无信	1	2	3	4	5	6	7	8	可信
15	凶恶	1	2	3	4	5	6	7	8	和蔼
16	虚伪	1	2	3	4	5	6	7	8	真诚
17	厚道	8	7	6	5	4	3	2	1	刻薄
18	高效	8	7	6	5	4	3	2	1	低效
19	无益	1	2	3	4	5	6	7	8	有益
20	自信	8	7	6	5	4	3	2	1	忧郁

总分 ＿＿＿＿

评分说明：总分为 20 项描述得分的总和。如果总分低于 50 分（平均为 2.5 分），那你属于 LPC 测验低分者，意味着你是一个任务导向型领导；如果总分在 51～79 分，那你属于 LPC 测验中分者，意味着你是一个中间独立型领导；如果总分高于 80 分（平均为 4 分），那你属于 LPC 测验低分者，意味着你是一个关系导向型领导。

□ 领导情景变量的描述和分析

关于领导的情景变量，赫塞和布兰查德主要是从下属"发展水平"（Development Level），即员工对于所给出任务所具有的能力和热情（责任心）程度角度，进行描述和分析的。他们将发展水平按照能力和热情的强弱组合划分为四个等级：D1，即能力不足，但热情度和责任心很高的情景；D2，即有一定能力，但缺乏热情和责任心的情景；D3，即能力很强，但热情度和责任心有限的情景；D4，即能力很强，热情度和责任心也高的情景。它们分别对应和匹配指示模式、教练模式、支持模式和授权模式（见图 7－2）。豪斯的"路径—目标理论"不仅关注员工特性，而且还同时考虑工作任务特性，来描述和分析情景变量。格雷恩等人主要从"领导—下属交互理论"来定义情景变量。而菲德勒的模型则同时考虑工作任务结构、职位权力状况和领导—成员关系三个情景变量。

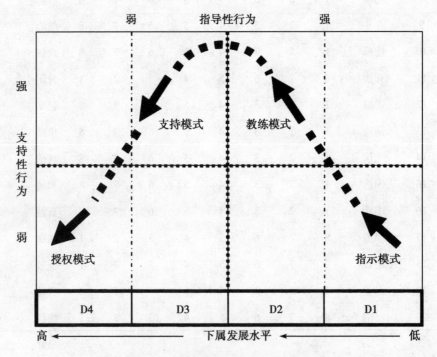

图 7－2   赫塞和布兰查德情景领导模型

"任务结构"（Task Structure），是指工作任务的明确、清晰和程序化的程度。任务结构化程度越高，领导的控制和影响力就越大。具体量度工作任务结构水平的指标有如下四个：

161

（1）决策验证性，即某一解决方案或决定的正确性能用何种程度的逻辑程序或客观数据进行验证；

（2）目标明确性，即成员对工作目标要求明确清楚到什么程度；

（3）方法选择性，即在多大程度上可以选择不同途径、程序、手段和方法来完成任务；

（4）问题复杂性，即解决问题面临的环境和条件如何。

任务结构化程度可以由专家设计相应的量表（见表7-7），用得分高低来进行测度。

表7-7 　　　　　　　　　　　　　**任务结构化程度测度量表**

说明：对于下面描述，请你先按照"通常"（2分）、"有时"（1分）和"很少"（0分）三个等级打分，然后对于所得总分，再根据与其他人相比的受训练程度和经验丰富程度标准进行修正：完全未受过训练（减3分）、略受过训练（减2分）、受过一般训练（减1分）；完全无经验（减6分）、略有经验（减4分）、一般有经验（减2分）。如果初始得分低于6分，就不必再修正了。

1	对于最终成果和蓝图有具体描述	2	1	0
2	对于最终目标和工作方法有人作出说明或建议	2	1	0
3	有标准的操作程序和工作流程	2	1	0
4	知道如何将任务划分为不同工作单元和操作步骤	2	1	0
5	有大家公认的适当或正确的处理方法	2	1	0
6	我们知道找到正确方法或完成任务的明显标志是什么	2	1	0
7	有关于怎样做好工作的指导手册	2	1	0
8	有大家同意并理解的产品或服务标准	2	1	0
9	工作任务是可度量的	2	1	0
10	领导和成员能够为改进今后工作而对绩效进行评估	2	1	0

任务结构度总得分_____　　　　　　　　修正后总得分_____

"职位权力"（Position Power），是指领导者对于其下属实际控制能力的大小，包括奖励、惩罚、晋升、提拔、聘任、录用和辞退等人事决策方面的影响和监控势力。"职位权力"与正式职位高低没有绝对的关联，一些正式职位很高的，其"职位权力"可能不大；相反，一些正式职位很低的，其"职位权力"可能很大。"职位权力"的大小可以通过量表（见表7-8）来测度。

表7-8　　　　　　　　　　地位权力测度量表

说明：对于下面五个问题，你根据回答"是"（2分）、"不是"（0分）和"不确定"（1分）三个等级打分，然后相加获得总分。

1	你能够直接或通过建议奖励你的下属吗？	2	1	0
2	你能够直接或间接地影响下属的晋升、录用和解雇等决策吗？	2	1	0
3	你具备能够给下属分配工作并指导其完成的必要知识吗？	2	1	0
4	你对下属的绩效负责吗？	2	1	0
5	你有正式的头衔吗？	2	1	0

职位权力总得分_____

"领导—成员关系"（Leader-member Relation），即团队氛围以及成员对领导者信赖、尊重和愿意追随的程度。可以设计五级或八级量表来测验领导—成员关系的融洽程度。表7-9是菲德勒用来测度领导—成员关系的一个五级量表。

表7-9　　　　　　　　　领导—成员关系测度量表

说明：对于下面八个陈述，请你按照A（完全同意）、B（同意）、C（无所谓）、D（反对）、E（完全反对）五个等级打分，然后相加获得总分。

		A	B	C	D	E
1	我的下属们彼此相处不好	1	2	3	4	5
2	我的下属是可靠的，值得信赖的	5	4	3	2	1
3	在我与下属之间气氛融洽	5	4	3	2	1
4	下属经常与我合作做好工作	1	2	3	4	5
5	下属与我有摩擦	1	2	3	4	5
6	在我做工作时下属给予我很大帮助和支持	5	4	3	2	1
7	我的下属做工作时彼此合作	5	4	3	2	1
8	我与下属的关系很好	5	4	3	2	1

领导—成员关系总得分_____

表7-7、表7-8、表7-9三个量表的总得分，可以表达领导情景控制力的大小，基本标准是：得分为50～70分，属于高控制状态；得分为31～50分，属于中控制状态；得分为10～30分，属于低控制状态。

☐ LPC 与情景控制力匹配分析及调整

菲德勒实证研究了大量的工作团队领导情景，包括军事团队、董事会、体育球队、车间班组等，得出的基本结论是：任务导向型领导在最有利或最不利的情景中效率更好；而关系导向型领导在中间状态的情景中效率更佳。在图7-3中，纵轴表示 LPC 分数，均线以上为关系导向型领导，均线以下为任务导向型领导；横轴表示情景变量，按照情景控制力大小，从1~8分高、中、低三种类型。从典型的高领导绩效团队情景变动趋势线可以清楚看出，1、2、3处于高控制力情景的三种类型，以及7、8处于低控制力情景的两种类型，恰是 LPC 分数在均线以下的任务导向型领导；而4、5、6处于中间控制力情景的三种类型，恰是 LPC 分数在均线以上的关系导向型领导。

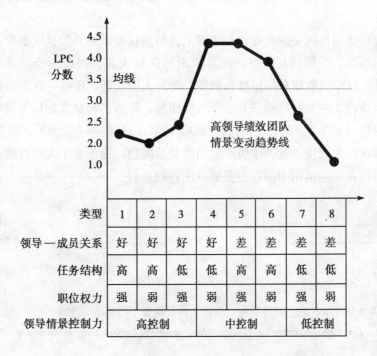

类型	1	2	3	4	5	6	7	8
领导—成员关系	好	好	好	好	差	差	差	差
任务结构	高	高	低	低	高	高	低	低
职位权力	强	弱	强	弱	强	弱	强	弱
领导情景控制力	高控制			中控制			低控制	

图7-3　高效团队领导风格与情景控制力匹配状况

在实际开发中，了解了 LPC 与情景控制力得分后，就可以将二者结合起来，分析和检核实际的领导行为与权变模型指引的高效率模式项匹配。如果恰好吻合，就可以按现行状态继续前行；如果不匹配，就要考虑改变领导风格即 LPC 值，或调整领导情景变量，以提高领导效率。例如，当高 LPC 领导处于高控制或低控制情景时，要么调低 LPC 以适应高控制或低控制情景，要么将领导情景调整为中控制状态；当低 LPC 领导处于中控制情景时，要么调高 LPC 以适应中控制情景，要么将领导情景调整为高或低控制状态。一般情况下，要有效提高领导绩效，还是提高或降低情景控制力来得比较客观和容易些。

　　提高领导情景控制力的措施一般有：在领导—成员关系方面，可以有意识地与属下一起参加一些旅游、体育等业余活动，抽出时间与属下谈心、沟通信息；在任务结构方面，注意通过培训学习提高自己的业务技能，随时参加问题讨论，配备熟练工作人员，设计工作程序和操作规程等；在职位权力方面，可以请求上级授权，加强正式信息传输渠道建设，尽量独自决策和处理问题，等等。

　　要降低领导情景控制力，可采取如下一些措施：在领导—成员关系方面，减少与下属非正式接触，有意将一些"异己主义分子"纳入团队；在任务结构方面，请求上级授权自己负责更大范围的工作，请求经验、意见相左者参加群体工作；在职位权力方面，向下属授权，与成员平等互动，鼓励员工自主处理问题，等等。

　　应该指出的是，在理论和实践上，情景权变领导开发模式也存在一系列局限性。例如，在理论上如何解说其结论的逻辑关系，尚是一个"黑匣子"问题。此外，LPC问卷调查的信度和效度也受到人们质疑。还有，在实际开发操作过程中，该模式主要是针对领导者个人层面的，即告诉领导者如何去调整自己所面对的情景（而不是调整自己的领导风格）来改进领导绩效水平；但问题是，领导情景在很大程度上是一个组织层面的变革问题，而不是个人可以随意调整的。这些问题在实际运用中都是需要加以注意的。

注释：

[1] 西方很多学者对"领导"与"管理"的区别有专门著述。例如：

Kotter, J. P. 1990. A force for change：*How leadership difers from management.* New York：Free Press.

Rost, J. C. 1991. *Leadershipfor the twenty-first century.* New York：Praeger.

Bennis, W. G. & Nanus, B. 1985. *Leaders：The strategies for taking charge.* New York：Harper & Row.

Zaleznik, a. 1977. Managers and leaders：Are they different? *Harvard Business Review*, *May-June*, 55, 67 – 78.

[2] 转引自 Paul R. Timm & Brent D. Peterson：《人的行为与组织管理》，中国轻工业出版社2004年中译本，第150~151页。

[3] 关于柯林斯"第五级领导人"的论述参见其名著《从优秀到卓越》，中信出版社2002年

中译本；或柯林斯《第五级领导人》，载于艾什比和迈尔斯编《领导：全球顶级 CEO 的领导智慧》，辽海出版社 2003 年版。关于这个问题我们将在 8.1 节专门介绍。

［4］关于学习型组织团队领导力开发问题，我们将放在第 9 章有关部分讨论。

［5］参见：Stogdill, R. M. 1948. Personal factors associated with leadership：A survey of literature. *Journal of Psychology*, 25, 35 – 71；

– 1963. *Manual for the Leader Behavior Description Questionnairs – Form XII.* Columbus：Ohio State University, Bureau of Business Research.

– 1974. *Handbook of leadership：a survey of theory and research.* New York：Fre Press.

［6］转引自 Paul R. Timm & Brent D. Peterson，第 138 ~ 139 页。

［7］例如，在"干扰建筑练习"中，包括一个被评价人员和两个评价中心的辅助人员。要求被评价人员使用木料建造一个木质结构建筑，两个评价辅助人员扮演"小工"帮助被评价人员一起建造。辅助人员按照预定的目的和安排行事，其中一个表现得被动和懒惰，如果没有明确的指定命令他就什么也不干；而另一个则表现出好争斗和鲁莽的个性特征，往往采用着不现实的、不正确的做法，他们以各种方式干扰、批评被评价人员的想法和建造方案。该练习的目的是考察个人的领导能力，特别是研究被评价人员在压力干扰下的情绪稳定状况。

［8］见李雪峰、岳峥嵘主编《现代领导发展与培训》，中国人事出版社 1999 年版，第 41 页。

［9］中文文献参见：布莱克和穆顿著《新管理方格》（1978 年英文版），中国社会科学出版社 1986 年中译本；布莱克和麦坎斯著《领导难题·方格解法：管理风格新论》（1991 年英文版），中国社会科学出版社 1999 年中译本。以下所述内容主要参阅了其后一部著作。

［10］有关英文文献可参见如下：

Fiedler, F. E. 1964. Acontingency model of leadership effectiveness. InL. Berkowitz（Ed），*Advances in experimental social psychology*（Vol. 1, pp. 149 – 190）. New York：AcGraw – Hill；

– 1967. *A theory of leadership effectiveness.* New York：McGraw – Hill；

– 1987. *New approaches to leadership：Cognitive resources and organizational performance.* New York：John Wiley；

– 1993. The leadership situation and the black box in contingency theories. In M. M. Cheners&R. Ayman（Eds.），*Leadeship, theory, and research：Perspectives and directions*（pp. 1 – 28）. New York：Academic Press；

– 1995. Reflections by an accidental theorist. *Leadership Quarterly*, 6（4），453 – 461.

Fiedler, F. E., & Chemers, M. M. 1974. *Leadership and effective management.* Glenview, IL：Scott, Foresman；– 1984. *Improving leadership effectiveness：The leader match concept*（2nd ed.）. New York：JohnWiley.

Fiedler, F. E., &Chemers, M. M. Blanchard, K. H. 1985. SLII：*A situational approach to managing people.* Escondido, CA：Blanchard Training and Development.

Blanchard, k. Zigarmi, P., & Zigarmi, D.（1985）. *Leadership and the one minute manager：Increasing effectiveness through situational leadership.* New York：William Morrow.

Blanchard, K., Zigarme, D., & Nelson, R. 1993. Situational leadership after 25 Years：A retrospective. *Journal of Leadership Studies*, l（1），22 – 36.

Hersey, P. , & Blanchard, K. H. 1969a. Life-cycle theory of leadership. *Training and Development Journal*, *23*, 26 – 34. – . *Management of organizational behavior: Utilizing human resources.* Englewood Cliffs, NJ: Prentice Hall. ; – 1977. *Management of organizational behavior: Utilizing human resources.* Englewood Cliffs, NJ: Prentice Hall.

Hersey, p. , & Blanchard, K. H. 1988, 1993. *Management of organizational behavior: Utilizing human resources.* (5th ed. 6th ed.). Englewood Cliffs, NJ: Prentice Hall.

House, R. J. (1971). A path – goal theory of leader effectiveness. *Administrative science Quarterly*, *l6*, 321 – 328. ; – 1996. Path – goal theory of leadership: Lessons, legacy, and a reformulated theory. Leadership *Quarterly* 7 (*3*), 323 – 352.

House, R. J. , & Dessler, G. 1974. The path – goal theory of ledership: Sone post hoc and a priorit-ests. In J. , Hunt & L. Larson (Eds.), *Contingency approaches in lesdership* (pp. 29 – 55). Carbondale: Southern Illinois University Press.

House, R. J. , & Mitchell, R. R. (1974). Path – goal theory of leadership. *Journal of Contemporary Business*, *3*, 81 – 97.

Dansereau, F. , Graen, G. G. , & Haga, W. (1975). A vertical dyad linkage approach to leader-ship in formal organizations. *Organizational Behavior and Human Performance*, *l3*, 46 – 78.

Graen, G. B. , (1976). Role – making processes within complex organizations. In M. D. Dunnette (Ed.), *Handbook of industrial and organizational psychology* (pp. 1202 – 1245). Chicago: Rand Mc-Nally.

Graen, G. B. , & Cashman, J. (1975). A role – making model of leadership in formal organiza-tions: A developnental approach. In J. G. Hunt & L. L. Larson (Eds.), *Leadership frontiers* (pp. 143 – 166). Kent, OH: Kent state University Press.

Vroom, V. h. &Yetton, P. W. 1973. Leadership and decision – making. Pittsburgh, PA: University of Pittsburgh press.

[11] 豪斯等人也提出了与此相近的分类："指导型领导" (Directive Leadership)；"支持型领导" (Supportive Leadership)；"分享型领导" (Participative Leadership)；"目标导向型领导" (Achievem-ent – Oriented Leadership)。

8
基于共同愿景：组织价值理性开发

有了衷心渴望实现的目标，大家就会努力学习、追求卓越，不是他们被要求这样做，而是因为衷心想要如此。

彼得·圣吉

到目前为止，我们关于领导开发的讨论都主要集中在领导者本人如何提高领导能力和效率的角度去展开，而没有从团队和组织层面、特别是学习型组织有效运作的高度去认识和研究问题。但是我们要记住，学习型组织面临的基本任务，就是通过进行战略性变革恢复原来创业时期的价值观，在新机体中重新激发原始初动状态的那股"革命热情"，以基于价值驱动的理性行为取代过去基于工具的理性行为，激发员工在无边界的网络结构中进行多元化的探索和创新，使组织在新的环境中自如地应对挑战、抓住机遇，从而获得新生、走向新辉煌。因此，通过领导激发和互动学习形成共同愿景，进行组织价值理性开发，就成为学习型组织建设的一个关键步骤。

8.1

为组织创造未来："第五级领导人"的特殊使命

从一个组织"当家人"（如企业 CEO）的领导角色及其性质来看，学习型组织需要的不是一般的控制日常运作的"管事人"，而是一种真正"众望所归"的领袖式领导人或领导集团，他们具有战略上的远见卓识，以"大无畏"的开拓进取精神领导组织成员进行战略性变革；他们能够以自己的热情在新机体中重新点燃和激发原始初动状态的那股"革命热情"，基于价值理性而不是工具理性去激发员工在无边界的状态下进行多元化探索和创新，从而将组织引向新生、带领大家走向新的辉煌。

著名管理学家德鲁克在谈到企业家的职责和使命时曾敏锐地指出："企业总是由并非永久存在的人创建的，但一个企业必须超出个人或一代人的生命期间而继续存在，以便对经济和社会作出其贡献"；因此，对企业来说，企业家的特殊使命就是"为目前的企业创造未来"，企业家一个最重要、最中心的任务就是："使目前已经存在、特别是目前已经取得成功的企业，在未来继续存在并取得成功"。而令人遗憾的是，"实际中经常出现的情况往往是：管理中的大人物在他经营企业时取得了辉煌的经济成就，而他遗留在身后的却是一个乱摊子"。[1]

德鲁克关于"企业家为企业创造未来"的话，同样适用于任何一个学习型组织战略领导的情形；因为，所谓企业家，如果一般地看，就是在不确定的市场经济环境中那些引领组织变革和创新的开拓创业者，而这正是学习型组织所需要的领导角色。在这个意义上，学习型组织所需要的高层领导角色，就是那种引领组织开拓前行、为组织创造未来的领袖式人物。

当然，正如柯林斯所说：在看待和研究组织中的领导行为时，如果我们将所有问题的答案都归结于领导者的"领导能力"，那就如同中世纪的人们认为"上帝就是一切问题的答案"一样，是在承认我们无知。这并不是说领导人之于组织不重要，而是怕这样思维阻止我们更深刻、更科学地理解卓越公司的本质。[2] 因此，在柯林斯关于卓越公司的著名研究项目中，最初并未刻意寻找关于"领导能力"方面的因素，但是实证的经验数据却势不可挡、极具说服力。他意外地发现：对照卓越公司与优秀但非卓越的公司、或曾经优秀但终没有实现向卓越的成功跨越的公司，其领导人确有不同的地方，这就是卓越公司的企业家都是顶尖的"第五级领导人"。[3]

柯林斯将组织领导人的能力划分为从低到高五个级别（见图8－1）：第一级领导人，即"能力突出的个人"，他们用自己的智慧、知识、技能和良好的工作作风做出巨大贡献；第二级领导人，即"乐于奉献的团队成员"，他们为实现集体目标贡献个人才智，并能够与团队成员紧密通力合作；第三级领导人，即"富有实力的领导人"，他们组织人力和非人力资源，高效地朝组织的既定目标前进；第四级领导人，即"坚强有力的领导人"，他们能够全身心地投入和执著追求清晰可见、催人奋发的战略远景，不断向更高业绩目标努力；第五级领导人，则指的是在领导人能力的五层体系中，位于最高层的领导人。

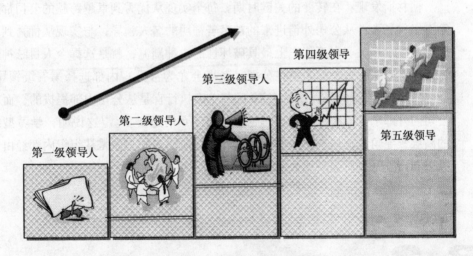

图8－1　柯氏五级领导人体系

所谓第五级领导人，即最高的顶尖级领导人，他们不仅能够根据既定目标有效配置组织资源，而且能够全身心投入并执著追求清晰可见、催人奋发的远景目标不断创造更高业绩，还能够将自己的谦虚品质与职业化的决定意志相结合，持续不断地创造卓越业绩。其基本特征为：

（1）**组织意志为先**。第五级领导人具有谦逊的个性和坚定的意志，他们个个都有雄心壮志，但不是为了自己的个人利益，而是把组织的利益放在第一位。

（2）**注意代际接续**。第五级领导人培养接班人，为公司以后取得更大的成功做好铺垫，而以自我为中心的第四级领导人物色的接班人却导致组织的失败。

（3）**谦虚谨慎低调**。第五级领导人表现出一种令人折服的谦虚，他们都不爱抛头露面，保持低调；相反，对照组织的第四级领导人都有很强的自我意识，导致了身后组织的毁灭或持续平庸。

（4）**卓越业绩导向**。第五级领导人的领导并不等同于"公仆式的领导"，他们都被创造可持续业绩的内在需要所驱动和感染，为了使组织走向卓越，他们有决心做任何事，不管这些决定有多么重大，多么困难。

（5）**脚踏实地干事**。第五级领导人表现出一种"工人式的勤劳"，他们不是"表演的马"，而更像"拉犁的马"。

（6）**注重机制设计**。第五级领导人不是"报时"而是"造钟"，不仅是自己创造"英雄业绩"，而是为组织持续发展建立高绩效的工作系统和激励机制。

（7）**绝不居功自傲**。第五级领导人在成功时往往朝窗外看，把成功归于别的因素而非他们自己，但当业绩不佳时，他们看着镜子，责备自己，承担所有的责任。而第四级领导人则相反，成功时他们看着镜子居功自傲，业绩不佳时则向窗外看，埋怨别人。

柯林斯发现：在转变的关键时期，每个实现从优秀到卓越跨越的公司都拥有第五级领导人；从公司外请进来的被奉若神明的名人领导，与实现从优秀到卓越的过程呈负相关。在近代史上最具破坏性的一种潮流，就是选择令人目眩神迷的名人做首席执行官，而不是在公司（董事会尤为常见）内部选择第五级领导人；在11家实现跨越的公司中，有10家其首席执行官是从公司内部提拔的，而对照公司向外部求援的次数是实现跨越的公司的6倍还要多。[4]这说明，学习型组织的高层领导角色，从本质上并不是从外面任命输入的，而是从组织内部经由长期投资和持续开发而逐渐成长起来的。

8.2

检核德鲁克式问题："我们的组织为什么而存在?"

"使命"（mission）回答的问题是一个组织为什么而存在，也就是说，一个组织为经济发展和社会进步所应承担的责任。打比喻来说，使命就如同"北斗星"，它促使人们不断追求但永远在前方；没有使命感，组织就失去了前行的方向。

本来，任何组织都是为特定的"使命"而成立、存在和发展的；因此，对于一个组织来说，"使命"似乎是天然地不存在"问题"的。但是，随着组织的程序化运作以及规模的发展壮大，一来二去，对于组织中人们来说，最初的"使命感"变得愈来愈模糊，"组织为什么而存在"也越来越成为一个"问题"。于是，非得通过"德鲁克式的问题检核"，[5]去正面确认组织的使命，即要回答这样一个基本问题："我们的组织是什么？"；否则组织无法取得进一步的学习能力。"我们的组织是什么？"——为这一问题提供答案，可以是学习型组织高层领导的首要职责；能否针对这一问题进行深思熟虑地思考并提供明确答案，也就成为组织学习的最关键、最重要因素。

一般说来，任何组织，包括工商企业，作为"社会的器官"，都是为社会而存在，为了对外部做出贡献，为了供给产品和服务并满足组织外部的社会成员需要，而存在和发展的。因此，在现代社会中，任何组织、特别是工商企业的管理者，时刻都要牢记、永远也不能忘记的一件事情就是：其组织运作对民众、社区、经济发展和社会进步的影响，并能自觉地承担起应有的社会责任。从组织所承担的"社会责任"出发进行检核，就会发现一个组织为什么而存在的真正原因和意义，从而提炼和确认出组织的真正使命，使组织有了长期持续发展的方向和指针。

那么，什么时候提出、检核并正确地回答"我们的组织是什么"的问题？绝大多数组织往往是在面临困境时才不得不提出这个问题。德鲁克认为，一个组织在陷于困境时才提出这个问题，就如同玩轮盘赌一样不负责任，最好是在组织初创时期就提出，而在取得成功时再认真检核并真正回答好这个问题。因为"成功总是使得导致成功的行为成为过时的行为"，成功总是意味着不同于自身的新情况，"只有在童话公司的结尾才是'从此以后，他们永远幸福地生活下去'"。"当公司取得成功时而不提出'我们的公司是什么？'这一问题的管理当局，事实上是自满、傲慢、懒惰。成功不久将转化为失败。"因此，当组织初步成功时，及时提出并回答这一基本问题，是管理当局的重要职责，也是决定组织持续成功的关键因素。

关于组织宗旨及使命的确认要"由外向内"思考问题。德鲁克认为，企业的宗旨只有一个定义，这就是"顾客"。这是因为，任何企业都是为满足客户需要而存在的，满足顾客需要才是企业的经营宗旨。因此，要回答"我们的企业是什么？"的问题，只有从外部、从顾客和市场的观点来看，才能找到答案。企业使命可以通过检核如下问题而认定：

——谁是以及谁应该是我们为之服务的客户？不仅要考虑最终消费者是谁？

还要考虑到影响或决定着最终消费者的客户是谁？客户在哪里？

——客户的价值需要是什么？或者我们产品和服务的卖点是什么？是价格？是使用价值？是品牌声望或社会地位？还是别的什么？

——经济发展、社会进步和文化变迁使客户和市场发生了什么变化？数十年后，我们的企业将会成为什么样子？

——我们将凭借什么独特的核心理念和竞争优势来应付这些变化？为了坚持核心理念，我们需要调整和淘汰哪些业务？

关于企业使命的检核分析，深圳华为公司提供了一个可资借鉴的案例。[6] 华为的成功和可持续发展，在一定程度上可以说，就在于它的管理当局能够负责任地适时地提出并有效地检核和回答了与"我们的企业是什么？"有关的上述一系列基本问题。

到 1995 年前后，华为公司在程控交换机技术和国内市场取得了重大突破，公司呈现出大发展的趋势。可以说，华为公司获得了第一次创业的巨大成功。正是在这个承上启下的关键时刻，华为公司管理当局能够审时度势，从检核和回答"我们的企业是什么？将是什么？应该是什么？"这样的德鲁克式问题出发，通过基本法进一步明确了企业的基本宗旨和定位。

正如任正非所说："在华为公司创业初期，除了智慧、热情、干劲，我们几乎一无所有"。华为公司最初选择通信产业完全出于幼稚，只知道通信产业市场巨大、前景广阔，没想到通信产业运作如此之规范，竞争对手如此之强大，技术创新如此之迅速。但是，华为自始至终将注意力集中在一件事上，专注于通信核心网络技术的研究与开发，把"活下去的希望"全部集中到一点上，从创业一开始就把它的"使命"锁定在通信核心网络技术的研究与开发上，把代理销售取得的点滴利润几乎全部集中到研究小型交换机上。

因此，经过检核上述一系列基本问题，华为公司明确了自己的使命和追求的基本方向："在电子信息领域实现顾客的梦想，并依靠点点滴滴、锲而不舍的艰苦追求，使我们成为世界级领先企业"。为了使华为能够成为"世界一流的设备供应商"，他们自戴"紧箍咒"：保证永不进入"信息服务业"，以便通过无依赖的市场压力传递，使公司内部机制永远处于激活状态。基此，华为制定了其一系列核心价值观、基本目标和政策。

8.3

基于"核心价值观"的组织共同愿景确立思路

所谓"核心价值观"，就是指导一个组织运作和发展的永恒原则。核心价值观是组织的"灵魂"，它不是由专家根据逻辑推理"论证"出来的正确结论，而是由组织创始人或变革型领导人在带领员工奋发实践中，借助理性但更主要的是内省自悟出来的"主观信念"。它是一种关于组织所承担"社会责任"的深刻认识，是一种关于组织生命意义的敏锐判断和凝练概括，是长期指导和激发员工待人处事、经营管理和市场竞争等组织行为的永恒准则。

纵观世界级的著名公司，大都有自己恒久尊崇和不变的核心价值观：

——惠普公司：为其所从事的领域贡献技术，为所在社区奉献和负责，向顾客提供能负担得起的高质量产品；

——3M 公司：我们的真正业务是创造性地解决问题；

——沃尔玛公司：让普通老百姓买得起有钱人用的东西；

——迪斯尼公司：带给千百万人快乐，歌颂、培育和传播"健全的美国价值观"；

——强生公司：为人类减轻病痛；

——波音公司：追求冒险、挑战、成就和贡献，不断开拓航空科技新领域，成为航空先驱；

——摩托罗拉公司：以公平的价格向顾客提供品质优异的产品和服务，光荣地服务于社会，不断创新、发掘潜能，在业务的所有层面追求诚实、正直、合乎伦理；

——索尼公司：勇做先驱，体验以科技进步、应用和创新造福大众所带来的真正快乐，提升日本文化和国家地位；

——默克公司：为了保存和改善人类生活，必须诚实、正直、富有社会责任感，通过科学创新追求尽善尽美。

一个组织核心价值观的确认和形成，要经由领袖式领导和高层管理者激发，借助（也仅仅是"借助"）外部专家客观指点，主要是经过全体成员长期互动、民主沟通和充分讨论，最后以精炼的、不致产生歧解或使所有成员都能够明白其操作性含义的通俗语言或业务术语，将之表达和描述出来。为了确认你所信奉的准则是否"真"的是核心价值观，有专家建议[7]通过检核并试着回答以下几个问题：

- 如果它一时不能给你回报，你还会信奉它吗？
- 如果你有了足够的钱安享余年，你还会继续坚持它吗？
- 如果它一定时期不利于你在市场的竞争，你还不会抛弃它吗？
- 如果你办一家从事不同业务的新企业，你会移植它吗？
- 100 年后，你会像今天一样遵循它吗？
- 你会发自内心、不由自主、热情洋溢、津津乐道地宣扬它吗？

如果对这些问题回答是肯定的，那么你所说的核心价值观很可能就是"真的"；换句话说，这样的价值观才是组织真正具有驱动力的核心理念。

专栏 8 - 1　相关文献

刺猬理念

古希腊有一则关于刺猬与狐狸的寓言：

狐狸知道很多事情，但是刺猬就知道一件大事。狐狸是一种狡猾的动物，能够设计无数复杂的策略偷偷向刺猬发动进攻。狐狸从早到晚在刺猬的巢穴四周徘徊，等待最佳袭击时间。狐狸行动迅速，皮毛光滑，脚步飞快，阴险狡猾，看上去准是赢家。而刺猬则毫不起眼，遗传基因上就像豪猪和犰狳的杂交品种。它走起路来一摇一摆，整天到处走动，寻觅食物和照料它的家。

狐狸在小路的岔口不动声色地等待着。刺猬只想着自己的事情，一不留神瞎转到狐狸所在的小道上。"啊，我抓住你啦！"狐狸暗自想着。它向前扑去，跳过路面，如闪电般迅速。小刺猬意识到了危险，抬起头，想着："我们真是冤家路窄，又碰上了，它就不能吸取教训吗？"它立刻倦缩成一个圆球，浑身的尖刺，指向四面八方。狐狸正向它的猎物扑过去，看见了刺猬的防御工事，只好停止了进攻。撤回森林后，狐狸开始策划新一轮的进攻。

刺猬和狐狸之间的这种战斗每天都以某种形式发生，但是尽管狐狸比刺猬聪明，刺猬总是屡战屡胜。

从这则寓言中可以得到关于生存竞争的一个重要启示：注重本质，忽略次节，以"不变"应"万变"。狐狸同时追求很多目标，把世界当作一个复杂的整体来看待；狐狸的思维是凌乱发散的，在很多层次上延伸，从来没有使其思想集中成为一个总体理论或统一观点。而刺猬则把复杂的世界简化成一条基本原则或理念，并以此发挥统师和指导其行动。不管世界多么复杂，刺猬都会把所有严峻的挑战和进退维谷的局面简化为单一的"刺猬理念"，以"不变"应"万变"。

深刻思想的本质是简单。正是这种简单的、实际上是过分简单的"刺猬理念"，把那些产生重大影响的"伟人"与其他那些同样聪明的人区别了开来。亚当·斯密之于"劳动分工"，弗洛伊德之于"潜意识"，达尔文之于"自然选择"，马克思之于"阶级斗争"，爱因斯坦之于"相对论"——他们都是"刺猬"，都是利用"刺猬理念"的洞察力将复杂的世界简化为单一的"真理"。

同样，那些实现跨越公司的精英，在某种程度上都是"刺猬"。他们运用自己的"刺猬"本性，努力为公司确立其特定的"刺猬理念"——核心价值观，然后进行价值驱动，实现公司长期持续发展。

资料来源：柯林斯《从优秀到卓越》，中信出版社，第108~109页。

根据核心价值观，进一步明确：组织现在和将来应该永远固守并追求卓越的事业究竟是什么？对它进行清晰陈述和说明就形成"共同愿景"。所谓"共同愿景"，简单地说，就是基于核心价值观形成的关于组织未来长期性、战略性的发展目标。

"愿景"是组织成员基于共同认可的核心价值观而真正心之所向的目标，是实现组织使命的基本方针和行动纲领。如果说核心价值观是组织使命的"灵魂"、基本"志向"或"基石"，那么共同愿景就是实现组织使命的"指路明灯"或"标度盘"；核心价值观是"祖训"，是组织永恒不变的信条，而共同愿景则是基本行事"规则"，相对来说，可根据情况适当做一些策略性调整。

同时，"愿景"要真正是"共同"的，即"我愿中有你，你愿中有我"，就必须经过全体成员的充分讨论和互动协商的办法，最后达成一致，对于组织期望的"三效"（效率、效益、效果）业务领域以及给利益相关者所带来的利益等，利用简洁、可验证的、可行性的、令人鼓舞并激发所有利益相关者的语言陈述出来。

关于基于核心价值观的"共同愿景"具体业务领域之确认，可以借助柯林斯的"刺猬理念三环图"来进行检核（见图8-2）[8]。笔者体会，他所说的"三环"问题，实际上是三个基本绩效问题。确认基于核心价值观的共同愿景，可以通过检核三个基本绩效问题来进行：

——效率问题：我们在什么领域能成为最优秀的？

——效益问题：什么是驱动我们的经济引擎？

——效果问题：我们对什么充满激情？

"三效问题"是相互关联的：效率问题的回答可以提供一个富有洞察力的标准，它远远超越了核心竞争力，核心竞争力决不意味着你能成为世界上最好的，相反，能做到最优的可能并不是你现在所从事的领域；同时，所有实现跨越的公司都拥有穿透性的洞察力，对如何最有效地创造持久、强劲的现金流和利润率了如指掌；而且，实现跨越的公司对引发它们热情的活动全力以赴，这里的问题不是"刺激"热情，而是"发现"什么本来就能使你热情洋溢。

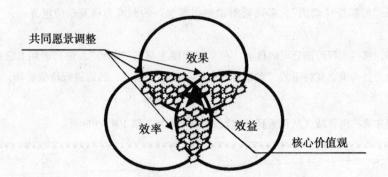

图 8－2　"刺猬理念"三环检核示意图

三环重叠的核心部分是组织核心价值观，即形成一种简单、明确的"刺猬理念"。一个组织要追求卓越，就要明确把握并固守三环的核心区域——"刺猬理念"！核心价值观的确认是建立在对三个基本绩效问题深刻理解的基础上，并将这种理解转化为简单明确的基本原则，信奉并坚定不移地遵循它，就能够保证企业同时获得最高效率、最佳效益和最优效果。

实际中所从事的业务领域往往只能兼顾其二：如果你从事你永远不能成为卓越的工作而赚了很多钱，你将只能建立一个成功而不是卓越的组织；如果你成为某方面的权威，而你对它没有真正的热情，你就不会一直处于领先地位；即便你对想要的充满激情，但是如果不能成为最好的或者不能创造经济效益，你会享受到很多乐趣，但是你不能创造辉煌的成就。因此，组织共同愿景，相对说来，可以围绕核心价值观，同时至少兼顾解决其中两个方面的绩效问题，进行适当的策略性调整。

总之，基于核心价值观的组织共同愿景之认定，不只是树立目标或明确意图，而是信念感悟；不是虚张声势宣称什么，而是反复琢磨和认识沟通问题的过程。

8.4

建立共同愿景：几个演练开发方法

建立共同愿景的修炼，简单地说，就汇集个人愿景，塑造整体图景，最终达到全体成员"我愿中有你，你愿中有我"的境界。这里举出几个实践演练的例子。[9]

画概念图愿景开发法

参与者分为 4～5 人小组。每个小组画一幅关键概念图，所有的组都使用同一个概念，如"参与"、"平等"、"可持续发展"、"拓展"、"交流"等。以小组为单位进行讨论，并画出本组的概念图。然后，各小组把概念图钉在展板上或贴在墙上，所有参与者四处走动，自由观看，同时就概念图中不理解的地方相互提问。每个小组应该留一位组员在自己的概念图边，准备回答大家的问题。最后围绕下列问题进行全体讨论：

——哪些因素是所有组共有的？哪些因素只有一个组拥有？

——这些共同点和不同点是如何产生的？

——这些概念图表明了各组成员所拥有的什么观念？

通过这种练习，参与者可以加深对某些关键概念的理解，意识到不同群体对同一概念的理解有可能存在哪些差异。

在活动过程中，主持人应该鼓励大家畅所欲言，不要担心"对"与"错"。画图和讨论的目的并不是为了给这些概念下一个"正确的"定义，而是要用讨论过程和结果来说明，不同的人看问题有不同的角度，因此对相同的概念也可能有不同的理解，他们脑子里呈现的概念图像也很不一样。世界是多元的、复杂的、丰富多彩的，应该允许不同的声音和图景共存。通过平等对话，人们可以对问题会有更加深入、更加丰富的理解，从而形成共同愿景、采取协调行动。

五阶段愿景开发法

建立共同愿景的战略可以有五个可能的出发点，应该首先评估你的现实状况而后循序渐进地逐步推开。

（1）告知阶段："我们一定得这么做，这是我们的愿景。假如这个愿景不能打动你，那么请你最好重新考虑你在公司的前途。"有研究表明，当人们被"告知"时只能记住其中 25% 的信息；如果共同愿景是被"告知"的，人们或许可以遵照执行，但真心奉献者肯定寥寥无几。精通"告知"的小窍门：

——表达方式要直接、清晰，且要前后一致；

——要如实描述公司现况；

——清楚说明哪些事情可以妥协，哪些事情不容置疑；

——要适度描述细节。

（2）推销阶段："我们已经有了最好的答案，现在，关键就要看能不能说服你们了。"回答可能是，但仅此而已，要想得到更深层次的承诺就要进入下一个阶段；如果不是，你除向前走外，还可以退回到前一阶段。推销的窍门可有：

——随时保持反馈渠道的畅通；

——帮助员工自发地投入，而不要操纵他们；

——加强同员工的人际关系；

——不要只顾勾画愿景，而要将重心放在愿景带来的好处上；

——要注意在措辞上不要以"我"的意志代表和强加到"我们"身上。

（3）测试："这个愿景的哪部分打动你，而你对哪些部分不以为然。"其局限性在于，员工的想法是很难通过测试方式表达完全的。你可以采取以下技巧进行测试：

——要详细描述愿景的细节以提高反馈质量；

——不要在问卷上面设陷阱、玩把戏；

——将问卷调查与面谈访问相结合；

——想办法测试员工的利益、动机和能力；

（4）商谈："我们的共同愿景中有哪些是组织成员提出来的?"其局限性在于，愿景是自上而下地形成的，而不是多种愿景自主有机整合的。可以采取如下措施改进商谈：

——运用"串联"的工作流程收集资料；

——注意不要扭曲信息；

——收集并公开发布讨论结果；

——不要同时进行"告知"和"商谈"两项策略。

（5）共同创造："大家一起来创造共同向往的未来。"基本步骤和策略包括：

——从反思和描绘个人愿景着手；

——平等对待每一个团队成员，千万不要伤害任何员工的感情；

——寻求相互合作，不强硬追求一致意见，求同存异；

——鼓励团队成员休戚与共，能够从大局着眼考虑问题；

——避免片面地依赖"抽样"的工作方式；

——每个人只能代表自己的看法和意见；

——期望和培养彼此尊重的观念；

——必要时可以考虑采用"过渡愿景"来鼓舞士气；

——不要只满足于愿景宣言，而要把工作重点放在深度汇谈上；

——切忌脱离实际、纸上谈兵地创造共同愿景。

❑ 历史因素回顾法

历史事实是最具说服力的。如果你知道过去是怎么样的话，那么就会很容易领会如何开创更美好的未来。建立共同愿景的目的，就是要培养组织自己的使命感，然后帮助每个成员根据共同追求的使命干好各自的事情；而创业者当初的使命和愿景往往就是组织得以持续发展的根基、"命运因素"，因此通过历史回顾来检核共同愿景，激发价值力驱动力。基本步骤是：

（1）回顾最初的组织愿景。提问：

——组织最初的愿景和目的是什么？

——这个愿景和目的的真正涵义是什么？

——最初的这个愿景和目的如今对我们究竟有什么影响或贡献？

（2）回顾组织经历的一系列历史发展过程。提问：

——有哪些历史事件与最初的愿景和目的有关？

——经历这么长时间的发展，组织的愿景和目的有哪些改变？

——这些改变是在什么时候发生的？

——这些变化是充满创造性和建设性的，还是对当时情景被动地反应或无奈举措？

——最初的组织愿景和目的有哪些部分得以保留下来了？应该重新恢复哪些部分？

（3）考虑组织未来的共同愿景。提问：

——过去的愿景和目的是否符合、能否帮助我们观察把握现在和今后的共同愿景？

——在回顾中你领悟到了什么以前不清楚的东西？

——如何保持一种对组织愿景和目的"持续不断的共同回忆"？

8.5

"平衡记分卡"：组织价值理性驱动操作技法

组织从"运作环"到"学习环"的转变，从动态战略导向角度看，就表现为：从传统"可计算"的工具理性驱动，转向基于"共同愿景"的价值理性驱动；从传统以短期的、有形的、货币的后置财务指标为核心的绩效评估管理体系，转向以长期的、无形的、非货币的前置价值指标为核心的战略管理体系；从线性的、直接的和机械操作性质的运作框架，转向非线性的、复杂的和生态有机式的演进系统。这样一种转变，在操作思路上将是"革命性"的，如果没有可验证、可行性的操作平台支撑，很容易导致技术层面的危机而走向失败；而近年来新发展起来的"平衡记分卡"（The Balanced Scorecard）方法，最初就是源于挑战传统工具理性驱动下仅着眼于财务层面的绩效评估系统所带来的局限性，后来经过不断改进和完善而成为基于"共同愿景"的价值理性驱动的一种有效战略执行平台和战略管理工具。

"平衡计分卡"，作为一种绩效管理工具，最初是由美国哈佛商学院教授卡普兰（Kaplan，Robert）和复兴方案公司总裁诺顿（Norton，David）于 1992 年经过对 12 家企业为期一年的研究设计出来的。[10]其基本思想是：传统绩效评估系统只侧重于对企业内部短期财务绩效做事后评估，这种方法在工业化时代背景下可能是较为有效的，但是在后工业社会中它越来越不适应组织学习和发展的新情况；为此，就需要从动态战略管理的高度，将企业内部流程与外部市场环境以及组织创新发展等统一纳入和整合进来，建立一种能够保证组织在战略层面可持续发展的新型绩效评估系统。近十多年来，平衡记分卡在广泛的推广应用过程中，已经发展演变成为一种普适性的战略管理操作系统。

"平衡记分卡"的基本设计思路就是：基于综合平衡的战略思想，从创新学习、运作效率、顾客服务和经济效益等多维度，分别将基于共同愿景的组织战略目标具体化，并设置相应的测评衡量指标，从而构造一种能够对公司绩效进行综合反映的四维评分标度盘（见图 8 - 3）。

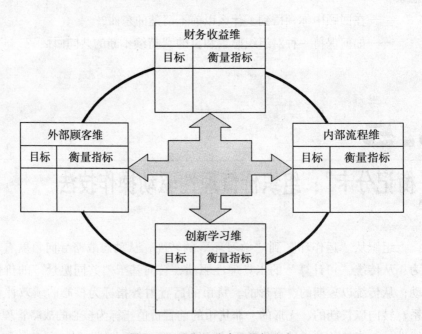

图 8 - 3　平衡记分卡四维标度盘

　　在现代"后工业社会"的时代背景下，一个组织要能够真正获取战略竞争优势，其所面临的一项基本战略管理任务，就是通过满足利益相关者的需要来获取市场竞争力。它必须进行如圣吉所说的"系统思考"那样高层次的学习型组织修炼，时刻自我检视这样一个基本战略性问题："我们具有持续创造和不断提高价值的能力吗？"只有明确和解决了这个问题，才能基于内部组织流程和员工人力资源状况，同时兼顾外部顾客的需要和投资或赞助者的利益，进一步具体回答"我们要满足顾客的需求是什么？"、"我们能够为他们提供什么价值？"以及"我们如何很好地实现所有者权益？"等相关联的一系列问题。这是一个作为利益相关者特殊契约网络的学习型组织必须具有的战略视界，也是现代组织战略管理的精髓思想之所在。

　　首先，一个组织要能够生存和发展，必须不断适应、选择和改善自身的生存环境，提高自身的"创新和学习"（Innovation & Learning）能力。不断获取创新学习能力，具有新制度和新变革、新产品和新服务开发、新市场和新领域开拓的创新活力和学习动力——说到底，就是一个学习型组织不断改善人力资源状况、提升人力资本水平的能力——这是组织的生命线，是组织价值驱动力最直接、最根本、最具战略性的意义和表现。

　　其次，一个组织必须具有高效率的"内部运作"（Internal Processes）机制，能够围绕特定的价值链及时调整、优化和再造包括物流、信息流和资金流等在内的内部业务流程。在战略管理层面，组织必须能够识别哪些是决定组织核心竞争力的关键流程，特别是与组织核心价值观和文化直接关联的工作流程和操作规程，并能够灵敏地适应环境变化随时做出调整和变革。

　　再次，一个组织还必须拥有忠诚的"顾客"（Customer）群体和牢固的市场地位，能够真正树立以顾客为"衣食父母"、为"上帝"的经营宗旨和诚信理念，为其提供全方位、多样化、个性化的优质产品和服务。组织必须时刻以如下基本问题提醒自己："谁是我们的目标顾客？""他们所需要满足的需求和价值利益是什么？"能否真正以提升顾客价值为目标来满足终端顾客需要，并以此为基础建立灵敏快捷的市场营销和服务网络，是直接决定和标志组织有效运作的一个关键维度。

　　最后，一个组织必须将创新学习能力、内部运作效率和市场营销网络等围绕总体战略目标整合起来，将之转化和最终体现为有效的"经济性"（Financial）业绩。不能做到这一点，那就说明，要么创新学习能力、内部运作效率和顾客服务网络等环节还存在需要改进的绩效空间，要么没有能够围绕组织战略目标将创新学习能力、内部运作效率和顾客服务网络等层面有机整合在一起。可以这样说，创新学习能力、内部运作效率和顾客服务网络是经济效益的前提或动力基础，而经济效益是最直观、最综合的组织绩效量度，它是创新学习能力、内部运作效率和顾客服务质量的结果和最终体现。

从组织动态战略运营角度来看，创新学习、内部流程、外部顾客和经济效益是有机统一、内在关联的。用形象化的语言来描述，组织整体战略运作状态相当于一棵大树，只有"根深"（创新学习能力强）、"枝壮"（内部流程有效率）、"叶茂"（顾客满意度高），最后才能"果实"（实际经济效益好），四个方面有机联动，统一促成组织的战略运营动态。

以平衡记分卡为操作平台，可以将个人、团队和整个组织贯通和有机整合起来，进行价值理性驱动的战略管理。1996 年，普兰和诺顿在总结新的实践经验基础上，进一步明确提出将平衡记分卡作为战略管理基石的四步操作程序[11]。我们对之稍作修订和调整，提出如下四大操作步骤（见图 8－4）：

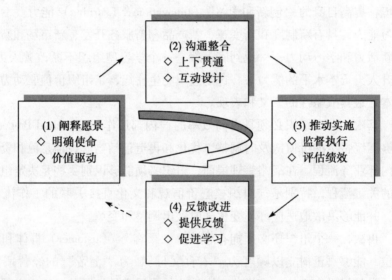

图 8－4　价值驱动的战略管理操作程序

□ 步骤1：阐释愿景

首先要进行愿景阐释，即在最高管理层的激发和支持下，从检核组织使命、核心价值观开始，形成共同愿景，并通过绘制"战略图"（Strategic Map），将愿景转化为战略规划，进而将之具体化为四维平衡卡评价体系。

阐释愿景要进行的基本问题检核和操作要点依次是：

——明确使命：我们的组织为什么而存在？

——追寻核心价值观：我们坚定不二的信仰是什么？

——达成共同愿景：我们将来想成为什么？

——战略规划：我们应采取什么样的战略步骤和措施以达成战略目标？

——行动计划：我们在四维绩效层面上的具体行动方案是什么？

通过绘制"战略图"，可以将平衡记分卡中的四维因果关系围绕战略中心清晰地描述出来，从而将战略转变成可操作指令。例如（见专栏 8 - 2），美孚 NAM&R 通过建立平衡记分卡，按照如下步骤进行愿景阐释：

——评估竞争环境；

——了解客户偏好和群体；

——寻找能产生突破性财务业绩的战略；

——清楚表述增长和效率之间的平衡关系；

——选择目标客户群体；

——为目标客户确定价值取向（利益点）；

——为将价值取向传递给客户以及达成财务成本和生产力目标确定关键的内部业务流程；

——为了在内部流程和客户价值传递上表现突出，发展所需的技巧、能力、激励、数据库和技术等。

☐ 步骤2：沟通整合

大部分组织一般都由许多分支机构、经营单位和共享服务单位组成，因此，进一步的工作就是必须把公司一级或分公司一级所开发的高层记分卡和分散的组织单位联系起来，在组织内创造一致性和协同性。为此，必须进行大刀阔斧的组织结构变革，将传统集权化的职能部门结构转变为以工作团队为基本单元的横向分权型组织。例如，在美孚 NAM&R 的案例中，为了实施以客户为中心的新战略，将整个公司划分为18 个面向市场进行独立核算的经营单位，并将核心员工队伍整合为 14 个功能互补共享的服务团队。

平衡记分卡将每个员工和经营单位及公司的战略联系起来，借助它可以将战略目标传达给每个员工，而不是去命令他们做什么。通过有效沟通，将四维平衡的战略管理理念贯彻到组织中的各个层次，将公司战略目标按照组织—部门（团队）—个人上下贯通，层层分解为具体的可操作目标，并循着创新学习、内部流程、外部顾客和财务收益四个方面设置——对应的衡量指标体系。这样，使每个人都能够深刻理解组织的战略思维，并获得激励去帮助组织实现其战略目标，能够将他们的日常行为和实现战略目标联系起来自觉地、经常地去发现新的、具有创意的往往是跨部门或跨单位的机会。

公司情况千差万别，平衡记分卡的具体形式可以有很大不同。只要能够体现平衡记分法的战略管理理念和要求，以及上下贯通、有机整合的战略管理思路和合理便捷的操作原则，能够将组织的高层战略目标和衡量指标以某种简单、直观的方式转化为经营单位、团队和个人的行动目标和具体评价指标，平衡记分卡在设计上可以有很大灵活性。这里我们主要讨论一下团队和个人层面上的平衡记分卡设计问题。

具体操作过程要注意自上而下和自下而上相结合。可以先自上而下，以既定的公司平衡记分法方案为范例确定各经营单位的平衡记分卡，进而建立个人绩效目标，并与薪酬联系起来建立个人平衡记分卡；而后自下而上进行检核和调整，重新定义愿景目标，取消非战略性的事项，提出变革方向，最终使各层次平衡记分卡相互衔接，形成短期长期、内部外部、财务业务有机统一的战略管理框架体系。

□　步骤3：推动实施

为了使基于平衡记分卡的战略管理成为一个连续的过程，高层领导的推动是非常关键的。美孚 NAM&R 公司平衡记分卡的成功实施，以鲍伯·麦克库尔为首的领导班子，包括市场开发部、人力资源部和信息技术部等共享服务单位负责人的平衡记分卡领导小组，其积极推动变革和协调实施战略规划，可以说起了很关键的主导作用。

由各高层主管与下属责任单位共同商定各项绩效指标的具体评分标准和操作规则，一般是将各项指标的预算值与实际值进行比较，对应不同变动区间设定相应的评分基准。确定了各经营单位的平衡记分绩效衡量方案后，就进入具体的执行程序，一般以月度考核为主，辅之以更注重战略问题的季度和年度考核，以综合评分的形式，定期考核各责任单位在财务收益、外部顾客、内部流程、创新学习等四个方面的目标执行情况。

□　步骤4：反馈改进

根据执行结果自下而上及时反馈信息，适时调整公司战略方向，矫正战略管理偏差，进而修正经营单位或个人原定目标和评价指标，以确保公司经营活动在战略上持续稳定地进行。

在战略实施过程中，管理层需要通过激励性的、富有挑战的讨论，以确定为了实现长期的、突破性业绩组织是否应保持原有的发展轨道，或者为了适应新的观念、知识、挑战和机遇是否需要转变战略路径。平衡记分卡为这样具有战略反馈和学习功能的讨论提供了日程表，使战略管理成为一个连续的过程，而不仅是一个孤立的年度事件。

例如，在美孚 NAM&R 公司的案例中，自从 1994 年实施记分卡以来，每年一月份公司 125 位高层管理者都会举行"平衡记分卡交流会"，讨论记分卡的目标、衡量指标以及制定新一年的目标，并在经营单位和共享服务单位之间分享好的经验。

专栏 8-2 典型案例

美孚 NAM&R 公司基于平衡记分卡的战略管理

◇ 背景

美孚 NAM&R 是美孚石油公司的一个分公司。1992 年鲍伯·麦克库尔继任首席行政执行官时，年营业额为 150 亿美元，其盈利水平是同行业几个大公司中最低的，投资回报率低得也让人不能接受，且为了设备维护和更新每年还需要母公司注入 5 亿美元资金。以鲍伯·麦克库尔及其行政副总经理布瑞恩·贝克（1996 年继任 CEO）为首的新管理团队成立后，实施以客户为中心的新战略，将整个公司划分为 18 个面向市场进行独立核算的经营单位，并将核心员工队伍整合为 14 个功能互补共享的服务团队；特别是 1994 年开始引入以平衡记分卡为基石的战略管理系统后，在短短的两年内使成本大幅度降低、运营状况大大改善，业绩水平一跃成为全行业第一，利润比行业平均水平高出 56%，使一个封闭、墨守成规、效率低下、业绩不佳的企业，转变成为一个能够在成熟的、商品化的、竞争激烈的行业中保持竞争优势的领先公司。从 1995 年开始直到 1999 年与美孚艾克森公司合并，美孚 NAM&R 一直处于行业中的领先地位。

◇ 将战略转变成操作指令

在资本集中、原材料成本高、产品具有同质性的石油行业，竞争者们在传统上都将各自的大部分精力投到了节约成本和提高产出率上。麦克库尔和贝克认为，纯粹的成本导向战略很难长期维持，因为一些竞争者都能够获得低成本的原油，所以，美孚 NAM&R 战略发展思路不应仅仅局限在降低成本以及通过新战略的价值链使公司变得更有效率，而应该设计一个可以促进业绩增长并实现产品差别化的战略，这个战略可以有效吸引那些汽油购买量大、购买高附加值产品、愿为更好购买体验而出高价以及那些在零售加油站不仅仅购买汽油的客户。基此，美孚 NAM&R 确立了两个基本战略方向：（1）通过价值链降低成本和提高生产力；（2）生产更多数量的高附加值产品和服务。通过平衡记分卡的四维透视，美孚 NAM&R 战略得以转化为具体的操作指令。

财务目标透视 首先，美孚 NAM&R 从设定其长期财务目标开始引入记分卡。在一个成熟的、增长缓慢的行业且至少有六个主要竞争对手及其他许多小竞争者的情况下，使资本回报率（ROCE）三年内由 7% 提高到 12%。为了实现这个"极限目标"，确立了提高生产率和销售增长两个财务主题，前者包括降低成本和实现规模效益，用单位运营现金支出、现金流及净资本支出来衡量；后者包括与行业增长率相比的销量增长率和高附加值产品占总销量的比例，以及洗车、润滑油、换油、小修理和一般换件等非汽油收入和利润等衡量指标。

　　市场客户透视　在客户维度上，像其他公司一样，历史上，美孚曾试图向所有客户营销所有的产品和服务。20世纪90年代初财务业绩不佳时，为了不失去市场份额，只好降低价格以避免客户流失到低价格的打折加油站。但是，引入平衡记分卡后，当管理层检讨开发新的盈利增长战略时发现，价格敏感客户仅占整个汽油购买群体20%，一些消费群体如家庭主妇族，对任何品牌或加油站都没有明显的倾向；而另外三个群体，包括公路勇士族（高收入中年男子）、真正布鲁斯族（中高收入者）和F3（Fuel、Food、Fast，经常穿梭于便利店、快餐店和加油站之间）活跃青年男女族，都希望不仅仅只购买一种商品。美孚NAM&R面临的关键战略选择是：要么通过在包括加油站在内的整个价值链上降低成本，以争取价格敏感客户；要么通过提供独特的购买体验努力吸引另外三个消费群体，这样就必须投资建大型加油站和装备更多加油机并安装技术更先进的气泵，建更多的便利店，增加诸如洗车、小件维修和保养等辅助性汽车服务项目，对加油站工作人员进行培训，而所有这些必然会提高成本，如果价格继续保持在该行业的最低水平，那么公司就不可能盈利。权衡利弊，美孚NAM&R在客户透视中选择了差异化战略，将公路勇士族、真正布鲁斯族和F3一族这三个目标群体的市场份额作为成果衡量标准，同时还需要建立"价值取向"来吸引、保留和加深其与三个目标客户群的关系，这些价值取向包括：

　　——迅速到达加油机（避免等待）；

　　——加油机自动付款机制（避免等待付款）；

　　——加油机附近遮盖物范围（保护客户不受雨雪侵袭）；

　　——100%地提供产品，特别是有附加值的产品（避免缺货）；

　　——洁净的休息室；

　　——令人满意的加油站外观，安全、明亮的加油站设施；

　　——便利店，有新鲜、高质量的商品；

　　——快速购买；

　　——便利店旁边有宽阔的停车空间；

　　——快捷、友善的员工服务。

　　消费者的购买体验是这个战略的核心所在。为此，公司特别投资建立了一个名曰"神秘购买者"的评价系统，雇佣一个独立的第三方，由它派出"神秘购买者"每月到公司每个加油站购买一次汽油和小吃，然后根据23项特征指标进行购买体验评价，并据此给该加油站打分。这样，神秘购买者打分提高即意味着三个目标消费群体市场份额的增加，进而使"购买体验"实现品牌化经营。然而，美孚NAM&R并不是把产品直接卖给最终消费者，其直接客户是独立加油站的所有者，这些获得授权的零售商从公司购买汽油和润滑剂产品，并在挂有美孚牌子的加油站卖给消费者。很显然，零售商和分销商是最终消费者能否得到好的购买体验的关键环节之一。为了从根本上改变过去将零售商和分销商看做利益竞争者的做法，将他们自己的整合为战略伙伴，公司新战略强调创造一个正和博弈，并设定了一个极限目标，努力使其经销商成为国内盈利最多的授权运营商，以此吸引并保留最好的经销商。同时，美孚也能通过保留高附加值产品的价格、增加三个目标群体的市场份额、提高销售量以及高附加值产品在整个销售中所占的比例、销售非汽油产品和服务等途径，获得更高收益。

　　由此，客户战略制定了旨在形成与经销商之间双赢关系的目标，并通过与经销商所分享总利润的大小来衡量这一目标。在这样的战略推动下必然形成一种良性循环：独立经销商有积极性提供好的购买体验来吸引目标客户，从而使公司在目标消费群体中的市场份额不断扩大；而这些客户也愿意出高价采购买具有附加值的产品和服务，进而为公司及其经销商带来持续增长的利润，使财务战略有了坚实的客户市场支持。

业务流程透视　为了实施客户战略，内部业务流程必须能够开发出新产品和新服务来提升消费者的"购买体验"，并保证从非汽油收入创造经销商利润以建立同经销商之间新的双赢关系。此外，还有一个重要的内部流程挑战就是如何培训经销商，使其成为加油站、服务间和便利店的更好的管理者。除了瞄准改善客户目标的业务流程之外，还要把另外一些与财务透视有关的目标及其衡量也纳入内部业务流程透视之中，以保证其石油精炼和分销业务能够降低成本、统一质量、减少资产闲置和消除对环境、安全和健康造成危害的事件。

新战略的与众不同之处在于其汽油加油站，而不在于精炼、管道、分销集散点或运输过程。美孚 NAM&R 制造的大部分产品诸如汽油、民用燃料油、喷气发动机燃油等属于市场竞争化商品，不可能以更高的价格来弥补在基本精炼和分销运营中所产生的任何更高成本或无效损失；如果基本的加工和分销操作不能产生差异化的产品或服务，那么在这些过程中发生的任何更高的成本都不能在最终销售价格中得到抵偿。所以，必须在其基础业务流程中采取业务优化战略。有关环境、健康和安全（EHS）因素方面的主要目标，通过诸如安全事件、旷工人数和环境事件等指标来衡量；这些衡量指标不仅能促使成本降低和生产力提高，还可以作为重要的预警因素，有利于公司成为"社区的好市民"、"员工的好公司"。这样，内部业务流程目标和衡量既支持了公司对消费者和经销商的差异化战略，又支持了其财务目标，降低了成本、提高了生产力。

学习创新透视　最后，为了保证前三个维度的目标实现，在学习创新方面，要鼓励并帮助员工更全面广泛地理解行销和精炼业务，培育清晰说明阐释战略的领导技能和整体经营理念，详细说明实施战略所需的战略信息，并增加员工对组织战略的了解，建立一个能动和激励员工努力实现远景目标的价值氛围。相对说来，支持这些学习创新目标的衡量方法是最难确定的。理想情况下，最好能够列出每个人应该拥有的专门技能和信息、拥有战略能力的员工比例以及战略信息的可用性等，用来改进内部流程绩效和向客户传递价值取向。为此，平衡记分卡专家设计了一项员工调查，用来衡量人们对新战略的了解以及他们实现公司愿景目标的动机。

这样，通过四维透视，就可以将战略规划转换成四个方面可衡量的具体目标，并可以在一张战略图上表示出来。战略图形象地描述了贯穿于四个方面的目标和衡量方法之间的因果联系，就可以把它们联系起来并清楚地传达给组织中的各个成员。

◇　变革组织结构以适应战略

大部分组织由许多分支机构、经营单位和共享服务单位组成。这样的组织必须把公司一级或分公司一级所开发的高层记分卡和分散的组织单位联系起来，在组织内创造一致性和协同性。为此，对原先集中性的、按职能设计的组织框架进行了改造，建立了 18 个按地理区域划分的经营单位，这样每个经营单位都可以不同的方式对当地市场条件做出反应；同时，将以前的主要职能中心，诸如信息服务、财务、计划和分析、人力资源、环境和安全等，改造成了 14 个共享服务单位，这些单位需要把自己的服务销售给地区经营单位，并使它们认可其所提供的服务水平和价格。

新的组织架构给高级管理层提出了两个挑战：第一，如何使这 32 个单位以同样的高层战略为中心；第二，如何提高新经营单位和共享服务单位的领导技能。特别是后者，因为经营单位的经理们原先都是在一个结构化的、由上至下的职能部门或组织中成长起来的，只有级别最高的两位高级经理对损益表负责，其他人要么控制成本（譬如精炼部经理、管理部经理或分销服务部经理），要么管理收入（譬如某个地区的销售经理），而目前要求他们转变成为更具活力并能创造利润的经营管理者（有些人将管理高达 10 亿美元的资产），无疑是一个严峻挑战。

平衡记分卡为应对这样的挑战带来了这样的机制：既能使新经营单位的经理创造战略意识和技能，又能使彼此分散的经营单位及分公司的战略能够协调一致。由 NAM&R 领导团队开发的记分卡成为组织内其他部门创建战略的模板，分公司开发的记分卡设定了适用于整个组织的主要目标：

——获得财务回报（通过 ROCE 衡量）；

——通过提供购买食品和石油的良好体验取悦目标消费者；

——建立与经销商和零售商之间的双赢关系；

——改善关键的内部流程，实现低成本、零缺陷、准时交货；

——减少环境、安全以及其他危害健康的事件；

——鼓舞员工士气。

这些高层目标通过融入每个经营单位各自的记分卡而传遍整个组织。每个单位形成一个适合自己的目标市场战略，但是每一战略必须与 NAM&R 模板的主题和优先顺序相一致。18 个地区经营单位都将自己的战略转换成一张平衡记分卡，18 张记分卡分别适应于各自的地方环境、竞争对手、市场机会和关键流程，但它们都是建立在公司高层记分卡基础上的。例如，中西部、西海岸、新英格兰地区的市场上，消费者都以不同的眼光看公司，消费者的经济状况也不同。因此，总部不可能以命令的方式下达解决办法，而只能通过一系列支持计划来协调每个 NBU（自然经营单位），使经销商在"美孚"的标志下运营，各地区的加油站和便利店都有一个基本设计方案，而且有一个能够赢得市场的区分战略提供快捷、友好的服务。

在这些指导方针下，每个经营单位按照各自的地方条件开发自己的记分卡。个别经营单位一级的衡量指标会影响分公司记分卡的衡量方法，但这些衡量方法不应是高层记分卡的简单分解，并不一定都要加进公司的衡量体系中。例如，新英格兰销售和分销单位（NES&D）记分卡与高层记分卡极其相似，但是由于该区域有自己的特殊情况（例如没有精炼厂等），并为了把地区经销商和美孚希望的"快捷、友好服务"购买体验紧密联系起来，新英格兰记分卡将"经销商承诺"指标（初步承诺的经销商所占百分比）纳入，以反映它将如何在本地区推行与经销商联盟战略。这样，组织所有经营单位的战略都协调一致，从而使每个经营单位的正向累积影响能够因为其他单位的配合而得到进一步强化。

共享服务单位运用平衡记分卡，把自己的服务销售给地区经营单位，并使它们认可这些单位所提供的服务水平和服务价格。为了使提供共享服务的单位对经营单位的需求做出灵敏反应，公司建立了"购买者委员会"，每个委员会由三至五名从经营单位选出的代表组成，他们每年与各个共享服务单位就服务菜单进行严格的磋商，讨论服务单位打算提供的服务和提供每一项服务的成本，最终达成服务协议，将经营单位希望服务单位提供的系列服务和对这些服务的授权预算以书面形式固定下来。修订服务菜单是一个不断反复学习和相互沟通的过程，经过这个过程就可以将服务单位的人力资源和费用重新分配到实战经营单位希望获取的目标领域中去。服务协议达成后，所有 14 个共享服务单位就可以构建各自的平衡记分卡，为实现职能优化而制定自己的服务战略，其客户透视直接反映了经营单位对所提供服务的满意度。由此，共享服务单位就与经营单位记分卡和 NAM&R

公司记分卡的衡量联系了起来。

◇ **让战略成为每个人的日常工作**

　　平衡记分卡用来将战略目标传达给员工，而不是去命令他们做什么。要想成功推行以客户为中心的外向型战略，就必须从上到下使每个人都明白战略并为它的成功承担责任，使每个员工能够将自己的日常行为和实现战略目标联系起来，希望员工跨部门或跨单位为实现组织战略目标而经常地、自觉地去发现新机会。而平衡记分卡提供了将高层战略转化成基层具体操作行为的桥梁，无论是在前端的生产线上还是在后端的办公室里，战略都能够有效地得以贯彻执行。美孚 NAM&R 通过建立在平衡记分卡上的、全面的、连贯的信息传递流程，来保证每个人都理解战略。

　　公司要求管理层的经理走访北美地区每个销售点推广平衡记分卡。在推广平衡记分卡的现场会议上，每个员工得到一份一页的小册子，上面总结了通过四维透视得来的八大战略主题以及正在开展的新运动，以简单和可信的方式传递了公司的战略新方向。走访各地的经理们解释公司新的战略方向，并一一回答员工们提出的关于战略主题和衡量方法方面的问题。

　　譬如，针对卡车司机们的质疑，经理可能解释卡车司机会如何影响内部流程衡量指标。通过安全驾驶和避免事故，司机们能够在降低成本、做到按时、可靠，以及成为好的合作者等四个内部衡量指标上改进业绩；通过按预定路线驾驶，可以保持低成本并确保按计划到达；并且在运货给经销商时将他们当作有价值的客户来对待，就会和经销商之间形成双赢关系；经理们还解释说，司机们还可以通过准时运送相应等级的石油和润滑产品给经销商，使他们不至于缺货，这就为新的市场区分战略和用来评价每个加油站购买体验的神秘购买者计划做出了贡献。这样，卡车司机们不仅深刻领会了新战略，而且在给一个加油站运送汽油的过程中能够自觉发现问题，向高层及时反馈信息，自发变成了公司一线市场调查和信息反馈机制的重要部分，这些与客户购买体验最接近的人就在战略实施过程中以出人意料的方式来帮助公司实现战略目标。

　　平衡记分卡还为全体成员在日常工作中自觉实现组织战略提供了很好的机制。高级经理们知道战略，但并不怎么了解针对战略进行创新时所要用到的技术；就如同卡车司机的反馈信息，一些创新性的想法往往来自于组织基层一线人员，他能够在自己的日常工作中不断思考如何为组织的战略做出重大贡献。

　　例如，在推广平衡记分卡的现场会议上，市场技术组的计划经理乔·基奥丹奴从平衡记分卡中了解到购买过程中速度的重要性，他就开始设想是否可以开发一个简单的装置，可以使消费者完成整个购买过程而不必使用借记卡或在按键上输入数字。于是，基奥丹奴自觉联络一个加油机制造商及一个半导体公司一起合作来开发，最后开发了一个装在钥匙链上的小装置，并作为"绿色通道"（Speedpass）项目进行推广。这不是一个特别先进的技术，但它能够为上百万美孚消费者提高购买体验：当顾客通过装在加油机上的成像室时，这个装置能够识别出客户用来支付费用的借记卡或贷记卡，使购买汽油变得更快、更友好，消费者不用再在钱包里翻来翻去地找借记卡了，当用钥匙发动车时支付机制就自动启动。绿色通道很快成为美孚一个强有力的特色服务并得以迅速推广。1997年后，管理者对记分卡进行了修改，使其包含绿色通道在消费者和经销商中渗透度这个新目标。

　　美孚 NAM&R 还通过人力资源系统建立战略与个人之间的联系来强化战略传递，让个人把自己的年度目标和记分卡联系起来。人力资源部建立起完整而全面的培训和发展机制，为所有员工提供他们实现个人和组织目标所需的工具。在把战略传递给个人并把它和个人目标相联系后，进一步通过把激励性报酬和平衡记分卡相联系来强化战略执行。

美孚 NAM&R 没有明确的和个人业绩相联系的报酬，奖励是以经营单位、分公司和总公司的业绩为基础的。20 世纪 90 年代，美孚公司平均工资水平只相当于行业水平的 90%，经理阶层通过推行一个总额可以高达 30% 的年度现金奖励计划来进行激励：美孚总公司层面（10%）以相对于其前七位竞争者的两个财务业绩指标，即资本收益率（ROCE）和每股盈利（EPS）增长的竞争性排名为基础；美孚 NAM&R 分公司层面（6%）以 NAM&R 平衡记分卡的衡量指标为基础；经营单位层面（14%）以经营单位或共享服务单位记分卡上的主要业绩指标为基础。如果衡量目标已经确定，只有整个美孚公司在每个方面的衡量指标都排名于行业的首位，才可能得到全部 30% 的奖金，其薪酬总水平将是行业水平的 120%；如果公司业绩处于行业的最后，那么将没有现金奖金，其薪酬总水平将只有行业水平的 90%；如果公司处于行业的中等水平，将只有 10% 的现金奖金，其薪酬总水平也将是行业的一般水平。

基于平衡记分卡上一系列指标的浮动收入比仅仅依靠财务衡量指标更先进。短期经营中，财务衡量指标会受管理者不能控制的短期因素影响，包括宏观经济和行业影响、利率、气候、商品价格和汇率等，当市场疲软时业绩好的经理可能会受到处罚，而当市场繁荣时业绩差的经理又可能会得到奖励。记分卡使我们能更清楚地看到在管理者直接控制下更能创造未来经济价值的因素。通过战略传递、个人目标设定与激励报酬相联系，所有人都会将战略纳入他们日常的工作。

◇　让战略管理成为一个连续不断的过程

管理队伍需要进行激励性的、富有挑战的讨论，以便确定组织为了实现长期的、突破性业绩而是否应保持原有的发展轨道，或者为了适应新的观念、知识、挑战和机遇是否需要转变战略路径。平衡记分卡为这样具有战略反馈和学习功能的管理会议提供了日程表，使战略管理是一个连续的过程，而不仅是一个孤立的年度事件。自从实施记分卡以来，每年一月份美孚 NAM&R 公司 125 位高层管理者都会举行"平衡记分卡交流会"，讨论记分卡的目标、衡量指标以及制定新一年的目标，并在经营单位和共享服务单位之间分享好的经验。

管理层每年都针对新情况进行一次战略回顾和更新，各经营单位根据这些新的战略信息制定下一年度计划和目标业绩，进行包括记分卡上财务和非财务战略性衡量指标业绩的"预算"，进而把业绩目标融合入报酬系统来制订相应的战略执行措施。这样，在以平衡记分卡为中心的管理会议上，经理们都是有备而来，他们对自己的记分卡十分关注，并以非常有效的方式使用它——他们讨论的焦点问题就转向检讨做对了什么、做错了什么，应该坚持做什么或停止做什么等战略调整方面；通过分析会议，经理们进行相关战略的学习，把目光投向未来，探索如何更有效率地实施战略以及战略应该做什么样的改变，这使战略实施成为一个连续的持续过程。

为了使战略管理成为一个连续的过程，高层领导的推动是非常关键的。美孚 NAM&R 公司平衡记分卡的成功实施，以鲍伯·麦克库尔为首的领导班子，包括市场开发部、人力资源部和信息技术部等共享服务单位负责人的平衡记分卡领导小组，积极推动变革和协调实施战略规划，起了很关键的主导作用。

例如，1995 年第一季度，北美异乎寻常的温暖，家用燃油和天然气销量低于正常水平，公司收入远低于预算，在 4 月份的总部会议上，麦克库尔在回顾第一季度所取得的成果时，高瞻远瞩地指出：财务结果令人沮丧，主要是因为冬天异乎寻常的温暖气候减少了天然气和家用燃油的销售而导致了这一较差的业绩。大家知道，这是我们开始使用平衡记分卡的第一个季度，所以以我们应该通过一系列更宽泛的指标来看待业绩——我们主要客户群的市场份额是增加的，精炼运营成本下降了，员工满意度也很高；所以应该得出结论：在所能控制的所有领域我们正朝正确的方向前进，实际上这是一个成绩很不错的季度，应继续努力保持这样的工作水准。听众们感到震惊，在这之前，从来没有一个高级经理在公司取得令人沮丧的财务业绩之后还来恭贺并鼓励员工。但是麦克库尔看见了什么？差的财务业绩是由员工们不能控制的异常外部条件造成的，而员工们能够影响和控制的记分卡上非财务衡量指标正朝着有利的方向推进。因此，他满怀信心地告诉员工们继续按原来的路子走下去——继续改善记分卡上的业绩驱动衡量指标，结果，他的信念很快就得到了确证，1995年公司成为行业内盈利率最高的公司。

平衡记分卡上的非财务衡量指标是前示性和持久性的。短期内的财务结果会受气候、利率、汇率波动、能源价格和经济周期等短期因素的影响，但是决定组织长期发展的关键在于它相对于竞争对手的定位是什么。如果即便在经济下滑时组织也能继续投资于客户关系、流程改善、新产品开发和员工能力，就能提高自身相对于竞争者的地位。所以，当外部环境转好时，将会获得比行业平均水平高得多的利润，而在短期经济下滑时，高级经理如何做出反应极大地决定和预示着组织对创造长期的、可持续价值的追求及承诺。

美孚 NAM&R 公司高级领导层在平衡记分卡系统中的主导作用随时间推移而持续保持并得到不断强化。1996年鲍伯·麦克库尔退休后，布瑞恩·贝克从执行副总经理被提升为 NAM&R 的负责人。贝克进一步强调使用记分卡的重要性和连续性，他在与经营单位管理者讨论报酬、计划和预算、月度管理回顾时，都坚持使用记分卡，由此强化了记分卡在美孚管理系统中的核心作用。

◇ **结果**

美孚 NAM&R 公司 1994 年开始平衡记分卡项目，到 1999 年末与艾克森公司合并成为艾克森美孚公司，这期间其在行业内盈利能力是最强的，并在经营业务的各方面都发生了巨大转变。

生产率战略使一加仑石油的精炼、行销和运输成本节约了 20%。美孚每年制造约 120 亿加仑的汽油，所以即使每加仑运营成本微小的改变最后也会产生巨大的影响。对现存资产的更好利用还能额外改善现金流状况。生产率战略的实施有以下几个主要驱动要素：连续四年提高产品质量；每年产出损失率减少 70%；安全事件导致误工减少 80%；环境事件减少 63%。

增长战略根据目标客户群的新价值取向，带来了客户满意度的大幅度提高以及非汽油交易收入的增加，汽油销量的年增长超过行业平均水平 2% 以上。创新的"美孚绿色通道"促进了快捷服务，改善经销商的培训和提高质量确保了专业化的、友善的服务。"完美指令"计划使美孚连续四年提高质量，增进了美孚和商业客户、工业客户之间的关系。

通过实施平衡记分卡，组织文化也得到了巨大转变。例如，根据年度人力资源调查数据显示：1994 年只有 20% 的员工知晓和理解公司战略，而到 1998 年，清楚和理解公司战略的人数超过 80%。

资料来源：根据卡普兰、诺顿《战略中心型组织》（人民邮电出版社 2004 年中译本，第 31 ~ 63 页）所提供的案例资料改写。

注释：

[1] 德鲁克，《管理：任务、责任和实践》，中国社会科学出版社 1987 年中译本，第 100 页、第 65 页、第 60 页。

[2] 参见柯林斯著《从优秀到卓越》，中信出版社 2002 年中译本，第 25~26 页。

[3] 这里关于柯林斯"第五级领导人"的介绍，主要参阅了其著《从优秀到卓越》第 2 章的内容。

[4] 柯林斯著：《从优秀到卓越》，中信出版社 2002 年中译本，第 47 页。

[5] 本小节引述的德鲁克关于组织使命的基本观点，参见其著《管理：任务、责任和实践》第七章的有关内容。

[6] 关于华为公司案例的详细情况，有兴趣的读者可以参见拙著《追求永远》，经济科学出版社 2004 年版。

[7] Jim Gollins, *Leader to Leader*, San Franciso：Jossey – Bass, 1999；转引自保罗·尼文《平衡记分卡：战略经营时代的管理系统》，中国财政经济出版社 2003 年版，第 78 页。

[8] 见柯林斯《从优秀到卓越》第 114~116 页。

[9] 参见陈向明编著《在参与中学习与行动》（下册），教育科学出版社，第 503~504 页；彼得·圣吉等《第五项修炼·实践篇》，东方出版社中译本，第 339~356 页，第 372~378 页。

[10] 卡普兰（Kapla, Robert S. ）、诺顿（Norton, David P. ）：《平衡记分法：良好绩效的测评体系》，载于《哈佛商业评论》1992 年 1/2 月号。

[11] 卡普兰（Kapla, Robert S. ）、诺顿（Norton, David P. ）：《将平衡记分法作为战略管理的基石》，载于《哈佛商业评论》1996 年 1/2 月号。

9

团队学习修炼：组织凝聚精神开发

好多企业之所以在有了
很好的战略后仍不能将战略
执行落实的根本原因，就在
于没有强有力的共同价值观
来协调、指导这个团队以统
一的步伐前进。

柳传志

一群具有"自我超越"精神的人，在价值理性驱动下达成"共同愿景"，进而经过系统的"团队学习"修炼项目，使人人甘愿为实现组织目标而调动自己的全部潜能去全心全意地做"奉献"（Commitment）。这就是所谓组织"凝聚力"（Cohesiveness）开发所要追求的理想境界。本章集中讨论有关"团队学习"修炼的具体操作技法。

9.1

团队精神开发：主要内容和一般过程

我们已经知道，团队学习的最高境界是形成有高度凝聚力的"团队精神"。这种精神一般具有如下规定性：团队成员拥有共同信念和一致价值观，具有默契的心理契约以及对团队具有强烈的组织归属感和主人翁责任感，他们都了解相互依赖、协同合作的重要性，并清楚无论是个人还是团队必须团结一致、齐心协力才能顺利完成；每个成员都有机会和条件发展自己的技能，都能够以自己的独特优势和互补性的技能，积极、主动、创造性地为实现团队目标而努力工作；团队具有和谐的人际关系和相互信赖的人文气氛，成员之间可在公开场合与诚恳氛围中进行交流沟通，相互尊重，鼓励公开表达各自的想法、意见，共同探讨工作中存在的问题及解决办法；在团队中，人们把矛盾冲突看做是工作互动过程的正常现象，而且是获得新点子与创意的基本途径和方式，遇到矛盾和问题时具有较强的自我控制和解决问题的能力，能建设性地快速化解矛盾和冲突并达成解决问题的一致行动。

首先，团队是目标导向的工作群体。团队要有一个大家共同追求的、有意义的目标，它能够为团队成员指引方向、提供推动力。团队开发的首要任务是，通过互动讨论、形成并修改和完善一个在集体层次上和个人层次上都被大家接受的目的，并将之转变成为具体的、可以衡量的、现实可行的目标。目标决定了团队最终要达成的结果，但高绩效团队还需有领导和机构来提供具体行动方向和方式，决定诸如怎样安排工作日程、需开发什么技能、如何解决冲突以及如何做出和修正决策等问题，确定各成员具体的工作任务内容，并使工作任务适应团队成员个人的技能水平，等等。在团队运作中，领导角色并不一定是组织正式任命的职位，而在更大程度上是每个成员都有责任担当的职责，每个团队成员都可以通过扮演不同角色在维持关系和完成任务的过程中发挥领导作用。团队开发的首要内容就是团队成员的这种特殊"领导力"的形成和发展。

其次，团队需要成员互补合作。成员在团队中各自扮演一定的"角色"，这种角色不同于一般的"岗位"或"职务"，它不是由工作合同、职务说明书或岗位规范明确规定的，而是根据各人的天赋爱好、技能特长自觉地经过磨合形成的，是在面对和挑战不断出现的新情况、新问题并以合作精神来处理解决这些矛盾和问题的过程中逐步形成的。关于团队中成员所扮演的角色，一些组织行为学家各有不同角度的分析[1]，我们将在下面有专门小节介绍讨论。选择团队成员的基本原则是要保证发挥个人优势，并使工作任务分配与团队成员偏好风格相匹配，使成员在集体层次和个人层次上都能为团队的目的、目标和行动方式承担责任，最大限度发挥互补性、专业化、信息共享及相互学习等正面效应。这种团队协作关系及合作精神的形成和提升，是团队开发的又一个重要内容。

再次，高绩效团队的一个共同特点，就是团队成员之间相互高度信任，彼此相信和认可各自的人格正直、个性特点及工作能力。在工作团队中，这种信任往往很脆弱，一旦被破坏很难再建，且有正负强化效应，须成员长期一贯地以各自的正直、能力、开放、忠实去培养，并小心谨慎地加以维持才能达成。因此，如何通过有效沟通来化解矛盾和冲突，形成高度凝聚的动力机制，就成为团队精神开发面临的一项关键性任务。

当然，团队精神开发不是一蹴而就的事情，一般说来，团队精神的形成和发展要经历准备、困扰、成型、行动、强化等一系列不同阶段的修炼。在各个阶段上，团队精神开发的目标和重点会有所不同。

（1）初始开发。在开始阶段，成员之间从互相打量、猜测、置疑到熟悉，寻找自己在团队中的相对位置。这时团队精神建设面临的主要任务是：营造良好环境，创造沟通机会，激发员工兴趣，论证团队建设可行性，制定目标和方案。

（2）激励开发。进入困扰阶段，人们初步了解，个性开始显露，领导核心和团队雏形逐渐形成，人们尚缺乏积极主动、专注投入精神。这时建设工作应重点放在树立共同价值观，建立多元化的沟通渠道，做到信息共享，鼓励成员参与团队决策与管理等方面。

（3）整合开发。到了团队成型阶段，员工态度和情感开始交融，彼此认识到自己和他人的长处和局限性，各成员优长和贡献真正显露，在工作实践中开始相互学习、总结并吸取经验教训。这时应加强领导，培养成员沟通技巧，培养提高解决问题能力，形成自我约束机制和合作规则。

（4）默契开发。成型阶段后进入具体行动阶段，成员彼此达成共识，形成默契的分工合作关系，建立起有效解决问题的工作程序，自我约束、技能互补、团结合作、步调一致的团队精神正式形成。这个阶段，企业应明确团队目标，强化协作，做好授权，开好团队工作会议，注意团队间的协同。

（5）凝聚开发。最后是强化升华阶段，团队目标明确，成员具有高度的组织归属感和责任感，充分信任，信息沟通，密切合作，遵循规范，开展创造性的工作。这样，最终建立起相互信任、志同道合、积极进取、高雅情趣、敬业奉献、精诚合作的团队精神。

9.2

团队协作关系开发：成员角色定位与技能整合策略

按照美国圣迭戈州立大学的罗宾斯（Robbins，S. P.），英国剑桥大学的贝尔宾（Belbin，M.）等学者的研究[2]，团队成员有如下九个方面的角色定位（见表9-1）：

表9-1　　　　　　　　　九种团队角色比较

角色名称	积极性特征	局限性倾向
（1）创新者	反传统；有想像力；个人主义	脱离实际；忽视细节
（2）传播者	外向；支持新事物；激发热情	过于乐观；缺乏韧性和耐力
（3）主事者	自信；权威性；协同控制力	缺乏特殊创造力；操纵干预
（4）挑战者	进取；挑战性强；有应变力	急躁易怒；自我中心；伤害人
（5）监控者	客观公正；理性；注重规则	冷漠；影响士气；延误
（6）协调者	温和；有人际敏感性；合作	缺乏变革力；优柔寡断
（7）执行者	按要求办事；高效；擅长操作	缺乏弹性；反应慢；保守
（8）完善者	尽责；遵守承诺；完美主义	忧虑；不愿授权；爱挑剔
（9）专业者	专注；进取；有奉献精神	缺乏全局宏观意识

（1）**创新者**，承担团队创造革新职能。基本特征是：不墨守成规，富有想像力和创新性，善于提出具有原创性的新观点、新概念和新思路；行为具有个人主义倾向；独立性较强，喜欢在宽松环境下自己安排工作日程并按照自己的方式、节奏进行工作。但是，容易脱离实际，忽视细节或规程，往往会由于过于专注自己的创意而陷于孤立。

（2）**传播者**，承担团队探索倡导职能。基本特征是：性格外向，具有良好的沟通、谈判和外交本领；善于观察、把握新机会，乐意接受、支持和发展新思想；擅长通过宣传利用新创意激发他人热情，并在别人帮助下找到资源和办法实施之。但是，可能会过于乐观，一旦热情减退就会立刻失去兴趣，不一定总有耐心和控制才能来使别人追随新事物。

（3）**主事者**，承担团队支持维护职能。基本特征是：性格成熟，充满自信，具有较强的自我克制能力；往往处于"主事"的权威地位，对目标有清晰的感知、对做事的方式有强烈的信念，通常为其他人确定角色和划分工作边界；在支持团队内部成员的同时会积极地保护团队不受外来者的侵害，是增强团队的内聚力、稳定性的重要力量。但是，他们并不一定比其他队员更聪明或具有创造力，往往给人以操纵他人、只说不做的嫌疑。

（4）**挑战者**，承担团队任务驱动职能。基本特征是：性格强悍，精力充沛；有进取精神，任务导向；不怕矛盾和冲突，喜欢设置挑战性目标并积极应对挑战，在压力环境下能够随机应变地处理紧急事务。但是，他们往往感情脆弱、易怒、急躁，自我中心主义，容易伤害他人情感、引发矛盾和冲突。

（5）**监控者**，承担团队监测评价职能。基本特征是：性格内向，公正无私，办事谨慎沉稳；善于理性思维，有很高的战略眼光和分析技能，能够在决策中客观思考、权衡利弊、精确评估并做出明确判断；关心各种标准、规章制度的建立、完善和贯彻执行。但是，他们可能不热情、很冷漠，缺乏激发他人的能力，有时会因过分吹毛求疵而延误时机。

（6）**协调者**，承担团队联络协调职能。基本特征是：性格温和，具有人际敏感性，他们是很好的听众和交际家；从不把自己的观点强加于人，善于通过社交化解人际矛盾和冲突，特别擅长协调缓解一对一式的人际关系；倾向于了解所有人的看法，是调查研究者和协调者，不喜欢走极端．而且尽力在所有团队成员之间建立起合作关系。但是，他们往往缺乏变革的勇气和动力，易受环境和他人影响，关键时刻往往优柔寡断。

（7）**执行者**，担负团队任务实施职能。基本特征是：有自律精神，不管自己喜好与否都非常愿意做一切需要做的事情；经验知识丰富，工作勤奋、忠于职守，办事高效利落；擅长制定具体操作程序推进实施，往往会在实际工作中有条不紊地设定目标、制定计划、调动资源和组织人力，建立起种种规章制度以保证按时完成任务。但是，他们往往缺乏弹性和灵活性，趋于保守，对新事物反应迟钝、接受慢，甚至会有反感变化、反对变革的倾向。

（8）**完善者**，承担团队总结核查职能。基本特征是：焦虑内向，勤勤恳恳、尽职尽责；特别关心活动成果，着眼点主要在于按时完成任务以保证所有的承诺都能兑现，以自己工作或生产成果合乎标准为荣；有完美主义倾向，善于核查细节，并保证避免出现任何差错。但是，往往有杞人忧天、事必躬亲、吹毛求疵的行为倾向。

（9）**专业者**，承担团队专业拓展职能。基本特征是：目标专注单一，追求自我实现，喜欢独立自主；属于特定领域的行家里手，专注于获得高度专业化的知识和技能，在专业领域充满激情和奉献精神。但是，他们缺乏宏观思维和全局意识，对自己专业领域以外的事情不感兴趣。

至于一个人究竟适合担任什么角色，可以通过个性心理测量、无领导小组讨论及其他方式进行测试鉴别；团队组建时，可以根据个人个性特征和角色优势来选择团队成员，并使工作任务分配与团队成员偏好风格相匹配（见专栏9－1）。

专栏9－1　操作方法

DISC 个性测验简介

◇　特点

DISC 测验通过设计 24 组描述个性特征的形容词，要求应试者凭借第一感觉从每组四个形容词中选出最适合的和最不适合的，着重测试其"支配性"（D）、"影响性"（I）、"稳定性"（S）和"服从性"（C）等四种与团队绩效有关的人格特征，其特点是：测验费时少，简便易行，使用范围广，有比较完善的解释体系。

◇　维度定义

DISC 个性测验主要从四个维度对人格特征进行定义。除一般描述外，每个维度都分别从对团队的贡献、理想的环境条件、压力下的倾向和可能的缺陷等四个方面加以定义。

高 D 的情绪特征为愤怒；高 I 的情绪特征是乐观；高 S 的情绪特征是冷静（非情绪化）；高 C 的情绪特征是恐惧。

维度	一般描述	团队贡献	理想环境	压力倾向	可能缺陷
D 支配性	爱冒险的 有竞争力的 大胆的 果断的 直接的 创新的 坚持不懈的 解决问题的 任务取向的 自我激励的	基层贡献型的 前瞻性的 以挑战导向的 发起运动的 有创新精神的	不受控制监督的 不受琐碎事困扰 革新的 以未来为导向的 可表达思想观点 非日常工作的 带挑战性工作的 充满机遇的	高要求的 紧张的 有野心的 好侵略的 自负的	高度弄权的 标准要求太高 缺乏变通 无弹性的 承担责任过多 太紧张的

续表

维度	一般描述	团队贡献	理想环境	压力倾向	可能缺陷
I 影响性	有魅力的 自信的 有说服力的 热情的 鼓舞人心的 乐观的 令人信服的 受欢迎的 好交际的 可信赖的	乐观热情 创造性地解决问题 激励他人 团队合作 平等协商 缓解冲突	人际关系密切 不受控制 不受琐事困扰 有活动自由 有传播思想论坛 有制衡民主机制	自我提高 过于乐观 过多言语 不现实	不注意细节 看人不现实 轻易相信别人 情绪倾听者
S 稳定性	友善的 亲切的 好的倾听者 有耐心的 放松的 热诚的 稳定的 可靠的 团队合作的 善解人意的 稳健的	可靠的合作者 为某人而工作 为某事而工作 有耐心 有同情心 思维有逻辑性 服务取向	稳定可预测的 变化慢的 长期合作关系的 人际较少冲突的 不受规则限制的	非感情表露的 漠不关心的 犹豫不决的 决定的	避免争论的 不喜欢特殊变化 优柔寡断的
C 服从性	正确的 有分析能力的 谨慎的 谦恭的 圆滑的 善于发现事实 高标准的 成熟的 有耐心的 严谨的	保持高标准 有责任心 稳健可靠的 善于定义分类 擅长获得信息 客观的 综合解决问题	需要批判性思维 专业性技术领域 小团体亲密关系 相似的工作环境 私人办公室	悲观的 挑剔的 紧张的 大惊小怪的 过分批评的	对批评采取防御 陷于细节 对环境过分依赖 有些冷漠疏远

◇ **测验样题及操作要求**

指导语：请在以下每一组中选择一个最接近或最适合你和一个最不接近或最不适合你的词，用"√"标在后面相应的括号中。这不是关于好坏或应该如何的评价，而是对自己的客观描述。24组词是相互独立的，每一组都要回答，不要有遗漏。谢谢合作！

题目：

	最接近的	最不接近的
温柔的	（ ）	（ ）
有说服力的	（ ）	（ ）
谦卑的	（ ）	（ ）
独立自主的	（ ）	（ ）

测验时，采取纸笔或电脑作答均可，不限制时间，整个测验大约需要 10 分钟左右，基本操作要求是：依据预定测试人数选择适宜的测试地点，应试环境应安静整洁，无干扰，采光良好；准备好测试所用材料；应试者入场后要宣布注意事项；答完后检查核实回收试卷。

◇**报告**（样例）

考号：001

姓名：＊＊＊

性别：男

年龄：35

百分等级：

　　D ＝42.2

　　I ＝73.6

　　S ＝58.3

　　C ＝77.6

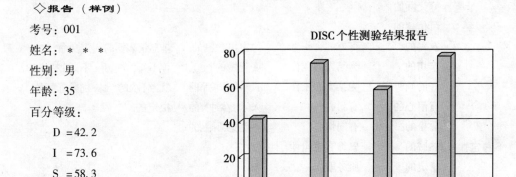

DISC 个性测验结果报告

个人倾向：对目标有乐观追求；通过自尊和成就判断人；通过人际策略影响人；通过创造好的工作环境为团队做贡献；老练、机智和圆滑被经常过度地利用；处于应激状态时太温和，喜欢讨好人；害怕为取得好的关系而影响工作质量。

主要优势：注重工作质量；有轻重缓急判断力；喜欢组织管理工作；对环境变化较为敏感；

注意事项：应更多地接受他人思想和观点；设置更为现实的目标；不要过于计较他人评论。

资料来源：王垒等《实用人事测量》，经济科学出版社，第 156 ~ 161 页。

特别需要指出的是，这九种角色的提出和界定是高度抽象的，只能将之作为理论参照系来使用，且不可将它作为算命星座预言之类的呓语教条地、机械地去框定实践情景，以为实际中恰好就有一支九个人组成的完美团队。事实上，有研究表明，九个人的团队并不是理想的团队规模，一个有效的团队所需要的人数要少于九个人（有人认为六个最合适）；很多人都不可能完全吻合某种理论角色定位，往往只是同时兼具几种角色特点，而非常擅长和愿意承担其中两三种角色。

从内外部关系角度看，九种角色中也是有侧重和分工的。创新者、传播者、主事者和挑战者主要关注外面的世界，而执行者、监控者、协调者、完善者和专业者则主要关注内部的情况。大多数人倾向于这两类之一，要么外向要么内倾；在同类中可以兼扮两三种不同角色，例如，有些创新者也可能同时是传播者，一些执行者同时也可能是称职的监控者和完善者，等等。一般来说，一个团队至少要同时具有外向和内倾两类角色，而有些角色可能不是必有的或不必要的。例如，智囊性团队可能不需要完善者，微型团队可能不需要协调者，对于事务性团队来说也许创新者和传播者就是多余的角色，许多团队不需要专业者，等等。

贝尔宾认为，一个有效团队的组建需要具备如下六个基本条件：

（1）有一位符合"主事者"角色特征的负责人；

（2）需要有一位（最好不要多于一位）担任"创新者"的角色；

（3）团队成员心智分布较为宽泛、合理，一个非常聪明的、一个足够聪明的和多个不太聪明的，要有一个合理的搭配和分布状态；

（4）个性分布最好覆盖较多的团队角色，以便成员有机会选择和担当自己能够和愿意担任的角色；

（5）团队成员个性特征与其责任之间要有很好的匹配；

（6）团队自身具有自动识别及调整处理团队角色不均衡问题的能力。

当然，要特别注意从动态上把握团队角色均衡。在项目或任务推进的不同阶段，各种角色的权重和作用是有差异的。在早期阶段，创新者、传播者和监控者可能扮演着重要角色，一个好的主事者将会成为团队领导角色；在中期阶段，专业者、执行者和协调者的角色举足轻重，而当遇到困难时挑战者则起着关键作用；而到后期阶段，完善者对于任务的最终圆满完成关系重大。有时，随着任务的推进，一些曾经发挥过重要作用的角色往往已无用武之地甚至变成负担或障碍，这时明智的做法是，将他们的注意力引导并集中到下一个新的团队目标或运作周期上，使得他们不仅不会对目前工作造成影响，而且能够保证团队运作连续不断地进行下去。

此外，团队角色技能整合状态还受环境、任务性质和项目规模大小等多种因素影响，应该因应情景权变处理。有些团队所处外部环境较为稳定、任务性质属于持续经营性业务，这样的情况下，其团队角色技能搭配可能长期保持不变，调整和均衡角色的问题就没有那么突出；而一些在外部环境变化剧烈的情况下运作的团队，或者项目规模巨大、工作任务需要在竞争压力下快速反应和变动的团队，其角色技能分布弹性和因应情景调整余地的大小就事关重大。

如果发生团队角色不匹配和不均衡的情况，可以采取如下办法来加以调整和纠正：

——通过在两个或多个成员之间调换工作使他们担负更好的角色；

——将任务重组以使工作性质与角色特点相匹配；

　　——将角色相互冲突的团队成员隔离开来，或者增设具有在二者之间起桥梁或调和作用的角色；

　　——如果团队改组，在团队之间交换成员或重组团队；

　　——吸收所需要的新成员；

　　——通过学习训练项目开发团队成员的潜在角色。

9.3

组织凝聚力开发：工作中的有效沟通技法

　　所谓"凝聚力"（Cohesiveness），就是组织成员之间相互吸引并愿意留在组织中并为组织做贡献的内聚向心力。组织凝聚力反映组织成员之间相互交流、影响和作用关系的一致程度，以及组织价值和目标对成员的吸引力，它可以用团队成员之间相互选择的数目与组织中可能存在的各种选择数目总和的比率来测度。在高凝聚力的组织中，成员之间具有默契的心理契约，对团队具有强烈的组织归属感和主人翁责任感；在这种组织"精神状态"下，每个成员能够得到有效的激励去开发和利用自己的技能，并以自己的独特的优势和互补性的技能，积极、主动、创造性地为实现团队目标而努力工作。凝聚力的形成受很多因素影响，诸如人际沟通、外部压力、领导方式、组织规模等。其中，有效沟通、特别是在多元化和跨文化背景下如何实现有效沟通，乃是决定组织凝聚力的一个极为重要因素。

　　所谓"沟通"（Communication），一般地说，是指组织成员之间在特定情景中相互交流并彼此理解有关信息及各自想法、观点、情绪、情感和意见的行为或过程。沟通是组织凝聚力形成的人文基础，是化解人际冲突、解决利益矛盾、达成心理契约的基本方式和途径。它具有信息和情感交流、行为控制及指导激励等多种组织功能，是组织传递工作信息、整合成员行为的重要手段，也是员工发泄不满情绪和表达意见必不可少的渠道；更为最重要的是，沟通构成了一个组织凝聚力和团队精神的群体行为基础。尤其是在当今全球化和多元化的时代背景下，跨地区、跨国、跨民族和跨文化交往及运作经营已成为现代组织一种越来越普遍的行为方式，因此，如何实现跨文化沟通就变得越来越重要、越来越具有战略意义。

　　沟通包括人、场景和信息三个基本要素（见图 9-1），一般包括信息编码—通道传递—意义解码—接收反馈等几个阶段和关键环节。

沟通环境
（场景）

沟通主体
（接收者）

沟通主体
（发布者）

沟通媒体
（语言与
非语言的）

图 9－1　沟通三要素

基此，组织中出现的沟通问题和障碍无外乎如下三个方面：一是来自于沟通主体自身，由于发送者和接收者的性别年龄等生理差异、个性特点、处世态度、语言习惯、知识技能及社会文化背景等方面的原因，使沟通过程中信息编码和意义解码出现不一致、阻滞、误会或失真等问题；二是来源于沟通媒介方面，由于沟通层次较多、沟通网络混乱或沟通渠道狭窄单一而带来的信息过滤、扭曲或失真，消息传递阻滞，积怨日深等问题，或者是纯粹由于技术上的问题带来的人与人之间的沟通障碍；三是组织大的文化环境和具体的沟通情景不适宜，例如在严格遵循正式权力的命令—服从系统的强权型组织中无法实行全通道网络式沟通，或者在公开场合随意散布个人隐私性消息必然会伤害别人、引发敌对情绪和人际冲突等。

因此，要实现有效沟通，就应该从这三个方面入手，采取相应的问题解决途径和障碍排除策略及操作技法。

跨文化沟通技法

文化是人类自然选择的结果，同时也是决定人们态度和行为的基因和驱动力。著名现代化问题专家亨廷顿曾经明确指出：后冷战的未来世界里，人类冲突的基本原因将基本上不再是意识形态的或经济的，人类间大的分歧和冲突的主导因素将是文化。[3] 在不同的文化中，人们的自主意识和空间距离感、语言及非语言交流体系、衣着打扮、饮食习惯、时间概念、季节观念、人际组织关系、宗教信仰、价值观和道德规范、学习思维方式以及劳动工作态度等等，都存在很大差异。在全球一体化成为社会经济发展大趋势的情况下，任何组织要想取得成功，必须将国家的、行业的和组织的文化有机地统合在一起，对其成员有计划地进行跨文化方面的教育、培训和开发，以提高他们的文化敏感性，深刻理解他们自己与来自不同文化背景的人之间在语言和非语言交往方式上的差异，并能够将之转化为自觉适应跨文化环境、妥善处理跨文化关系和有效进行跨文化沟通的能力。

关于全球化背景下跨国公司的跨文化问题，最具有开拓性的著名研究成果是20世纪70年代荷兰文化学家霍夫斯坦德（Hofstede, G.）的名著《文化结局》。[4]霍夫斯坦德将"文化"定义为一定环境中人群共同拥有的心理程序，他通过对40个国家的不同文化层次的跨国公司雇员以20种语言进行116000份问卷调查，并在此基础上提出"文化四维度论"，即认为所有文化差异都可以从权利距离（集权与分权）、不确定性回避（风险意识）、个人或集体主义以及阳刚或阴柔性四个维度上加以衡量和分类。继霍夫斯坦德之后，西方学者对各国文化差异以及跨文化沟通和管理问题进行了系统深入的研究[5]，为跨国公司人力资源跨文化开发和管理提供了坚实的理论基础。

跨国公司的跨文化沟通策略因其人力资源配置状况而定。一般情况下，跨国公司总部向域外分支机构、分公司委派高层管理人员，而中下层管理人员和普通雇员则大多是从本土或第三国招聘来的。因此，跨国公司组织内部的跨文化沟通问题又可以分为两个层次来分析，即跨国公司总部与域外分支机构、分公司之间的沟通以及域外分支机构、分公司内部的跨文化沟通。跨国公司总部与域外分支机构、分公司之间的跨文化沟通关键在于：如何以外派高层管理人员为中介，兼顾和协调好总公司战略目标和经营管理理念与本土经营文化环境的关系。而域外分支机构、分公司内部跨文化沟通的重点在于：如何消除来自不同国籍和文化背景的员工在观念、心理和行为方式等方面的差异和偏见，要选择是以"本土文化"还是以"本我文化"（总公司所在国文化）为主体统一其组织文化理念，加强日常整合管理工作，促进员工相互信任和理解。

跨国公司在与当地政府、公众、竞争对手及其他合作组织打交道的过程中可能会遇到理解和沟通方面的诸多障碍，如双方的意识形态、做事方式、时间概念、生活习惯等的差异、矛盾和冲突，可能是经常的、大量的和不可避免的。跨国经营管理者应该积极主动进行沟通，入乡随俗，以全球性眼界和多元化价值观，尊重本土文化习俗和民族品格，尊重他们自己解决问题的方式时，平等地对待当地人和异域雇员，这样就可能实现有效的跨文化沟通。跨国公司与本土社会公众、消费者之间的沟通，应该注意依靠大众传媒树立公司形象，宣传企业宗旨和经营理念，争取公众认可和接纳，以诚信和高质量的服务打动人心。

从广泛的意义上来看，"跨文化沟通"不仅是在全球化背景下跨国公司在国际范围内员工之间的沟通。在当今崇尚个性张扬、自主性价值观成为民主社会基石，以及文化多样化、多元化成为大趋势的时代背景下，一个现代组织中成员之间在个性特点、处世态度、语言习惯、知识技能及社会文化背景等方面的差异实质上都是"跨文化"性质的，因此"跨文化沟通"就成为一个具有一般性和普适性意义的主体性策略问题。从个人层面来看，为了在跨文化背景下进行有效沟通，如下一些基本准则值得借鉴：

——与不同文化背景的人打交道，需要有艺术家创作和欣赏人物角色的眼光，站在局外去看待和批判他人；

——利用经济学观点去看待和理解别人的处境，"己所不欲，勿施于人"，将自己与对方角色置换去看待与他人的关系；

——不要在心理上将跨文化差异看做是沟通的阻障，而看做是一种能够带来价值和收益的资源去开发利用；

——在没有证实文化相似性之前，先假定存在跨文化差异；

——当你遇到其他文化中某种对你来说不可理喻和接受的东西时，请想想动植物大千世界中为什么会有那么多奇形怪状的生命形态；

——在对他人观点和行为进行解释或评价时要有客观性描述作为事实基础和判断依据，在面对异域文化环境进行决策时先要做"假说"验证工作；

——在向别人发布观点、传递信息之前先要将自己置身于接受者的立场上去考虑问题，在接受信息时也要站在对方立场上进行换位思维、分析归因和意义解码；

——在跨文化交流中能够自如因应对象调整策略，例如对于沉默寡言者要以巧妙的提问激发其多说，对于爱生气过于敏感者要树立其自信和自尊感，评判要对事不对人，等等；

——无论对什么人都能够以礼貌尊重的、描述性而非判断性的语言去表达好奇心，例如："当……时，对您意味着什么（或有什么感受，想到什么)?""关于……，您怎么看?"或者"告诉我，什么对您来说是重要的?"；

——在跨文化交流中要注意文化"语境"的高低，特别是在高语境的东方文化与低语境的西洋文化之间进行交流时，要特别注意由此而引发的误会；

——应该通过"积极的倾听"获取对方有关信息并与其共享语境意义，从而与跨文化伙伴建立友好关系。

☐ 沟通方式选择要领

沟通方式是指沟通的工具、手段、媒介和方法等。一般可以归结为文字或口头语言沟通和非语言沟通两大类，也可以分为直接面对面沟通和间接传媒沟通。

沟通方式的选择要视沟通者所处的时间地点状态、信息量的大小以及紧急性、秘密性等属性，还有沟通成本费用等因素而定。

文字语言沟通（Written Communication）方式，诸如书信便条、研究报告报表、备忘录、通知公告、工作手册以及定期刊物等，一般属于间接传媒沟通。由于书面信息可以长期保存，可以用全面、合乎逻辑且清晰的文字表达信息，但需要花费较多时间，沟通信息反馈速度相对较慢。

这里要特别提及的是，大多数企业通过"内刊"作为全体员工文化沟通的重要媒介和窗口，在展现企业创业历程、塑造和凝聚企业精神文化方面发挥着不可替代的宣传功能。例如，《万科周刊》是以房地产为核心业务的万科集团的著名企业刊物，创刊于1992年，其基本定位是"企业视角，人文关怀"，在公司内外文化沟通方面扮演着重要角色。此外，还如联想集团的《联想》、四通集团的《四通人》、华为公司的《华为人》、金地集团的《金地》、清华同方的《同方月刊》、宁波彬彬有限公司的《彬彬时报》等，都办得有声有色。

口头语言沟通（Oral Communication）方式，诸如演讲报告、小组讨论、面谈、小道消息等，多数情况是面对面直接沟通，也可以是通过音像播放进行间接传播的情况。其好处是可以借助身体语言、声情并茂地传播信息，增强语言信息传播效果，可以进行即时互动交流、反馈信息，但信息稍纵即失，信息内容易受人际情感等因素干扰或歪曲。可以根据具体情况选择如下方式进行口头语言沟通：

——论坛，在主持人引导下围绕某一主题表达和宣传各自的思想观点；

——讲座或专题报告，进行单向或双向专业研究成果交流；

——专题研讨会，以某专题为核心，与会者全体进行互动式交流；

——对话，有利益关系或互补关系的双方或三方进行平等互动式交流和讨论，例如，在政府协调下由雇主与雇员组织进行集体谈判，专业的与非专业的两个小组就工作中出现的问题进行研讨等；

——公开辩论会，参与者按顺序提出支持或反对某观点的意见和论据；

——大型集会，包括全体会议、分组会议、可视电话会议等形式，为组织和团队成员提供广泛交流的机会；

——口头报告会，报告者要有准备地向有关人员报告工作内容，提请大家审查和提问；

——小组活动，通过小组讨论、角色扮演、游戏等实验性演练方式，提高成员互动沟通能力。

非语言沟通（Nonverbal Communication）方式，有身体语言如手势语、面部表情、身体动作等，还可以借助色彩、图案、符号等进行沟通。这种方式主要借助沟通环境的具体情景发布信息，是超越国家民族界限、进行跨文化沟通的一种重要方式。非语言信息比语言信息更为丰富，据研究大约有65%的信息内容是通过非语言方式传达的，并且在与语言信息发生矛盾时往往会否认或覆盖语言信息；它与文化背景有更为直接和紧密的关系，往往不易被文化圈之外的人解码。可以通过如下方法提高自己的非语言沟通能力：

——向朋友征询对于自己非语言沟通的意见和建议；

——通过观察比较以便更深刻准确地把握沟通对象的非语言信息意义；

——不要先入为主，应利用多维假设、综合理解各种线索来解构非语言符号的可能寓意和实际意义；

——在讨论过程中，利用笑容、目光、手势、恰当的身体碰触或保持适当的空间距离等，表达自己的观点或鼓励对方表达观点；

——借助摄像机等自我表演，声情并茂、栩栩如生地表现自我，然后检视自己的非语言沟通状态和能力。

此外，当今企业组织内，电子沟通方式越来越普遍、越来越重要。电子沟通（E-communication），即通过电子媒介，诸如电话、公共通讯系统，闭路电视、电脑网络等进行的非面对面沟通。借助电子媒介可以快速跨越空间障碍准确及时地传播大量信息，进行单向或互动交流和沟通，但沟通成本一般较高。

就纯技术的角度来看，沟通障碍和问题有"不发达状态"和"发达状态"两个方面的情况。过去在技术不发达时人们沟通遇到的是"鸡犬之声相闻，老死不相往来"的问题，随着现代网络通讯技术的不断进步，员工沟通已不再局限于公告栏、企业杂志、演讲协商会议等传统介体和渠道，从电话、录音、录像、图文传真到BP机、移动电话、电子邮件、语音信箱及掌上电脑等，使人们的沟通手段和途径更加丰富多样，沟通更加便捷和快速；但是，这种技术性替代同时也给人们带来了新的阻滞，电子沟通无法提供人与人直接沟通时所获得的人文意义传递、脑力激荡、身体语言（行为）沟通和必要的情感交流。

从组织建设的方面看，要实现有效沟通，应最大限度地疏通沟通渠道，建立具有丰富多样沟通方式、对消息传递具有双向灵敏反馈能力的全通道式沟通网络。有效沟通的技术基础是建立能够及时快速灵敏传递信息的通道和网络，尤其是要注意那些非正式、开放型的沟通渠道。例如，一些日本企业，专设"出气室"以消解员工不满情绪，通过"质量圈"等活动让职工有机会积极参与决策过程，保证沟通渠道的畅通，在组织成员、上下级之间建立起相互信任的关系。计算机网络等现代电子通讯技术，更是为企业提高沟通效率奠定了技术基础，企业人力资源管理系统应该注意及时引进先进技术改造其沟通网络。

❑ 化解冲突策略

要营造宽松的沟通环境和容纳多元化个人于一体的组织氛围，以保证使每个员工都不会因为沟通而带来对自己不利的后果。例如，一些日本企业特别注意员工间的沟通以及沟通氛围的塑造，如通过经理与职员在敞开的办公室一起办公、工作之外全员社交活动等来淡化身份观念、营造宽松民主气氛等，都很好地营造了良好的沟通环境和组织氛围。

同时，组织要建立应对团队压力和冲突的有效解决机制。所有的人际矛盾和冲突几乎都属于沟通性的，而且通常可以采用某种沟通技巧来避免、缓和或解决。化解沟通过程中的矛盾和冲突，其基本做法是：首先需要理解关于人际冲突的三大假设，并了解冲突管理的可能后果；然后根据具体情况判断实际中人际冲突的类型，进而采取适当方式解决之。[6]

冲突解决机制应该建立在如下三个基本假设上：

——冲突是不可避免的、很自然的事情；

——冲突当事人不一定存在人品和道德问题，正当的冲突对于建立和谐的人际关系是非常必要甚至重要而有益的；

——冲突产生的原因和表现形式多种多样，关键是能够辨认具体情况应对解决之，避免消极结果（如断绝关系、因伤感而痛苦）而争取积极结果（如"不打不相识"）。

沟通中的人际冲突大致有三种基本类型：一是"简单冲突"，是由于目标或利益矛盾引发的，冲突双方都知道各自的利益目标，但找不到一种既不放弃自己意愿又不阻碍他人目标实现的解决办法；二是"假性冲突"，是沟通无效的结果，本来观点相同的人由于沟通不到位而发生误会性冲突；三是"情感冲突"，由于情感上受到伤害、为保护自我尊严而引发的零和性竞争。应该采取相对应的适宜反应方式和解决策略。

——遇到"简单冲突"，应该清楚地表达问题以使冲突简单化，可以采取"冷处理"将问题搁置一段时间，然后将冲突的问题放置在非竞争性背景下共同协商解决；

——面对"假性冲突"，要首先坐下来重新检讨问题，通过疏通沟通渠道、改善沟通方式，让自己与对方一起澄清各自的看法和观点；

——对于"情感冲突"，该闭嘴时决不要开口，等能够交谈时要简单地描述事情经过，不要去解释冲突原委，达成一致后寻求解决途径。

此外，有效的沟通体系还须高层决策管理者从战略高度加以重视并在沟通操作中发挥主导作用。在沟通中，管理者应有言行一致、表里如一的沟通姿态，应把沟通视作一个基本政策和持续不断的过程，应恰当把握沟通的时机和频率，以自上而下的沟通为主导，高度重视面对面开诚布公的沟通形式和与员工的情感交流，把自上而下与自下而上的沟通紧密相结合。为了避免信息拥挤和繁杂造成的扭曲、阻障，管理者应该建立有效的信息流程控制系统，分级授权处理和控制信息流量与质量及其传播的优先顺序和方向。

＊＊＊

专栏9－2　典型案例

株化集团以全员参与管理为核心的沟通体系

◇　**主要特点及基本理念**

　　湖南株洲化工集团有限责任公司发扬《鞍钢宪法》关于工人参加管理的经验，在新的市场经济条件下探索形成一套以全员参与管理为核心的沟通体系。其基本特点表现在：参与管理的全员性和经常性；管理者吸收群众智慧、强化管理的主动性和制度化；决策管理的开放性；信息传送的直接性、快速性和真实性；管理过程监督的广泛性和有效性。

　　公司管理层首先确立了把全体员工推到参与管理主体地位的基本理念。人人是管理者，也是被管理者，企业管理的主体应包括经营者和广大劳动者；企业领导者在管理中起"主导"作用，而员工在参与管理中起"主体"作用。

　　领导者的主导作用，主要是提出职工参与管理、强化管理的宗旨、内容、要求、途径和措施，动员和组织职工参与管理、改善管理，并善于身先士卒地不断探索和总结提高。

　　职工参与管理的主体作用体现在管理的全过程，包括在民主决策中从各种不同角度进行全方位的献计献策，在管理执行中群策群力地揭露并消除各种不良管理，并参与对管理者的评价和广泛而严格的民主监督。集团公司不仅十分重视发挥董事会、监事会中职工代表参与管理的权利，更重视发挥职代会在参与重大决策、民主管理和民主监督中的重要作用；而且还开展经常性的职工群众广泛参与克服不良管理和实行民主评议管理者等活动；同时积极把员工变成股东，将子公司改制成股份制或股份合作制，实现全员股东，使员工与生产资料更加紧密地结合。

　　实践表明，企业领导者的"主导作用"不可替代，员工参与管理的"主体地位"必须保证落到实处。

◇　**沟通渠道及主要做法**

　　公司专门成立了"克服不良管理实行管理创新"领导小组，总经理任组长，董事长、监事会主席为顾问，有关职能部室负责人为组员；各子、分公司也成立相应的领导小组，专设"克服不良管理"办公室，成员均为兼职，具体负责日常事务。这样初步形成了全员参与管理的组织网络。以此为基础，公司建立起多方位、快速畅通的员工参与管理渠道，具体表现在：

　　（1）公司建立了自下而上的投诉建议直通渠道。

　　为了方便员工参与管理，在集团公司生产区、生活区及各子、分公司都设置投诉建议箱，并公布几个投诉建议电话，职工通过投诉建议箱和总经理电话专线可用书面、口头方式直接向高层管理者反映情况。办公室负责每日开一次箱，及时对投诉意见进行整理、分类，提出处理意见和整改方案，属重大问题的部分上交总经理审查处理或集体研究处理，其余投诉意见由办公室转交有关职能部门限期整改反馈，一般性的问题由办公室直接处理、反馈。

（2）通过公司董事会、监事会中的法定职工代表和职代会的定期召开，切实保障职工群众直接或间接地参与公司的重大决议、经营方针、技改项目、人事变动等的讨论、研究和评估。

职工代表大会制度，是吸引全员参与管理、扩大民主、加强群众监督的重要的基本组织形式，它在尊重职工的主人翁地位和保障职工民主权利方面发挥了不可替代的特殊作用。职代会的民选代表具有广泛性、代表性、多层次性，每年召开两次，雷打不动；职代会所审议的内容有着全局性、重要性和权威性，如总经理工作报告、经济责任制报告、生活福利报告、招待费使用情况报告等，都是全公司重大的和群众普遍关心的问题；职代会的一个重要议题是广泛征集提案，并由提案工作委员会向大会作提案工作报告，这包括上次职代会提案的整改落实情况和年度提案征集情况。会前代表认真负责地深入班组征集和整理提案；总经理对提案的落实整改情况更为重视，逐条批示和检查。这就大大提高了员工参与管理和扩大民主的积极性及其成效。

（3）自上而下地定期向职工群众或职工代表实行企务公开、财务公开，并定期举行经济分析会，让广大员工及时了解集团公司的各项费用开支、重大生产经营活动和经营状况，并广泛直接地听取员工的意见和建议。

在组织上，集团公司成立了以党委书记为组长的"企务公开民主监督工作领导小组"和以纪委书记为组长的"企务公开民主监督检查小组"。在制度上，集团公司制定了《企务公开民主监督条例》，规定了企务公开的内容、形式、时间、程序及监督检查等。在公开内容上，包括公司重大决策、重大改革措施及方案、生产经营状况、领导廉洁自律情况和涉及员工切身利益，群众普遍关心的问题等。公开的形式多种多样，除向职代会公开外，每季度向职代会组长联席会报告，设立永久性的企务公开栏，利用公司广播、电视、告示、报纸、公告等形式公开。这样做的结果，不仅促使株化的民主管理、民主监督和群众参与管理制度化、经常化，而且使其影响越来越深远。

（4）认真分析研究信息，及时进行反馈。坚持实行每周一次的总经理接待日，保障领导与员工能面对面地交流信息，共同研究和解决问题。

对于员工的投诉和建议进行认真的、科学的整理、分析和举一反三的研究，并提出整改方案，这是员工参与管理全过程的关键性环节。整理和分析研究工作主要由克服不良管理办公室连同相关人员协同进行，先是建立"台账"，逐一登记；再按问题的性质分如下五大类进行整理归档：营销管理、生产现场管理、人财物管理、工程项目管理、生活后勤管理等。然后，对各类信息进行综合分析，发现管理存在的重大问题，特别注意找出目前急需克服的管理上的薄弱环节。最后，书面提出处理意见，或转送相关单位和部门分析处理。

公司对每条意见都要进行反馈，即把处理意见或处理结果反馈给提出意见的人，做到事事有着落，条条有答复，从各个方面保护员工参与管理的热情和权益。二级单位，如动力厂，对员工参与管理的投诉和建议，采取"一查二报三整改四反馈"做法，即，一自查问题，二上报总公司备案，三组织落实整改，四将结果反馈给举报人。对所有投诉的处理意见都由办公室负责监督执行，有些重大问题集团公司领导随时下去检查或指导，直到问题妥善解决为止。这样做的结果，使广大员工觉得自我价值得到体现，大大地增强了员工参与管理的自信心，进一步培养了员工的主人翁精神和民主意识。

◇ **实施整改及管理成效**

提出整改方案是解决员工提出意见的第一步，更重要的是将整改方案和整改措施及时地、不打折扣地落到实处，极力避免作表面文章。

如集团公司在 1999 年上半年，收到有关管理方面的投诉意见 206 条，其中有 72% 的内容是有关营销、财务、人事、分配、现场管理等内部规章制度不合理的问题，对此，公司召开了几个专门会议，对集团公司的规章制度重新修改、制订、更新和完善，规范和强化内部管理。

如在财务成本管理方面，根据员工提出的"增强财务工作透明度"，"制止资产流失和效益损失"等意见，公司狠抓财务核算和成本考核，对资金调度和平衡采取一支笔管理，总量控制，责任到人。每月一次资金平衡会，实行预算控制，严控资金体外循环。集团公司实行了财务公开制度，坚持定期进行经济活动分析，狠抓扭亏增盈。为了降低成本，公司把 67 个采购价格、销售计划价格、制造成本、大修费用、节能降耗、销售利润等任务指标，细分到各相关单位，在每一个环节上都明确了各个单位的责任和考核内容，严格奖罚兑现。如对采购人员进行严格考核，大宗原、辅材料实行公开招标、议标制度，并由审计部门对各项采购合同进行审计，仅去年一年，公司便核减了经济合同签订额度 1524.57 万元；又如 PVC 树脂的制造成本已由原来的 7000 元/吨降到目前的 5200 元/吨，从而使效益大为增加。

从 1999 年开始，集团公司把全员参与管理和克服不良管理纳入经济责任制的考核内容，对二级单位开展管理创新竞赛评比，每季度评比一次。考核评比按六大指标分解、量化（按 100 分计），其中宣传组织发动占 20 分，参与人次、自查、处理方案、落实情况和效益、制定防范措施等共计 80 分。对评比的优胜单位授予一、二、三等奖，为公司取得良好经济效益的参与个人给予重奖。

公司每年召开员工参与管理的经验交流会，系统地深入地总结全员参与管理、克服不良管理的经验和体会，并提出今后阶段性的强化管理、提高效益的目标和要求，形成广大员工自觉地、经常地参与管理的环境和氛围，使员工参与管理真正成为企业长远的、经常的一项基本制度，使全心全意依靠工人阶级的指导方针不折不扣地落到实处。

资料来源：《企业管理》2001 年第 5 期。

专栏 9-2 关于湖南株洲化工集团有限责任公司以全员参与管理为核心的沟通体系，是中国企业在转型经济条件下实施有效沟通整合的一个代表性案例。其基本特点表现在：以民主管理理念为核心，通过建立制度化的组织体制，保证了沟通的全员性和经常性，开放性地吸收群众智慧，使他们能够积极主动地参与决策管理过程，从而保证了组织信息传递的直接性、快速性、真实性及沟通的有效性。

9.4

组织中的团队协同力：布莱克领导方格开发模式

按照第7章中布莱克领导方格理论所说的"3R"（$R_1 - R_2 - R_3$）模型，团队合作协同工作是发生在关系（R_2）的活动场所里的，协同工作效果好坏随 R_1 资源是怎样用来取得结果（R_3）的情况而定。R_1 是"个人"可以拿来做贡献的那些东西，即每个团队成员的知识和技能。R_3 是从团队相互作用和解决问题中取得的结果，可以用生产率、利润、质量、创造性、销售额和服务等来加以衡量。R_2 是在从 R_1 到 R_3 的努力中"我们干得究竟如何"；也就是说，资源的利用是否有效以及我们最终获得何种结果，都取决于在 R_2 场所中所发生的事情，这是"方格组织开发"的活动场所。

我们已经指出，学习型组织背景下所说的"领导"，并不是指传统意义上某特定的人担当的特定任务，而是每个团队成员都可以依据自己在团队中独当一面的角色和职能，为实现团队目标而对其他成员产生的一种影响力。所以，在团队中，所谓"领导力"，实质上就是团队成员通过沟通促进任务完成的协同力。这种协同力具体体现为两个方面：一是维护团队关系的能力，包括：带领团队开发积极向上的规范，鼓励每个成员主动参与，营造信任开放的团队氛围，积极处理冲突，建立相互理解和支持的网络关系，培育团队意识，以及积极主动处理团队所面临的各种挑战和压力等方面的能力；二是履行任务流程的能力，包括明确团队目标，将团队力量集中在工作上，安排好运作流程，分配任务和提供完成任务所需要的支持，保证成员了解工作信息，以及推动成员进行创造性思维和创新活动等方面的能力。

布莱克等认为，从 R_2 的角度来看，团队开发有六个方面的领导问题需要全体团队成员参与并系统地研究，包括：权力/权威、规范/标准、士气/凝聚、结构/分化、目的/目标以及批评/反馈。

（1）权力/权威。在一个领导者用压制的方式来行使权威或不能行使任何有力的指示性领导时，各种资源就得不到合理配置和使用，人们陷于行为错乱并感到失望；如果在团队中权力和权威以恰当的方式得到合理使用，成员所提供的全部资源和力量就可以得到正确引导时，人们就产生主人翁感，从而积极参与提高生产成果的努力。用方格的例子来看，封闭的（9，1）或（1，9）和"开放的"（9，9）方格中行使权力/权威就分属于这样两种不同的情况。

（2）规范/标准。另一种不利于 R_2 的障碍来自"规范/标准"的领域，即公司和团队中指导人们行为、界定工作规则的传统、先例、禁忌和过去的实践经验。这些是人们必须作为"游戏规则"来接受的条件，必须毫不迟疑地加以遵守。如果不进行有意识的变革的话，现存的规范和标准常常是过时的和陈旧的，作为组织或团队"文化"将人们束缚在特定的行为方式上，缺少将资源转化为成果所必需的灵活性，创造性和创新精神受到抑制，并渗透到相互关系的每个领域，使个人之间、团队内部、部门之间以及一个组织所有的相互作用关系都受其约束。

（3）士气/凝聚。在一个团队里个人是否有成员身份感以及对整个组织是否有认同感，这对工作效率也会有深刻影响。当人们不乐于一起工作时，或即使是在一个似乎运转情况良好的团队里每个成员在各自干自己的事，而不是和别人一起互帮互助地协同工作，那也不会得到满意的结果；特别是在分工愈来愈专业化的情况下，确保团队成员为共同的目标进行合作，不仅是合乎要求，而且是迫切需要的。这种工作关系要建立在信任和尊敬的基础上，并且使人们感到对彼此的成功负有责任，形成一个相互依存进行创业的文化氛围。

（4）结构/分化。如果组织结构安排虽然已为人们采用，但机械地、程序地支配着由谁同什么人、在何时、为什么目的而去交往，那么也会对取得有效成果产生负面影响。许多场合的工作安排着眼于避免矛盾而使人们保持分离状态。也有可能是人浮于事、岗位责任不清、部门互相重叠、无人负责、奖惩不明，这样作为一个团队就必然是失败的结局。

（5）目的/目标。如果努力的方向是不明确的或为有关的人们所难以接受，那么组织成员提供的努力就不可能产生良好的结果。人们需要拥有他们负责执行的目标。这就要求在制定目标的过程中让大家积极参与进来，使大家对于要完成的目标有共同一致的理解，让人们不仅知道做什么、谁去做、何时和怎样去做，还要让大家知道为什么这样做。

（6）批评/反馈。对一个组织来说，反馈和批评是不断研究自身情况从而处于不断进取状态的"自然"方法。一些团队从一个危机走向另一个危机，从不停下来观察一下其运作状态和运转过程。另一种可能是，批评往往以谴责和批判的形式出现，或者以"胡萝卜加大棒"的方式来奖罚。如果能够建立前瞻性的、具有良好反馈机制的日常批评系统，那么一个团队就可以获得巨大的学习机会。

当以上这六个方面以不健全的方式在 R_2 活动场所进行时，R_1 资源有效配置就难以通过 R_2 来实现；相反，当这六个方面都以最健全的方法来加以开发利用时，资源就转化为结果（R_3），即最大限度利用现有资源来创造高效（比每人单独工作能完成的要大得多）的成果。这正是"组织"的目的之所在，否则就没有理由要"组织起来"了。领导工作的职能和任务也就在于此。基于这种认识，布莱克等人提出关于组织中团队协同领导力的六阶段方格开发模式。

☐ 第一阶段：方格学习

通过举办领导方格学习训练班等形式，所有团队成员集体进行领导方格学习。主要目标和任务包括：

——领会领导方格理论框架；

——客观分析和评估自己的行为定格模式；

——反思团队工作的价值标准；

——试错种种提高工作业绩、改进合作关系的途径和方法；

——研究团队成员之间交流和沟通存在的问题。

☐ 第二阶段：团队建设

诊断影响完善协作关系的具体障碍，并确认在实际的工作团队内进行改善的各种机会和途径。其基本目标和任务是：

——用健全的团队文化来替代陈旧的传统、先例和过去的实践；

——提高个人在工作过程中人际行为的客观性；

——通过有效的批评反馈机制进行学习和改善工作成果；

——制定优异成就的标准；

——确定团队和个人应完成的目标。

这里主要是有关解决矛盾和制定决策方面的各种问题，特别是在需要应用1/0，1/1/1 和 1/全体的协作方式时，更是如此。然而，也要关注协作的许多其他方面问题，例如：每个团队成员对别人贡献的反应，关于有效协作标准的价值判断和假设，对团队内部协作障碍之特殊原因的确认，以及团队今后要达到的协同目标和跟踪计划安排等。方格团队建设一般要持续进行三天的活动，通常是在工作时间内作为履行职务来完成的；如果有必要，也可以把活动分成若干单元在一个较长的时期内来进行。

☐ 第三阶段：整合开发

方格组织开发的第三步，是在相互有工作关系的团体之间，通过更紧密的结合来谋求群际问题得到更好的解决。在实际中，一个部门、单位或分部往往集中精力于完成本身的责任，并不考虑对整个组织业绩的影响以及同其他单位的关系，人们可能为本部门的利益一再采取行动而忽视整个组织的利益去与其他部门进行合作和协调。这就需要采用一种一体化的开发方法，使制造和销售之间、人事和经营之间、总工程处和工厂之间、经营和维修之间等关系协调一致，消除群间误解、不信任、猜疑、矛盾和冲突，从而为实现总体目标获得一个凝聚性的组织基础。

群际整合开发的主要目标和任务是：

——用一种系统的框架来分析对群际合作和协调的各种障碍；

——在消除对立、正视基于表面融洽或中立考虑的各种关系以及直接面对隐藏问题去解决分歧等方面应用解决问题和制定决策的技能；

——有意利用"有控制的对话"来辨认和解决需要解决的焦点问题；

——为改善各单位之间的合作和协调需采取的步骤制定计划，并实行定期跟踪。

☐ 第四阶段：战略规划

一个组织的最高领导小组可以通过检查现行的业务流程逻辑来设计理想的战略组织模式，对组织未来的业务活动怎样适应社会需要、怎样适应员工对保障、特别是以参与和自主为基础的工作要求，以及怎样去适应公司所有其他利益相关者股东需要作出规定。

本阶段的主要目标和任务是：

——确定最低限度和最优化的近期财务目标；

——用简洁明确的术语描绘未来组织所从事业务活动的性质和特征；

——界定所要拓展渗透市场的范围、深度和特征；

——建立一种使业务工作一体化并产生协力效果的组织结构；

——初步拟订能够指导未来经营决策的基本方针；

——确定坚持推进、避免拖延的发展战略步骤和要求。

描绘指导未来进行业务决策的政策。

最高领导小组在循序渐进地对业务逻辑进行检查、研究和诊断的过程中，为组织应当变成什么样子设计一个发展路径，并以此为基础具体为组织重新设计工作蓝图，经上级评价和同意并由董事会批准后，本阶段工作就算完成。

☐ 第五阶段：贯彻实施

确认并执行从旧的状态转变为新的蓝图所必须具体完成的工作。这一步骤涉及深层次的变革，要制订具体实施步骤，并计算与这些活动相关的投资。其主要目标和任务是：

——考察现有活动以便确定与理想战略模式所要求的运转状态之间的差距；

——详细说明哪些活动是正确的，哪些活动可以改变和保留，哪些是不正确的、需要更换或放弃，以及为了满足理想模式的要求还需要采取什么新的或追加的活动；

——设计向理想模式转变所必需的实施步骤；

——在使组织向理想模式转变的过程中如何保持营业照常继续进行。

□ 第六阶段：巩固提高

稳定和巩固第一至五阶段的成果。一个组织所面临的环境是经常变化的，积极研究新情况、新问题，不仅可以应对环境方面随时带来的挑战，而且增加了战略组织模式获得成功的机会和机遇。其主要目标和任务是：

——评论改革工作以确保按照原定计划顺利推进；

——确认在实施过程中出现的问题，并及时加以纠正和克服；

——监控影响战略实施的环境变化，并适时调整和校正战略发展方向。

9.5

走向"团队学习"：游戏演练方法介绍

从学习型人力资源开发流程的角度，概括地说，就是在团队成员个人"自我超越"的基础之上，并经由"众望所归"的领导者基于"共同愿景"的价值理性激发和驱动，通过以"有效沟通"为核心的系统团队学习修炼，从而达到提升整个组织凝聚力及学习创新能力的目的。

彼得·圣吉认为，合作学习具有令人吃惊的潜能，团队是学习的最佳单位。所谓"团队学习"，就是团队成员基于共同愿景，通过有机的角色技能整合去协同实现特定目标的过程。高效团队学习体现在：（1）能够集成员心智为集体智慧来解决复杂问题；（2）能够产生既具有创新性又协调一致的行动；（3）能够影响和引发其他团队一起提升学习能力。以"深度汇谈"（Dialogue）为核心的有效沟通活动是团队学习修炼的基本方式。[7]

团队学习修炼超出了一般意义上的团队建设，是在智力、情感、精神和社会等方面最具挑战性的一种系统修炼。本节根据组织学习研究者的有关文献[8]，对于"团队学习"的一系列游戏演练方法作简要介绍，以便读者在实践中加以学习参照。

□　团队形成演练法

本演练活动可以使参与者快速地实现异质分组，使小组成员相互认识，并形成共同学习探究的氛围。

（1）组成合作小组的参与者各自设计并填写名片卡，相互寻找自己尚不熟悉的人形成小组，一组最好不要超过 5 个人。名片卡可以折成立体形状放在桌面上，以便参与者相互认识和大家记忆参与者的名字，在活动中有意识地用名字相互称呼。

（2）小组成员围桌而坐，相互交流名片，简单介绍自己的情况。各组进行角色分工，推选召集人、记录员、汇报员、记时员、噪音控制员等，在活动中轮流担任这些角色。小组内的角色分工非常重要，可以使每一位组员都明确自己的责任和任务，在活动中承担起职责。主持人应要求小组成员经常变换角色，让每个人都有机会承担不同的责任。

（3）各组为自己的小组起一个有特色的名字，写在一张纸上并贴在靠近小组的墙上，由小组召集人向全体汇报自己小组的名字及其意义。为小组取名字可以强化小组成员之间的"身份相互依赖"，即小组成员享有一个共同的身份，因此而增强彼此的认同感。

活动结束后，不要立即拿掉贴在墙上的小组名称。当小组代表发言和全体讨论时，主持人可以有意识地使用这些名称来指称小组，使他们加强小组归属感，并感受到主持人对自己小组的认同。

□　团队角色认定法

任何一个团体都是由不同个体所组成的，不同的个体在团体中往往自觉或不自觉地扮演着某种角色，发挥着某种作用。本游戏的目标是启发参与者反思自己在团体中的角色和行为，思考个体特性如何影响到团体的运作。准备材料：卡片、投影仪、投影胶片。步骤：

（1）分组。这个活动以小组形式进行，特别是那些准备在实地一起工作的小组。

（2）主持人放一张投影胶片，文字内容如下：

A. 我喜欢在一开始就做领导；

B. 我愿意坐等别人来带头，只有在了解了其他人的看法后，我才会尝试去影响事态的发展；

C. 我不喜欢直接介入小组讨论，而是宁愿安静地做些事情，与别人合作；

D. 我顺其自然，并让别人来控制局面，只有当事情完全与我的意愿相违背时，我才会去干涉；

E. 我不喜欢带头，宁愿做集体已经决定要做的一些具体工作。

（3）每个人选择上述特征来描述自己平时在群体中的行为，可以直接使用字母表示。人们在不同情况下通常会有不同的行为表现，应该强调这些特征是在一般情况下的表现。每个人将自己的选择写在一张小卡片上，要注意保密，不要告诉别人自己所写的内容，也不要把自己的姓名写在卡片上。

（4）小组成员集中所有的卡片，把它们弄混了，背过来扣在桌子上。然后把卡片一一翻过来，根据小组合作所需要的角色平衡，讨论如下问题（除非有人想公开讨论自己的情况，讨论应在匿名的情况下进行）：

——这些角色在小组中能够发挥什么作用？

——这些角色相互之间如何平衡？

——如何调动不同的角色来增强小组的活力？

——成功的小组合作需要什么样的角色？

❑ 搬椅指令行动法

目标是让参与者了解合作解决冲突的重要性、行为方式和情感感受，知道对指令的解释存在个人和文化上的差异。准备三种指令，其数目相同，总数为参与者人数之和；室内不放桌子，为每个人准备一把椅子。操作步骤：主持人将三种指令放在一个容器内，参与者自己上来抓阄。每个人得到一个指令（A、B、C任选）：

A. 把所有的椅子围成一个圆圈，5分钟内完成；

B. 把所有的椅子放在门旁边，5分钟内完成；

C. 把所有的椅子放到窗户边，5分钟内完成。

每一种指令分别发给1/3的参与者。主持人告诉参与者不要把自己的指令给别人看，并要求大家按所给指令开始行动。活动结束后，组织大家讨论：

——在本活动中发生了什么事情？为什么会发生这种事情？

——你现在坐的这把椅子是活动开始时你坐的那把吗？

——你平时与那些想要从别人那里获得某种东西的人打交道时，通常是怎么做的？是合作、劝说，还是争吵、攻击、放弃？当你与别人发生冲突时，你通常怎么做？为什么这么做？

——在刚才的活动中你按指令做了吗？你是如何解释这个指令的？你为什么

这么解释？你在执行指令时是否不顾代价，也不管他人怎么做？

——你在本活动中的表现与自己平时在现实生活中的表现有什么关系？

——你对指令的情感感受在哪些方面受到你的文化背景的影响？你的文化背景是否影响了你在这种情境中的行为？

——如果再做一次，你会怎样执行这个任务？

——如何采取和平的方式解决冲突？

在这个活动中，如果拿到同样指令的人相互不合作，根本无法执行该指令；如果拿到不同指令的3个小组相互之间不合作，也无法执行各自的指令。根据以往的经验，参与者可能会采取如下几种解决办法：在门和窗子之间，把所有的椅子围成一个圆圈；先把所有的椅子围成一个圆圈，然后再靠近门放一次，最后再靠近窗子放一次；违背一部分指令，把1/3的椅子围成一个圆，1/3靠门放，1/3靠窗子放；重新布局，在屋子的当中挂上两个新写的纸条，一个上面写上"窗户"，另一个上面写上"门"；完全不遵守指令。

活动对小组成员创造性解决冲突有很大的发挥余她。活动中的小组通常会发生面对面的冲突，他们中有的人会全力以赴地开始行动，用尽全力，拼命地把椅子拖到自己的角落，尽管有人死死地坐在椅子上不动；有的人则可能不断地收集椅子，并保护自己的椅子不被别人抢走；还有人可能试图寻找合作解决的办法，与其他人进行口头协商。前面两种人的行为有可能挫伤第三种人，他们可能被弄得心烦意乱，忘记了自己原来希望合作的意图，也参加到与其他人的争吵和争斗之中。如果活动结束后组织大家讨论，可以使他们了解自己在面对冲突时通常有什么意图和行为，冲突的情境和别人的行为对自己会产生什么影响

□ 团队策略博弈法

目标是要求参与者探索小组之间竞争和合作的机制，启发他们通过探索找到竞争和合作的方法。准备2倍于小组数量的彩笔、卡片，一半上面写有"红色"字样，一半写有"蓝色"字样。操作步骤：

（1）参与者分成人数相等的几个小组，两个小组组成一对（A组和B组面对面站着或坐着）。主持人告诉大家：本游戏的目的是小组争得最高分，小组配对争得最高总积分。

（2）主持人发给每对一个写有"红色"字样和一个写有"蓝色"字样的卡片，告诉他们如下规则：除非得到主持人的指令，配对中的两个小组之间不能有任何言语和非言语交流；小组成员可以在自己的组内讨论是选择"红色"策略还是"蓝色"策略，但不能与其他组的组员商量；计分标准依配对中两个小组的选择不同而有所不同（参见步骤4）。

（3）本游戏一共玩 10 轮，每次小组要在"红色"策略和"蓝色"策略之间作出选择。每一次选择限时 1 分钟，时间一到，小组就要举起所选的牌子，展示自己小组的决定。

（4）每一轮结束后，按以下标准给每个小组计分：

两组皆选红色：各得 2 分；

两组皆选蓝色：各得 1 分；

一组选蓝色，一组选红色：选蓝色者得 3 分，选红色者得 0 分。

（5）进行第四轮和第八轮的时候，允许两个小组相互之间进行商议。

（6）10 轮结束后，计算每个小组的最终得分和每一对小组的最终总积分。

（7）为得分最高的两个配对小组发奖，并进行评议总结：

——小组成员之间是如何协商作出选择的？

——小组之间是如何形成默契和通过协商作出选择的？

——在选择的过程中，小组形成了什么竞争和合作策略？

——选择的机制和过程对小组形成竞争和合作的策略有什么作用？

在做这个游戏时，最好的情况是每一对中的两个组都选择红色来提高配对组的总积分。如果两组选择结果不相同，选蓝色的小组可得 3 分，而选红色的小组只能得 0 分。这样，配对中的两个小组可能都希望选择蓝色。活动结束后，每一个配对组的最高总积分可以有两种情况：一是 30 分（如果其中一个组每一次都选择蓝色，而其配对组每次都选择红色的话）；二是 40 分（如果每次两组均选红色的话）。为获得最高总积分的配对组颁发奖品是为了鼓励小组之间的合作。

本游戏因小组合作和竞争的机制不同而产生两种不同的结果：一是小组之间的信任慢慢减少，最后各自都希望误导和蒙骗对方；通过某种默契和相互协商，小组间的信任得到增强，并能巩固下来。在总结评议时，主持人可以引导参与者思考，自己的小组与配对小组是如何形成竞争和合作策略的，需要如何改善和发展这些策略。

□ 屏幕投影演练法

通过借助"投影仪"和"屏幕"角色扮演，来"窥测"隐匿的表面以下的问题，练习从多方位、多角度观察分析问题。基本步骤如下：

（1）"投影仪"讲话。将参与者分成小组，每组三人，其中一人自愿作为"投影仪"详细描述和系统叙述自己在生活和工作中面临的重大"两难"选择问题。

（2）"屏幕"讲话。剩下的两个人做"屏幕"，由"投影仪"来决定谁来代表哪种观点，"屏幕"角色要仔细聆听并揣摩自己的角色感受，用特定姿势和声音讲话，并展开辩论。

（3）"投影仪"重新考虑问题。"投影仪"向"屏幕"反馈他听取辩论后的感受是什么。

（4）接受更大群体的质询。让每个小组公开各自的经验，接受更大组合群体的互动讨论和质疑询问，在多元化格局中发现新的思考方式和关系模式。

☐ 深度汇谈沟通法

深度汇谈与一般的决策讨论会不同，其目的主要是通过互动探询来共同剖析问题、进行基于共同意义的集体思考并建立集体意识。基本步骤和要领如下：

（1）邀请。应该在宽松的环境中自愿参与，而不是按照行政系统或组织要求来开会。

（2）建设性聆听。在你内心深处培养更深层次的沉默，使你的大脑反应慢下来以适应耳朵的自然速度（有必要的话可以戴上眼罩聆听），并且在自我超越的状态下能够听出来对方的言外之意。

（3）"悬挂"假设。将每个人各自的假设"悬挂"在面前，以便接受大家的审视和探询，将分歧作为学习的机会。

（4）自由畅谈。不要制定议事日程，不要进行一对一式的发言，所有参与者要视彼此为工作伙伴，要围绕一个中心位置和焦点问题进行集体自由交谈。

（5）可以由一位经验丰富的人做辅导。

☐ 禁忌话题讨论法

在团队中往往有一些禁忌影响大家畅所欲言，通过卡片游戏匿名将这些问题提出来进行讨论。基本步骤如下：

（1）收集话题。给参与者每人三张卡片和系统颜色的书写工具，要求他们在每个卡片上写一个使大家都看得明白的"禁忌讨论的话题"（若涉及个人要匿名）。

（2）随机"寻宝"。将全部卡片收上来做随机处理后让大家抽取三张，将它们藏匿在任何人都可以找到的地方，随后让每个人找到三张不是自己写的卡片，重新坐到位置上。

（3）揭示共同主题。每个人轮流大声阅读三张卡片上的内容，然后将卡片贴在墙上，最后统一分类归纳，可以按照如下问题逐项进行讨论：

——这些禁忌话题有什么威胁或危险？

——是什么样原因造成不能严肃地正面讨论这些问题？

——这些禁忌话题隐藏的假设和推断是什么？

——这些禁忌话题不能充分讨论会给组织带来什么样的后果？

——讨论这些禁忌话题会对组织的核心价值观和共同愿景有什么影响？

☐ 集体串编故事法

主要是为了训练合作精神和交流技巧的一种游戏。让大家每人依次轮流说出一个词语，连接成一个有情节的故事；然后提出要求，每个人说出词语的时候要尽可能为你前面说的人圆场，且尽量通俗易懂，再编一个故事。然后发问：

——这两个故事有什么不同？

——第二个是否比第一个好？为什么？

——你是否感觉到利用集体智慧创造了一个全新的、意外的甚至很出色的结果后所带来的喜悦感呢？

——这对于团队运作有什么启迪？

——如果每个人都对他人感觉良好或为他人圆场，你的团队会发生什么变化？

也可以采取如下变通形式：参与者分成4～6人一组，每组分一组内容完整的连续画面。小组成员共同讨论，根据画面设计一个完整的故事梗概，每人分配一段编写任务，按照接力写的方式，把故事写在大白纸上，即第一个人写完后，第二个人再接着写，如此类推。各组分别把写好故事的大白纸展示给全体参与者，小组成员代表朗读故事内容，大家共同分享。最后集体讨论：

——个人完成与集体完成这个活动有什么不同？

——在完成这个活动中我们使用了哪些合作策略？

☐ 言语沟通练习法

属于提高谈判和交流技巧的游戏。分两人一组，用一分钟时间决定做某件事情，一人以"我建议……"，另一人用"好吧，但是……"做回答，对方也用"好吧，但是……"做反应，直到结束时间为止；第二轮，采用"好吧，而且……"对话，直到结束时间为止。最后提问；

——两轮对话有什么不同？

——在第二轮对话中，决策进展是否更明显？为什么？

——在实际工作中，如果不同意别人观点时，你能够采用"好吧，而且……"做反应吗？

——在冲突中你用"好吧，而且……"与人沟通，会有什么好处或损失？

注释：

[1] 例如，美国圣迭戈州立大学的罗宾斯（Robbins，S. P.），英国剑桥大学的贝尔宾（Belbin，M.）都将团队角色划分为九种。

[2] 分别见 S. P. 罗宾斯《组织行为学》（第七版），中国人民大学出版社中译本，第 275 ~ 276 页；Belbin，M.（1993）*Team Roles at Work*，Oxford：Butterworth – Heinemann，P. 58

[3] Huntington，S. *The Clash of Civilizations and the Remaking of World Order*，New York：Simon & Shuster，1996.

[4] Hofstede，G. Cultures' Consequences：International Differences in Work – Related Values，Beverly Hills，CA：SaGE Publications，1984.

[5] 有关中文文献可参见：乔恩特和华纳编《跨文化管理》，东北财经大学出版社 1999 年中译本；哈里斯和莫兰《跨文化管理教程》，新华出版社 2002 年中译本。

[6] 参见 Paul R. Timm & Brent D. Peterson：《人的行为与组织管理》，中国轻工业出版社 2004 年中译本，第 228 ~ 231 页。

[7] 参见彼得·圣吉《第五项修炼》，上海三联书店中译本，第 269 ~ 271 页。

[8] 本节主要参阅了如下文献：陈向明编著《在参与中学习与行动》（下册），有关团队游戏的介绍，教育科学出版社；彼得·圣吉等《第五项修炼·实践篇》，第六章，东方出版社；朵妮·秦百玲、莎丽·蔚丝《培训游戏大全》，第 4 章，企业管理出版社中译本。

第 4 篇

创新性开发：构建群体知识创造螺旋

10. "创意有道"：创造性思维能力开发

11. 群体知识创造：组织整体创新力开发

12. 企业家精神：市场中的组织创新开发

10

"创意有道"：创造性思维能力开发

一个新想法是旧成分的
新组合，没有新的成分，只
有新的组合。

戈登·德莱顿

人是有思想的动物。人类行为由其思想决定，有新思想才有新行为，"创新"（Innovation）行为来源于创造性思维即"创意"。所谓"创意"（Producing／Creating Ideas），其词语意义就是创造新意念、巧妙构思，即一般人们所说的"出主意、想点子"；从学习型社会大背景来看，"创意"即人们在工作和生活过程中创造性地思考和解决问题。在组织学习中，成员个人的创造性思维能力训练是开发组织群体知识创造力的基础。本章先从个体学习修炼的角度，系统讨论和介绍有关创造性思维能力训练要则。

10.1

"旧要素，新组合"：创造性思维蕴涵的真义

究竟什么是创意或创造性思维？简言之，就是"对旧要素进行新组合"。为什么这么说呢？很简单，一个"新想法"新就新在"法子"上，除此之外别无"新"意。任何"新想法"无非都是旧成分的新组合而已，没有新的成分，只有新的组合。[1]我们认为，这话很精辟！

所谓"思维"（Thinking），或称作"思考"，从心理学角度来看，就是按照一定的"心路"（经验、态度或想像等）去认识事物并解其意义。由于所认识的事物是外在地存在的，也就是说思维所加工的材料都是旧的，至于哪些材料进入你的思维，哪些是没有"看"到的，以及这些材料怎么组合，能否产生以及产生什么样的结果，完全取决于你的"心路"即思维方式；因此，所谓"创造性思维"（Productive Thinking），看来不会是针对外在存在的事物或思考所用的材料，而是对材料进行加工的"心路"即思维方式来说的。在这个意义上，我们可以说，所有创造性思维的结果即"新想法"（New Ideas）都是来自于"旧要素"，只不过是对旧要素按照不同已有的"心路"即思维方式进行了"新的组合"，如此而已。

例如，图10-1是心理学上经常举的两个图例。对于这样模棱两可的图像辨认，不同的人由于其"心路"的差异，可能"看"到的是完全不同的形象。左面图像，对于脑科学工作者或医科专家来说，自然是一个脑结构图；但是，对于没文化的农民来说，他可能会立即看出裸体婴儿的形象来；而一般人，可能最先看到的是脑结构图，仔细观察后会发现是一群婴儿集合体。在右图中，西洋人会马上看出大鼻子老太太的形象来，因为他们的意念中"人是高鼻梁的"已经成

为不假思索的"看人"常识或习惯；而对于只熟悉黄皮肤的东方美女形象的中国人来说，则大多可能会看出一位颈项带着饰物的年轻女子侧面头像。图像是客观存在的，"看出来什么"完全取决于你"怎么去看"，能否"看"出新意来就看你的"看法"是否有新意了。

老妇与少女 ▶

▼ 人脑与婴儿

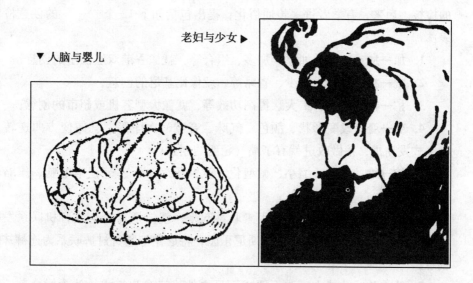

图 10-1 模棱两可的图像

还有，即使在结果不重要或不成问题的情况下，"心路"的独特性差异也能够引发出"创造性"效果来。在实际工作和生活中，很多时候，人们并不是不会做事而是做不好事。"会做事"与"做好事"不是一回事。一般情况下，会做一件事情往往并不是问题，但如何事半功倍地做好它往往是大不相同的。而这恰恰就是创造性与非创造性的分水岭。例如，对于将 1 到 100 的所有整数加起来。这样的算术题，对于任何一个识数的小学生来说，可能都会按部就班地正确累加出结果来，但六岁刚入学的高斯[2]却以不同的方式很轻松地解答了这道"啰嗦而无新意"的算题：他"掐头去尾"地组合了 50 个得数都是 101的算式，很快得出别人需要费半天工夫才能得到的答案。什么是"创造性思维"，这就是！材料是"旧"的，甚至结果依然，但解法是"创造性"的，效果炯异。

所以，创意或创造性思维不是"无中生有"，而是"推陈出新"，从特定的实用目的出发，将已有的东西以新的方式或结构重新进行"组合"，从而获得一种新价值、新效应或新成果。正如美国一位自称以创意维生的广告人所说：创意完全是把原来许多旧要素作新的组合，在心智上养成寻求各事实之间关系的习惯，这是产生创意最重要的事情。创意实际上就是旧材料的新组合，组合是创意的本质特征，无穷的创意来自巧妙的组合。这犹如，万般美妙、变幻莫测、有无穷创造空间的音乐，无非是 Do Re Mi Fa So La Xi 七个音阶的排列组合。

为此，有人特提出"创意检核表法"，即用一张清单对所需要的问题一条一条地进行核计，从各个角度诱发多种创造性设想。检核表通用性强、简便易行，一般包括转化、适应、改变、放大、缩小、代替、重组、颠倒、组合等九个方面的检核。后来，有学者进一步通俗化，提出包括如下 12 个"一"的创意检核列表：

1. **加一加**：加高、加厚、加多、组合等，就像香港双层巴士的创意；

2. **减一减**：减轻、减少、省略等，就像比基尼的创意；

3. **扩一扩**：放大、扩大、提高功效等，就像大型客机或超市的创意；

4. **变一变**：改变形状、颜色、气味、音响、次序等，就像使方向逆转发明喷气式发动机，稍做改进就有了喷气轮船的创意；

5. **缩一缩**：压缩、缩小、微型化，就像压缩饼干、笔记本电脑、压缩软件等的创意；

6. **联一联**：把因果、相关因素联系起来，就像把耳机与收音机联系发明随身听，将米老鼠与旅游组合为迪斯尼乐园，将尼龙与紧身衬裤联系为连裤袜等的创意；

7. **改一改**：改缺点、改不便或不足之处，就像改英式足球为橄榄球，垒球来自棒球的创意；

8. **学一学**：模仿形状、结构、方法，学习先进，就像日本人那样善于进行创造性模仿的创意；

9. **代一代**：用别的材料代替，用别的方法代替，就像用小球替代钢笔笔尖发明圆珠笔的创意；

10. **搬一搬**：移作他用，就像海尔大地瓜洗衣机的创意；

11. **反一反**：能否颠倒一下，就像喇叭裤变成了老板裤的创意；

12. **定一定**：定个界限、标准以提高效率，如像劳斯莱斯汽车那样安静，摇滚乐那样吵闹，迷你裙那样暴露等的创意。

正是在这个意义上，创意技法训练无非就是一种"脑拼图游戏"或"思想万花筒"，即如何多元化地开发和拓展思维方式或方法，以便对旧元素进行巧妙结合、重新配置以获得整体上的新效应。

10.2

"别出心裁"：创意中多样化思维方式的选择及运用

创意或创造性思维的事虽然奥妙无穷，但并非神秘莫测，亦是有道可循的。要进行创造性思维，必须选择和运用多样化的思维方式。不仅要能够借助左脑机能逻辑地进行清晰的抽象思维，更要能够综合运用左右脑借助具体事物和情景进行形象思维和灵感思维；不仅按照常规性可分为顺向的定程式思维，更要能逆向的捷径式思维；不仅要在方向思路上能够进行聚合性或纵向性思维，更要能够发散思维或横行思维。

☐ 抽象思维

抽象思维又称理性思维、逻辑思维或线性（一维）思维，它是借助概念、判断、推理等抽象形式，来推断未知事物、概括或验证创意的一种思维方式。抽象分析能力是创造性思维的基础。

面对特殊情景问题，基于经验按照"逻辑推理"（Logical Reasoning）的从假设前提推断结论的程式进行思考，是获得理性知识的基本方法。其基本方式无外乎两种：一是"演绎推理"（Deductive Reasoning），一是"归纳推理"（Inductive Reasoning）。

所谓"演绎"（Deduction），就是按照"程序法则"（Rule of Procedure）从一般到特殊的推理，即根据一个普遍认可的原则、定理或定律为"大前提"（Major Premise），进而从经验中推演出特定的事例作为"小前提"（Minor Premise），然后得出一个新命题即肯定判断作为"结论"（Conclusion），这就是形式逻辑中的所谓"三段论法"（Syllogism）。例如，其一般形式可写成：

——大前提：所有的 X 是 Y；

——小前提：Z 是 X；

——结　论：所以 Z 是 Y。

只有在两个前提是真的情况下，结论才会是真。有时，推理在形式上看很像三段论，但实际上是无效推论。例如，假如将上面的三段论改成如下形式，那么就会形成无效推论：

——大前提：所有的 X 是 Y；

——小前提：Z 是 Y；

——结　论：所以 Z 是 X。

所谓"归纳"（Induction），就是按照"概率法则"（Rule of Probability）从特殊到一般的推理，即根据所观察到的多个具体现象，概括总结其共同特征，从而得出一般性的结论。在实际观察中，由于所观察到的对象大多数情况下是不完全的，而只是一部分"样本"，因此，归纳推理所得出的结论往往不是确定的，只是一种有待进一步验证的"假说"（Hypothesis），或概括性的"可能判断"（Generalization）。

通过创造性思维进行科学探索要注重运用归纳方法，科学上的"定理"（Proposition）大多是利用归纳推理得到的。利用定理定律去验证假设、分析解决问题，就是演绎推理。这是传统学校教育的基本模式，要进行创造性思维，既要注意演绎推理的基础训练，应注意尽量突破这种程式对思维的束缚。一些实际经验丰富的人，虽然没有经过严格的逻辑训练，往往"不按牌理出牌"，仅凭借"经验法则"（Rule of Thumb）进行思考，虽然可能导致错误或失败，但往往能够获得事半功倍的创造性效果。

❑ 形象思维

形象思维又称直觉思维、面型（二维）思维，它是借助具体形象的生动性、实感性来进行创造性思维的一种方式，包括具体形象思维、言语形象思维和逻辑形象思维。

形象思维是充分借助右脑机能的思维方式。在第5章中，我们在讨论右脑开发的问题时已经提到，左脑主要根据已知的信息进行"按部就班"的逻辑推理分析，而右脑则擅长借助"通觉"（图形、空间、绘画、形象等）的感知和领悟能力进行创造性思维。右脑存储着祖先千百万年留下的遗传信息好比汪洋大海，其情感和知觉等"自然选择"遗传和进化的功能很少能够被"人工智能"所模拟和替代；因此，借助右脑的思维方式，可以基于人类遗传信息，更豁达、视角更宽广、心态更美好地去思考和解决问题。

形象思维往往通过表象、联想（包括幻想或白日梦）和想像的方式来表现。表象是人在其知觉的基础上形成的感性形象，其在大脑中的重现为"记忆表象"，改造成新形象叫做"想像表象"。"联想"是由一事物想到另一事物的心理过程，其在已经存入的记忆表象事物中展开思维活动，并不断地把这些记忆表象联系、组合、接续以诱导、激励出好的创意；联想有接近联想、相似联想、对比联想和因果联想四种基本类型。而"想像"则是人脑思维在改造记忆表象基础上创建未曾直接感知过的新形象和思想情境的心理过程。

例如，我们在第 5 章也提到，爱因斯坦就是一个平衡和谐地运用左右脑，借助想像进行创造性思维的典型楷模。其许多重大科学发现都应该归功于形象思维，他思考问题往往不是借助语言，而是用"活动的、跳跃的形象"进行思考，然后再花很大力气将之转化成语言文字表述出来。

将抽象思维与形象思维相结合，因应具体情景问题进行创造性思维，就是所谓"灵感思维"，又称"顿悟思维"或"体型（三维）思维"，它是具有突发性、瞬时性、随机性、跳跃性、创造性的思维活动方式，是潜意识转化为显意识的一种特殊表现形态。这不是一种独立的思维方式，而实际上是基于抽象逻辑思维能力，将现象思维、形象思维交叉使用，相互补充，有效综合，从而创造性地分析、思考和解决问题。

在科学上很多重大发现和创造，都是借助这种"灵感"或"顿悟"的思维方式获得的。例如，大家所熟知的例子，爱因斯坦利用做"白日梦"产生"宇宙本来就是弯曲的"顿悟，像阿基米德看见洗澡水溢出而想出检验金冠真假的办法，牛顿看到苹果落地发现万有引力，这些都是灵感思维的结果。如何进行潜能训练，挖掘潜意识在创意中的特殊作用，是创造性思维能力训练的一个重要课题。

□ 逆向思维

逆向思维相对于"顺向思维"而言，即反常规、反传统的思维方式。即不是按照从上到下的指令、从小到大的成长、男左女右的习惯、从高到低的流水等常规定势进行思考，而是打破习惯性思维定势进行反向思考问题，探索创新性的解决思路和方法。

运用逆向思维去思考问题，往往能找到出奇制胜的新思路、新点子。例如，在广告创意中，很多成功的广告作品都是借助逆向思维获得的。例如，宝洁公司广告采用逆向思维方式创意，以男模特表现妇女用品的益处（见图 10-2）；美国美特牌丝袜广告，曾用著名男棒球运动员乔·纳米斯作代言人；加拿大西格拉姆酿酒公司，曾在美国 150 家报纸刊发"劝君切莫饮酒过量"的广告等，都曾收到很好的广告宣传效果。

□ 发散思维

发散思维又称"扩散思维"、"辐射思维"、"开放思维"等，与"聚合思维"（又称"收敛思维"、"辐合思维"、"集中思维"等）相对应，它是开放性地思考问题，同时考虑所有可能的解决途径。

　　"聚合思维"是根据经验和知识遵循逻辑规则去寻求确定性答案，是一种异中求同、归纳集中、由外向里的思维方式；运用聚合思维有利于思考的深刻性、系统性和全面性，但往往不能抛开已有知识和经验的束缚，往往限制人们从其他角度去思考问题。

图 10 - 2　宝洁公司妇女用品广告

　　"发散思维"与"聚合思维"不同，是一种由一点向外联想、发散思考的方式。它不局限于寻求单一的正确答案，或钻牛角尖式地探讨问题，而是开放性地在所有方向上探询解决问题的途径。这种创造性思维方式的基本特征有：

——心态开放，能够达观地广泛地产生联想；

——全面掌握材料，进行周密分析思考；

——思维敏捷，能够随机应变、触类旁通，不墨守成规；

——具有根据情景创造性解决问题的意念和倾向。

在创意中利用这种思维方式，可以充分调动沉淀在大脑中的素材、运用丰富的想像异想天开，产生新思维。例如，一个小小的别针，可以从材质、重量、体积、长度、颜色、弹性、形状等层层发散构思，可以举出数千种用途。在创意的启动阶段这种思维方式非常有用。

❑ 横向思维

横向思维又称"水平思维"，与"纵向思维"或"垂直思维"相对应。

所谓"纵向思维"是指根据事物本身的发展过程，按照既定的思考路线进行上下垂直式思考。这是一种选择性的、分析性的、按部就班的、遵循可靠途径的、必然的、排除不相关的思维方式，是一种探索前因后果、把握来龙去脉的传统思维方式。在创意中运用这种思维方式，能历史地、全面地看待问题，有利于思维的深刻性、系统性，但因思维点一环一环紧密联结，若一个环节中断就会使整个思维过程不能继续下去。

"横向思维"则与之不同，它是从与某事物相关联的其他事物分析比较中寻求突破口，是一种生生不息、激发性的、跳跃性的、探索最不可能途径的、或然的、欢迎新东西进入的思维方式。在创意中运用这种思维方式，可以引发灵感，产生新构想，收到意想不到的创意效果。

总之，要有效进行创造性思维，就必须熟练掌握并巧妙地综合运用多种思维方式，去多角度、多方位、多层次地思考分析和探询解决问题。

10.3

创意流程："踏破铁鞋有觅处，得来全要费工夫"

创意不是神秘莫测的，创造性思维能力也不是一蹴而就的，它必须经过一定过程的"煎熬"及长期的"苦行修炼"才能获得。关于具体的创意流程描述，不同学者有各异的概括。如，美国广告界泰斗詹姆斯·韦伯·杨认为广告创意流程是收集原始资料→用心智仔细检查这些资料→综合孵化→灵光凸现→发展、评估创意；英国心理学家 G·沃勒斯提出的创意流程模式是准备→酝酿→豁朗→验证，加拿大内分泌专家、应力学说创立者 G·塞利物则把创意与生殖过程相类比，提出恋爱或情欲→受胎→怀孕→产前阵痛→分娩→查看与检验→生活的"七阶段"创意流程模式，等等。这里，我们以詹姆斯·韦伯·杨的观点为蓝本，对创意流程做一简要概括。

☐ 阶段1：收集资料，进行创意准备

"巧妇难做无米之炊"，而资料就是创意的"食粮"。任何创意都是建立在广泛占有资料、充分把握相关信息的基础之上。我们定义，创新就是"旧材料新组合"，而没有"旧材料"，就没有"新组合"，也就没有创新可言。

思维所加工的旧材料，哪些能够进入你的视野，哪些是没有"看"到的，也要取决于你的"心路"即思维方式，如何搜集资料及搜集什么样的信息资料直接决定着你创意的结果，因此这同样需要有创造性思维方式。同时，由于创意的方向是不确定的，你事先很难知道哪些材料是有用而哪些是没用，应该到那里还是到这里来搜集，等等，所以，搜集资料也应该是开放性地去进行。不仅要搜集与创意密切相关事物的信息资料，而且需要特别注意日常生活素材、一般性知识和信息的积累。

事实上，创意的素材往往主要靠的是日常积累，而不是临时"搜集"得来的。有创造力者应是一个生活的有心人，随时随地观察和体验生活，并把观察、体验的东西随时记录下来，才能在创意中"厚积薄发"。一切从事创造性活动的人，从广告人到小说家，从影视演员到学术大师，其所谓"天才创意"无不产生于日常的生活积累。一个绝妙的创意作品实际上是一个综合调动创作者一生的知识、经验及记忆印象，并将此按特定意图加以重新组合的结果。

☐ 阶段2：分析归纳，进行创意酝酿

对搜集来的资料进行分析、归纳和整理，依据特定问题导向目标，列出有关事物的共性、优势或局限，通过比较分析寻求创意的突破口。这样的过程，按照一个创意专家的说法，就是"信息的咀嚼"，是创意者"用心智的触角到处加以触试"。在这个阶段，由"问题"引导下积极思考，把积累的形象、言语、片断等在脑海中进行各种排列组合，绞尽脑汁、苦思冥想，因此这时创意者往往处于焦躁、激动不安、煎熬和痛苦之中。

□ 阶段3：灵光闪现，顿悟产生创意

经过长期思考酝酿之后，一旦得到外在的触发或刺激，脑子中已形成的尚不清晰的思维模式就会如同电路接通那样灵光闪现，犹如看到"寒冷清晨过后的曙光"。

在百思不得其解的状态下，如果创意者暂时离开他所思考的问题，松弛一下紧绷的神经，去做一些轻松愉快的事情，如睡觉、听音乐、沐浴、散步等，这时往往会发生"尤里卡效应"[3]，收到"踏破铁鞋无觅处，得来全不费功夫"的效果。

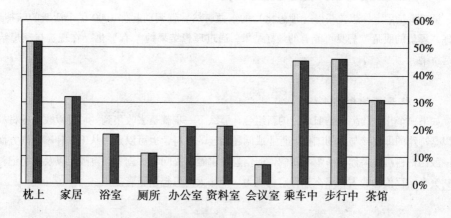

图 10 - 3　日本发明家灵感发生地点频率统计

资料来源：余明阳、陈先红主编《广告策划创意学》，复旦大学出版社，第 286 页。

1983 年，日本一家研究所对 821 名日本发明家产生灵感的地点做了统计调查（见图 10 - 3），结果发现：在户外的比率最高，其次是家中，比率最低的是在工作单位。创意的产生，可以说，是一种厚积而薄发的过程。

□ 阶段4：实践验证，发展完善创意

创意形成后，需要对闪露智慧光芒的创意构思进行进一步完善。应联系实践，进行认真检验和验证，仔细推敲，征求他人意见，使之不断成熟和完善。将创意构想交于专家、同事、公众进行批评修正，集思广益、反复验证，是创意发展完善的重要途径。

有人将创意流程做诗意表达：准备阶段犹如："昨夜西风凋碧树，独上高楼，望尽天涯路"；酝酿阶段好似："衣带渐宽终不悔，为伊消得人憔悴"；顿悟

阶段比作："众里寻他千百度，暮然回首，那人却在灯火阑珊处"；而验证阶段
则要："大胆假设，小心求证"。

专栏 10 - 1　操作方法

绝妙创意的十二个步骤

◇　**界定你的问题**

首先要预先明确而不限制地（restrictively）界定你的问题。

◇　**界定最佳结果并设想它如何实现**

第二步是界定你想要获得（理想化）的东西，然后就调动起你1000亿个活跃的脑神经细胞，用你"思想的眼睛"想见可能有的最好结果，通过理想结果的"有形化"在现实与理想结果之间架起桥梁。

◇　**收集所有的材料**

如果一个伟大的想法是旧成分的新组合，那么下一步就是去收集到一切可以收集的材料。材料可以是特殊的即直接与你的工作、行业或问题相连的材料，也可以是你从千百种不同的方面收集来的一般性材料。如果你是一个不知疲倦的信息寻求者、提问者、读者、挑战者以及用笔记和神经细胞树突来储存信息的人，那么你肯定会成为一个伟大的思想创新者。

◇　**打破模式**

要创造性地解决问题，你必须开辟新的道路、寻找新的突破点、发现新的联系，你必须打破原有模式。最简单的方法是，从那些能改变你思路的问题开始。如果使你面临问题加重1倍、减轻一半、使其静止、重组、翻过来、倒过去或合并，那将会怎样呢？如果你取消或部分消除它，会怎样？如果你替换了它的一部分呢？如果你使它变小、变短或变轻了呢？如果你给它重新着色、精简或夸大了呢？如果你重新包装它呢？用不同的方法分类呢？如果你使用了你的全部感官并加上香味、加上声音或使它看起来摸上去不一样，会怎么样？

◇　**走出你自己的领域**

试着把你目前的先入之见放在一边。你用来解决问题的要素不应该仅仅是那些特别针对你参与其活动和流程的东西。只使用这些，你将会得出同样的老结论。所有好的发明者、革新者、创造者对于新知识都有一种永不餍足的爱好，永远不忘去求索。

◇　**尝试各种各样的组合**

因为一个新想法是旧要素的新组合，所以去尝试各种各样的组合。当它们闪现时，赶快记下来。从不同的始点尝试。随意选择任何东西如一种颜色、一种动物、一个国家、一个行业，试着把

它们与你所要解决的问题联系起来。不要太集中于你的特殊领域，也不要被你自己的先入之见限制。尽可能广泛地阅读，特别是阅读那些远离你自己专业的、谈论未来和挑战的文章。一直要问："如果……会怎么样？"

◇ **使用你所有的感官**

有意识地试着投入你的所有感官。如果问题已经被精确地界定了，那么试着想像其某些答案。记着：爱因斯坦的相对论是通过做"白日梦"产生的。画脑图是一项极好的创造性工具和手段，以某些新的方式把信息联结在一起、以某些新的群组把信息联结在某些新的分枝上，这样，你的思想观念不再仅仅是以某一个方向排列成行的。就这样做，直到你的头脑浮想联翩、不能自已。

◇ **利用潜意识酝酿创意**

当你吃下去好食物以后，体内的消化液会做余下的事。创意的"消化液"便是潜意识。注意运用放松技巧，把你的大脑放到最有接受性和创造性的状态中。

◇ **利用音乐或自然放松**

很多人发现，放一些轻松的古典音乐，参观艺术画廊，或在河边或海边散散步，凡是能让头脑开始作新组合的事都可试试。放松技巧可以因人习惯而异。

◇ **把问题带进睡眠**

在你临睡前，回忆你的问题以及理想的解决方式。如果你已划定最后期限，把它放进"大脑库"，那么你的潜意识就会接管，它从来不睡觉。

◇ **"我找到了！"它突然出现了**

这是整个过程中最容易的，它突然出现了。你或许在刮胡须，或许在沐浴或睡觉，突然之间，答案已经显现。

◇ **再检验它**

当新的答案突然出现后，再检验它。它是不是完全解决了你的问题？你能否修正或改进它？

资料来源：珍尼特·沃斯、戈登·德勒顿《学习的革命：通向 21 世纪的个人护照》，第 165～177 页，上海三联书店 1998 年中译本。

10.4

"智人自扰"：创造性解决问题的心理障碍

知道了创造性思维方式有哪些以及创意流程有哪几个阶段，并不能保证人们就能够在实际中面对具体的问题情景，就能够自觉地运用这些原则去创造性地解决问题。人们在实际工作和生活当中遇到的问题，往往很少像"汉诺塔难题"[4]那样，只要按部就班地遵循演绎推理程序就可以找到答案。大多数问题情景是目的明确但途径方法犹如迷宫乱麻，需要综合运用多种思维方式因应情势而随机应变，当事人很难在有限的时空条件限制下理出思路来；特别是对于超出自己经验和知识局限的陌生情景问题，当事人往往无所适从，既形不成一定的逻辑架构去推理，也无从凭借经验去思考。

但是，即使习得了思维能力和积累了经验知识，人们又往往陷于"聪明反被聪明误"的困境，已有的知识和经验不仅无助于解决新问题，同时也成为创造性地解决问题的主要障碍。创造性地解决问题的影响因素很复杂，有问题性质方面的，也有能力动机方面的，还有经验知识方面的。这里主要根据心理学的有关研究成果[5]，从经验知识方面对影响创造性解决问题的主要心理因素，作一简要介绍和分析。

☐ 心理定势影响

心理定势影响是指这样一种现象：在某种情景下，当事人常用同一种思路和方法应对解决了问题，以后每当反复出现同一情景时，往往为经验形成的"心理定势"（Mental Set）所驱使，会不假思索地采用习惯了的做事方式去应对实际上已经变化了的情景问题。

美国心理学家卢钦斯（Luchins，1946）设计的一个用桶量水方法实验（见图 10-4），很能说明心理定势对于创造性解决问题的影响。

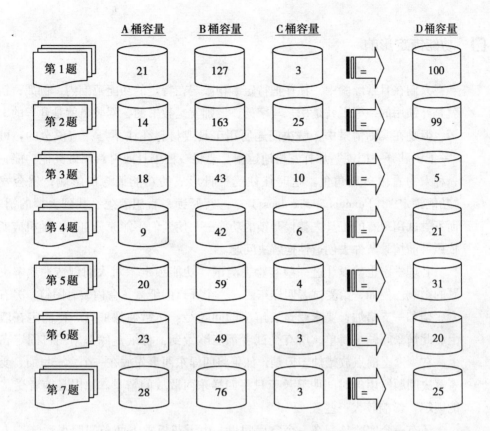

图 10-4 卢钦斯心理定势实验题

实验共设七道题，每题给出 A、B、C、D 四只水桶，水桶容量大小不等（具体容量如图所示）。现在要求：受试者自行设计方法，用 A、B、C 三只桶量出与 D 水桶容量正好相同的水量倒入其中。此实验题并不难做，其实只是小学四则运算题。例如，第一题的解决办法无非是：

——先将 B 桶装满水（127）；

——然后倒满 A 桶（127－21＝106）；

——最后再用 C 桶从 B 桶中盛出两桶来（106－3×2＝100）。

其他各题的解决思路相同，如果将这样的解题思路固定下来，形成"公式"就是：D＝B－A－2C。受试者一直按照此思路和公式套做下去，以为自己找到了"规律"，但做到最后一题就行不通了，竟有 2/3 的大学生受试者做不出来第 7 题。

实际上，此实验从第 6 题，就有了情景的变化。此题除了"传统"的解决思路外，其实还有一种思路：D＝A－C。到了第 7 题传统的解决思路立刻"断路"，只有：D＝A－C 这一种新思路才能走得通，但是受试者仍然受传统思维定势的影响，失去了随机应变的能力，以致看不到这个新的解决通道。

❑ 功能锁定影响

人们在日常经验中，往往把特定事物限定在特定的功能范围内，例如；钥匙就是开锁用的，笔纸就是用来写字的，老师就是教书的，驾驶员就是开车的，等等。但是在实际情景中，解决问题所用工具或材料往往不是一应俱全的，可以"一把钥匙开一把锁"那样宽松地运用，要将一种工具或材料用做其他功能，将一种人物看做多重角色。这时往往受平日形成的功能概念的影响，就会发生"功能锁定"（Functional Fixedness）——想开锁一直想着怎么找到丢掉的钥匙，而不尝试用现有的工具去替代开锁的功能——使人们不能充分自如、随机应变地依照目前情景条件去创造性地解决问题。

心理学家也曾设计过一些实验去测试"功能锁定"对人们创造性地解决问题的影响。例如，给受试者四样东西：一个开口的纸盒，盒内装有图钉，另有一盒火柴和一支蜡烛；要求受试者解决的问题是：使蜡烛像壁灯一样固定在墙壁上。此情景问题很简单，所有受试者都能够做到：将纸盒底部用图钉固定在墙上，在纸盒上面点放蜡烛。但是，如果将四样东西事先放在一个盒子里面，受试者解决问题所用的时间明显长于只将四样东西散放的情景。原因是前者受"功能锁定"影响较大一些。

还有一个实验是：在一个空房间里，由天花板垂下两条间距很远（一人无法同时抓到）的绳子，要求受试者将二者接到一起。此情景问题看来也很简单，但多数受试者需暗示启发才能做到：事先使一条绳子摆动，在去抓另一条绳子，即可解决。但设计者有意设置了特殊的实验情景。在房间地板一角放置两样不相关的东西：一个电插座，一个电开关；实验前，要求大学生受试者在另外一间屋子里做两项活动：一组练习电插座组装拆卸，另一组练习电开关组装拆卸。而后进入空房间做摆动绳子实验。结果在 19 位顺利解决问题的大学生当中，竟有两位多此一举地利用他在预备活动中所处理过的材料（电插座或电开关）来作为摆动物。

因此，要创造性地解决问题，就要善于解开心理上的"功能锁定"，针对情景条件和需要，随机应变地重新组合手段与功能匹配关系，以达到解决问题的目的。

❑ 认知结构影响

面对具体情景问题，人们思考问题的方式深受其特定的"认知结构"（Cognitive Structure）影响。一个人的认知结构代表其生活经历中所习得的关于人、事、物的基本看法。求解问题时，人们会不自觉地运用自己特有的认知结构去框定和试探：如果情景状态与自己的认知结构相吻合，那么就会很快解决问题；如果情景状态超出自己的认知结构，他就会感到无所适从。

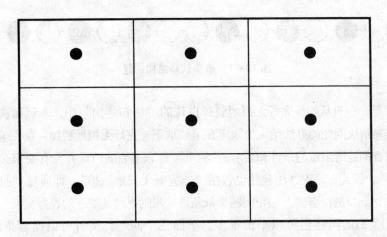

图 10 - 5　九点连线认知结构问题

为了考察认知结构对人们创造性解决问题的影响，心理学家也设计了很多测验题目。例如，一种测试实验是，让被测试者仅用一笔画出四根直线，将图 10 - 5 中的 9 个圆点全部连接起来。

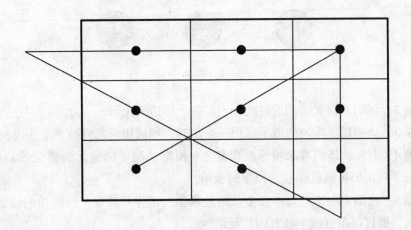

图 10 - 6　九点连线认知结构问题解法

解决此问题，如果仅从九个点围成的方阵去考虑问题，那么是无法找到答案的。因为在这样的"认知结构"中，要想将九个圆点全部串起来，必须要五条直线才能做到。要解此题，必须突破九点方阵的"认知结构"，在更大区域空间去考虑问题，使直线延伸到九点方阵之外（如图 10 - 6 所示），就能获得解决。

再例如，工艺店出售黑白相间的玻璃串珠，每串12个，用钢丝串连。店主发现其中有一串多装了一颗白珠，其相关位置如图10-7所示。试问：在任何其他各珠原封不动且不能改换钢丝的情况下，如何取下那颗多装的白珠？

图10-7   串珠认知结构问题

要解此题，一直从如何完好无损地脱掉白珠的"认知结构"中，永远解决不了。实际上，这是将解决问题的办法给人为限定在了"取下=完好无损地脱掉"的圈套之中造成的困境。核查问题所限定的条件和要求，"取下"那颗多装的白珠并没有要求必须"完好无损地脱掉"，因此，解决办法自然也包括"非完好无损地脱掉"，即通过"打碎一个白珠"的办法达到目的。事实上，在问题情景条件的限制下这是惟一的答案。

其他相类似的问题还可以举出很多。下面几个问题，读者可以循着排除"认知结构"影响试解之：

问题1：请笔尖不离纸面画出两条直线，使之通过图10-8所示的六个球体？

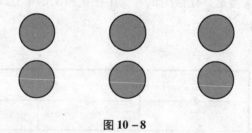

图10-8

问题2：试用六根火柴摆成彼此相连的四个等边三角形？

问题3：烧一根不均匀的绳子需用一个小时，如何用它来判断半个小时？

问题4：有九枚体积看来相等而其实之一稍重（用手掂也无法感觉的）的金币，试只用天平两次即可确认哪枚是稍重的金币？

问题5：在图10-9的每个点上放一枚硬币。请你只改变一枚硬币的位置，形成两条直线，而且每条直线上各有四枚硬币？

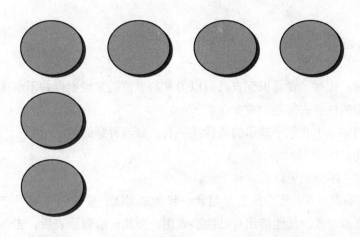

图 10 - 9

问题 6：有四条锁链，每条由三个封闭的铁环连接而成。现要将四个锁链首尾连接起来形成一个包括 12 个铁环的大圆环，必须将部分铁环锯开连接后再焊接上，锯开一次费用为 5 元，焊接一次为 7 元，但经费预算只有 36 元。问：如何在不超过预算的条件下达到目的？

总之，遇到实际难以解决的问题，当事人必须首先能够实际进入情景中，辨清楚问题情景所限定的条件和要达到的目的，要特别注意排除上述心理因素的影响，进行多元假设、思考，试探多样化的思路、策略、途径和方法。这样，才能获得创造性地解决问题。

10.5

提高创造性思维能力训练：几种游戏方法介绍

当代管理学大师德鲁克（Druker，Peter F.）说得好："每一项工作都没有特定的'个性'，所需要的只是愿意学习、愿意努力工作和持之以恒、愿意自我训练以及愿意采纳并应用正确的政策和实践方法。"[6]创造性思维能力也不例外，它不是特定人的某种个性，而是任何一个人如果"愿意"都可以获得的一种技能。本小节，我们将根据有关编译材料[7]，介绍一些提高创造性思维能力的游戏训练方法。

☐ 熟视无睹[8]

目标：让参与者意识到自己习以为常的事情通常观察得并不细致，反思细致观察对创造性解决问题的重要性。

材料：一个非数字显示的指针式手表，参与者穿的鞋。

时间：10 分钟

步骤：本活动可以有两种变式。

A. 手表游戏。要求所有参与者一起参加测试，要他们先用手把自己的手表盖上。找参与者，让他借出自己的手表用一会儿；借到手表后，告诉借表者：假定那块表丢了，后来被你找到。但归还之前，你想确认那块表是否属于他。因此，你需要问对方如下一些问题：

——手表是什么牌子的？

——表面的颜色是什么？

——在表面上是否有什么痕迹？

——手表的数字是罗马数字还是阿拉伯数字？

——有多少数字显示？

——表面上是否有日期？

——是否有秒针？等等。

主持人在问这些问题时，要求其他参与者也根据自己手表的情况思考上述问题。结果可能发现：大多数人不可能完整而精确地描述出自己手表的样子，即便他们每天都几十次地看它。

B. 鞋子游戏。让参与者把脚藏到桌子底下或椅子下，不许低头看；让他们迅速描述自己鞋子的主要特征，包括颜色、鞋带系紧时的形状、尺寸、鞋后跟的形状、缝线等；两分钟后，让他们低头看各自的鞋。结论也很容易得出：大多数人对自己鞋子的描述都不准确，即便他们每天都要看很多次。

提示：通常人们对自己身边习以为常的事物不仔细观察，但却认为自己对这些事物非常了解。本游戏通过参与者观察身边一些极为熟悉的东西，了解自己平时的思维定式和自我判断的错误，进而达到反思和改进自己思维习惯的作用。这些事例生动地表明，对大多数人而言，日常生活中的观察并不足以培养一个人的观察技巧。活动结束后，主持者可以组织参与者讨论如下问题：

——为什么我们平时不能细致观察？是时间压力？缺乏关注？想当然？还是别的什么原因？

——你是否知道，由于人们忽略了一些习以为常的事情而导致重大事件的发生？请举出一些这样的事例。

——在大家参与的情境下，对那些极为"普通的"事物进行观察有什么意义？

☐ 寻找字母[9]

目标：让参与者认识到，前面发生的事情有可能影响自己后面看事情的方式，使其了解自己观察事物的习惯和局限性。

材料：活动展板，两张图（见图10－10）。

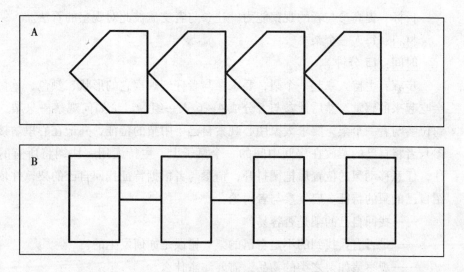

图 10－10　游戏看板

时间：15分钟。

步骤：主持人先在活动展板上展示图10－10A，并问参与者：你们看到了什么？可能的答案有：四个箭头，四间相邻的房屋，重要性向左递增，一个人向左走，等等。当听到有人说出"三个K"的答案时，立刻向大家强调这个答案。然后展示第二幅图10－10B，并问参与者：现在你们看到了什么？参与者很可能立刻指出："三个H"。最后主持人问参与者：

——如果没有人事先指出上面的K，你们这次能够看到H吗？为什么看到H比看到K容易一些？

——你最初看到第一张图片时，为什么会看到"四个箭头"，"四间相邻的房屋"等等？这些东西与你个人的观察习惯有什么关系？

——你在工作中是否有这样的体验：最近发生的一件事情会影响到你目前观察的结果或你后来采取的行动？

提示：本游戏训练能够生动地揭示参与者平时的观察定式，促使他们对其进行自我反思，拓宽观察思路。由于受到第一张图的启发，他们在解读第二张图时很容易运用前面的观察方式。培训者可以通过讨论启发大家思考，自己的观察和思维是否经常受到以前所发生事情的影响，这种影响是如何发生的，自己是否能够对此有所监控。注意的是，在进行这个游戏训练时，主持人最好事先准备好两幅图例，若当场作画参与者可能很快就会发现其中隐藏着的 K 和 H。

❏ 是谁的梨？[10]

目标：提高参与者的观察能力，让参与者交流彼此对观察的看法。

材料：每人一个梨。

时间：15 分钟。

步骤：主持人拿起一个梨，要求参与者仔细观察它的形状、颜色、重量，体会吃起来的感觉。然后让参与者分成 4~6 人一组，讨论如何观察一只梨。发给每位参与者一个梨，要求大家用心观察自己手中梨的特征，并记在心里。接着让参与者将自己的梨放在房间中间的一个桌子上，主持人用一块绸将所有的梨遮住，任意移动梨的位置后把绸打开，请参与者根据特征找回自己的梨，并依次介绍自己的梨的特征。启发参与者讨论：

——找回自己的梨是否容易？

——是否有人找到的不是自己的梨？错误是如何发生的？

——观察诸如梨之类的物品，需要注意什么？

——这类观察活动对提高我们的观察能力有什么帮助？

提示：本游戏训练让参与者观察一个自己经常看到并经常吃，但不一定仔细观察过的水果，目的是让参与者了解自己平时的观察习惯，提高自己的观察能力。后面的讨论可以促使参与者进一步思考有关观察的问题，并且与其他参与者交流自己的心得体会。

❏ 观察记录

目标：让参与者学习设计观察提纲和观察表，记录观察结果。

材料：一段录像（内容根据参与者情况而定）。

时间：60 分钟。

步骤：

1. 主持人告诉参与者：我们即将观看一段录像，请大家设计观察提纲。观察提纲应该列出观察的要点（即你打算观察什么），以及观察的方法（即你打算如何观察）。

2．参与者个人设计观察提纲。

3．参与者组成 2~3 人小组，相互交流观察提纲，修改完善，形成一份共认的观察提纲。

4．请每个小组汇报自己的观察提纲，全体参与者分享统一的观察提纲。

5．主持人告诉参与者：为了更好地进行观察，现在请大家设计一份观察表。

6．参与者个人设计观察表。

7．参与者分成 2~3 人小组（尽量与上次小组不同的人分在一个小组），交流、修订观察表。

8．全体分享，形成一份统一的观察表。在引导讨论的过程中，培训者可以参考表 10-1 中的观察表形式，也可以按参与者的意见形成自己的观察表。

表 10-1　　　　　　　　　　观察表例样

观察时间	观察到的事实	观察方法	反思笔记

9．观看录像，参与者同时使用观察表作详细记录。

10．参与者与不同的人再次组成 2~3 人小组，分享交流观察结果。

11．全体讨论，对比异同，分析原因：

——我在录像中看到了什么？我是如何看到我所看到的东西的？

——我记录了什么？我的记录与别人的有什么不同？这些不同是如何产生的？

——记录对观察的准确性有什么影响？如何保持记录的准确性？

——具体、细致、准确的记录对我们的实地工作有什么意义？

提示：本游戏的目的是训练参与者作观察记录的能力，使他们了解记录的复杂性和重要性。人们平时观察事物时，通常根据自己的主观印象对事物作判断，不习惯将具体的细节记录下来。本活动希望参与者能够比较严谨地、客观地将自己的"主观"印象记录下来，为描述事物和自己的观点提供可鉴的依据。

□ 联想学习[11]

目标：使参与者意识到序列呈现学习材料的作用以及联想学习的重要性。

材料：两套指令图（见图 10-11）。

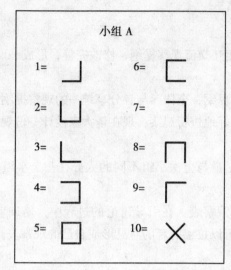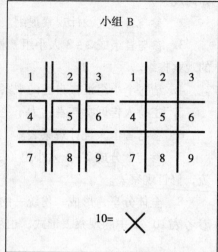

图 10 – 11　联想游戏指令图

时间：20分钟。

步骤：

1. 主持人告诉参与者，他们将学习一套新的符号系统，以代替传统的 1～10 数字符号系统。

2. 将参与者分成 A 和 B 两组，两组人数相同。为每一组提供一套不同的指令。给 A 组一张印有 10 个代码（代表 1～10）的方格纸。给 B 组一张方格纸，上面印有代表 1～10 的 10 个代码，并且与位于代码空间的数字联系在一起（见图 10 – 11 所示）。

2. 告诉他们需要在有限的时间内识记这些新的符号代码。

3. 给每组 2 分钟的时间学习各自新的符号系统。

4. 主持人念 1～10 中的一些数字，让两组成员分别写下相应代码，不准看图。

5. 小组统计各自的成绩，每位组员答对一个代码记 1 分，全组所有成员的得分加起来即小组的总积分。

6. 两个小组将得分进行对比，并相互交换自己的代码图。

7. 全体总结评议。主持人可以提如下问题：

——哪一组的成绩最高？为什么？

——这个活动说明了学习中可能遇到的什么问题？

——这个活动对你的工作有什么意义？

提示：本练习显示了强行记忆与理解学习、无序学习与有序学习之间的区别。通常，A 小组得分比使用代码图 B 小组低，因为前者的符号没有系统，很难识记；而后者的符号系统有一定规律，比较容易识记，特别是图中右边的矩阵能够为学习者提供一个简单易记的心理图像，容易引起联想。该练习的启迪意义在于：在实际工作中，如果能够设计一些容易识记，容易引起联想的心理图像，就会有利于提高组织成员的认识和分析能力。

◻ 问题分析

目标：启发参与者对问题的起因进行分析，并针对问题的原因提出解决问题的对策。

材料：《问题与对策分析表》（见表 10 - 2），一个小组一张。

表 10 - 2　　　　　　　　问题及对策分析表例样

问题描述	原因分析	解决方法	条件支持

时间：30 分钟。

步骤：将参与者分成 4 ~ 5 人一组。在事先准备的问题库中，每组选择 5 题。要求他们将问题填到《问题与对策分析表》内，小组成员一起商量，对问题进行分析，提出解决问题的办法，列出需要获得的支持。可以将类似的表格画到大纸上，将讨论结果贴到墙上。最后各小组分享讨论结果，对比不同之处。

提示：本练习的目的是促使参与者进一步思考，当遇到问题时，可以采取什么办法进行分析，采取什么办法来解决问题，同时需要获得哪些方面的支持，哪些支持可以自己去争取，哪些需要上级领导的帮助，等等。

◻ 画蛛网图

目标：启发参与者有针对性地提出自己的想法，将自己想法之间的联系直观地表现出来。

材料：纸、笔、黑板或展板、卡片。

时间：20 分钟。

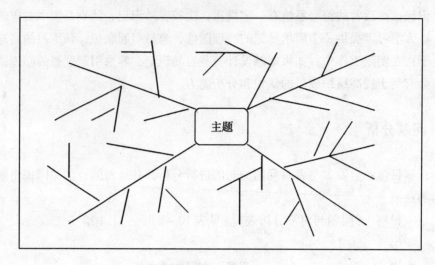

图 10 – 12　蛛网图示例

步骤：

1. 参与者提出一个命题或问题，如："组织学习的制度性含义"或"行动学习的局限性"。并指定一位记录员，将该问题写到展板或黑板上。

2. 参与者针对该问题，迅速说出自己的想法和看法。与此同时，记录员将该问题作为中心点，从这里出发，将参与者提出的所有想法和看法连接起来，将相关的想法用线或箭头连接起来。如果时间不够，也可以先要求参与者把自己的想法写在小卡片上，到时候贴到挂图上。

3. 在所有参与者的帮助下，记录员反复寻找，直至将所有与该问题有关的想法都连接起来。

4. 继续提出其他相关的问题，重复上面的步骤，并将新问题与上面的问题之间的相关性用线或箭头连接起来。

提示：本练习可以由全体参与者共同完成，也可以随机分成小组或由专人组成的小组（如管理人员组、实地工作人员组、研究者组等）来完成。如果是多组完成，每组都会画出不同的图，图与图之间可以进行比较。大家可以对相异点和相似点进行讨论，思考为什么会产生不同的看法。这些异同还可以在今后的培训活动中使用，可能会出现截然不同的重要性排序。

❑ 关上窗帘[12]

目标：利用故事启发参与者思考问题，说明分析及解决问题方法思路的重要性。

材料：无。

时间：无时间限制。

步骤：讲一个故事，说的是：

美国首都华盛顿广场的杰弗逊纪念馆大厦年深日久，建筑物表面出现斑驳，后来竟然裂纹，采取若干措施耗费巨大仍无法遏止。政府非常担忧，派专家们调查原因，研究结果表明：原因是冲洗墙壁所含的清洁剂对建筑物有酸蚀作用，而该大厦墙壁每日被冲洗，受酸蚀损害严重。但是，

——为什么要每天冲洗呢？因为大厦每天被大量鸟粪弄脏；

——为什么这栋大厦有那么多鸟粪？因为大厦周围聚集了特别多的燕子；

——为什么燕子专喜欢聚在这里？因为建筑物上有燕子最喜欢吃的蜘蛛；

——为什么这里的蜘蛛多？因为墙上有蜘蛛最喜欢的飞虫；

——为什么这里飞虫多？因为飞虫在这里繁殖得特别快；

——为什么？因为这里的尘埃最宜飞虫繁殖；

——为什么？尘埃本无特别，只是配合了从窗户照射进来的充足阳光，形成了特别刺激飞虫兴旺繁殖的温床。

解决问题的结论是：关上窗帘。

提示：找不到问题的根源，就会天天重复冲洗表面，直到可能出现大的裂纹，大厦斑驳、剥落，甚至坍塌。实际中往往问题的根源很简单，但是人们往往将解决问题的思路给复杂化了。每当我们分析问题原因寻找解决办法时，是不是多问一问："真的能关上窗帘了吗？"

笑对错误 [13]

目标：启发参与者什么是"智者千虑"。勇敢面对失败对于创造性地解决问题的重要性。

材料：无。

时间：15～20分钟。

步骤：

1. 小组站成半圆形。按顺序报数，以便每个参与者都有一个数字。

2. 第一个人（1号）叫另一个人的号，例如"12号！"，被叫者立即叫下一个人的号，例如"5号！"，等等。第一个有点犹豫或叫错号（自己的或不存在的号）的人放弃自己的位置，走到队尾。这时，队伍重新编号，游戏重新开始。

3. 继续进行游戏，总会有人不断"犯错误"，不得不移到队尾。但是要求做错者不必现出尴尬表情，必须举起拳头胜利地喊"对！"，骄傲地昂首走到队尾，大家必须为他鼓掌。

4. 大约5分钟叫停。提问：

——对错误等闲视之有什么感觉？

——看到别人犯错误你有什么感觉？

——为什么当我们失败时，即使并没有什么大碍，人们往往总是耿耿于怀、嘟嘟囔囔？

——在现实生活中，你会经常犯什么样的小错误？

——在现实生活中，犯错误时说"对!"会有什么利害关系？小错误与重大错误有什么区别？

提示：使游戏保持很快的节奏，给每个人提供尽量多的机会锻炼勇敢面对小错误，进入无所畏惧地去创造性地解决问题的思维状态。

10.6

"头脑风暴"：集体创意操作技法

头脑风暴（Brainstroming）又称"脑力激荡"或"智力激励"术，其英文含义是"Use the brain to storm a problem"。原为精神病学术语，表示精神病患者处于大脑失常状态时的情形，后由美国 BBDO 广告公司负责人奥斯本（Osborn, Alex F.）于 1938 年作为一种集体创意方法提出来，进而被管理学家引入企业员工教育培训领域，现在已被广泛运用于各个领域进行集体创新性开发活动。

头脑风暴法是借助会议形式共同思考、相互启发和激荡，从而引发创意的一种操作方法。其基本形式是由一组相关专业技术人员组成团队，通过集会的形式围绕某一主题进行自由思考和联想，各自可以无任何约束地甚至是异想天开地发表看法、设想和提案，这样彼此启发，相互激荡，知识和信息互补，引发创造性思维的共振和连锁反应，最终产生个人所无法达成的创新目标。其一般操作步骤有三，即确定议题—脑力激荡—筛选评估（见图 10-14）。

☐　确定议题

议题应尽可能具体、明确，一会一题，会议主持者应事先将议题通知学员，明确问题范围，以便学员预先做好资料准备、进行调查研究和酝酿想法。与会者人数一般以 10~12 人为宜，要有一名幽默风趣、能够调控会议轻松气氛的主持者和一名记录员。参加人员可以多样化，既有内行也有外行，既有经理也有一般员工，既有年长者也有年轻人，以保证思路开放开阔。

图 10－13　头脑风暴法操作程序

□　头脑激荡

　　召开头脑风暴会进行智力激荡是该训练项目的关键环节。会议一般持续半小时到一小时，主持人说明议题后，学员便可以自由轮流发表自己的意见。

　　要让大家在一个自由、轻松但快乐的气氛中尽情地遐想，激发自己的想像力，让思想自由流动，在与别人的交流中产生新的思想火花。允许所有参与者都先把自己的想法说出来，不论这些想法是多么的没有"逻辑"，没有"关联"，甚至看起来非常"荒唐"和"离奇"。要保证每个参加者都能自由地设想、大胆地表达意见。会议节奏要尽可能地快，记录员的记录速度要快而准确，忠实地将大家发表的意见给一一记录下来。

头脑风暴会议要严格遵守如下规则：

——延迟批评。要求参与者一定要先"悬置"自己的判断和评价，禁止对他人或自己的设想进行任何褒贬评价和判断，任何人不得在会议中做任何判断性总结，不许以集体、多数人意见来阻碍少数或个人的意见或设想。

——自由畅想。提倡自由思考，鼓励大胆设想、畅所欲言，想到哪里说到哪里，与会者不分资历、地位、身份一律平等。

——衍生构想。以问题为中心提出的设想越多越好，每人每次发言只能讲一个设想，所有构想都须一一记录，鼓励借题发挥、在别人想法的基础上衍生新构想。

——相互激发。发言要力求简单扼要，尽量使用短语或单词，不要使用长篇大论，也不要作任何解释、扩展或论述，以便使更多人发言，相互之间形成思想交流和意见激荡局面。

☐ 优选方案

按科学性、可行性原则对所提构想建议进行筛选、排序和分析，选出最优创新方案。个人或小组通过头脑风暴提出了各种观点。现在将所有观点写在卡片上，一张卡片写一个。然后将所有卡片进行分类，指派记录员贴到墙上，全体参与者一起进行讨论，经过综合评价和归纳整理，确定最适当和可行的创新方案。

通过头脑风暴法训练，可以使员工创造性想像力和发散思维能力大大提高，还可以作为参加者分享经验并促进相互信赖的中介，可以使所有人的思维模式统一到同一个方向上。这是组织学习中进行创新训练的重要途径和形式，近年来越来越受到企业家和管理者的重视，并得到普遍推广和应用。这种方法不仅用于开发新产品和服务项目，也常用于发展新的管理系统或公司战略。

例如，日本本田公司经常通过召开"头脑风暴营地会议"，来讨论和解决开发项目中的难题。[14]会议在工作场所以外的地点举行，通常是在度假胜地的旅馆中举行的，参加者一边饮着日本酒，享受着美味菜肴，一同在温泉中沐浴，一边讨论着难题。会议并不限于项目组成员参加，任何雇员，只要他对正在进行的开发项目有兴趣均可参加。在这些讨论中，从不过问讨论者的资历或地位，但不带建设性建议的批评是惟一的禁忌。讨论在一条共识即"批评要比提出一项建设性建议容易十倍"的精神下进行。这样的讨论会不只是一个创造性对话的场所，而且在分享隐含知识和开创新视角方面特别有效。头脑风暴营地会议提供了一种机制，使团队成员在身体和精神和谐一致的亲身体验中取得创造性成果。

头脑风暴法具有时间短、见效快的优越性，它能够促进参与者发挥创造性、想像性和开放性思维，集思广益地发挥集体智慧来开展创新活动。当然，头脑风暴法也有其特殊的局限。例如，对于那些沉思而颇具创造力的人来说，采用头脑风暴法难以发挥优势，与会者因时间局限争着发言可能会影响灵感激发。鉴此，德国专家荷立肯根据德意志民族习惯沉思的性格特点，设计出一种以"默写"代替"发言"的头脑风暴法，简称"6·3·5"法。所谓"6·3·5"，即：每次会议由6人参加；要求每人每次提出3个设想；以5分钟为单元，经半小时传递6次卡片，产生108个设想。此法虽缺少了激烈的相互激荡氛围，但弥补了传统方法的不足之处。

头脑风暴法还有其他一些变体。例如"围圈轮转法"，即通过围圈轮流进行发言，每人一次只能说出来一个想法，且有一定时间限制，没有想法或不想表达者可以说"过"，直到大家再也没有新想法为止。这样可以保证每个人都参与进去，具有广泛平等性，但限制了有些活跃分子"即兴"。

注释：

[1] 戈登·德勒顿《走出红灯》，William Collins，1978；转引自珍尼特·沃斯、戈登·德勒顿《学习的革命：通向21世纪的个人护照》，上海三联书店1998年中译本，第161页。

[2] 高斯（Gauss，C. F.，1777~1855），18世纪德国数学家。

[3] "尤里卡"（Eureka）为希腊语，意思是"我想出来了"。据说，当年国王要求古希腊科学家阿基米德在不损伤皇冠的条件下鉴定出其含金量。他百思不得其解，结果在疲惫之极洗澡时，突然顿悟出对策来，于是兴奋地高喊"尤里卡！尤里卡！"于是，后人将这种现象统称为"尤里卡效应"。

[4] "汉诺塔难题"（Tower of Hanoi Puzzle）：A、B、C三根并列的柱子，A上套着自上而下从小到大的四个圆盘，要求一次只能移一个且保持小者始终在上的关系，将A柱子上的圆盘全部移到C柱子上。

[5] 参见张春兴著：《现代心理学：现代人研究自身问题的科学》，上海人民出版社，第336~337页。

[6] 德鲁克：《创新与企业家精神》，海南出版社2000年中译本，第228~229页。

[7] 参见陈向明编著：《在参与中学习与行动》（下册），第6、9、10等类活动，教育科学出版社。下文引用的例子，直接为此文献作者的不再注释，凡是经过此文献转引的，我们都进一步以"原始资料来源"字样注上其出处。

[8] 原始资料来源：Scannell, E. & Newstrom, J.（1983）. *More Games Trainers Play*. McGraw - Hill Inc., USA.

[9] 原始资料来源：Scannell, E. & Newstrom, J.（1985）. *More Games Trainers*.

[10] 原始资料来源：唐思群、屠荣生《师生沟通的艺术》，教育科学出版社（2001），第190

页。

[11] 原始资料来源：Scannell, E. & Newstrom, J. 1983.

[12] 参见《中外管理》，2000 年第 2 期，第 69 页。

[13] 朵妮·秦百玲、莎丽·蔚丝：《培训游戏大全》，企业管理出版社中译本，第 27 页。

[14] 参见野中郁次郎、竹内广隆：《创造知识的公司》，科学技术部国际合作司 1999 年中译本，第 44 页。

11

群体知识创造：组织整体创新力开发

日本公司取得成功是由

于它们有群体知识创造力，

即公司作为一个整体创造新

知识，将其在组织内传播，

并将之体现在产品、服务和

系统中的能力。

野中郁次郎

竹内广隆

如果将组织看做是一种社会性的信息系统，而将知识广义地理解为"人"的一种"经过证明的真实信念"，那么，组织整体创新能力开发就可以看做是组织中的人通过"相互作用"而进行"群体知识创造"的过程，就是将组织成员作为一种"知识工作者"群体去开发他们的整体知识创造力。本章将根据野中郁次郎和竹内广隆等人的有关研究成果[1]，主要从"群体知识创造"的角度来探讨组织整体创新能力开发的运作流程和操作原理。

11.1

"SECI模型"：组织创新的知识论意义

野中郁次郎（Ikujiro Nonaka）为日本科学技术高级研究所和加利福尼亚大学伯克利分校教授，他从20世纪90年代开始陆续发表一系列关于"知识创造"问题的论著，提出著名的"SECI模型"清晰阐释了组织创新的知识论意义以及被称作"群体知识创造螺旋"的组织创新框架和运作系统，在学术界影响甚广。这里，我们先将"SECI模型"的基本原理作一简要介绍和梳理评述。

实际上，组织整体创新能力的基础是前章我们所讨论的人类创造性思维能力，也就是说，组织的"群体知识创造"是以个人知识创造为基础的；现在的问题是，组织中个人的创造性思维能力是如何转化为群体创新能力的，"群体知识创造"究竟是如何以个人知识创造为基础来实现的。按照野中郁次郎等人的观点，"知识"与"信息"不同，它不仅是发现、袒露和解释客观事物的"新观点"，而且是"经过证明的真实信念"，是关于人的信念、承诺、行为等具有价值意义的信息，它要"依靠扎根于信息持有人的信念和承诺的信息流而创造出来"。所以，"从严格的意义上说，知识只能是由个人创造的。没有个人参与，一个组织无法创造知识。组织可以支持有创造性的个人或为他们提供创造知识的环境。因此，群体知识创造应该理解为'有组织地'将个人创造的知识放大，并将其具体化为群体知识网络中一部分的过程。"[2]

野中郁次郎的"SECI模型"，完整地说，由四个方面的基本内容构成：一个知识互动机制；两类知识存在型态；三层知识创造本体；四种知识转化方式。

☐ 一个知识互动机制

认为群体知识创造就是一个互动过程，它是通过知识在组织成员之间互动"传递"（Transfer）机制实现的。

☐ 两类知识存在形态

一个组织中的"知识"，广义地，包括"明晰知识"（Explicit Knowledge）和"隐含知识"（Tacit Knowledge）两大类。明晰知识是把隐含知识外在化了的知识，是可以用语言逻辑证明、教授和传播的知识；而隐含知识则是将明晰知识内在化凝结于人体或组织实体之上，往往是"只可意会、不可言传"的知识，是来源于个人高度主观感悟和亲身体验或组织团队精神及行动经验、具有高度专有性而难以传播和共享的知识。

☐ 三层知识创造本体

"个人"（Individual），即组织中的成员个人，这是群体知识创造的基础和主体，其所拥有的知识（Individual Knowledge）也就是个体人力资本；"群体"（Group），即组织中所有成员形成的知识创造团队，他们共有的知识（Group Knowledge）形成组织创新能力；情景（Context），即所谓"场"（日语叫"Ba"），组织成员在知识转化过程中相互影响的场所或媒介体，它蕴涵着组织所特有的"情景知识"（Contextual Knowledge）。

☐ 四种知识转化方式

组织中两类知识两两组合形成的四种转化方式，"SECI 模型"也由此而得名（见图 11-1）："群化"（Sociaization），即从隐含性知识到隐含知识的转化；"外化"（Externalization），即从隐含知识到明晰知识的转化；"融合"（Combination），即从明晰知识到明晰知识的转化；"内化"（Internalizati），即从明晰知识到隐含知识的转化。

——群化，即从隐含知识到隐含知识的转化。通常是通过交互作用的、有助于成员共享经验和思维模式的"场"进行的，它产生的是"认同型知识"，诸如共同的思维模式和技术技能。

——外化，即从隐含知识到明晰知识的转化。通过有意义的"对话或反馈"

来触发，其中适当的自喻或类比可以帮助成员将难以交流的隐含知识清楚地表达出来，外化产出的是"概念型知识"。

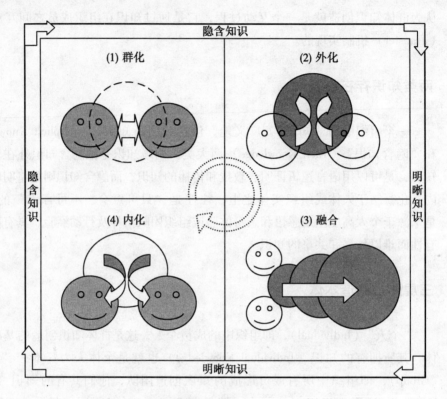

图 11 - 1　SECI 模型

资料来源：Ikujiro Nonaka & Patrick Reinmoeller（2000，中译本 2004）。

——融合，即从明晰知识到明晰知识的转化。由新创造的知识和组织中其他部门的现有知识"网络化"而触发的，由此两种知识具体化为一种新的产品、服务或管理系统，融合产生的是"系统化知识"，诸如一个原型和新的部件技术等。

——内化，即从明晰知识到隐含知识的转化。通过"干中学"来实现，它产生关于项目管理、生产工艺、新产品使用和政策实施的"运作型知识"。

在这个意义上说，组织创新实际上就是这样一种活动：将凝结和隐含在组织成员个人身上的知识和技能（人力资本），通过外化、内化、群化和融合等转化形式传播开来，使之以较高的"附加价值"体现在产品、服务及顾客满意度等组织产出系统中。因此，组织人力资源开发的实质意义，最主要的还不是体现在如何利用各种手段和途径尽量增大组织成员个人创造知识的能力（即提高个人人力资本水平）上，而最为关键的环节乃是通过外化、内化、群化和融合等知识转化途径将已经凝结和隐含在组织成员个人身上的知识和技能（即人力资本），进行"群体知识创造"，从而获得高"附加价值"的组织产出成果。

按照通常观点来看，四种知识转化过程在性质上又可以归并为两种情况：群化与外化主要侧重于知识的形成；而融合和内化则主要侧重于知识的运用。[3]在前工业化社会和工业化社会，知识形成是生产活动的主焦点问题，个人隐含知识通过面对面的交互作用实现群化是传统手工作坊的基本特点（即群化），而将个人掌握的隐性知识进行系统化处理进而使之变成在组织层面上可以大规模复制的、有巨大价值创造潜力的明晰知识（即外化），是（手工作坊向机器大工业转化的）工业革命的主要推动力之一。但是，进入工业大发展时期，知识运用成为人们关注的主流，通过"标准化"的现代教育体系将明晰知识大规模复制到人身上（即内化），进而通过现代化大生产体系将明晰性的科技成果和工艺设计大规模复制到外在的有形产品成果上（即融合），就成为公司经营运作的常态或主要业务层面。随着后工业社会的来临，如何通过知识的群化和外化，例如通过个人专家系统和一对一对话方式，为用户提供"量身定制"的个性化服务，重新成为矛盾的主要方面。[4]而这正是现代组织学习背景下的创新理论及群体知识创造理论所要关注的重点。

11.2

"群化"：原始情景中的组织学习方式

凝结在个人身上的隐含知识很难通过系统化的编码或语言予以传达，只有在特定的情景下才能动态地表现出来。要将你的隐含知识直接转化为我的隐含知识，将个人的隐含知识变成群体和组织的隐含知识，只有在人与人直接交往的社会状态（即所谓"原始情景场"）中才能达成。群化就是一个组织中的群体成员通过直接的面对面接触和交互作用，相互感应、影响和模仿学习，共享思维方式、经验感觉、做事习惯和操作技能的过程。群化是组织学习最原始、最基础也是最重要的形式。

在传统的手工业作坊中，徒弟要将凝结在师傅身上的隐含知识"学"到手，主要是通过在与师傅一起干活的过程（即所谓"原始情景场"）中模仿师傅一言一行、一举一动来实现的。就是在工业化时代的大机器生产过程中，一线生产工人和技术工人的操作技能相当程度上仍然是靠传统的"学徒"方式来获取的。

在实际工作和生活中，大量需要手脑并用的操作性技能，如电脑操作技能、骑自行车或驾驶汽车的技能、弹钢琴和演唱的技能等，大都需要在"原始情景场"中通过直接模仿和演习来获得。

在一个组织中，个人之间的互相学习，可以使一个人的隐含知识传递给另一个人，即从隐含知识到隐含知识的转换可以发生在个人之间，但其结果并不仅仅局限在个人层面，而且会传递给所有成员组成的群体，形成所有成员都认同的群体性隐含知识。这也就是通常所说的"组织价值观"、"共同愿景"或"组织文化氛围"等，如联想公司的"文化模子"，其实就是联想人经过长期的、潜移默化的群化过程，将每个人的隐含知识聚集转化为所有联想员工都认同的一种群体性隐含知识。

群化的基本条件就是要创造一种"原始情景场"，其基本实现方式就是在这种"场"中所有成员之间直接互动学习，就如同原始游牧部落或乡村社区中人与人直接亲密接触、面对面沟通学习那样。组织学习的一个重要任务和内容，就是如何通过创新性变革使组织回到"原始状态"，有意制造一种宽松的组织氛围，使组织成员变得"天真无邪"，能够毫无戒备地率直待人，相互之间能够融洽交流和虚心学习，"我为人人师，人人为我师"，从而将所有成员的隐含知识变成所有成员隐含知识的直接源泉。

正是基于这个原因，很多实行组织学习的先导公司在进行组织变革和激发学习的过程中，都特别注意在知识群化方面做出努力。例如，在第2章中我们就已经提及，GE前任首席执行官韦尔奇当年在任上进行组织变革和创新管理时，就曾花相当大的力气去恢复"你看着我、我看着你"的公开交流，推崇所谓"新式平等主义"，要求公司管理者必须了解员工的意见、感觉、情绪、士气等工作氛围状态，能够与员工公开对话并就地解决迫在眉睫的问题。这样做的主要目的就是试图开通"群化"的知识转化通道，以激发员工的情感互动能量，提高组织创新性学习能力。

在现代组织学习中，可以通过多样化的开发途径和形式来实现知识群化。例如前节末尾讨论的头脑风暴法，就是一种激发引导个人隐含知识向他人和群体隐含知识转化的一个很好操作技法。其他诸如给员工配备"导师"的在职训练、经营管理游戏等，凡是属于"原始情景型"群体互动的方式，都能够产生一定的群化学习效应。组织管理者应该积极创造这样的环境、通道和机会，使群化学习成为组织正式的制度安排、常规的运作机制和成员习惯性的日常行为。

11.3

"外化"：科技知识创新与工业革命

外化，即从隐含知识到明晰知识的转化，是一种典型的科学技术研究行为和知识创造活动，也是现代工业化组织一种基本群体创新模式。

个人隐含知识的明晰化，是传统科学研究和发明创造的基本形式。科学家通过细心观察自然现象，利用假设检验、逻辑推理和灵感顿悟等方法，将自己特有的隐含知识明晰化，发现新原理、发明新技术和创立新学说。例如，古希腊物理学家和数学家阿基米德发现浮力定律，就是在国王要他非破坏性检验皇冠含金量的外在压力下，将凝结在自己身上的数学、物理学知识和技能，借助洗澡的特殊情景激发，转化为用语言文字表述的明晰知识即"阿基米德定律"：浸在液体里的物体，其所减少的重量，等于同体积的该液体的重量。此外，如牛顿发现万有引力定律，富兰克林发现雷电原理，弗莱明发现青霉素，爱迪生发明留声机，贝尔发明电话，莱特兄弟发明飞机，池田菊苗发明味精，等等，都是通过个人隐含知识的明晰化来创新的典型例子。

在现代工业化组织中，外化更为重要的意义是体现在群体知识创造层面上。我们已经指出，工业革命的主要推动力之一，就是将组织成员个人掌握的隐性知识进行系统化处理，使之变成在组织层面上可以大规模复制的、有巨大价值创造潜力的明晰知识。在市场经济中，企业的基本业务性质就是将个人掌握的隐含知识集结起来，通过有意义的"对话或反馈"（Dialogue）来触发集体智慧，借助适当的"自喻或类比"（Metaphor）可以帮助成员将难以交流的隐含知识清楚地表达出来，外化为可以大量复制的新工艺、新产品和新的服务项目，公司就是通过经营和出售这样的"明晰知识"而从中获利的。

例如，亨利·福特就是通过创办福特汽车公司这样的工业化组织，才将自己机械师的特殊隐含知识与广大熟练个人操作技能这样的隐含知识集聚整合起来，研制出结构简单、坚固耐用的 T 型车，并建立了能够大规模复制的流水生产线及低成本扩张的经营模式，使福特汽车成为美国的"国民车"，并在全世界范围内成为最畅销的汽车。

野中郁次郎认为外化是日本公司创造新知识的主要途径，而本田公司的新产品开发案例就是一个典型注释。1978 年，公司高层根据市场提出新概念车的开发任务，成立了由年轻工程师和设计师组成的新产品开发小组。项目组负责人渡边广雄利用类比隐喻来说明其知觉和内心见识，将汽车设计创新看做是一种有机体进化，提出"汽车进化"的口号；接着开发组成员通过互动讨论将自己的理解集结，进一步具体化为"人至上，机器至下"的设计理念；在这样的理念指引下，大家的设计思路逐渐清晰，要对为外观而牺牲舒适的"底特律惯例"提出挑战，明确了汽车"进化"的方向应该是：机械空间极小化而乘坐空间极大化，选择高而短的球形设计，从而开发出被比作"高个儿男孩"的本田城牌汽车，这种更轻、更便宜、更舒适且更坚固的新概念车型成为后来流行日本和世界市场的汽车新潮流。

野中还举了佳能公司小型复印机开发的例子。这个开发项目的最大难题是设计制造廉价的和可更换的墨粉鼓，攻关组领导人通过"铝制罐装啤酒"的类比，使开发人员的隐含经验知识得到激发，从而开发出一次性使用的廉价墨粉鼓，解决了小型复印机的开发难题。

从这些例子中可以看出，实现知识外化创新的一个重要条件是，组织高层需要提出操作层面"模糊"而实际意念明确的战略导向，为组织成员提供"充裕"的创新空间；同时，团队领导人具有运用类比隐喻激发团队成员个人经验和对话的技能，也是一个关键条件。例如，在本田公司的案例中，公司高层一开始只笼统地提出"让我们来搏一把！"，为开发人员提供广阔的创新空间；而项目组负责人渡边广雄提出"汽车进化"的口号，显然对于最终本田城牌汽车的开发成功起了很关键的作用。

11.4

"融合"：现代网络信息系统中的知识创新

融合，即从明晰知识到明晰知识的转化，它是正规大学机构在知识传播过程中进行自然科学技术创新和社会人文学术研究的典型模式。个人、科研团队或组织通过借助书本、报刊、电视和电脑网络等传播媒介，对前人长期积累的已有明晰知识进行检索、筛选、补充、整理、分析、加工以及重新组合，由此获得新的明晰知识，如提出新观点、新理论或新学说，形成新的学派、范式或学科体系。

从人类文明演进层面来看，所谓"融合"实际上是一种"研究型学习"创新活动。其基本运作模式就是：首先进行文献检索和综述，将前人已经提出的理论知识要素之间的关系梳理清楚，弄明白有关学术观点、理论、学科、学派就某一问题的阐释或解说，在角度、方法、方式或认识层面上有哪些差异，又有哪些是相通或异曲同工的，还有哪些是偏误或需要改进的地方，总之将这些明晰知识融会贯通，而后加进或考虑进去新的情景影响因素，在新的角度、新的方法、新的方式或新的认识层次上进行新的组合，从而创造出新的知识体系来。这种在继承中创新的做法，其实是整个人类文明传承累积的正规途径和基本形式。

工业化社会背景下形成的现代正规学校教育体系，实际上就是一种在虚拟或模拟情景下进行明晰知识大融合、大复制的典型组织机构。在传统上，正规学校教育注重传播的主要是明晰知识，老师在课堂上灌输、学生接受的大都是有"标准答案"的定式知识体系；接受完教育后的"毕业生"，他们学到的也仅仅是一些明晰性的"书本知识"，其拿到"文凭"很形象地说明问题，"文凭"、"文凭"，不就只是一个人掌握了（实际上是"学过"或"经过"了）"书本知识"的一纸凭证吗！所以，这样教育体制下出来的学生往往"动手能力"很差，没有与情景有关的隐含知识方面的技能训练。特别是综合性大学教育，现在已经成为各国（科学技术）知识创新体系的一个组成部分，在"教书"过程中进行科学研究，走的是一种典型的从明晰知识到明晰知识的融合转化路子，也就是典型"经院式"或"学究式"科学研究套路。

如果说现代学校教育是一种在虚拟或模拟情景下进行明晰知识大融合、大复制的典型组织系统，那么，现代工商企业则是在实际市场环境和商业运作情景中进行明晰知识大融合、大复制的典型组织形态。例如，福特汽车公司可以说就是一个将创始人研制的结构简单、坚固耐用的T型车（明晰知识），与"流水生产线"工艺操作系统及"与民众分享现代汽车文明"的市场经营理念，这样两种"明晰知识"相融合，进行大规模复制、大批量生产、大范围销售的工业化组织体系。

在工商业领域，知识转化的融合模式通常是在微观层次的产品开发、工艺技术发明，中层层次的工作流程和组织系统创新，以及高层的远景战略构想或目标规划决策三者交互作用、相互契合的情况下进行的。特别是在以互联网为核心的新技术支撑下，现代组织中知识转化的融合模式依托计算机"网络化"信息系统和大型数据库很容易触发和实现，由各个层面、各个领域和各个环节的明晰知识的融合转化，往往具体化为一种新的产品、服务或管理系统等"系统化知识"。

11.5

"内化"：人力资本形成与组织核心竞争力

通过内化，将明晰知识转化为个人自身或组织群体的隐含知识，是人力资本形成和组织核心竞争力提升的基本形式。

从个人层面来看，学习明晰知识，并将明晰知识凝聚到自己身上，变成自己在未来可以用来获取收益的手段，是人力资本投资和形成的一条基本途径和方式。对于有些主要通过"动脑"就可以获得和掌握的明晰知识，借助传统正规学校教育系统就可以实现内化的知识转化。例如，学生通过学习逻辑学知识，使自己掌握了一定的逻辑推理和抽象思维技能，从而提高了实际观察分析问题的能力。但是，对于需要"手脑并用"才能掌握的明晰知识，如机械操作原理、驾驶技术、管理方法等，其内化过程必须通过在实际情景中"边干边学"（Learning by Doing）才能真正实现。

从组织层面来看，将组织内外的明晰知识转化为组织整体层面的隐含知识，实际上是组织核心竞争力形成的一条重要途径。在组织中，成员可以通过聆听或阅读创业故事、领袖文章或著书、内部电视广播或刊物等多种途径，接受和认同组织价值观、做事风格和文化氛围。组织成员也可以通过离职学习、出国进修、参观访问等形式，从组织外部获取明晰知识，并将之运用于组织的项目流程、生产工艺、新产品开发、经营管理和政策实施过程中，形成组织群体层面的"运作型知识"。将明晰知识内化为组织群体层面的隐含知识，这种隐含知识往往是别人无法模仿或窃取的核心竞争力因素。

有时候，组织的一些运作管理系统表面上似乎很"明晰"，构成核心竞争力的这些管理系统实际上具有显著的群体隐含知识特征。例如，海尔文化中的"OEC 管理法"[5]，其蕴涵的奥妙似乎很简单，用张瑞敏的话说，就是："什么叫不简单？就是把大家认为非常简单的事认认真真地做好就叫不简单；什么叫不容易？就是把大家认为容易的事千百万次地做好就叫不容易。"从外部观察其微观层面的行为，"OEC 管理法"看起来很简单，人们看不出它有什么神奇或复杂的东西，但是其他企业通过模仿确实又学不来。而这恰恰就是塑造海尔核心竞争力的"灵魂"，是形成海尔"不平常"、"不简单"、"不容易"经营业绩的"精神动力"。

11.6

"五阶段"模式：群体知识创造的动态螺旋系统

为了清晰展现说明外化、内化、群化和融合四种知识转化模式的不同性质及特征，我们在上面是将它们分裂开来加以描述的；但是，实际运作过程中，外化、内化、群化和融合这四种知识转化模式并不是彼此独立的，而是彼此交织在一起的，相互加强、辅助和影响的。

野中认为，群体知识创造实际上是隐含知识和明晰知识的一种连续和动态的交互作用过程。每一种知识转化模式所创造的知识内容在群体知识创造螺旋中是彼此交互作用。例如，涉及消费者需求的认同型知识可以通过群化和外化变成关于一个新产品构想的明晰概念化知识；这样的概念化知识通过融合变成一个用来创造系统化知识的指导方针，在融合阶段中新开发的知识和现有的工艺技术结合起来产生新的系统化知识；这种系统化知识也就是对于新产品的一个仿制生产过程，经过内化转变为面向产品规模化生产的运作型知识；而以经验为基础的运作型知识常常触发一轮新的知识创造循环。

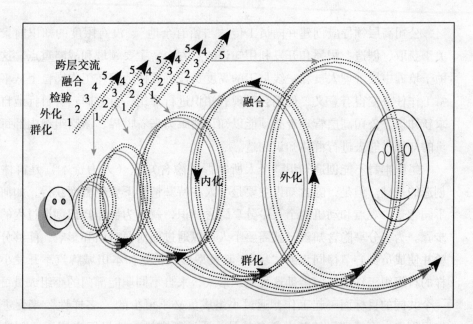

图 11-2　群体知识创造螺旋中的五个阶段

在这种群体知识创造过程中，一个组织本身不能自我创造知识，群体知识创造的基础是个人的隐含知识，组织必须通过适当的激励机制调动个人创造和积累起来的隐含知识，而后才能在组织具备战略意图、个体自主性、波动即创造性混乱、信息冗余即要素多样性等启动条件时，通过四种知识转化模式，经历共享隐含性知识、创造理念、检验概念、建立原始模型和跨层交流新知识等五个阶段，使知识在更高的本体层次上具体化并从"组织"层面上加以放大，形成规模不断扩大的群体知识创造螺旋（见图11-2）。

从知识创造主体角度看，群体知识创造螺旋的动态过程表现为：知识中介管理者整合高层知识战略领导者和一线知识操作从业者的隐含知识（人力资本），使之外化为具体可以"捉摸"或"意会"的明晰知识，并进一步协调和促进群化、融合和内化，使知识转化和创造的流程沿着"认识论"方向持续前行的同时，沿着"本体论"方向在组织的各个层次上贯通起来，步调一致地进行群体知识创造。

组织群体知识创造启动条件包括：确立共同战略远景；通过授权下放创新自主权；对常规惯例等运作框架进行创造性破坏；拥有可以运用的冗余信息和必要的多样性。具备了这样的启动条件，组织群体知识创造螺旋在一个循环动态上可以按照五个基本阶段来推动。

☐ 第一阶段 建立知识前景，分享隐含知识

公司高层领导应创建并向员工传达"留有余地"、没有限度的知识前景，即关于获取、创造、积累和开发利用知识的总方向、主要领域和战略重点。这样有助于培养中层管理人员和一线员工的高度责任感，使他们在工作岗位上从事的日常工作任务变得有意义，他们会对现有知识进行重组，有方向、有目标地自主追求新知识。公司高层管理者必须能以知识的眼力来看世界，激活组织内部每个成员的知识潜能去进行群体知识创造。

组织本身不能创造知识，个人所掌握的隐含知识（人力资本）是群体知识创造的基础。但是，隐含知识主要是个人在特殊情景下凭经验而获得，如何在有不同背景、观点和动机的个人中分享隐含知识，就成为群体知识创造过程的关键步骤。为了分享隐含知识，就需要个人可以通过面对面对话和影响、能够分享经验并使成员身心节律同步的"场"，其典型形式就是如本田城牌汽车开发小组那样的自组织工作团队。借助这种组织形式，来自不同职能部门的小组成员可以为一个共同的目标而一起工作，通过小组成员必不可少的"多样性"来促进群体知识创造。而管理层的基本任务就是，通过制定挑战性目标来增添"创造性的混乱"，并赋予团队高度自主的权利，让他们自主自治确定任务及分工，直接同

外部环境交流，同时积累群体的隐含知识和明晰知识。

☐ 第二阶段 推动知识外化，提出明晰概念

自组织团队成员通过互动交流形成共同的思维模式，将各自隐含的知识用集体认同和理解的文字词语明确表达出来，并最终具体化为明晰的概念。概念是经过自主互动、自由对话而逐渐明晰化的。这是隐含知识和明晰知识最强烈的交互作用影响阶段。

在外化过程中，可以采用演绎、归纳推理的逻辑方法，也可以或更要注意运用形象化的语言如隐喻和类比。例如在上面提到的本田城牌汽车开发案例中，开发小组运用了很多形象化的隐喻和类比，诸如"汽车进化"、"人至上，机器至下"和"高个儿男孩"等，这些隐喻和类比语言有利于提高成员间对话的质量，同时也引入了一些新的创造性思维因素和模式来合成新的知识。

☐ 第三阶段 对照"真实信念"，检验概念价值

知识是被确证的真实信念。因此，由个人或小组建立的新概念需要经过检验，以确定它对组织和社会是否真正有价值。

检验标准既可以是定量的，如成本、盈利率等；也可以是定性的，如冒险、罗曼蒂克或美观等，还有些概念需要进行相互对照来检验。例如，在本田城牌汽车案例中，"高个儿男孩"的概念必须对照最高管理层原来的设想，即"提出一个根本不同于公司以前有过的产品概念，并要制造出一种便宜而又不是廉价货色的汽车"；也需要对照中层管理人员所清楚表达的生产线概念，即使汽车"人至上，机器至下"来进行检验。这样的检验不必严格客观和有实际根据，也可以是判断性看法和纯价值观性质的。

在创造群体知识的组织中，高层管理的主要任务是以组织意图形式制定出检验标准，它可以用"战略"或"愿景"的方式来表述。中层管理人员也可以用中期构想的方式制定检验标准。虽然关键的判断标准是由高层管理层制定，并且在一定程度上由中层管理制定，但这并不排除其他的组织单元有一定的自主权决定它们自己的次级标准。

当然，一个组织的判断标准应该与整个社会的意识形态或价值伦理体系相一致，而这应该在组织愿景中恰当地反映出来。对照共同愿景和社会需要也是概念检验的一个重要方面。

□ 第四阶段 促进知识融合，建立"原始模型"

经过检验的概念进一步转变为有形的、具体的"原始模型"。"原始模型"的具体形态因情景而不同，例如，在新产品开发的情况下就表现为"样品"，而在服务或机构改革的情况下可能表现为某种模拟的运行机制或运作系统。无论哪一种情况，原始模型相当于新创造的明晰知识，它是将新的明晰知识（上面经过检验的明晰概念）同已有明晰知识结合的结果，所以这个阶段的主要知识转化方式相当于"融合"模式。

建立"原始模型"类似于建筑师绘制蓝图的工作。为了建立关于新产品或服务的原始模型，应该通过适当的组织形式将研究开发、生产运营、市场行销、质量控制等领域的专家里手聚集在一起，制定出大家认同的产品规格或服务标准，并实际制造出新产品和新服务项目的"全尺寸结构"模型。同样，为了建立一个例如新的组织结构模型，也需要通过适当的组织形式将一线有关部门及人力资源、法律、战略规划等不同领域的专家聚集在一起，草拟新的组织结构图、岗位细则、呈报制度或运行程序。

要完成这个阶段的复杂任务，需要以"共同愿景"为导向，将积存在组织中的多样化的信息、多种类型的诀窍和技术集合在一起，并促进人与人之间、部门与部门之间互动沟通，积极能动地进行创新合作。

□ 第五阶段 知识跨层交流，动态无限循环

群体知识创造是一个不断自我提高、永无止境的动态循环过程。经过创造、验证和模型化的新概念，要进一步在组织内部进行知识的跨层交流，甚至走到外部与其他组织进行知识交流，进而跨入新一轮知识创造循环螺旋。

在组织内部，任何领域和层次的新知识或表现为原始模型的知识，均能够触发新一轮的知识创造，并在整个组织内的横向领域和纵向层次上传递展开。例如，松下公司20世纪80年代末开发"家庭烤面包机"的创新，导致了其他"方便而多彩"产品的开发，诸如"全自动咖啡机"、"新一代大屏幕电视机"构想的产生；同时也在纵向层次上激发了松下公司采用"拟人电子产品"作为总体产品开发构想，从而在公司内开启了一系列的"思想解放"活动，激发大家前瞻性地思考探讨有关使命和价值观的问题，诸如：松下公司在21世纪应该成为一个什么样的公司，以及松下公司雇员能够成为什么样的"人"的问题等。

在组织之间，一个组织创造的知识通过动态的相互作用，可以调动附属公司、客户、供应商、竞争对手等公司外部的知识。例如，苹果计算机公司的产品

开发工程如有新产品的想法时，他们就做出一个体现这些想法的原型，并将它们直接送到用户那里，看看他们的反应，根据反应或反馈可能又引发新一轮的开发。

值得特别说明的是，创造知识的组织天然地具有开放性，它不可能在一个封闭的系统中运行，而应在一个经常同外界环境交换知识的开放系统中运行。因此，需要建立一个与外部世界联系的知识网络。在这个网络中，创造知识不是简单地处理有关客户、供应商、竞争者、社区或政府等客观信息的问题，而是通过社会交往激活外界利益相关者们拥有的隐含知识，其典型事例和关键环节就是通过双向对话引发客户心中隐含的需要图景，或触发一小群有创造力的"舆论领袖"的明晰知识等。

本阶段的关键在于每一个组织单元要有自主权，可以获取其他单元在别处开发的知识并将它自由地应用到不同层次上。内部的有序流动如经常性的人事轮换等，以及共享的冗余信息和必不可少的多样化，将有助于知识传递也是如此。在组织内的跨层交流过程中，组织愿景目标是决定知识是否应该在公司内普及的重要判断依据。

综上所述，群体知识创造由分享隐含知识而启动，大致相当于群化。在第二阶段，由自组织工作团队共享的隐含知识以新概念的形式转化为明晰知识，这类似于外化。在第三个阶段，对建立的概念进行检验，组织决定新概念是否具有值得追求的价值。通过检验后，概念转入第四个阶段，建立原始模型（如"硬"的新产品模型或"软"创新系统）。最后的阶段是推广应用新知识，如在部门内推广给其他人或向其他部门推广，甚至向一些外部相关部门推广，其中包括客户、附属公司、大学和分销商等，从而建立一个与外部世界联系的知识网络。

注释：

[1] Ikujiro Nonaka & Hirotaka Takeuchi, The Knowledge – Creating Company：How Japanese Companies Create the Dynamics of Innovation, New York Oxford：Oxford University Press, Inc. 1995（中译本见科学技术部国际合作司中译本）。下面关于野中郁次郎、竹内广隆的观点，除特别注释外，皆出自此著作。

[2] 野中郁次郎，竹内广隆，1999，第40页，第41页。

[3] Ikujiro Nonaka & Patrick Reinmoeller：《知识创造与应用的动态业务系统》，载于查尔斯·德普雷、丹尼尔·肖维尔主编《知识管理的现在与未来》，人民邮电出版社2004年中译本，第108～109页。

[4] 参见 Robert M. Grant《世界经济的转变：知识管理的推动力》，载于查尔斯·德普雷、丹

尼尔·宵维尔2004，第39～40页。

[5] 所谓 OEC 即 Overrall（全方位）、Every（每人、每天、每件事）、Control & Clear（控制和清理），总结起来叫"日事日毕，日清日高"；"人人有事管，事事有人管"。今天的事情今天一定要把它做完，今天的事情比昨天要有提高，每天都有提高。

12

企业家精神：市场中的组织创新开发

我们需要一个企业家社会，在这种社会中，企业家创新是一种正常、稳定和持续的行为。恰如管理一样，企业家创新也应该成为社会、经济和组织维持生命活力的基本行为。

彼得·德鲁克

在组织创业性、变革性学习中，企业家及企业家精神具有举足轻重的作用。清楚认识市场经济环境中的企业家角色和职能，系统进行企业家创新训练，对于一个组织成长和可持续发展至关重要。本章主要以当代管理学大师德鲁克关于"创新与企业家精神"的理论框架为线索，讨论和介绍有关组织事业拓展性创新训练的一些重要实践操作要则。

12.1

"企业家" 及其角色职能：经济学释义溯源

"企业家"（Entrepreneur）一词最初的法语意思，是特指武装探险者、尤指开拓殖民事业的冒险家。18 世纪中叶，法国有一个叫康替龙（Cantillon）的经济学家，在其所著的《商业概况》（1755 年）一书中，首次将"企业家"与经济活动中的不确定性和承担风险行为联系起来，转意指从事商业活动、承担市场价格变动和经营财务风险的商人、冒险家或雇主。

1803 年，法国经济学家萨伊（Say, Jean – Baptisse）发表其影响甚远的著作《政治经济学概论》，在他的所谓"生产三要素"理论框架下，最早强调了企业家的作用。[1] 把企业家看做是以资本家身份从事生产经营管理的人，除去利息的资本利润即企业家的收入，也就是对企业家经营劳动的回报。萨伊认为，企业家的职能角色就是生产的组织协调者，将科学技术知识用于具体的实用目的；实际上，他所说的企业家，就是在所谓"资本雇佣劳动"制度框架下，古典企业中那些一身兼二任的业主角色。后来，穆勒（Mill, John Stuart）于 1848 年发表被称作"19 世纪下半叶无可争议的经济学圣经"之名著《政治经济学原理》，在英国等西方学术界广泛传播了这一思想。[2]

19 世纪末，经济学领域发生了所谓"边际革命"，以边际效用价值论为基础的新古典主义盛行。在他们的主流话语体系中，经济活动进入了一个没有"摩擦"（交易费用）的纯净世界，在这个世界中，企业变成了抽象的在条件约束下以利润最大化为目标的"生产函数"，自然也就看不见企业家的影子和作用在哪里。直到 1890 年，马歇尔（Marshall, Alfred）发表《经济学原理》[3]，将当时新出现的各种理论熔于一炉，并运用局部均衡分析方法代替抽象的一般均衡分析方法，使经济学通俗化为"商人也能读懂"的理论，企业家角色才重新回到经济学家的理论视野中。

马歇尔这本支配西方经济学近半个世纪的"经典著作"中，在萨伊三要素论基础上，把企业家才能看做是"第四要素"，认为"在某种意义上说，企业家属于具有高度技能的职业阶层"，看来，他所说的企业家实际上就是指职业经理人员。马歇尔认为，企业家的主要职能就是作为一种"中间商人"，从将原料变成产品这一过程中发现不均衡因素，并按照经济上合理的方向不断修正不均衡状态，以实现资源有效配置。企业家必须具有"利用资本的经营能力"，包括：

——预测生产和消费趋势的能力，要能够提供满足消费者需要的新产品和发现能够改进旧产品的生产方法；

——领导才能及有使资本家提供资本供应等方面的说服能力；

——能够建立并维持秩序的驾驭能力。

美籍奥地利经济学家熊彼特（Schumpeter, Joseph A.）可以说是现代企业家理论的集大成者[4]。他在1912年发表的《经济发展理论》一书中首先提出"创新理论"（Innovation Theory），认为"经济发展的根本现象"就是"生产手段的新组合"，实现新组合的组织就是"企业"，而所谓"企业家"就是承担实现新组合的人；所谓"资本"，只不过是企业家实现新组合的一种"杠杆"或"控制手段"而已，是企业家与商业社会联系的"桥梁"，是企业家实现创新的一种必要条件。

熊彼特认为，企业家的天职就是实现"创新"，即进行"创造性破坏"，"建立一种新的生产函数"，也就是将一种从来没有过的生产要素及条件的"新组合"引入到生产体系中来。具体包括：

——引进新产品；

——运用新技术，即新的生产方法；

——开辟新市场；

——开拓和控制原材料供应的新来源和新途径；

——实现企业组织的新变革。

熊彼特尤其区分并强调了企业家与一般经理人的区别。一个人只有当他承担"实现新组合"职能时才是一个企业家，一旦当他建立起来企业并进行正常经营时就失去了这个资格，变成一般经理。企业家是一类特殊类型的人——他们"更加以自我为中心"，以"打破旧传统，创造新传统"为己任，有创造"私人王国"的梦想、"征服的意志"和"战斗的冲动"，并且"存在创造的欢乐"。熊彼特实际上是把企业家看做是处于经济发展前沿、进行市场创新的实业领袖，但值得注意的是，在他那里，企业家与企业家精神被赋予更多的天然禀赋、个性特征以及更强烈的神秘色彩。

12.2

"人人都能成为企业家"：德鲁克论企业家创新训练

撇开经济学说史上关于企业家及其职能的特殊理论演义和解析，从现代组织学习的大背景下去审视，"企业家"具有广泛普适性的一般意义，就是指市场经济社会环境中能够带领组织进行开拓创新的领导者。如果更广泛地说，企业家就是在现代组织中具有创新能力和开拓精神的每个团队成员。所以，在组织学习的意义上，人人都能成为企业家，而且要求人人都应该能够胜任企业家角色、具有企业家精神并承担企业家责任。

1995年，当代管理学大师德鲁克（Druker，Peter F.）在其著《创新与企业家精神》[5]中，对于企业家创新精神进行了明确界定，并对企业家创新训练做了精彩的系统描述分析。德鲁克也认定企业家就是市场经济中的创新家，也承认企业家的创新精神和才能有个人天然禀赋因素的影响；但与熊彼特不同的是，他认为企业家及企业家精神绝对不是"灵光乍现"那样神秘莫测的东西，也不是某些特定天赋的人所独有的个性特征，而是一种广泛存在于社会各个领域之中，任何有勇气面对不确定性决策的人经由实践和学习训练均可获得的行为倾向或技能。

德鲁克的理由是：放眼观察，在实际中许许多多个性、性格迥异的人具有同样出色的企业家才能和成就，而且，无论在哪个领域，如教育领域或医疗保健领域，这种企业家创新都没有什么显著的不同。同时，这种创新行为或精神也不必然与高风险相联系。事实上，在好多领域，正确而有利可图的途径就是创新，再没有比锦上添花、按部就班的优化更没有风险的了，企业家创新风险应该是最低或至少不是最高的。

德鲁克指出，在实际中，企业家创新之所以表现出神秘莫测的个性特征和高失败率的风险现象，主要原因就是"只有少数几个所谓的企业家知道他们在做些什么，大多数人缺乏方法，违反了基本且妇孺皆知的法则"。总之，企业家和企业家精神既不是"自然的"，也不是"创造性"的，而是企业管理者在实践中自觉"培养"出来的。人人都能成为企业家，即市场经济中成功的创新家，只要他或她愿意和勤于在市场不确定性环境中进行技术的、制度的、社会的或思想方法的创新实践之系统化修炼。

德鲁克认为，创新的机会存在于变化之中，除个别的例外，绝大多数成功的创新都很"平凡"，都只是利用变化达成的。在这个意义上说，所谓企业家精神或才能，就是有目的、有组织地寻找变化，对这些变化可能提供的创新机遇进行系统分析和把握的能力。这种能力需要通过进行"创新科目"的修炼来获得，具体地说，就是学会系统检查和追踪七大变化领域所提供的创新机遇：

——利用意外事件；

——应对不协调；

——满足程序需要；

——适应产业和市场结构变化；

——把握人口状况；

——敏锐察觉民众认知态度的变化；

——关注新知识。

这些创新机会可以来自于组织内部，也可能涉及外部环境的变化，亦无所谓哪些更重要些或哪些可以看轻一些，但其可靠性和可预测性可以说是按排列顺序依次递减的。下面各节，我们先来依次介绍和归纳讨论这样七个方面的创新思路和训练方法，然后进一步探讨德鲁克所提出的企业家创新行为规范及外部市场战略选择问题。

12.3

利用"意外事件"进行创新

意外事件，包括意外的成功和意外的失败，以及意外的外在偶发事件。利用意外事件可以使人们跳出先入之见、假设和确定的程序，非常有利于创新。可以说，利用意外事件进行创新是最普遍、最易成功的创新实践。

☐ 利用意外的成功

意外的成功，可以说是风险最小、最易求索因而也最易被人们忽视的创新机遇。人们往往不能有效利用本来是"意外的好事"，是因为先入为主的观念使人们产生心理和思维智障，他们视任何与自己心目中的价值标准或行为准则相抵触的事物都是"不合理"、"不健康"、"不正常"的，结果有意无意地对"意外的成功"事物抱着怀疑、厌恶、烦恼和抵触情绪，常常坐失良机。

　　例如，抗生素最初是为治疗人类疾病而开发出来的，20 世纪中叶，兽医发现这些药品用在动物身上也同样有效而开始向药商发订单，这对医药厂商来说应该是"意外的成功"。面对这种意外成功，很多厂家以高贵药品不能滥用的偏见，或不愿重新调配药方和包装，而将成功拒之门外。但是，一家从未开发任何兽药的瑞士公司，却因积极主动地将此作为创新机遇加以利用，及时取得兽药经营权而轻易获得成功，发展成为世界领先的兽药公司。

　　对于组织的领导决策者来说，意外的成功往往是一个令人尴尬的贬损，是对他们判断力的大不敬，因此，很多情况下，有关当事人即使意识到了，也往往不能情愿地、勇敢地面对自己所犯的判断错误。其实，意外的成功是对管理者情商的一个严峻挑战。如何使组织领导者们能够积极勇敢地面对自己的决策判断失误，及时准确地因应情势变化调整战略方向，从而开启创新机遇的大门，恰是创新训练科目的主旨和重要任务。

　　此外，在很多时候，往往"意外的成功"早已经来临，但由于信息系统的缺陷根本没有反馈或报告，自然也就没有人注意它，结果被竞争对手轻易拿走并成功地运用于创新实践。

　　因此，要将意外成功转变为创新机遇，首先要建立灵敏的信息系统以确保意外成功被及时发现，并分出特别时间和专门人员去发现和研究意外事件，带着问题看待每一个意外的成功。要经常对意外的成功发问：

　　——它对我们意味着什么？

　　——它给我们提出了什么要求？

　　——它会引导我们走向何处？

　　——我们如何才能使它转化为机遇？

　　——我们如何着手进行？等等。

　　需要特别指出的是，意外的成功不仅意味着机遇，也对现行组织运作是一个很大的挑战。这就要求人们不仅要积极地面对它，而且必须慎重地对待它，需要配备最优秀的工作团队去利用它；否则，意外的成功有可能变成"有意的失败"。这里有一个例子很能够说明问题。

　　第二次世界大战结束后，许多退役军人需要拿到大学文凭才能就业。当时美国一所大学专门为这些人开设了"成人教育"夜大课程，修课者完成必修科目就可以获得大学文凭。结果却获得了"意外的成功"，许多非退役军人的成人也报名参加，而且就业表现很出色。但是这种意外的成功却带来了师资配备方面的两难困境：要办好这个课程就必须配备一流的师资力量来充任教职，这势必削弱正规大学教学力量；要放弃这个新课程项目，又实在可惜。结果学校管理当局采取了似乎两全其美的办法：继续开办此课程，通过低薪临时聘请一些正在攻读学位的研究生或助教担任教职。结果是令人伤感的，不仅很快毁掉了整个课程，而且大大损害了学校本身的办学声誉。

📋 利用意外的失败

与成功不同，失败不能够被拒绝，而且几乎不能不受注意，但它们很少被看做是机遇的征兆。诚然，许多失败都是失误、贪婪、愚昧、盲目追求或是设计不当、执行不力的结果，但如果经过精心设计、规划即积极执行后仍然失败，那么这种失败常常反映着隐藏的变化以及随变化而来的机遇，企业家如能学会在意外的失败来临时，跳出先入之见，走出去探询问题、听取意见，意外的失败很可能就变为创新机遇。

例如，美国在第二次世界大战后生育高峰期出生的一代，到结婚成家的年龄正好又遇上 1973～1974 年的经济衰退，房价飞涨，房租抵押利息也直线上升。针对这种情况，一些有敏锐市场嗅觉的房产商很快设计开发出一种面对这一大众市场的"基础房"，这种房比"标准房"要小、简单而价廉，他们预计其市场前景肯定很好，但结果却出乎意料地失败了。

与大多数商家面对失败的反应不同，一家很小的建筑商把这种意外失败看做是创新机遇，决定认真调查清楚这究竟是怎么回事。经过详细的市场调查才发现，原来情况并非商家想当然的那样：年轻夫妇第一次买房一般是购得一处暂时避身所，几年后才要选购宽敞豪华、区位环境好的正式住房，而"基础房"不是他们真正所需要的，日后出手又困难，买了它反而成了购买"真正住房"的障碍。

一旦明白了这点，成功的创新就在眼前：这家小建筑商在原房子的基础上稍做改动，再调整一下营销策略，把房屋作为"构筑您理想家园的基石"推向市场，向购房者保证若干年后从公司购买永久住房（由原房扩建而成）时，这"基础房"可以预定价折入。结果没说的，是大获成功。

📋 利用环境意外事件

发生于企业或行业之外的外在事件，很可能提供能够将既有专业知识和技能应用到新事物、新领域进行创新的机会，尤其是很可能向资源冗余、特别是人力资本存量雄厚的大型企业提供最伟大且风险最小的创新机遇和领域。

此外，利用竞争对手意外的成功和失败事件，对于自身创新也很重要，不要只凭借感觉进行分析，而要走出去进行详细调查，随时捕捉环境的变化所带来的创新机遇。

12.4

从"不协调的程序需要"中寻找创新机遇

所谓"不协调"，是指事物的实际状态与人们认为"应该"的状态之间存在不一致、不合拍的情形。例如，一个需求稳定增长的产业却得不到利润，人们对未来形势的普遍判断与实际情况或发展趋势错位，厂商设想的与客户实际期望的有出入，日常习以为常的工作程序存在不协调的逻辑关系，等等。具体来说，"不协调"的情况一般有如下几种：

——不协调的经济现象，例如，市场需求在不断增长而销售业绩却不断滑坡，医疗保健支出比重不断增加而国民健康状况却迟迟难以改善等；

——现实与假设之间的不协调，例如，更快捷的远洋运输工具与拥挤的港口及迟缓的交货时间的不协调等；

——先验主义的价值判断和设想与客户实际预期和价值之间的不协调，例如，在计划经济体制下，政府出于"为人民服务"的考虑官僚主义地干预市场活动，结果却造成了更严重的短缺、更强烈的市场需求，也会提出更大的创新要求；而即使是在市场经济活动中，一些生产和供应商也往往武断地将自己的价值判断强加到顾客的头上而造成很多不协调状态；

——程序的步骤存在逻辑性矛盾所造成的不协调，这种不协调往往为通过满足程序需要的创新活动提供了机遇。

这些不协调往往预示着变化来临前的某种"断层"，如果能巧妙地加以应对，就可产生"四两拨千钧"之效，通过结构重塑实现创新。在遇到不协调情况时，往往不需要什么英雄式的伟大创新举措，应学会如何明确界定"不协调属于什么类型，其问题的实质是什么，然后设计出简单易行、小规模化、有重点且专业化的解决方案，及时巧妙地应对之，即可获得显著的创新成效。

例如，投资是为了发财，这对华尔街的券商们来说是不言而喻的"真理"。但事实上，这只符合部分（甚至不是大多数）投资者的心态，很多工薪阶层、小商人、富裕农民在投资领域遇到这样的"不协调"：他们无意于（既无时间也无知识）通过投资"发财"，而只是想通过投资保住他们既有的钱财。一家不起眼的位于美国中西部城郊的投资公司正是因为很好地应对了这种"不协调"，面对这个大众市场提供投资服务项目，最后大获成功，成为证券交易的明星公司。

机遇是创新的源泉，而需要则是创新之母。所谓"程序需要"，是这样一种特殊的需要：它存在于一个业已运作的工作程序之中，是关系到整个程序效率的"薄弱环节"。在实际工作中，往往每个组织成员都知道这种需要的存在，但在通常的情况下没有人对此做出反应，一旦给出清晰、明确的定义和解决方案，人们会很快达成"理所当然"的共识，创新便很易成功。

例如，1909 年，贝尔电话系统公司的一名统计员通过两条曲线描绘出未来电讯发展的"程序需要"。他将美国人口增长曲线与中心站接线员的需求增长曲线相对照，发现到 1925~1930 年间，如果人工处理呼叫继续存在，那么除非 17~60 岁的所有美国妇女都当接线员，否则无法满足日益增长的电讯发展需要。正是基于这个"程序需要"，贝尔的工程师在两年后开发出自动交换机投放市场而取得创新成功。

基于程序需要的创新也要通过有意识地系统化地寻找，一旦找到了需要，要对其成功因素进行系统的检测和深入的调查，设计和论证方案的可行性以及人们的可接受性。基于程序需要的创新要获得成功需要具备如下条件：

——针对一个独立的程序问题，并且有深入的了解和调查做基础；

——找到一个有待改进的薄弱环节；

——界定一个清晰的改进目标；

——提出一个可行的解决方案和一套实施举措；

——大家对创新有普遍共识，并给予广泛支持和合作。

12.5

把握人口状况，适应产业及市场结构变化

企业家创新是在市场经济背景下进行的，因此，直接面向并及时应对市场变化，是企业家最内在的一种创新来源。而所谓"市场"，就是由顾客组成的需求群体，而这又是由特定的人口状况所决定的。一个国家和地区的人口状况包括人口规模、年龄构成、教育结构、健康水平、就业情况及收入分配等，也是经常处于变动之中的，因而也孕育着无限的创新机会。学会熟练利用统计数据，及时把握和准确分析人口变化信息，是企业家创新训练的一项基本内容。

例如，20 世纪 60 年代初，美国有一家叫做"梅尔维尔"的小鞋店，由于很好地把握了人口变动的趋势而成为美国发展最快、获利最多的零售企业。当时，

梅尔维尔针对生育高潮期出生的青少年市场，专门建立了新的、与众不同的商店，重新设计了鞋的款式，同时向这些少男少女们提供服装等消费品，结果大尝创新的甜头。十年后，其他零售商才醒过神来跟进，而这时人口结构重心已移到青年人群，梅尔维尔也已将其注意力转向新年龄段客户群市场，又再次获得创新成功。

通过把握人口状况进行创新，需要注意如下几点：人口变化是一切领域的企业家决策分析所要考虑的第一环境因素，而在实际中却往往容易被决策者所忽视，而这也恰恰是创新的机会；一些所谓的专家往往不愿意或不能够接受与他们想当然的观念相悖的人口变化，这也给企业家以创新的机遇；分析人口要从研究人口数据着手，特别是年龄分布、教育程度等反映人口结构状态的相对数字，这些数字中往往隐藏可靠的、无限的创新机遇。

产业和市场结构表面上看具有长期稳定性，但实际上是相当脆弱的，受到一点点冲击就会发生变化且速度很快。例如，某个产业或市场在短期内快速成长，一直被视为截然不同的科技被整合在一起，某产业业务运营方式发生变革，等等，都会引起整个产业和市场结构发生质的变化。在这种情况下，企业家需要敏锐的战略眼光，时刻追问"我们的主导业务是什么?"这样的基本问题，对这个问题的不同回答就意味着创新思路的开发。

30年前，IBM的所有员工都认为计算机的未来属于"主机型"，内存和计算能力不断扩大是发展趋势。但若干年后，令人吃惊的是，十几岁的娃娃竟自如地玩起了计算机游戏，尽管运行能力弱、兼容性差、维修服务滞后，人们仍然对分立的个人化的微机需求有增无减，市场前景广阔。面对这种行业变局，IBM早在1977年（当年主机销售额70亿美元而微机不足2亿美元）就成立科研小组开发个人电脑，1980年投产，三年后推出自己的"花生"牌家用微机，成为世界领先的个人计算机厂商，与它在主机领域的成就一样辉煌。

产业结构的变化为旁观者提供了清楚且可以预测的创新机遇。面对产业和市场结构的变化，局内人往往视这种变化而不见，或者将之看做威胁而采取保守的应对策略，这就为新加入者提供了风险相对较低、成功几率很大的特殊创新机遇。局外人只要能保证创新策略的简单性和明晰性，利用产业或市场结构变化的创新就很容易取得成功，很快成为一个新兴产业领域的领导者，而且承担的风险相对较低。

战争往往是刺激产业及市场结构发生变化的外在因素。第二次世界大战前后，美国的艺术市场发生了明显变化。第二次世界大战前，博物馆是上层阶级文化享受的奢侈品，收藏艺术品只是部分有钱人的消遣；而第二次世界大战后，参观博物馆渐成中产阶级的嗜好，博物馆在各个城市比比皆是，艺术品收藏成为流行时尚，成千上万的民众走进艺术天地。一位在博物馆工作的年轻人看到了这个创新机遇，在一个最出乎意料、也是他以前从未听说过的领域——艺术保险业，很快起家，创立艺术品保险经纪公司，为博物馆和艺术品收藏者提供保险服务，后来发展成为一家很大的保险经纪公司。

那么，我们怎样知道产业或市场结构什么时候发生变化了呢？可以通过如下标志来判断创新机遇：

——某产业超常规快速成长，这是最可靠、也最容易发现的征兆；

——快速增长必然使传统市场认知、区分和服务方式变得不合时宜，或者使大企业自满情绪、狂妄自大倾向和官僚主义滋生而往往采取"取粗去精"的粗放经营模式，而这恰为创新者提供了有利的空间和机会；

——传统上一直被看做截然不同的科技有机整合在一起，往往预示着重大的某种产业或市场结构变化趋势；

——如果一个产业的业务运营方式正在发生快速变化，往往标志着该产业基础结构变化时机已经成熟。

需要注意的是，利用产业和市场结构变化进行创新，要特别注意保持创新举措的简单性，如果故弄玄虚地采取一些复杂的、看似很"聪明"的创新策略，往往会弄巧成拙，导致失败的结局。

12.6

"追求时尚"：敏锐察觉民众认知态度的变化

从"杯子是半满的"到"杯子是半空的"这样的民众认知态度或心态改变，在数学上没有什么意义，而且也很难量化描述和难以捉摸，但对于创新来说却具有重大意义。

例如，20世纪中叶，美国人对自己社会地位的看法发生了微妙的改变，无论什么职业或收入档次的人，都喜欢自称"中产阶级"。一位名叫本顿的广告公司行政管理员注意到了这个民众认知态度的变化，就走出去进行调查，询问人们这"中产阶级"一词究竟意味着什么？回答是：与"劳动阶级"不同，"中产阶级"意味着相信自己的孩子有能力取得优秀成绩而升学。于是，本顿收购了大英百科全书公司，以"您想成为中产阶级吗？那么就拥有一套百科全书使您的孩子在学校取得好成绩吧！"作为广告词，向高中生家长兜售百科全书，结果用了不到三年的时间使一个濒临破产的公司起死回生。十年后，该公司在日本故伎重演，以同样的套路又一次获得同样的成功。

认知态度变化是"心态"上的而非基于"事实"。正如协同学创始人哈肯（Haken，Hermann）教授曾指出的：在时装"这种集体效应中客观标准常是无关紧要的，而集体最后所偏爱的却是一种主观的意向。"[6]例如，在收入分配方面，英国比美国更早地实现了平等化，但是，在英国的文化传统下绝大部分英国人始终认为自己是"劳动阶级"，而在美国人的心态中绝大部分人认为自己早已经变成了"中产阶级"。由于认知态度的这种不可琢磨、不可度量性，我们很难预料心态变化是长期性的还是昙花一现以及可能出现的真正结果，因此，利用认知态度变化进行创新，最重要的是学会把握"时机"，这种创新应从小而专的领域做起。

什么是"时尚"，就是民众都普遍看好的东西，因此它肯定是"有市场"的东西。例如，时装就是民众普遍偏好穿着的服装。鲁迅说：世上本无路，走的人多了便成了路。同样道理，世上本没有时装，穿着的人多了便成了时装。时装并不一定都是"新的"，关键是穿的人规模大小，只要流行旧的同样会成为"时装"，例如 20 世纪 30 年代中国传统服装旗袍的时兴就是如此。再例如，近年来一些青年男女喜欢穿的牛仔裤，实际上最初是美国西部淘金工穿的，它是用耐磨结实的"劳动布"制作的工装服，由于干体力活，淘金工腿面或经常着力的部位磨得发白，而现在穿着者也"莫名其妙"地以此为美，时装设计者和服装厂家为了迎合这种"审美"心理，将好端端的新裤故意打磨得发白或看上去"破烂不堪"。这里并没有什么道理可讲，甚至不必去探究究竟为什么，只要敏锐把握住人们时尚消费的状态和趋向就行了。

时尚的东西往往不仅令人琢磨不定，而且经常在不知不觉中轮回变化。例如，中国青年人近 20 年裤装的变化，先是流行大腿细、裤口粗的喇叭裤，后来变为上下一般粗的筒裤，再后来由于生活水平提高，肚大腰圆的老板式人物多了起来，这些人穿筒裤"筒"不上来，于是乎就只能穿上粗下细的东西，这样"老板裤"逐渐成为时髦。什么"老板裤"？不就是农村老乡传统上穿的甩裆裤吗?！有创新意识和创新精神修炼基础的企业家往往能够及时敏锐地察觉这些"莫名其妙"的时尚变幻，抓住商机、大赚其钱。

通过捕捉时尚机遇进行创新，最关键的是要注意消费者群体中的"意见领袖"，例如时装模特、影视明星、球星等，他们的消费动向往往具有导向和扩散影响作用。要研究和准确把握他们的消费引导与公众时髦消费之间在时间、空间、行为、心理等方面的复杂联动关系，才能不失时机、恰到好处地通过追逐时尚进行成功创新。

12.7

创造新知识：风险最大的创新活动

在现代社会背景下，基于知识的创新技能可以说是企业家精神的灵魂或最高境界。这种创新有两个显著特征：其一，创新时间跨度相对较长。认为科学技术发现和应用周期越来越短很可能是一种错觉，实际上，自然或社会科学新知识要变成可应用的技术和方法并出现在市场上或被人们所接受，一般大都需要长达二三十年的时间才能完成；其二，这种创新很少是基于一种因素而是多种不同的知识聚合的结果，只有当这些知识同时具备，甚至有些已经在某些领域被广泛持久成熟地运用的时候，一些重大的知识创新活动才能产生。

因此，基于知识的创新是风险最大的创新活动，要取得成功，必须进行系统化训练。基本要则有三：首先，要求对所有必要的因素进行细致分析，包括对社会、经济的以及认知方面的各种因素进行甄别核查，以辨识出哪些因素还不具备、是否可以补全或何时才可行；其次，需要进行清楚的创新发展定位；最后，创新者需要学习并实施有效的管理，在实践中学会把握创新时机、积累创新经验。在这方面，惠普公司、英特尔公司等著名高科技公司的知识创新都堪称典范。

基于知识的创新一般有三种定位策略：

第一种定位：**开发全套系统占领整个领域**。例如，IBM 早期的创新策略就是如此，它向客户提供所有软件、程序设计、计算机语言和操作指导等全方位服务。

第二种定位：**为自己的新产品创造相关联的新市场**。例如，杜邦公司当初为其尼龙发明创造女裤袜和内衣市场、汽车轮胎市场等相关市场。

第三种定位：**占据一个战略位置，只专注某个关键功能**。例如，1865 年，摩根（Morgam，J. P.）利用一套创造性的金融理论和系统化的银行知识建立了 19 世纪纽约最成功的企业家银行，采用的就是关键功能方案，使他的银行成为欧洲剩余资本流向美国等资本稀缺国家的金融通道而获得成功。

即使进行了仔细的分析，定位也非常清晰，并且有意识地实施了管理，基于知识的创新仍然由于其不确定的变数而具有独特的巨大风险。由于知识创新是所有创新中风险最大的创新活动，所以一般情况下，没有"赌注"能力者最好不要轻易问及、轻举妄动。

···

专栏 12 – 1　相关文献

有效研究十条规律

有些企业（并不太多）从研究所花费的资金中可得到 50 倍、甚至 100 倍的收益，而更多的企业则收益甚少，甚至一无所获。成功的关键不是知识、智慧和艰苦的工作，更不是运气，而是要遵循有效研究的如下十条规律：

1. 每一个新产品、流程或新的服务项目，在它盈亏持平的那一天起就开始过时了。

2. 因此，你应该做的就是设法使你的产品、流程或服务成为"过时"的东西。这是你对付竞争者的惟一方法。50 年前，当尼龙刚刚面世时，杜邦公司就马上组织化学家进行研究，准备发明一种新的合成纤维以替代尼龙，并开始降低尼龙价格，这就是为什么杜邦公司迄今仍是世界领先的合成纤维制造商以及为什么杜邦公司的尼龙迄今仍占领市场并且有利可图的根本原因。

3. 要想使研究取得成果，最好忘掉 19 世纪期间的那种"纯"研究与"应用"研究之间的区别。这种区别可能在大学里还能起一点作用，但在工业上即使不是一种妨碍，也是无意义的。例如，对一个小机器零件做一些小改进可能需要对物体的结构做纯科学研究，但制造一个全新的产品或新流程可能只要仔细重读一本标准手册即可获得成功。纯科学研究不一定比给一个问题重新下定义，以便用众所周知的原理来解决该问题更难。

4. 在有效的研究之中，物理学、化学、生物学、数学以及经济学等不再是一门门"学科"，而是工具。这当然并不是说有效的研究需要盖世奇才。最好的物理学家和化学家今天所拥有的知识也不过是其专业学科的一个小角落，而有效的研究则要求一个项目的主持人或研究部门的负责人了解何时和如何去召募什么样的专家。最好的范例可能要数 20 世纪 60 年代肯尼迪总统任期内的国家航空航天局长吉姆·韦布了，他当时动员了 10 多个不同学科的人员把一个人送上了月球，值得注意的是韦布并不是一位科学家，而是一位律师兼会计师。

5. 研究不是单纯的一种努力，而是要了解如下努力的结合：改进、有意识的演化和创新。改进的目的是使已取得成功的产品好上加好，它是一个无止境的行动，需要规定具体的数量指标，例如每年在价格、质量和顾客满意率方面达到改进 3% ~ 5% 的要求。改进从一线信息反馈做起，一线人员包括产品的制造者和服务的提供者、推销员特别是用户，然后由公司科学家、工程师或产品设计师应当把第一线传来的建议和疑问转化为对产品、流程或服务的改进。有意识的演化是利用新产品、新流程或新服务派生出更新的产品、流程或服务，其格言是："每一项成功的新产品是通向下一个新产品的垫脚石"。有意识的演化总是以市场为动力，但它往往需要新技术，至少是最新发展起来的技术以及新的工具。最后，创新是当出现社会、经济、人口结构及技术等方面的变化时，对于这种变化的机会的系统运用。进行有效研究的关键是分别而又同时进行改进、有意识的开发利用和创新。

前面的 5 条规律是关于做什么，而后面的 5 条规律则是关于如何去做。

6. 力争上游！小改小革有时简直像进行根本性变革一样难以实现并受到顽强地抵制。成功的研究要问这样的问题：如果我们取得成功会不会给顾客的生活或企业带来真正的不同？录像机和传真机都是美国人发明的，但这两种产品的市场却由日本人控制着，这是因为他们制定了一个较高的目标，这种目标包括产品的大小、性能和价格等各个方面，是任何一家美国公司都认为无法达到的。

7. 有效的研究需要同时兼顾长期的和短期的结果。如果只追求短期结果，所花费的巨大努力就不能获得满足。短期结果必须也是一个连续的长期流程中的一个步骤。这一平衡点是很难事先加以设计的，但通过回顾和反思往往可以做到。从事研究的人员很清楚，他们必须回过头来检查他们自己的实验室笔记：是不是发现了什么后来又丢到了一边，因为它不是预想的结果或似乎不会引向预期的研究目的？如果有的话它是否是新出现的一种机会？它是不是一种可用的或有用的短期结果？这方面最有名的范例要数亚历山大·弗莱明偶然发明青霉素的故事了，在真正发现盘尼西林的价值以前他曾经把它当作破坏细菌培养液的废物扔掉。关于改进，按定义其结果似乎属于短期，但是人们总想从中找出其长期的含义：这些成功的改进是不是围绕着一个特定的应用、市场、设计、流程或产品进行的？是否预示着一种根本性的、长期性的创新或变革机会的到来？

8. 研究是一项单独的工作，但并非一种单独的职能。开发，即把研究成果转化为可以制造、出售、交付并提供的产品、流程或服务，必须与研究同时并进。制造、市场营销与服务都是从一开始就影响研究，如同研究的成果反过来对上述各项产生影响一样。在大学里，研究可能是以寻求新知识为目的，但在工厂、政府以及医药界，研究则是寻求新的实际效用。

9. 有效的研究需要有组织地丢弃一些东西，不仅是产品、流程以及服务，而且还包括研究项目本身。对于每一项产品、流程、服务以及研究项目，每隔几年就需要测试一下其生命力，并提出下列问题：在知道了想知道的东西以后，我们现在还要搞这种产品、流程、服务或研究项目吗？至于什么时候丢弃则要考虑三种情况：当研究工作已不再有什么意义重大的进展时；在有意识的演化过程中不再出现新产品、新流程、新市场或新的应用时；当多年的研究成果只是一些令人"感兴趣"的东西时。

10. 同其他任何事物一样，研究也必须加以衡量。对于改进是很容易定出具体目标并加以衡量的。关于有意识的演化，目标也是可以制定的，例如每年一项有意义的新产品、新市场或新的技术应用。而创新则需要做出专门评估，一般每 3 年左右就需要回顾一下创新的成果：我们创新的成果是否使公司创造财富的能力有所提高？与公司的市场地位及行业领先地位相比，这些创新成果在数量、质量及影响方面是否相称？在以后的几年中我们（同样在数量、质量及影响方面）应当有什么样的创新成果才能使我们能够取得必要的市场地位及行业领先地位？

资料来源：德鲁克，《九十年代的管理》，东方编译出版社 1999 年中译本。

12.8

"脚踏实地干事"：企业家创新要则及行为规范

无论成功的故事多么动听诱人，德氏还是建议企业家们放弃"基于聪明点子的创新"，回到现实的生活中来，在实践中系统进行"创新科目"的系统训练，老老实实地遵循如下基本程序进行创新：从分析七种创新机遇开始，经由大量的深入实际的调查研究，进而选择"不起眼"的、"简单而专一"的创新方案，为获得"领先地位"立足"现在"进行创新。

☐ 四项基本策略

一个组织要成为企业家创新的组织，首先要求组织中的每个管理者都"渴望新事物"，都能将适应变化而进行的创新看做是保持组织永续发展的机遇而不是威胁，并明确陈述和界定创新需求的重要性以及时间框架、具体目标和行动计划。基本策略有四：

策略1：拟订一个系统的"放弃"计划。没有什么事情比防止尸体腐烂更英勇的了，但也没有比此更徒劳无益的了；如果整个组织都得知尸体将被埋葬，那么生者才会愿意（应该是渴望）进行创新。组织要想创新，必须将最优秀的人从旧的、过时的、无效率、误导工作的体系中解放出来，去迎接新的挑战。

策略2：正视生命周期有限性这个事实。在组织运作中，任何产品、服务、市场、程序、技术等都有"生老病死"的自然生命周期，企业家创新需要基于经验的判断来把握这种自然演进的"火候"及其所带来的机遇。

策略3：运用适当的"X射线"技术透视生命周期的健康状态。列出并评估每个产品、服务、市场、程序、技术等的变化过程及其阶段性状态，判断和预测其运动的趋势及时间区间，以寻找创新的突破口。

策略4：有系统地放弃。根据"X射线"透视结果，定义创新需求，确定创新目标，拟订一个系统的放弃旧事物的行动计划。

其次，一个企业家创新的组织，自然要有"企业家式"的管理实践。组织的管理当局一定要将目光盯在寻找机遇上，要有计划、有组织地进行创新沟通，与一线资深主管深度会谈。

再次，一个企业家创新的组织要建立相应的评估系统。为每个创新项目建立信息反馈系统，及时监控和指导创新进展情况；进而要将所有创新努力结果汇总，进行系统审查和评价；最后要根据创新总目标、实际绩效状态及整体市场地位等，对组织整体创新表现做出评估。

最后，一个企业家创新的组织还要建立一种使人们积极进取、有利于企业家创新精神发挥的组织结构。要将企业家创新的事业与旧的经营部门分开，使现有事业能够"滋养"而不会干扰创新；要由组织高层管理者直接负责，为创新事业留下充裕的空间；要单独建立独立运作的"创新项目"，让它远离尚没有能力承担的财务或事务性压力；创新活动要有一套有独特的绩效评估和薪酬管理系统，要明确创新责任并将其制度化。

❏ 五个基本原则

德鲁克还提出了企业家创新的五个基本要则：

（1）综合分析原则。有目的的系统创新活动要从分析机遇着手，应该因不同的领域、时间、场景综合考虑不同的创新来源，进行系统的研究分析。

（2）实景调查原则。创新既是理性的又是感知性的活动，需要走出去多看、多问、多听，左右脑并用，既见物又见人，既见树木又见森林。

（3）简单专一原则。有效的创新要异常清晰、简单而专一，事实上对创新最大的赞美莫过于说"这太简单了，我为什么就没有想到呢？"

（4）循序渐进原则。好的创新往往并不"宏伟"，一般从不起眼处开始，循序渐进地只做一件与众不同的事情，试图想"掀起一场革命"的宏大计划常常是空想。

（5）领导地位原则。企业家成功创新的理想目标不一定是什么"世界500大"什么的，但应该是为组织在某个领域确立起应有的"领导地位"。

❏ 三个创新禁忌

德鲁克特别提醒，企业家要切记如下三个创新"禁忌"原则：

首先，**"不要太聪明"**。过于聪明是大忌，无论做任何事情，在设计或操作上过于聪明往往导致失败，尤其是企业家创新活动需要的是大智若愚，而不是太过的小聪明。要记住："创新是工作"，"创新需要勤奋、恒心和责任"，要把创新变成"辛苦、专注和有目的的工作"。

其次，**"不要过多花样，不要分心，不要一次做过多事情"**。要集中统一，不要偏离核心，分心和一心多用往往什么事情也干不好，企业家创新更是如此。

创新最好不要搞"多元化"，无论多元化经营有多好，它都不能与企业家创新混在一起。要记住："要想成功，创新者必须立足自己的长项"。

最后，**"不要为未来而创新"**。要立足现在而创新，除非现在能够立即投入和运用，否则创新充其量只是个"聪明的点子"而已。要记住："创新必须与市场紧密相连，专注于市场，而且由市场来推动"。

返照我们的现实看看，德鲁克关于创新实践训练的这些金科良言，对转型期的中国企业和企业家来说，真是具有令人感动的实际指导意义。中国一些著名企业成功与失败、或曾经出人意料地成功而后又同样令人惊奇地失败的案例，无不证明德鲁克创新实践理论的真理性指引意义。业绩卓著、稳步发展的成功企业及其企业家的成功，如联想集团及其柳传志、海尔集团及其张瑞敏等，无不是脚踏实地、老老实实地遵循创新实践法则，一步一个脚印地去实施德鲁克所讲的企业家创新训练科目。

与此同时，那些曾一度辉煌而最后出现令人叹惋的大败局的企业和企业家，诸如：从"大陆首富"到"大陆首骗"的南德集团和牟其中；从"永远的绿色，永远的秦池"到"短命的标王"的山东秦池酒厂和姬长飞；从"浪漫腾起"到"诗意失落"的沈阳飞龙和姜伟；从豪迈地"请人民作证"到为"一分钱难倒英雄汉"的珠海巨人集团和史玉柱；此外，还有三株实业和吴炳新、激情燃尽的"太阳神"、走上连锁经营不归路的"亚细亚"等，其失败无不是触犯了德鲁克所指出的"太聪明"、"过多花样"、"为未来而创新"等"创新禁忌"。

12.9

"企业家社会"中的企业家创新战略

企业家是现代市场经济社会的主导角色。一个社会的繁荣昌盛同样需要各个领域都具有企业家创新精神，正如德鲁克大声疾呼所代表的时代强音："我们需要一个企业家社会，在这种社会中，创新和企业家精神是一种正常、稳定和持续的行为。恰如管理已经成为当代所有机构的特定工具，成为社会进行组织工作的整合工具，创新与企业家精神也应该成为社会、经济和组织维持生命活力的基本行为。"

一个"企业家社会"应该是：

——充分尊重个体自主精神的分权化社会；

——没有诸如"高科技政策"、"新经济政策"等政府特殊扶植政策充斥的社会；

——通过"企业家经济"很好地解决了剩余劳动力出路问题的社会；

——能够有组织、有秩序地放弃所有过时公共政策的社会；

——激励组织及个人不断学习、将变化看做正常和机遇并富有弹性地应变的社会；

——实行鼓励资本形成及将资本转移到新事业上的税制的社会；

——每个社会成员都面临学习、学习、再学习巨大挑战的学习型社会。

在这样的企业家社会中，企业家创新可以选择如下四种战略。

❑ "孤注一掷"战略

这种战略在所有的企业家战略中是最具赌博性、冒险性、要求条件最苛刻（"只能成功，不能失败"）的创新战略。这种创新战略需要有胆识、有雄伟的创新目标，瞄准一个有发展潜力和广阔前景的新市场、新产业或新领域，并建立一个反传统的运作程序和方式去占领之；实施这种战略需要周密思考和审慎分析，瞄准专一而清晰的目标，因为一旦稍有偏差所有努力都会付诸东流；还要能够将这种创新作为一项需要持续不断的事业来追求，要将自己放在随时具有潜在竞争者取而代之的非垄断环境中去不懈努力，才能最终获得成功，否则所做的一切很可能是为他人做嫁衣。

❑ "攻其不备"战略

"攻其不备"战略，即通过"创造性模仿"和"企业家柔道"来攻击对方弱点，是又一种常用的企业家创新战略。

"创造性模仿"看起来是一个矛盾的词语，其实它道出了企业家创新的实质意义：企业家所做的事情，涉及的全是别人都可能做或做过的事情，不是"原创性"而是"模仿性"的；但是，将所有这些事情按照实用的目的组合在一起的事情是别人没有做过，因此是具有"创造性"的。等到别人创造了新事物，但还欠火候，这时在短时间内加把火将水烧开，将创新要素进行整合开拓出自己处于领导地位的新领域、新境界，这就是所谓"创造性模仿"。"创造性模仿"是一种"利用他人的成功"的创新战略，从市场和顾客的需求出发，由外向内寻求创新机遇，依托先驱者创建的但没有提供很好服务的市场，以市场为中心进行开拓性创新。

"企业家柔道"战略即采取类似柔道术的办法，以最低风险、最大成功几率取得市场或产业领导和战略控制地位。这种战略首先瞄准并占领一个安全可靠的"桥头堡"，这个桥头堡往往是领先者由于自负，或为了通过高价"捞大油"、追求"最大化"亦或者是盲目迷信"粗大笨拙"式的所谓质量目标，而不屑反击或只掉以轻心地对待的据点；但在这个桥头堡保住以后，即新进入者拥有一个适当的市场地位并建立起一定经济基础后，进一步向下一个堡垒进军，直到最后占据整个领地。有三种情况最适合实施"企业家柔道"创新战略：

——已经占据市场的领先者拒绝在意外的成功或失败的事件上做出反应，不是忽略它就是将它拒斥在门外；

——向市场推出新技术、新产品或新服务的先行者采取"寡头垄断"战略，利用自己的垄断地位通过制定高价从市场"揩油"；

——当市场或产业结构快速变化时，以市场为中心并由市场推动的"企业家柔道"战略也非常容易取得成功。

□ "自然选择"战略

"自然选择"创新战略旨在追求垄断控制地位，是为保持一种无竞争者干扰或挑战的境界而进行创新的战略。"自然选择"创新战略往往适合在一个市场空间很有限的领域，通过确立一个最适合生存的状态位置，默默无闻地享有实惠。具体又有三种："收费站"战略；"专门技术"战略；专门市场战略。

"收费站"战略：一些对某流程安全至关重要（不使用它的损失远大于使用它的成本）的产品，例如白内障手术用酶、油井防爆器、罐头密封胶等，其客户只在乎安全而不在乎价格。一个组织通过创新活动一旦占据了这个领域，就类似占据了一个"收费站"性质的市场地位。由于市场非常有限，谁先来谁就可以完全独占；同时由于如此地小而散，所以不足以吸引竞争对手。当然，"收费站"战略也会有局限性和风险。占据适当生态位置的组织往往只能被动适应无法积极进取，一来二去失去了创新能力。

"专门技术"战略：通过创新获得独特的技术专长，在一个相对较大的市场上优先占据一个"行业标准"位置。其条件有三：一是在新产业、新市场或新趋势的开发早期，一个组织必须有机会进行系统调查研究找到专门技术；二是要真正占有独一无二的专门技术；三是必须能够通过持续不断地创新提高自己的技术，保持领先地位。这种战略在新领域中往往成功机遇最大而失败风险最小，但也有局限性，表现在：实施"专门技术"战略的组织往往目光狭窄、依赖他人将产品和服务推向市场，随着时间的推移专门技术不再专有而变成通用技术。

"专门市场"战略：与"专门技术"战略相类似，不同的是它不是围绕产品或服务进行创新，而是围绕有关市场的专门知识进行创新，例如旅行支票的发明等，在一个领域发展的早期获得独一无二的市场位置。

□ "创造客户" 战略

通过改变已经存在产品或服务的功用、价值或经济特征来获得创新战略地位。凡是愿意将市场营销作为战略基础者很可能是以最快速度、最小速度获得领导地位的创新者。越是从用户角度出发考虑其利益、价值和现实情况，越是以市场为导向，为客户带来更大满足和好处，企业家创新战略成功的可能性就越大。"创造客户"战略目的包括：

——创造客户功效。例如现代邮政服务所产生的创新效应等；

——为顾客所买（价值）而不是为厂商所卖的（成本）而定价，如吉列剃须刀、施乐复印机等当年所采取的创新战略；

——适应顾客的实际社会和经济情况来创新，依据"没有非理性的顾客，只有懒惰的厂商"原则，由外而内进行创新；

——为提供顾客真正想要的"价值"而创新。

总之，一个组织在企业家社会中进行企业家创新，需要有具体的创新操作，有组织内部的企业家创新管理，更需要有基于外部市场环境的企业家创新战略。在中国，最稀缺、最宝贵的资本要素就是企业家，最稀缺、最宝贵的精神就是企业家精神。我们需比德鲁克更大声地呼唤——"我们需要一个企业家社会！"但是，千里之行，始于足下。对于处于转型经济的中国企业经营者们来说，当务之急，确确实实存在一个如何潜下心来在创新实践中进行基础性训练的历史性任务。

注释：

[1] 萨伊（1767～1832），其著《政治经济学概论》，商务印书馆1963年中译本。

[2] 穆勒（1806～1873），其著《政治经济学原理》，商务印书馆1991年中译本。

[3] 马歇尔（1842～1924），其著《经济学原理》，商务印书馆1964年中译本。

[4] 熊彼特（1883～1950），其著《经济发展理论》，商务印书馆1990年中译本。

[5] 中译本见海南出版社2000年版。如果没有特别注明，以下各节关于德鲁克企业家创新训练的思想、方法和实例介绍皆出自此著，不再一一注释。

[6] 见哈肯《协同学：大自然构成的奥秘》，上海译文出版社1995年中译本，第153页。

第 5 篇

整合开发：走向系统驱动的学习型组织

13

协同驱动：组织系统动力机制开发

系统思考的关键在于看
出"杠杆点"，亦即可引起结
构重要而持久改善的点。一
旦找到最佳的杠杆点，便能
以小而专注的行动，创造最
大的力量。

彼得·圣吉

学习型组织的系统动力机制开发，简单地说，就是要打破组织与外部环境的内外"界限"，适应天然的"自组织"规律，将组织系统本身置于更大的"自组织"网络系统中，去探询和建立一种能够"高杠杆"推动组织健康发展的"自然动力"机制。本章，我们首先运用拓扑学的直观例子来说明系统思考的重要意义，然后从现代科学方法论引申出有关系统动力学的基本原理，并以此为线索描述学习型组织的协同驱动整合开发技法。

13.1

从拓扑学定理看"系统思考"的意义

人们在认识和应对外部世界时，常常采取简化的（往往也是所谓"科学的"）方法，即：将所感兴趣的过程定义为"系统"，与此系统有关的因素被定义为"内生变量"；而将此外的部分作为"环境"，并将与此有关的因素定义为"外生变量"；然后通过"分析"找出普遍性的"科学规律"。例如，传统的物理学经典方法就是，通过精确控制的实验条件将所研究的"系统"孤立起来，当它以"确定"的方式重复进行时，人们便可以归纳出普适性的自然规律来。但是，现实的世界是没有这样的"界限"分割的，任何系统都是与其他系统相互联系、互相影响的。这里，我们可以运用从拓扑学"约当曲线定理"演义出来的趣例，来直观说明"系统"与"环境"的相对联动关系以及所谓"系统思考"的重要意义。

拓扑学是现代几何学最"不可思议"的研究分支，它主要研究几何图形似橡皮薄膜一样经扭曲、拉伸或压缩等"拓扑变换"而仍然保持不变的性质，即所谓"拓扑性质"，例如圆、正方形与三角形的共同性质，单侧曲面、无"内部"的封闭瓶子、里侧外翻的内胎等是什么性质或关系的反映。关于"系统"与"环境"的概念以及传统"科学研究方法"的局限性，拓扑学中有一个以法国数学家命名的"约当曲线定理"很能直观说明问题。[1]

约当曲线定理是一个看似浅显而很难证明的基本拓扑学定理，它说的是：任何一条"简单闭曲线"，即两端相接且自身不相交的曲线，都把一个平面分成"内部"与"外部"两个区域。"内部"就是所关注的"系统"，而"外部"就是系统所处的"环境"（见图 13 – 1A）。

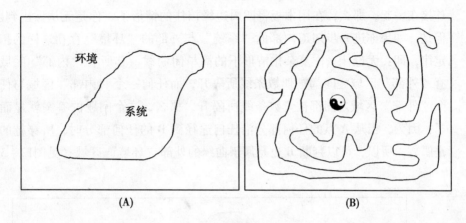

图13-1 约当曲线定理

如果将简单闭曲线画得"不简单"些，甚至画得像迷宫般曲折，要判断某一区域（如图13-1B中太极符号所在区域）是"内"是"外"就不太容易，但只要从这个区域循着路线向外追踪，看是否能够走出去，即可做出判断。现在如果再进一步，用木板将四周边缘挡住，你没有办法循着路径向外追踪到边沿区域（如图13-2）。假如现在告诉你A所在区域是曲线的外部，那么，你如何判断B所在区域是内部还是外部？

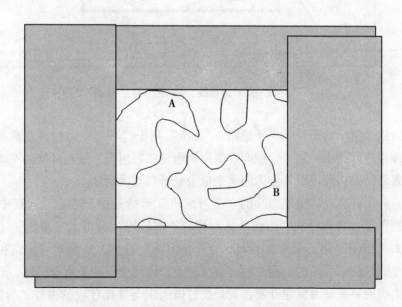

图13-2 简单闭曲线："内部"还是"外部"？

如果没有进一步的拓扑学知识，也就是说，你只知道曲线内外的简单关系，而不清楚作为内部的"系统"与外部的"环境"究竟是通过一种什么样的关系连接在一起，那么，在用木板将四周边缘挡住的情形下，你是无从做出判断的。但是，如果你进一步知道内部的"系统"与外部的"环境"存在这样的拓扑学定律，即：无论什么样复杂化情形下的简单闭曲线，其所有"内部"区域或所有"外部"区域之间都被偶数条线所隔开，而任何一个"内部"区域与任何一个"外部"区域之间都被奇数条线所隔开，那么，这个问题的答案就显而易见了：因为，当从 A 点的任何部分沿任何途径到 B 的任何部分时，所穿越的线条是偶数，所以，可以判断 B 也是属于曲线的外部"环境"区域（见图13-3）。

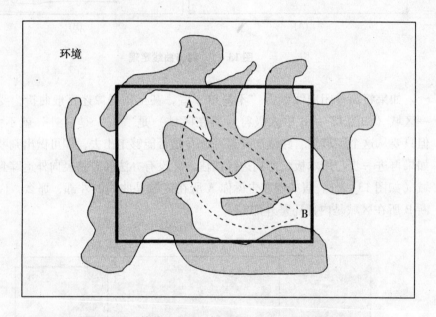

图13-3   简单闭曲线："环境"与"系统"的关系

这个简单的拓扑学例子说明："系统"寓于"环境"之中，观察系统形态和处理系统问题需要用广角镜而不能用聚焦镜，将组织系统与环境的互动关系全面考察清楚，将环境因素作为内生变量去分析和解决问题。

一个社会经济组织面临的"学习危机"恰恰是由于在运作过程中太"内外有别"了，将自己的"内在系统"与"外部环境"分得太"清楚"了，运作秩序太"组织"化了而失去了天然的"自组织"特性，从而难以认识和应付现实中非线性的、复杂的、混沌的、自组织的、协同变化的矛盾及问题。所以，学习型组织的系统动力机制开发，就是要打破组织与外部环境的内外"界限"，适应天然的"自组织"规律，将组织系统本身置于更大的"自组织"网络系统中，去探询和建立一种能够"高杠杆"推动组织健康发展的"自然动力"机制。

13.2

自组织系统动力机制基本原理：诸论通解

我们通常说"有组织"，往往意味着"有序"，即有人为干预的"秩序"；但是，大自然还存在着另外一种更具有决定性、支配力的"有序"，那就是"自组织"。关于自组织的系统动力机制运作原理，具有相互关联性和普适性方法论的现代新兴学科，诸如协同论、系统论、信息论、控制论、突变论、耗散结构论等，都有各自相通的解析论说。[2] 我们这里试对有关系统动力机制的基本原理在方法论上作一简要梳理。

科学家认为，自然变化过程都只朝一个方向进行，因为变化过程总是从"有序"朝着有增无减的"无序"方向进行。所谓"无序"，就是存在很多不同的可能状态；所以"无序"程度可以用随机"可能性"（Possibilities）的数目来量度，这就是科学家所说的"熵"（Entropy）概念，它是由两个希腊词语构造出来的专业术语，词语意思是"发生转移或变化的能量"，是用"可能性数目的对数"来定义的变量。那么，为什么时间总是朝着一个方向前进，也就是说，为什么变化过程总是从"有序"朝着有增无减的"无序"方向进行的呢？这可以由"热力学第二定理"来解答。[3]

按照热力学的定义，"热"是分子或原子不断占据新位置的运动，或者干脆就说，"热"即无序的、随机的运动。一个物体的温度（一种描述宏观状态的变量）比另一个物体"热"，就意味着该物体的分子运动（位置和速度的变化——微观状态）得更为剧烈，也就是"无序"程度或"熵"值更大。任何物理事件都会引起分子运动加剧，这意味着"无序"程度或"熵"值的增加，从而使能量的一部分或全部在事后转化为"热能"，并在物理过程中被"燃烧"（表现为"废热"）而耗散掉了。这样，虽然在这个过程中能量总是守恒的（所谓"热力学第一定理"是能量守恒定律的特殊形式），但是，能量转化的形式和过程则是"不可逆的"（Noninvertible），因为耗散的热能再也"找"不回来了（这就是所谓"热力学第二定理"）。这就是为什么"破镜"不能"重圆"、时间不能倒流的原因之所在。

这个热力学过程也可以引入"系统"的概念来说明。在一个与外界隔绝的"孤立系统"中，按照热力学第二定理，自然发生的任何过程都必然伴随着系统无序性的熵增加，这种趋向就为时间演化提供了不可逆的性质；当熵达到最大值时，系统就耗尽了它所有变化的能力，达到了所谓的"热力学平衡"状态，这时所谓的时间演化也就停止了。科学家设想宇宙可能就是一个完全孤立的大系统（否则它外面又是什么呢？），那么，按照上面的说法，总有一天宇宙会达到"热力学平衡"状态，所有有机生命随之死亡，时间将凝固不变，世界将趋于所谓"死寂"。

值得庆幸的是，在这个假想的"孤立"的宇宙大系统中，还存在无数能够与外界交换能量的"封闭系统"，以及既能够与外界交换能量也可以与外界交换物质的"开放系统"，即"与环境有动力学耦合"的系统。在"封闭系统"中，由于能够与外界交换能量（不能交换物质），既然能够通过增加热能造成较大的熵无序状态，那么自然也可以通过消除热能建立一种"有序"状态，从而发生各种"相变"。例如，水分子能够相对位移，所以水会流动；器皿中的水加热后会汽化，四处纷飞、相互撞击，表现出完全无序的状态；而如果冷却到冰点，则会表现出"有序"的冰晶体状态。在开放的有机系统中，生物体通过摄取、加工和排泄功能，与外界不断交换能量和物质来维持生命活力，较高级的生物如人体，一直保持着37°的恒温，根本不与其周围环境处于热平衡状态。

这样我们就进入了热力学的系统非平衡态研究领域。非平衡系统有两个基本分支：一是"线性系统"，描述的是"接近平衡"的系统行为，即系统作用是各组成部分作用的简单叠加情形；一是"非线性系统"，研究的是系统"远离平衡"的情况，系统行为由非常复杂的非线性关系所支配。只有系统对外界环境是开放的，才能使系统所产生的熵可以输送出去，从而使系统可以维持在有序即"远离平衡"的状态，同时容许系统与外界所构成的整体熵增加，即"耗散"。所以，这种远离平衡态的复杂非线性开放系统，又称"耗散结构"或"耗散系统"；而导致耗散结构生成的复杂而相互依赖的协同过程，则被称作"自组织"。

在方法论上，对于线性系统与非线性系统，其情景有很大不同。对于线性系统来说，系统对扰动的响应幅度与扰动幅度成正比，随时间演化邻近路径保持接近或线性地分离，"小原因具有小结果"；也就是说，线性系统很大程度上是稳定的或规则的。所以，对于线性系统，可以采取"分析"的方法来处理。而对于非线性系统来说，叠加原理不再适用，系统对扰动的响应幅度与扰动幅度不成比例，随时间演化邻近路径以指数速率分离，"小原因可能有大结果"，极小的扰动会产生巨大的效应；也就是说，线性系统很大程度上是不稳定的，有时会把规则行为变为"混沌"（Chaotic）行为。所以，对于非线性系统，"分析"的方法就不适用，需要立足"整体"去求解。

关于线性系统与非线性系统相对于平衡态的"远近"，可以举一个日常生活中的例子来说明这个问题。啤酒在酒瓶中处于力学平衡状态，如果将瓶子稍微倾斜，使啤酒平稳地倒入杯子中，这样啤酒就是一个"接近平衡"的稳态；如果将瓶子倾斜超过一定的"临界角度"，啤酒就会咕噜咕噜地有涨落地流动；假如将瓶子整个地倒过来，啤酒流出就会出现湍流状漩涡，混沌的漩涡便会形成。

进一步，我们可用以 T 秒为周期做规则振荡的非线性化学反应系统（"化学钟"）来描述。图 13 - 4 中，纵轴表示反应化合物中某化学成分的浓度（稳定解），横轴表示与化学反应停止时热力学平衡态的"距离"（用 λ 表示）。在接近平衡态的情况下（$0 < \lambda < \lambda_0$），系统处于线性变化状态，当与平衡态的距离达到某个临界阀值（λ_0）时，配料浓度以 2 倍的速度开始变化，周期会依次突变为双倍长的新周期（2T、4T、8T、16T，等等）；最后，在某个有限流速下（λ_e）达到无穷多的串联分叉，化学钟整个消解，系统陷于一种"奇异吸引子"，达到无周期的混沌状态。

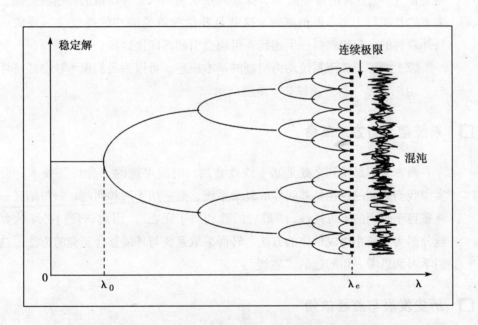

图 13 - 4　一个简单非线性系统（化学反应）分叉图

资料来源：柯文尼与海菲尔德《时间之箭》，湖南科学技术出版社，第 212 页。

在非线性系统中的分叉点或临界点，往往小小的"涨落"（例如一个意外事件）对整个系统的演化方向会具有决定性的影响，在这里不确定性或偶然性扮演了重要角色。也就是说时间成了"创新的介质"，在系统演化过程中，从一个稳定态到下一个稳定态之间，过去既已确定而未来将悬于机遇。不仅"化学钟"是如此，而且也适合于"生物钟"的情形。生命体就是一种远离平衡态的复杂非线性开放系统，它很可能就是彼此关联的特定分子作自催化反应"超循环"

的结果。生物进化就是一个不可逆的、无限多样性（复杂）的自然选择过程，"地球上的生命，竞争演化、彼此纠缠的程度，不亚于细胞中各种分子组成的交响乐。"[4]对有限资源的生存竞争就像化学钟反应里的自催化一样，起着重要的自组织调节功能。当然，社会经济系统的情况也不例外。可以说，这也正是生命、天地万物和社会经济生活之所以神奇美妙的所在。

用正式的专业术语来说，远离平衡态的复杂非线性开放系统演化过程可以描述为：考虑一个任意初始状态下的开放系统，其随时间演化的路径可以漫游到无限远，则系统是不稳定的；如果收敛于一个有界区域即所谓"吸引子"（Attractor），有稳态平衡的"定点吸引子"，或周期性的"极限环吸引子"，还有引起混沌行为的"奇异吸引子"。一个系统如果被奇异吸引子所吸引，那么，该系统的长期行为就对初始状态具有高度的敏感性，并且在不同尺度上都具有同样的不规则变化（"全息性的自相似"），除非对系统初始状态有严格的高精度把握，否则未来的长期行为是不可预测的。这就是罗伦兹所说的"蝴蝶效应"现象——亚马孙森林的一只蝴蝶抖一下翅膀，可能会引起西印度群岛一场暴风雨。

综上所述，关于系统动力机制的基本原理，可以为我们思考社会经济环境中的"组织学习"行为提供如下重要启示。

☐　系统整合与方法革命

西方文明最精到之处是基于线性叠加、时间可逆的"分析"技术。但是现实中我们遇到的往往是非线性的复杂系统，而一切矛盾和问题，归根结底，都最终来自于时间的不可逆性，"最后的胜利属于死亡"。因此，我们必须放弃将问题分解为其最小组成单位的方法，转而采取系统与环境整合研究的方法。这是我们学习和思考一切问题的"底线"。

☐　历史发展与路径依赖

在非线性系统中的分叉点或临界点，往往小小的"涨落"对整个系统的演化方向会具有决定性的影响，在这里不确定性或偶然性扮演了重要角色。时间的不可逆特性要求我们必须"历史地看问题"，系统演进过程中偶然性"涨落"决定必然性"混沌"的自然法则，告诉我们必须注意问题发生和发展的"路径依赖"特性。

☐　耗散结构与开放变革

只有系统对外界是开放的，才能使系统所产生的熵可以输送出去，从而使系统可以维持在有序即"远离平衡"的状态，同时容许系统与外界所构成的整体熵增加。任何社会经济组织也都是一种典型的复杂非线性开放系统或耗散结构，只有与外界时刻保持信息、能量和物质的交换，才能得以生存并获得可持续的发展。在这种发展过程中，组织随时面临外界环境的各种随机不确定性所带来的"涨落"干扰，只有及时审时度势、随机应变，时刻保持与自组织势力的协同功能，才能获得生存机会并很好捕捉发展机遇。

时间之箭与创新机遇

不可逆的时间之箭成了"创新的介质"。在系统的动态演化过程中，从一个稳定态到下一个稳定态之间，过去既已确定而未来将悬于机遇。这就为人们"创造无限多样的未来"提供充分的创新空间。我们不仅要能够"历史地看问题"，还要能够"勇敢地面向未来"。正如一位古希腊哲人所说："一些人因为无知而大胆；当他们停下来思考时，就会感到恐惧。真正勇敢的人，是那些明白人生中什么是可爱的，什么是可怕的，而且勇敢地面对将要发生的一切的人。"[5]创新机遇是为那些有历史感而又勇敢承担责任的人准备的。

蝴蝶效应与协同作用

一个复杂系统的长期行为对初始状态具有高度的敏感性，小小的"临界涨落"对整个系统的演化方向会具有决定性的影响。在系统中，众多的因素相互作用和竞争，往往形成某种均衡态势。在这种情况下，如果外在条件达到某个临界点，优胜劣汰的竞争结果往往只剩下几个"势均力敌"的因素，这时再加上某种偶然性作用，即小小的"临界涨落"往往就能够造成"对称破缺"，打破均势状态，使某种因素趋向主导，这样就会"协同"其他因素自发地进行"自组织"，使这个系统朝着某个方向演化下去。这说明个体在某种普遍规律支配下，通过竞争和协作的集体协同行动，可以达到一种"自组织"性质的有序状态。认识到现实问题的复杂性，抛弃简单的、机械的决定论世界观，充分考虑具体历史情景中的协同趋势，顺应潮流把握时机，是一个组织学习和创新并取得成功的重要思想基础。

组织学习与生命意义

生命实质上是大自然奇妙演进的杰作，个体生命的意义寓于生物群体的自然选择之中，个人的生命意义来自于社会群体的创造动力。在这个意义上说，"组织学习"实际是一种让成员"认命"的过程。正如圣吉所说，"真正的学习，涉及人之所以为人此一意义的核心"，通过学习重新塑造自我，重新认识我们所在的这个世界以及我们与它的关系，从而做到我们以前从未做到的事情。建立学习型组织的真谛，就是"让大家在组织内由工作而活出生命的意义"，使人们能够感悟到这样一种"生命的真义"，即：自己属于伟大群体中的一个个体而创造自己远无法创造的伟大成就。[6]

13.3

"系统基模"：组织中三大类系统性阻障问题

所谓"系统基模"（Systems Archetype），即描述组织系统性问题的基础模型，它实际上是圣吉等人对组织中经常出现的典型系统性阻障问题所做的归纳总结。[7]这里，我们根据圣吉等组织学习研究者的有关文献，运用前节所说的系统动力学观点，将组织中经常出现的系统性阻障问题归纳为三个基本类型加以描述和解析。

☐ 短期对策与长期目标的冲突

真实世界的事物往往是由复杂的非线性因果环连接起来的，但是由于视界局限，人们往往习惯于片段上直接因果关系的简单推断。结果，往往出现短期对策损害长期目标的事情。这类问题的主要表现有：

饮鸩止渴　一个对策在短期内可以缓解矛盾、应付危机，但是长期而言却会产生越来越恶化的结果，这进一步加剧了对该短期对策的依赖，长此以往，不能自拔。今天的问题可能来自昨天的对策，前任者将矛盾恶化地转嫁给后继者，系统的根本矛盾没有触及且越来越欲盖弥彰。

欲速不达　任何系统都有其自身自然演化的节拍和速率。不顾自然成长的最佳速率，采取一些急功近利、拔苗助长的对策，结果损害了组织长期健康成长的生理机制，反而迟延了组织目标的实现。特别是对于一个运作速度原本迟缓的系统，采取积极而急切的行动反而会产生不稳定的后果，如果再遇上增强的正馈效应，那么放大的反馈效应可能会振垮整个系统。

得不偿失　前面已经提到，一个复杂系统的长期行为对初始状态具有高度的敏感性，小小的"临界涨落"对整个系统的演化方向会具有决定性的影响。回光返照，渐糟之前先渐好，那些短期给人们带来可见好处的小对策，往往会给组织的长期发展带来不可弥补的负面累积结果。

避重就轻　有时并不是不明白解决问题的根本性对策是什么，而是怕付出高的代价，避重就轻，采取一些简单的、立竿见影的措施先去应对，结果不是没有效果，就是有些效果但因为缓解了症状而使人麻痹大意，反而错过了变革和解决问题的最佳时机，使系统长期陷于僵局而丧失了锐意变革和彻底解决问题的动力及能力。

得过且过　当事人了解组织的长期发展目标，但是面对眼前状况，不是采取积极应对策略去努力达成目标，而是放弃或降低长期目标要求，退而求其次，得过且过，采取一些"低标准、松要求"的对策措施，结果使组织运作状态离目标要求越来越远。

☐ 局部竞争与整体协同的对立

组织中的系统性阻障问题，从空间维度上看，就是脱离开整体协同背景去孤立关注局部竞争状态所带来的结果。一方面，在组织内部，任何部门、团队、流程、项目和个人，都是整体系统中的一个有机组成部分，作为一个子系统与其他部门、团队、流程、项目和个人形成互动合作的协同关系；另一方面，从组织外部看，任何社会经济组织也都是一种典型的复杂非线性开放系统，只有与外界时刻保持信息、能量和物质的交换，才能得以生存并获得可持续的发展。因此，无论是组织内部还是外部，在整体协同背景下审视和处理局部竞争的矛盾和问题，都是组织系统学习所要采取的一种核心价值观和基本方法论。这类问题的主要表现有：

恶性竞争　在组织中，相当多的矛盾、冲突和内耗来自于零和博弈格局中的恶性竞争。人们不能超脱自我，从整体利益出发客观考量与他方的关系，往往以我为中心，将矛盾、冲突和内耗的根源简单地归结为对方的行为，以牙还牙，冤冤相报，结果恰恰使矛盾升级、冲突激化、内耗加剧，形成恶性循环，两败俱伤，极大地损害了组织的整体利益。

能力依赖　与恶性竞争相反的系统性阻障情形是，本来是为了整体或他方的利益，为其提供帮助，结果事与愿违，"好心办坏事"，使对方反而弱化、丧失了组织整体系统所要求的功能或能力。例如，组织从外部获得的政府资助补贴、专家咨询服务等，往往使组织产生政策和技能依赖而不利于其自身的动力驱动和能力开发。

马太效应　"贫穷者愈贫穷，富裕者愈富裕"。此语出自《马太福音》，故后人将这种状态称为"马太效应"。在组织运作中，往往遇到这样的情况：平衡并行的两个部门、团队、项目、流程、部属或个人，其在组织发展的整体格局中是势均力敌、不分伯仲、旗鼓相当，但由于偶然因素使一方获得了较多的资源、较多的发展机会，结果使其状况越来越好，甚至蒸蒸日上、欣欣向荣，而另外一方的状况则越来越糟，陷于苦苦挣扎、穷于应付的局面。面对这种情况，要从整体均衡协调发展的根本目标出发，以消除不良竞争关系或分配苦乐不均的倾向。

囚徒困境　博弈论中关于"囚徒困境"的例子，在组织现实运作过程中也是时常发生的事情。本来两个合作伙伴如果坚守合作同盟对于他们双方都有好处，但是由于"自利心"和机会主义倾向的驱使，结果使他们选择了最坏的策略，双双落入最不利状态的陷阱。

成长极限　任何有机系统的成长都是有极限的，它们遵循特定的生命周期演变规律。在开始阶段有一个快速扩张时期，但是随着外在限制条件的临界，成长终会减缓下来的，到后期迅速衰退。为了克服成长极限，强行违反生命周期运作节律是不可取的，惟一可行的办法是调整外界限制条件。

公共悲剧　为了克服成长极限，需从外部获取系统所需要的资源。但是资源总是有限的，结果共享的资源条件也终于有一天要耗竭殆尽，结果成长极限真的到来，大家只有束手无策、仰天长叹。

❑ 政治策略与本质意义的矛盾

在组织中，系统性阻障问题，无论是短期对策与长期目标的冲突，还是局部竞争与整体协同的对立，都与组织文化氛围和制度机制有密切关系。在组织文化氛围和制度机制上，短期、局部的政治策略与长期、全局的组织宗旨和价值追求相矛盾，也是组织系统性阻障问题的一个重要层面。这类问题的主要表现有：

局部思考　由于专业化分工体系和科层控制体系的长期制约，组织成员养成就事论事、局部思考的习惯。他们只专注于与自身工作或职位有关的个别事件，而不会将组织作为整体来考察相关工作职位之间的相互关系，也不会主动去为自己工作之外的事情承担责任。这样，一来二去就失去了整体思考和处理问题的能力。

归罪于外　在没有共同愿景和价值驱动的组织中，当事情出现问题或遇到麻烦时，人们的第一反应就是将责任赶快推脱掉，将责任归罪于外。归罪于外与局部思考有关，往往只片段式地看问题，只看到自己的成绩或看到的只是他人的问题，看不到自己的行为对他人所造成的负面影响是什么，而当这些负面影响反过来伤害自己时更强化了其"自以为是"的认识。同样的情况也可能发生在组织与外部的关系上，他们看不到内外完全是相对的，将系统人为地切割为内外使人们永远无法认清存在于内外互动关系中的系统性问题及其解决之道。

政治游戏 在一些具有官僚主义文化传统的组织中，就事论事做表面文章、程程序序走过场成为人们的工作常态。大家不会去追问某些活动、业务和流程的根本目的和实质意义究竟是什么，只是为了履行公务、为了应付上面的检查而去做事，只要自己不承担责任、没有麻烦或能够让领导满意就行。这样，自然就不会形成积极主动地去从全局、系统地思考和处理问题的意识及动力。

习惯势力 长期形成的习惯势力对于人们学习创新具有很大阻障作用。大家对工作中很不正常的问题熟视无睹、习以为常，看出问题并试图去解决问题的反而成了"很成问题"的。在这种习惯势力下，凭经验办事，按程序运行，过去成功的今后也能成功成了普遍性的行为准则；这样，经验成了人们的学习障碍，成功成了失败之母。这种组织运作的结局，往往是像锅里温水中的青蛙被慢慢煮死。

管理竞争 组织中的管理层往往不具有跨功能的整合功能，反而成为争权夺利的主力军。各部门的头头脑脑将大部分时间和精力花在为自己或部门局部利益的游说竞争上，同时佯装着都为组织的共同目标而努力。为此，他们或独断专行，或保守成见，或妥协圆滑，在这样的领导者主导下，组织中自然就充满了擅长避免追求真义、拒绝进取学习的人。

13.4

寻求高杠杆解：都江堰系统工程的启迪意义

圣吉指出："系统思考的关键在于看出'杠杆点'，亦即可引起结构重要而持久改善的点。一旦找到最佳的杠杆点，便能以小而专注的行动，创造最大的力量。"[8]认识和处理组织中的系统性问题，就在于看出高杠杆解的所在之处。而如何才能"看出"，这就需要有宏观战略眼界，需有综观全局的大智慧，同时要有把握关键的巧妙艺术。

综观全局，首先要有"顺其自然"的心态和心境。这就是说，在认知和处理事情时，应该少一些甚至就不可以有"人定胜天"、"敢叫日月换新天"的浪漫和狂妄，而应该多一些乃至正面树立"人愿天助"、"天人合一"、"谋事在人，成事在天"的谦虚谨慎态度和价值理性思想。这里涉及"人生境界"的问题，没有一定的人生境界就无法有综观大局的心智。

按照中国哲学大师冯友兰先生的说法[9]，所谓"人生境界"，就是一个人一生中做事时所觉解的意义，这种意义从低到高可以分为四个基本等级：一是"自然境界"，即只顺着本能或社会风俗习惯做事；二是"功利境界"，意识到自己并以自利为动机去做事；三是"道德境界"，即将自己作为社会的一员觉解到社会的利益并为社会利益承担责任的境界；四是"天地境界"，意识到自己是整个宇宙的一分子并达到"为天地立心"[10]的境界。前两者是"自然的产物"，是"人现在就是的人"；而后两者是"精神的产物"，是"人应该成为的人"。生活于道德境界的人是"贤人"，生活于天地境界的人是"圣人"，中国哲学就是"教人以怎样成为圣人的方法"，是教人如何"既入世又出世"做圣人的学问。

因此，要拥有综观大局的大智慧，就必须学点中国哲学，成为"为天地立心，为民生立命，为往圣继绝学，为万世开太平"的贤人或圣人。这里所说的"贤人"或"圣人"不是属于少数的伟人奇人，而是属于每一个普通人都能够追求的一种人生境界。它不要求你非要做"惊天动地"的大事不可，不需要你表演奇技绝招，甚至拒斥所谓"人定胜天"、"敢叫日月换新天"的浪漫和狂妄；你只要做平常人所做的事情，但要有"觉宇乃万妙"的胸怀或意境，要有"人愿天助"、"天人合一"、"天下主义"的宽宏大量、谦虚谨慎态度和价值理性思想。

有了这样的精神境界，意味着在遇到问题时，你能够超脱短期功利计较，以老老实实的态度去进行调查研究，透彻了解问题背后的结构状态，从宏观上透析问题的根本原因，从而在解决问题时才能做到"因势利导"、"因地制宜"、充分利用自然势能去"巧夺天工"、"无为而治"，经济地、巧妙地达成特定的"有为"目标。这样做出的事业也才能真正"惊天动地"，成就"为万世开太平"的不朽伟业。

这个道理，可以用秦昭王时蜀郡守李冰建设都江堰（见图 13-5）这一"惊天动地"的伟大工程之事迹来很好地诠释。参观过都江堰的人，无不为古人在没有"现代科学技术"支撑的情况下，能够"巧夺天工"地做出这样一堪称"世界奇迹"的伟大水利系统工程而惊叹感怀！他们是如何成就这样一番伟业的？具体的历史细节我们不必去追究，但有一点是肯定的，那就是：如果李冰们没有"综观全局"的大智慧，绝对不会想出这样巧妙艺术地"把握关键"的系统设计方案来。

都江堰的建设，首先需要在宏观地理上进行战略性的布局设计，通过"综观全局"，对于水流山脉的整体地理状况、岷江季节性水流变化规律以及水患灾害情况有一个宏观的认识和把握。李冰运筹帷幄，并带领有关工程人员进行实地考察，发现整个水文系统的关键环节在于岷江上游末端出口、龙门山脉与成都平原顶端的交接处，此处海拔较高，犹如放荡不羁的蛟龙之咽喉，卡住它就可以变水患为水利，不仅可以防止水灾，如果能够有效控制水流量还可以灌溉整个成都平原和川中丘陵。

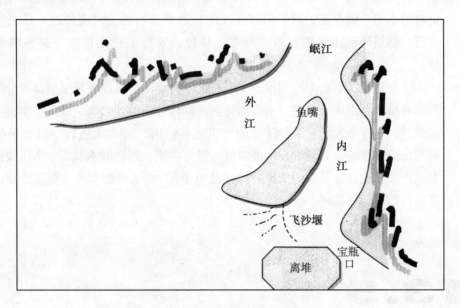

图 13 - 5　都江堰工程示意图

有了这样宏观战略思考和布局，接下来的工程设计仍然需要进一步在下一层子系统中"综观全局"。李冰等人细致察看了工程处的地理水势状况，本着"天人合一"、"人愿天助"的核心理念，巧夺天工、因势利导，设计出了最省人力、最经济又具有最大枢纽功能的设计方案：

（1）将右岸向内挖，中间筑头为"鱼嘴"状的分水堤坝，从而使岷江河道一分为二：一边为"外江"，河道较宽河床较高；一边为"内江"，河道较窄河床较低。此子系统起着调节水流量的功能：干旱季节，水流量较小，水流到鱼嘴，以河床高低按4：6分流，即40%流入外江、60%流入内江，供下游农田灌溉；洪涝季节，水流量较大，水流到鱼嘴，以河道宽窄按6：4分流，即60%流入外江、40%流入内江。

（2）将玉垒山旁系处凿开成"离堆"，离堆旁形成具有溢洪道功能的"宝瓶口"。这是都江堰耗费最大的工程，在没有现代大型机械设备和工具的情况下，据说李冰竟想出了"烧热石、浇凉水"的办法，让山石崩裂，将本来需要八年的工期缩短为三年。凿离堆是整个工程的关键环节，离堆旁边的"宝瓶口"是内江水流入成都平原的"咽喉"，当洪水季节水流增大时，瓶口最大流量约700立方米/秒，多余的水量又通过飞沙堰进一步排泄到外江。这样，"宝瓶口"就像现代"溢洪道"的功能，有效平稳地控制着流入成都平原的出水量，既防洪涝又治干旱。

（3）水流入凹陷进去的内江，凹陷处水势会发生变化，按照流体力学原理，流入外江的水流为下面较沉重的携带泥沙水流，而流入内江的水流则为上层较清澈的水流，因此起到减轻内江泥沙淤积的调节功能。水流经过一段流程水势变缓，然后遇到迎面矗立的"离堆"顶撞，创造了"飞沙堰"进一步泄洪排沙。

这样，都江堰整个水利枢纽工程系统就由鱼嘴、飞沙堰和宝瓶口三个关键子系统有机耦合组成。鱼嘴分水堤坝将汹涌岷江分隔内外二流，外江排洪，内江引水灌溉；飞沙堰起泄洪、排沙和调节水量的作用；而"宝瓶口"有效平稳地控制着出口的水流量，起着现代溢洪道的重要功能。都江堰不愧为中华民族伟大智慧的杰作，也真正是我们所说的"系统思考"，成功综观全局、把握关键，寻找高杠杆解之典型范例。

13.5

运用基模进行系统思考操作技法

我们认为，寻求高杠杆解最重要的是要有综观全局的大智慧，然后要有把握关键的艺术。而圣吉等人倡导的所谓"系统基模"图画，就主要是操作技术层面的一种技艺性训练方法。其主要意思是：将组织中发生的有关问题看做是在开放的非线性复杂动态系统中相互关联的因素；在这种系统中，各因素之间的关联耦合关系，一要由正的或负的"强化反馈"（Reinforcing Feedback）机制引擎驱动，二要由目标限制性的"调节反馈"（Balancing Feedback）机制进行自组织控制，同时还伴有单向不可逆的复杂时间滞延（即"时滞"）影响，通过将这三要素用线条方框连接绘制成直观的系统图画，可以清晰观察有关因素之间复杂变幻的联动关系，从而有助于寻找到系统性问题的根本原因及其高杠杆解。

现实中的很多因素是由正的或负的"强化反馈"机制连接的，形成常见的良性或恶性循环现象。如果这些因素所组成的系统与外界不相关联，这种良性或恶性循环就如同一个"孤立系统"中自然发生的无序性趋向（熵增加），最终当熵达到最大值时，系统就耗尽了它所有变化的能力，达到了所谓的"热力学平衡"状态，这时系统的演化就会趋于停止，这也就是组织中经常会遇到的"成长极限"问题情景。

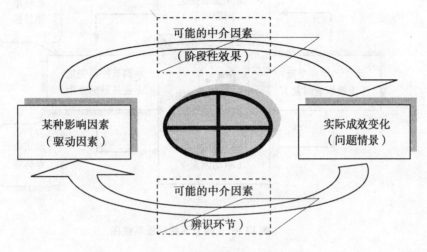

图 13 - 6 强化环路模板系统图

强化环路的情景可以由图 13 - 6 来一般地加以描述。例如，组织人力资源状况改善，可能是由于引进外部人力资源专家咨询帮助引起的；而人力资源专家的帮助，进一步会改善组织的人力资源状况，进而更加强化了对人力资源专家的需要。这是正的强化反馈情景。同时，组织本身人力资源管理能力的弱化，可能也是由于引进外部人力资源专家咨询帮助的结果；而人力资源专家的帮助，又会进一步弱化组织的人力资源能力，反而更加强化了对人力资源专家的依赖。这是负的强化反馈情景。

组织本质是一个复杂的开放系统。因此，在与外界交换能量和物质的过程中，系统性问题往往具有通过自我抑制和自动调节走向稳定发展状态的内驱力。众多的因素相互作用和竞争，往往形成某种自组织的均衡态势。在这种情况下，如果外在条件达到某个临界点，再加上某种偶然性因素的影响，在某种因素趋向主导下就会"卷裹着"其他因素自发地进行"自组织"，使整个系统朝着某个稳态演化下去。"调节反馈"机制具有目标限制性的自组织调控功能，当系统运作的实际状态与自然设定的目标状态有"落差"时，就会对系统产生一种压力势能，驱使系统自动恢复到本该有的正常状态。

调节环路的情景可以由图 13 - 7 来一般地加以描述。例如，组织产品交货或服务等待周期迟延（与客户期望的目标相比），使客户满意度下降，而这又进一步使组织声誉受到损害，结果造成组织所提供的产品或服务数量需求下降；为了提高需求或市场业绩，需要提高工作效率，以达到客户期望的产品交货或服务等待周期，这样使组织行为得到一定的回馈调整。

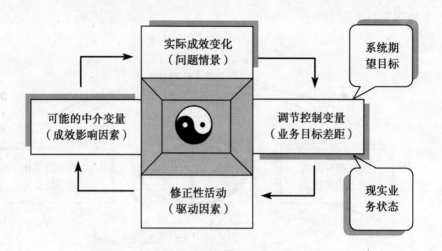

图 13 – 7　调节环路模板系统图

如果考虑到经常被人们忽略的"时滞"因素影响，那么，系统性问题的动态复杂性就表现得更加突出。"时滞"因素既可以对强化环路造成影响，也可能对调节环路造成阻障。若将强化环路与调节环路相连接，同时考虑"时滞"因素的影响，那么，就会形成圣吉等人所描述的所谓各种"系统基模"图式。例如，图 13 – 8 分别是关于"饮鸩止渴"和"成长极限"系统基模的基本图式。其他"系统基模"的基本图式，读者不需要亦步亦趋地死板记忆圣吉给出的图式，掌握了要领，可以自主创造性地类推画出。

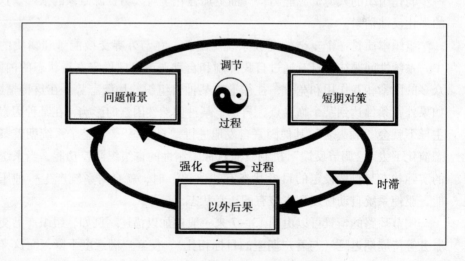

图 13 – 8　"饮鸩止渴"模板系统图式

我们以为，在进行组织学习训练时，关于"系统基模"图画的有关技法，可以"灵活效仿"，但不可以"机械模仿"。

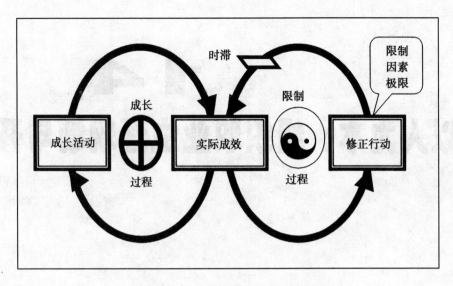

图 13 - 9 "成长极限"模板系统图式

注释：

[1] 参见马丁·加德纳（Martin Gardner）《引人入胜的数学趣题》，上海科技教育出版社 1999 年中译本，第 79 ~ 81 页。

[2] 有兴趣的读者可参见如下文献：哈肯（Haken，Hermann）《协同学：大自然构成的奥秘》，上海译文出版社 1995 年中译本；柯文尼（Coveney，Peter）与海菲尔德（Highfield，Roger）《时间之箭：揭开时间最大奥秘之科学旅程》，湖南科学技术出版社 1995 年中译本；欧阳莹之《复杂系统理论基础》，上海科技教育出版社 2003 年中译本。

[3] 关于时间不可逆性的热力学讨论，可参见柯文尼与海菲尔德《时间之箭》（湖南科学技术出版社），第五章"时间之箭：热力学"。

[4] 欧阳莹之：《复杂系统理论基础》，上海科技教育出版社，第 247 页。

[5] 欧阳莹之：《复杂系统理论基础》，上海科技教育出版社，第 219 页。

[6] 参见圣吉《第五项修炼》，上海三联书店 2000 年中译本，第 13 ~ 14 页。

[7] 参见圣吉《第五项修炼》（上海三联书店）"第二部 新思考、新思野"；圣吉等《第五项修炼：实践篇》（东方出版社）"第二章 系统思考"的有关内容。

[8] 参见圣吉《第五项修炼》，上海三联书店，第 140 页。

[9] 参见冯友兰《中国哲学简史》，北京大学出版社 1985 年版，第 389 ~ 392 页。

[10] 宋儒张载语。原句是："为天地立心，为民生立命，为往圣继绝学，为万世开太平。"这是冯友兰先生很欣赏和推崇的语录。

14

以人为本：组织职业生涯规划与开发

职业规划与开发的关键

问题是如何平衡组织、社会

的需要与个人的需要。

E·H·施恩

组织精神整合开发目标的达成，除了在智力潜能上进行"系统思考"的修炼以获取发展动力而外，还需要树立"以人为本"的核心理念，通过建立健全有效的"职业生涯规划和开发"（Career Planning and Development）系统，把一个人的生命及人生过程有机地整合于组织、社会活动之中。为此，须全面分析把握个人的成长过程和发展周期，并最大限度地把员工个人的成长发展周期与组织的人力资源开发系统契合、匹配和协同起来。职业生涯规划和开发的基本任务就是：从每个员工个人职业发展出发，将之与组织的战略目标和人力资源开发规划相衔接，为员工个人提供不断成长和发展的机会，使他们能够在最大限度地实现自己的职业生涯目标和自我价值的同时，对组织使命和目标有极大的认同感、长期的信任感和忠诚感以及全力以赴的支持和推动力。这是本章所讨论的核心内容。

14.1

人生三周期模型：职业生涯的宏观背景及意义

组织职业生涯规划和开发问题的实质，是从人的成长和发展需要出发去谋求组织发展目标的实现。因此，要深刻领会和全面把握组织职业生涯规划和开发的运作机理，就需要在一种"职业发展观"的广阔视野上去观察问题。美国著名职业管理学家施恩（Schein, E. H.）教授指出："职业发展观鼓励人们将参加工作的人视为全面人。这个观点实际上意味着：我们必须考虑与自我发展、职业发展和家庭发展相关的各种活动是如何在人的一生中相互作用的。"[1]因此，讨论组织职业生涯规划与开发问题之前，我们有必要先了解一下有关人生周期模型、特别是工作—职业生涯周期的基本发展阶段。

人生不仅"苦短"而且"苦长"，要活出意义实在不易。一个人在其一生中要不断地面对各种各样的困境和问题，但归纳起来无外乎有三个基本层面：一是学习成长中遇到的问题和麻烦；二是婚姻家庭生活中的矛盾和难题；三是社会职业工作过程中的苦恼和困难。基此，施恩认为：一个人的人生发展周期是生物—社会生命周期、婚姻—家庭生活周期和工作—职业生涯周期等三种周期交互作用的结果，每个周期都有其可能一致协同也可能重叠或矛盾冲突的选择点、里程碑、阶段性目标及终点（见图14-1）。

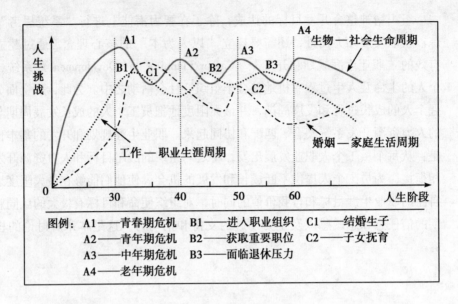

图 14 – 1   人生三周期模型

资料来源：施恩（1992），第 23 页。

生物—社会生命周期

　　显然，生物—社会生命周期首先与年龄相关，同时受法律政策和社会因素影响，具体个人生物因素及家庭背景因人而异。大致说来，30 岁、40 岁、50 岁及 60 岁可以看做是人生的关键转折点或重要里程碑，由此分为几大人生阶段。

　　第一个人生阶段大约从少年开始至 30 岁前后，是一个人充满活力、热情奔放、理想主义和成家立业的时期。到 30 岁左右，便会慢慢"安下心来"，重新审视和调整人生坐标，变得富有责任感，人生机会与挑战达到最大。

　　40 岁左右，多数人"上有老，下有小"，会面临巨大的生活和工作压力，遭遇程度不同的"中年危机"。他们要为自己和家庭独自承担更大的责任，开始在自己成年和未成年的孩子身上看到青春期冲突时的自我，逐渐从"梦想"进入"知命"的人生状态，从而能够在更大的自我认知、自我反省和开放心态下去应对并化解人生矛盾和冲突。

　　至 50 岁左右，大多数人身体生理机能日见衰退，切身地感到究竟什么是"光阴荏苒，时光如梭"。这时，孩子自立后"空巢"的失落感油然而生，夫妻彼此相依为命；待人处世的态度和方式更加宽厚、圆熟，比以往更珍视老关系，讲求安定、安稳和知足常乐。但由于"老化"的后顾之忧，他们还须为退休、财务、社交或健康状况等方面的变故做些准备。

60 岁后进入老年阶段，面临的最大挑战是退休及由此而来的种种不适应，他们往往为生活标准明显降低、养老保健困难、亲友或配偶逝世等一系列问题而伤神烦恼。

□ 婚姻—家庭生活周期

家庭的一般社会学定义是基于婚姻、血缘和收养关系所组成的社会生活团体，其中血姻是家庭关系的基本纽带。正如俄国文学家托尔斯泰所说的："幸福的家庭都是相同的，而不幸的家庭各有各的不幸"，每个家庭可能有很不相同的结构和发展状态，如有独身的、离异的、丧偶的、丁克的、基于收养的，有新家、金婚银婚之家、小家庭、大家族等。但从一般人的情况来看，大都要经历青春期、单身成年、结婚成家、生儿育女抚养后代、照料年迈父母乃至成为年迈祖父母等人生阶段。

目前，所谓"新人类"、"新新人类"代的人，其家庭婚姻关系和生活方式已发生他们的父辈、祖父辈"不可思议"的新变化，如未婚同居和所谓"无性同居"、不要孩子、幼儿由非父母照料、频繁的离异和再婚、同性恋等，会使婚姻家庭生活周期发生种种变异。但是，应该注意到，婚姻家庭作为人类自然选择的结果，实际上是任何人类理性都不能任意扭曲或抗拒的。早在 20 世纪 30 年代西方学者关于"计划"问题的大讨论中，以哈耶克为首的自由主义学派否定计划可行性的一个主要理由，就是认为市场乃人类不断扩展合作的"自然秩序"，因而它具有包括计划在内的任何人为设计所无法替代的资源配置功能，也是任何"人类理性"所无法抗衡和改变的发展演进轨迹。其实，婚姻家庭何尝不是这样，它同样是人类经过成千上万年的自然选择被证明是最经济、最合理因而具有强大生命力的一种基本生活方式，这是包括"新人类"、"新新人类"代在内所有人类之"理性"所无法人为改变、否定和替代的自然历史选择。因此，可以预见，无论人类"新"到何处，从整体来看婚姻家庭仍然是最基本、最重要、最普遍、最适当的一种社会组织形态和生活状态，人生基本生活内容将不会有什么大的改变。

从婚姻—家庭生活周期来看，每个人在青春期的情感需求，青少年受家庭父母控制而引发的各种问题，以及自己成家后面临的子女教育问题，最后须对子女和自己父母承担长期义务。这些责任和义务对组织成员所形成的压力往往远远超出一项工作或职业的压力，并对一个人的职业选择和职业生涯产生重大影响。

❏ 工作—职业生涯周期

每个人的"人格性向"各不相同，例如有实际性向、技能性向、社会性向、艺术性向、商业性向及常规性向等，因而个人的职业选择和职业生涯路径也会各不相同，但都无外乎是在一定的生物—社会生命周期基础上和婚姻家庭生活周期的背景下形成的，因此有共同的阶段性发展特征。

至于具体的阶段划分，古今中外学者各有不同的说法。例如，按照我国古代大儒孔子的说法是："三十而立，四十而不惑，五十而知天命，六十而耳顺，七十而从心所欲，不逾矩。"美国"钢铁大王"卡耐基的人生断言是：变化的 20，充实的 30，成熟的 40，秋暮的 50。

20 世纪中叶，美国职业生涯开发专家金兹伯格（Ginzberg，Eli）、萨珀（Super，D. E.）、利文森（Levinson）、格林汉斯（Greenhaus）等人提出系统的职业生涯发展阶段理论（见表 14 – 1）。[2] 例如，金兹伯格从职业选择心理变化角度划分为幻想期（11 岁前）、尝试期（11 ~ 18 岁）和实现期（18 岁以后）；而萨珀则更一般地将职业生涯阶段划分为：0 ~ 14 岁的成长阶段，15 ~ 24 岁的探索阶段，25 ~ 44 岁的创业阶段，45 ~ 64 岁的维持阶段和 65 岁以后的衰退阶段。

表 14 – 1   西方学者对职业生涯阶段的划分方法比较

金兹伯格	萨珀	格林汉斯	利文森
幻想期(11 岁前)	成长阶段(0 ~ 14 岁)	工作准备和职业选择阶段(25 岁前)	拔根期（16 ~ 22 岁）
尝试期(11 ~ 18 岁)	探索阶段(15 ~ 24 岁)		
兴趣阶段(11 ~ 12 岁)	探索期(15 ~ 17 岁)	进入组织阶段(18 ~ 25 岁)	成年期（22 ~ 29 岁）
能力阶段(13 ~ 14 岁)	转变期(18 ~ 21 岁)		
价值阶段(15 ~ 16 岁)	尝试及初步承诺期(22 ~ 24 岁)		过渡期（30 ~ 32 岁）
综合阶段(17 ~ 18 岁)	创业阶段(25 ~ 44 岁)	早期职业建立和发展阶段(25 ~ 44 岁)	安定期(33 ~ 39 岁)
实现期(18 岁后)	稳定期(25 ~ 30 岁)		潜伏中年危机期(39 ~ 43 岁)
探索阶段	建立期(31 ~ 44 岁)		
具体化阶段	维持阶段(45 ~ 64 岁)	职业中期(45 ~ 55 岁)	成熟期（44 ~ 59 岁）
专业化阶段	衰退阶段(65 岁后)	职业晚期(55 岁后)	

值得注意的是，这些说法只是一般性的概括，不可机械死板地理解。每个人的成长环境和内在情况不同，其职业生涯过程和节律会很不相同。但一般地说，

大都要经过成长探索、职业确立、维持及下降等几个阶段。

成长探索阶段 大体上从一个人出生到 14 岁左右及 15 ~ 24 岁之间。在这一阶段前期，个人通过与家庭成员、亲戚朋友及老师同学的认同和交往，逐渐形成自我意识和自主能力，以及关于兴趣、爱好、志向和能力的某些初步看法，开始憧憬或现实地思考今后各种可能的职业前景。进入青年时期，将会进一步通过学校教育、课余活动和社会交往或业余工作等途径，开始对自己的职业性向、天赋能力和教育训练方向做出较切实的判断评价，从模糊宽泛性的思考探索逐渐到有针对性的职业生涯规划和设计，并做好开始社会工作的准备。

职业确立阶段 大约发生在 25 ~ 44 岁期间。这是大多数人职业生涯的核心部分，30 岁前是尝试阶段，选择并变换工作的机会和频率一般较大，30 岁以后逐渐进入稳定阶段，大多数人已有自己明确坚持的职业发展导向，并形成较为明确的职业生涯计划。在这个阶段上，人们对自己需要接受哪些教育培训活动、职业目标是什么以及选择怎样的职业道路等大都已经心中有数，对于晋升潜力、工作调换必要性、可能面临的工作挑战或职业危机以及职业工作在自己整个人生处于何种地位具有什么样的价值等，也都有了一个大致的预期和把握。

维持下降阶段 大致是 45 ~ 65 岁的年龄段。此时人们一般都已在其工作领域占据应有地位或一席之地，大多数人面临的主要挑战是如何保有自己的地位或职位。退休临近的时候，人们大都不得不面临和接受权力和责任减少、为年轻人让路的难堪局面，以及学习如何打发退休时光的新任务。

总之，职业生涯（career），简单地说，就是一个人一生中与工作有关的经历与体验。施恩认为，人生就是在个人发展、婚姻家庭与职业生涯之间不断解决冲突、取得均衡的过程，职业发展的动力就来自于个人与组织的相互作用。因而，组织职业生涯规划与开发，实际上是一个由组织与个人相互作用、持续不断探索均衡关系的历史过程。

14.2

"职业锚"：职业生涯取向的基本类型

在成长和发展过程中，每个人实际上都在根据自己的天资、能力、动机、需要、态度和价值观等不断地进行职业探索，在探索中逐渐形成自己的职业方向和职业领域，渐次明晰自己的职业目标和职业路径。随着一个人职业生涯的演进，以自己的职业性为基础的关于职业态度和价值观、职业动机和需要、职业特长与技能等与职业有关的自我判断会越来越清楚，这样就会最终形成自己的职业生涯主线或主导价值取向。

所谓"职业锚"（career anchor），即职业生涯主线或主导价值取向，也就是当一个人不得不做出选择的时候无论如何都不会放弃的原则性东西，是人们职业选择和发展所围绕的中心。施恩基于其对麻省理工学院斯隆研究院毕业生的案例调查研究，提出了他认为能涵盖所有职业类型的五种基本职业锚。对此，我们分别简要介绍如下：

❑ 技术职能型职业锚

这类人在职业选择和决策时，倾向于那些能够保证自己在既定技术或职能领域不断发展的职业，如科学研究、工程技术、财务分析、营销系统等。虽然他们在职业生涯中也涉及一些管理职责，但他们从内心深处看不起或惧怕全面管理工作，他们只是将职能性管理工作看做其所锚定的技能性职业之辅助手段或促进其技能性职业进步的阶梯。因此，在其职业生涯中，具有这种职业生涯取向的人一旦被组织抛锚于既定的技术职能性区域之外，他们往往也会毫不犹豫地抛弃组织，而不会苟且在自己既定的职业区域外谋求晋升。

❑ 安全稳定型职业锚

还有部分人极为重视长期职业稳定和工作保障性，他们比较愿意从事的工作或职业一般是能提供丰厚的薪酬收入、体面的工作职位以及可靠的未来生活保障。例如：组织能够提供有效的薪酬津贴方案，地缘上具有优越感和安全性，工作环境熟悉稳定，有良好的养老保险计划或能够终身雇佣的职业等。

❑ 管理权威型职业锚

这些人往往具有成为管理者和获得权威的强烈动机，自信自己具备被提升到总经理职位上所必不可少的能力及价值观，通常能承担较高职责、进行更全面管理的经理职位是他们最根本的职业目标和追求。他们自以为具备以下三个方面的能力：（1）分析能力，即在信息不完全及不确定情况下发现问题、分析问题和解决问题的能力；（2）人际能力，即在各种层次上影响、监督、领导、操纵及控制他人，从而富有成效地实现组织目标的能力；（3）情感能力，即能够驾驭情感，能为人际情感危机所激励而不会受其困扰或影响，在较高的责任压力下不会变得无所作为，以及能使用权术而不感内疚或羞怯的能力。

❏ 变革创新型职业锚

属于变革创新型职业锚的人大多具有企业家人力资本特性，拥有把握自己命运、要求有自主权来施展自己特殊才干的创造或创新能力。他们一般具有建立或创设某种完全属于自己的东西或杰作的行为倾向，如一件以其姓名命名的产品或工艺、一家他们自己的公司或一笔反映他们商业成就的个人财富等。这种职业锚具体涉及的职业类型是多种多样的，例如，一些人成为某大城市中的房地产购买商、修缮商和承租商，另一些人可能创办一家咨询公司或广告公司，还有的可能成为大学校长或风险投资家等。

❏ 独立自主型职业锚

在选择职业时，一些商学院毕业生图谋最大限度地摆脱组织约束，往往被一种"自己决定自己命运"的精神冲动或内驱力所驱使，急切希望摆脱那种因在大公司、大机关中工作时受别人摆布、依赖别人的境况，力求在个人生活和工作诸方面都能独立自主。其中许多人同时还有着强烈的技术—职能导向，但他们却不像技术职能型职业锚的人那样，到某个组织中去追求这种职业导向，而是作为咨询专家独立工作，或是作为一家小企业的合伙人来从事技能性工作；而其他一些人则可能成为工商管理方面的教授、自由撰稿人或小型零售公司的所有者，如此等等。

需要指出的是，职业锚实际上只能由事后观察总结才能辨认，它其实是根据一个人所有职业性向、工作经历、兴趣爱好、关键事件等信息会集合成的一种带规律性的职业生涯模式，以此告诉人们哪些是其职业生涯中最重要的东西，以作为今后职业发展的参照。同时，施恩根据美国特定人群归纳出来的五种类型职业锚，也不一定能够全及所有情景，对于中国人的情况是否适合也是个问题。但是，他所采用的实证调查研究方法（见专栏 14－1）则是值得我们学习借鉴的。

∙∙∙

专栏 14－1　典型案例

<h2 style="text-align:center">施恩关于"管理型职业锚"的案例说明</h2>

◇　**身世**

马丁是一个"紧张而平静的人"，他踌躇满志、信心十足，但相当孤独，讲话时声调很低。他家在波士顿，父亲是一家大批发酒商的推销员。他是四个兄弟中最小的一个，上过好几家公立学校。应邀到一个朋友的地下实验室工作之后，他对化学发生了兴趣。限于财力，他只能在本地学校读书，平常住在家里。以后他进了麻省理工学院，专攻化工。

◇ **大学阶段**

在麻省理工学院读书时，他结识了一些鼓吹商学院职业前景和价值的学生。马丁记不清是什么支配了他对这个问题的思考，虽然关于工商职业究竟是怎么回事还不很清楚，但他确实开始为自己考虑这个问题。

在斯隆研究院的两年，马丁主要学了生产、营销和财务等课程，写了财务方面的论文。他感到，掌握财务手段和财务计划信息，可以更多地了解一个企业的内部情况。从他父亲那里以及各类企业组织所干过的种种夏季工作中，他学到了一些商业术语。但是，甚至在学完麻省理工学院的硕士课程以后，他仍不能明确说出自己的职业追求。

在1961年的访谈中，我们提出关于价值的问题，涉及到人际关系中公正平等以及知道如何抓住机会能动进取的重要性。马丁明确希望自己具有这种他认为是与成功企业家相联系的"能动"品质，但他对自己是否具备这些品质深表怀疑。他认为虽然一个人应该正直完美，并希望别人也同样如此，但防人之心不可无。他感到自己的某些经验已经教会他要有所防范，要愤世嫉俗。从学业上看，马丁在斯隆研究院的等级一般、考试成绩平平。

◇ **初涉职场**

在选择一家企业作为自己的第一项工作时，马丁看重这家公司处事潇洒正确。他不想看到自己处在一个成事不足或者办事无效或程序"笨拙"的组织里，并预期要"挪几次"才可能找到真正适合自己需要的某种东西。起初，他选择了一家大型消费品和工业品制造厂，这家工厂为大学毕业生在财务和经营计划方面安排了一项为期三个月的培训。

马丁在三个月的培训中，经历了一系列的测试、面谈以及能使他在需要其服务的组织中不同部门工作而设计的"推销演示"。这个过程没有给他留下任何印象，反倒显出管理部门的期望似乎大大低于他自己渴望有所作为的目标要求。他打算进的一个小组由于预算原因未能进得去，最后留在这家公司的一个航空空间部门，成为一名项目管理员，检查项目的财务数据，协助项目经理干些其他事。

马丁认为，一周的工作一天就可以干完，他的才干远远得不到应有发挥。这时，他开始怀疑，一家大公司、特别是处在较低的组织层面时，是否能使用有管理硕士学位的人。他一再讲，打算离开，自己单干，或者到一家小企业去。他对如何进步极其茫然，感到有效实绩不能得到应有评估。

马丁的上司对这种情境的看法稍有不同。他认为，马丁是一个"不管部经理"，没人管得了。但他说明，这项工作需要公认的才干。工程技术人员必须跟班作业，知道何时和如何处理信息，知道如何将自己的这项工作开发成一种有用的全日制工作。正像这个头头说的，"马丁感觉自己没有充分发挥才干而受到了挫折。但他如果了解全盘情况，就会意识到如何重建自己的工作以获得满足。他要了解这些。一个不知道这样做的人是不值得留下来的，了解这些的人才会进步。"

马丁后来表示他当时"不喜欢自己的工作和头头"。面对这种情境，他没有急于开发自己的工作，而是决定进行一定时期的自我教育，到其他部门转一圈以了解商业职能到底是怎么回事。

◇ 邂逅经验

1965 年，大约进公司两年之后，他碰到一位老朋友。朋友的父亲办了一家小型书籍装订厂，他受到邀请并加入这家企业。在 1965 年邮寄的一份问卷上，他对这项选择解释说："我之所以离开这家公司，照直说，是因为他们对一天只干 2 小时的活皆大欢喜，而我却不行。大学环境的六年使我相信，企业界高深莫测，要有一种高水平的工作能力。事实上，我的环境和公司不是这么回事，这使我不平。"

但是，书籍装订厂还是没能满足马丁的期望。按说，他的朋友具有营销和经营知识，马丁可以提供其所缺乏的管理经验，但实际上马丁将自己 50%～75% 的时间花在营销和推销上。"市场真是太残酷了"。原计划在一年内盈利，但马丁后来发现至少还需 2～3 年才能使这个厂发展起来。他判定这不是他要走的路。他和他的朋友最终和和气气地分手了。

◇ 再度寻求

马丁修改了自己的履历，回到麻省理工学院的安置办公室。

利用所有的关系，他在一家大型药品公司找到了另一项工作，成了成本预算小组的一名初级分析员。以后的两年，他从初级分析员升为高级分析员。他干过资本研究、成本分析，更重要的是，他成了一个新厂开发工作组的联络员，在沟通不畅的化学工程师和运筹学人员之间跑跑腿。

他有一个负责带他的好上司，他非常了解一个制造企业的财务职能和作用。正如马丁后来描述的，这是一次有效的工作进入。

晋升后，虽然他的工作受到赞扬，但他再次发现工作缺乏挑战，他能用十个小时干完公司制定的一周内全日制工作，薪水也没有按他想的速度增加。他再次对大公司的运作方式感到失望，决定在管理咨询方面试试身手。

◇ 事业遭挫

马丁根据一份广告应聘到一家公司担任管理顾问。这家企业具有强大的会计业务，打算把服务扩大到更多的管理领域。这项工作非常令人鼓舞。它向马丁提供了在以往各种工作和冒险中所缺乏的一种高层管理前景。他遇到许多来自不同产业和企业职能部门的经理，并据此了解到一个企业的所有职能是如何协调运作的。

不过，大约一年之后，他意识到进入这家会计事务公司是个失误。它管理保守，会计主旨甚强，企业的管理咨询业务面很难有拓展。在这家事务所干了两年之后，马丁被解雇了。受到创伤的个人经验使他强烈地感到——最终必须在财务上独立。

◇ 找到自我

通过浏览公告向各个公司申请应聘，结果马丁数月之内在一家大的制造公司找到了一个工作。他成了一名设备计划经理，处于公司参谋部的重要位置。他在审核设备消耗、经营计划、作业月度检查和各项专门研究方面干得很出色，九个月内被提升为计划经理，负责全部的计划工作，有 11 名属员。

刚进公司的头两年，马丁感到公司管理氛围极其陈旧保守，但工作很有趣，经过一个时期的骚动不安他坚持干了下来。

自从来了一位新的年轻总裁，情况大为改观。这位总裁带来了一位年轻而充满活力的行政副总裁，来领导集团公司高度多样化的经营管理工作。这位副总终于发现了马丁的才干，给了他一个相当大的职位即部门总会计师，但因不合其理想被他拒绝了。

◇ **终获成功**

后来，他接受了负责整个集团经营的营销主任的位置，对集团副总负责，作为一个自由巡回的内部顾问，职责是找出任何部门可能出现的问题，然后与有关部门的经理一道来解决这些问题。上司创造了一种良好的学习进取氛围，他接受这项工作保持至今，乐此不疲，而且极其成功。

1972年下半年，一个部门的原总经理调去搞一项三个月的管理—发展计划，马丁担任了该部门的代理总经理，他在这个位置上干得很出色。他感到自己能以总经理角色管理人，而且干起来也有把握，并且很有学习意义和收益。

根据这个成功的经验，下一步的努力目标显然是在总公司某个部门取得一个总经理职位，他感到在其前面展现了一种硕果累累的总经理职业。年方33岁就已经取得了一个有效、稳定和有影响的位置，他对自己的职业进步感到满意。在1977年的一次电话访谈中，马丁说，1973年以来他已两度提升，现在是一个产品集团的总经理和一名公司高级职员。

马丁1963年结婚，有两个孩子。他感到，工作区和家庭区之间既没有冲突，也不会相互增益。他把自己看做一个好家长，全力抚养自己的孩子。他妻子不工作，主要是支持和帮助实现他的职业目标。

◇ **评论**

关于马丁必须记述的是，他一心向往挑战性工作和才干的全面发挥，追求一种开阔的管理前景。他不把自己的职业与任何给定的经营职能或技术区连在一块，不以工作类型来评估潜在的工作机会。

其管理职业的画面并不是十分清晰的，但是，爬上一种高水平的职位并取得财务独立，显然是极其明确的目标和强大的驱动力，为此他甘愿几度流动，凡事期望从头开始。

1973年最后一次访谈时，他讲感觉自己有了更大的进步，与自己原先关心的某种东西和价值观更加合拍了，这种变化是职业进步的必要一环。

资料来源：施恩《有效的职业管理》，三联书店，第144～149页。

14.3

组织内职业生涯发展阶段及基本路径

我们已经指出，组织职业生涯规划与开发，是一个由组织与个人相互作用、持续不断探索均衡关系的历史过程。从组织整合开发角度来看，职业生涯可以大致划分为三个基本发展阶段，每个阶段上个人与组织所面临的开发任务及其匹配状态有所不同。

❑ 进入组织启动职业生涯

开始职业生涯时，个人面临的主要任务是：树立职业"理想"，为初步的职业意向选择接受相关教育培训，形成自以为能够取得职业成功的预期态度和价值观，并尝试首次寻找工作，进入组织。

从组织角度来看，人力资源引进必须与组织整体的运作方式、战略规划相一致，招聘甄选系统必须能诊断出一个人的短期操作技能和长期发展潜力，必须花大气力将招聘选拔与工作安置相整合。

❑ 组织"社会化"

进入组织后，个人面临的主要任务是：了解和承认组织文化及既定人力资源政策，应付老成员的排斥和抵触，学会与其他同事或合作伙伴一起工作，在与主管上司交往中取得进步，寻找个人在组织中的位置并取得大家的认同。

从组织角度来看，所面临的整合开发任务是：积极帮助新雇员度过不应期，赋予新员工应用其所学专业技能进行创造和创新的机会，尽可能早一些交给新员工某些具有挑战性的工作任务，及时地通过表扬批评、奖酬处罚、晋升降级等方式反馈组织对其工作表现和绩效的意见，力求避免具有高发展潜力的新雇员离心流失、创新激情消失或安于现状等消极后果。

❑ 归属并融入组织

完成组织"社会化"后，个人被组织所接纳，并与组织达成某种"心理契约"。个人被组织接纳的标志性事件有：正面的绩效评价，加薪，选派新的工作任务，邀请参加有关礼仪活动，允许分享组织技术机密、他人议论评价、非正式的办事规则或习俗以及关键历史事件等"组织隐秘"；而员工可能通过各种方式来表达其对组织的接纳，例如自觉留任于某个职位，满腔热情地工作，自愿延长工作时间和增加工作量，将各种各样的压力、延迟或不合意的情形视作"暂时的"情况等。当然，组织在与个人相互接纳的过程中掌握着主动权。

双方相互接纳是职业生涯发展的一个里程碑，其结果是达成某种"心理契约"，即一种互相吸引的心理均势状态，一种未言自明、心照不宣的关于未来给予对方以期望及期望满足的非正式期求和承诺；这种心理契约的确立要以双方准确判断对方对己方的期望并能在未来予以适当满足为基础，其有效性如何在根本上取决于满足期望的互利性有多大。

达成与员工正向默契的心理契约，可以说是组织人力资源整合开发的基本目标和任务。达成正向默契的心理契约，意味着员工具有极强的"组织归属感"（Orgnizational Commitment），即员工对组织目标与价值观的深刻认同和尊崇，对组织责任义务的由衷承诺，对组织有很深的感情依恋和忠诚度，对完成组织工作任务充满积极能动性和奉献精神。当然，员工组织归属感的养成是一个由浅入深、长期互动的渐进过程，是由个人性因素、组织性因素和环境性因素等多种因素综合作用的结果；有效促进员工组织归属感的形成和升华，乃是人力资源精神整合开发的一个重要层面或关键环节。

组织内职业生涯走向

员工职业生涯规划与开发的基本任务，就是基于员工的职业锚和职业生涯目前所处阶段及今后发展趋向，将他们置于组织内最适宜的职业发展轨道上，使组织的发展需要及目标与员工个人需要及目标紧密契合。这就需要进一步考察分析员工在组织中的职业发展方向和路径。

关于组织内职业生涯的发展方向和路径可以用一个三维模型加以描述（见图 14-2）。图中，将组织描绘成一个三维圆锥体。自下而上的中垂线反映组织中一系列等级层次维度及晋升路径，沿圆锥体圆周的箭头线表示专业职能维度，从外圈接近圆锥体轴心的运动是进入组织核心的职业运动。

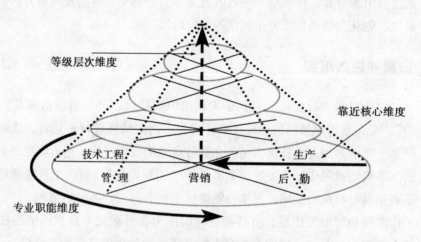

图 14-2   组织内职业生涯三维模型

在组织中，多数员工在其职业道路上是沿着一个等级层次维度自下而上纵向不断移动，经过若干次的提拔晋升，达到了他们所在职业或组织中的一定职位层次。个人的具体晋升路径会很不相同，例如，有些员工在整个职业生涯过程中都在不断晋升，直到退休；而另一些员工可能终生都在一个初级职位上安稳工作。现在，随着社会知识化、组织学习化变革的推进，组织越来越趋向扁平化，员工在等级层次维度的发展空间也越来越受到局限。

组织内职业发展的再一种可能路径，是沿着专业职能维度跨专业区域横向移动，它描绘出组织成员个人的特长区或才干与技能的结合状态。一些"专才"类型的人在组织中可能较早进入并滞留于某种专门领域，他们可能很少流动；而另一些"通才"型的员工可能不断地从一个部门到另一个部门变换工作，如从工程技术部门流向生产管理部门，经营销部门进入财务部门，最后到达具有综合性的管理部门，等等。

第三种维度也是一种水平或横向的职业成长，但比较微妙，它涉及进入权力"内圈"或者说从"边缘"靠近职业或组织"核心"的各种正式或非正式运动。一个人进入组织后，从不了解情况到熟悉工作环境，从受到排斥到逐渐受到老成员认可和信任，而后赢得任职资格、承担特定责任，实际上正是沿着这种维度方向移动的。一般来说，靠近核心运动与等级层次运动有一定的相关性，不过完全有可能存在这种情况，即：一个员工由于种种原因虽未获得晋升，在组织中一直处于较低层次的职位上，但却通过某种非正式的途径，诸如社交或业余活动中偶然邂逅领导并得到其赏识，而得以进入权力核心层，从而具有组织影响力。接近组织核心的显著信号就是获得专门特权或组织"机密信息"，对于许多晋升受阻的人来说，这种职业成长具有非同一般的潜在职业发展意义。

在实际中，一个员工在组织内职业发展路径往往是兼有三种情形。其职业发展道路上的每一步，由于"路径依赖"其选择往往是不可逆的，一旦沿某个维度方向运动同时也就意味着其他发展机会的丧失。对于个人职业生涯发展来说，这是一种两难抉择，有得必有失，因此须兼顾自己的职业锚和组织机遇而权衡利弊，以便在特定情景下能够做出恰当的选择。

此外，需要提及的是，从现代组织变革和发展趋势来看，随着组织结构扁平化和分权化变革，等级层次维向上发展的路径自然会受到阻碍，因此，未来员工个人在组织内的职业生涯发展模式可能将发生很大变化，从主要以纵向晋升为职业发展方向，逐渐转向以横向专业职能维度和靠近中心维度为基本导向。

14.4

基于个人选择的组织职业生涯规划

组织职业生涯规划与开发体系以个人职业生涯规划为核心，涉及一系列战略性的整合开发活动。个人职业生涯规划是在组织战略规划指引下，并得到人力资源经理和部门经理共同协助，由员工自己自主做出的。

个人职业生涯规划的基本步骤，概要地说，就是从自我评估开始，经由环境分析，然后明确目标和路径，最后确定和制定具体行动计划和措施。

□ 自我评估

圣人劝言说：如果你想征服世界，先要征服自己的心灵！自我评估就是从自身的内在情况出发，尽量客观地对个人的生理、个性、心理、价值观、志向、兴趣、爱好、特长、智力、学历、能力、情商、经验等进行全方位的认识和把握。简单地说，就是要清楚回答三个基本问题：

——客观回答：我是谁？或我要成为什么样的人？

——主观意向：我想要做什么？

——能力测验：我能够做什么？

自我评估是职业生涯规划的基础。进行职业生涯规划，首先要善于借助"物镜"来检视自我，更要善于通过"心镜"来自省吾身，要能够从生理体貌、心理情感、理性认识和社会角色等各个层面全面地评估自己。具体可借助心理测量学上各种测验技术和方法来进行评估。

□ 环境分析

一个人总是工作在一定的自然、社会、经济和组织环境中。因此，进行职业生涯规划还必须充分考虑环境的约束条件，要清楚回答这样一个基本问题：环境支持、允许或需要我做什么？具体地说，要检核如下诸问题：

——我所处的自然地理环境对于我所从事的职业有什么样的有利或不利影响？

——我的家庭条件支持、允许或需要我做什么？

——我周围的社会交往关系如何？

——我所在的组织环境能够给我提供什么样的职业条件？

——我从事这样的工作或职业是社会或组织需要的吗？由此可以获得丰厚的经济或非经济回报吗？

□ 职业取向

综合考虑了内在驱动因素和外在环境因素并在二者之间取得平衡后，就可以明确自己属于什么类型的职业锚，明确自己的职业生涯基本目标和路径究竟是什么。关于职业选择同样可以借助柯林斯的"刺猬理念三环图"[3]来进行检核（见

图 14 – 3）。

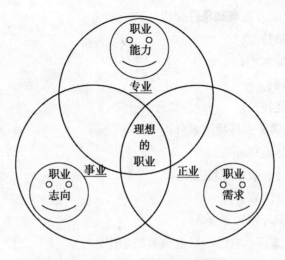

图 14 – 3 职业三环检核图

一个理想的职业选择最好是能够同时满足如下三个条件：

（1）它是你的"专业"，即对自己所从事的工作具有与生俱来天赋条件，并且能够充分运用潜能达到最优秀的成就——"我觉得自己生来就是干这行的！"；

（2）它是你的"事业"，即对自己所从事的工作充满热情，完全乐意去干，能够享受到工作本身带来的乐趣——"我早上一起来就想投入工作"；

（3）它是你的"正业"，即所从事的职业或工作能够为自己提供丰裕的生活条件，是自己幸福生活、终身依托和持续发展的最基本保障——"我干这事是社会所需要的，因而财源滚滚！"

在职业选择中如果能够有目标地向三环的重叠部分努力，将之转化为简单而明确的"刺猬理念"，就能指引你的职业生涯沿着锚定的方向有序而健康地发展。

❑ 行动计划

明确自己的职业生涯的总体目标和基本路径后，还需要将之具体化为各个人生阶段的具体目标和特定任务，以及实现这些目标和任务所应该采取的相应行动及措施，制定出具体可行的行动计划。内容包括：

☞ **职业志向**：人生目标分析

——价值观；

——人生理想；

——成就动机；

——兴趣。

☞ **职业能力**：禀赋条件分析

——性格特点；

——智能水平；

——情商；

——技能特长。

☞ **职业需要**：环境因素分析

——自然地理环境；

——社会、政治环境及要求；

——经济因素；

——组织环境和需要。

☞ **职业选择**：自己的职业锚类型是什么？

☞ **职业路径**：特别是自己在组织内的职业发展方向和路径

☞ **职业阶段**：各个人生阶段的目标和任务

——20～30 岁：因素分析与特定目标任务是什么？

——30～40 岁：因素分析与特定目标任务是什么？

——40～50 岁：因素分析与特定目标任务是什么？

——50～60 岁：因素分析与特定目标任务是什么？

☞ **职业计划**：具体计划安排

——长期计划：目标，战略步骤；

——中期计划：目标，策略；

——短期计划：任务，对策，按年、季、月、日安排。

❑ 组织规划

首先，组织职业生涯规划以个人行动计划为基础。组织可以引进职业咨询顾问和心理测验技术来帮助员工测试和认识自身的价值观、偏好和职业性向，了解目前所处的职业生涯位置。

其次，要建立有关参与人相互配合的职业生涯规划组织架构。在这个架构中，组织高层要有与经营战略相匹配的职业发展政策支持系统，为职业生涯规划提供良好的文化氛围；人力资源部门应做好相关信息、建议和协调服务工作；一线管理人员则为员工职业生涯规划提供日常咨询辅导、沟通交流等。员工个人则应积极主动地与上司、同事、工会和专业协会等方面获取有关个人情况的信息反馈，了解有关工作机会和职业发展情况的信息，明确自身的职业生涯状态和开发方向。

最后，针对每个员工制定职业生涯开发行动方案，包括目标职位、技能要求、工作日程安排、开发任务以及实施条件和措施等（见表 14 - 2）。

表 14 - 2　　　　　　　　　　　组织成员职业生涯规划表

姓名		性别		年龄	
现工作部门		工作职务		任职年限	
		现任职称		现任职称	
职业志向	价值观			我想干什么：	
	成就动机				
	兴趣				
职业能力	智商			我能干什么：	
	情商				
	特长				
职业需要	社会需要				
	家庭需要				
	组织需要				
职业选择	职业锚				
	目标职位				
职业路径	组织内职业发展方向：				
职业阶段	长期目标		方略		
	中期目标		对策		
	短期目标		措施		
工作日程安排					
所在部门审核意见					
人力资源审核意见					

14.5

组织职业生涯规划与开发的动态管理要点

　　职业生涯规划与开发活动的有效开展，需要组织和个人两个方面的默契配合，双方都应当采取积极主动而非被动反应的姿态，其关键在于保证组织和个人双方能够通过内在联动的运作程序，经常相互沟通信息，使职业流动和发展实现双向动态匹配。从组织职业管理动态系统来看，随着员工年龄、生活经验和家庭境况等环境因素的变化，必须相应调整组织在特定阶段上的整合开发目标、定期跟踪监测和管理。

　　按照员工个人从进入组织到退出组织的逻辑过程，其具体管理内容可分为三个环节来描述（见表14-3），在职业发展各阶段上面临着不同的整合开发管理任务。

表 14-3　　　　　　　　　　组织职业动态开发和整合管理

个人职业生涯问题	组织职业发展规划	组织职业管理任务
早期职业问题： 职业或工作选择 现实震荡 学会与人相处 了解和适应组织情况 明确运动方向 初步规划发展路径	**招聘引进规划：** 组织战略规划 组织结构设计 工作分析 供求预测 人事政策和决策	**初期职业管理：** 招聘引进 岗前引导 工作分配与安置 组织社会化 达成心理契约
中期职业问题： 查寻自己的职业锚 决定职业方向 把握发展机遇 兼顾专业与全面发展 坚定职业信心	**职业整合规划：** 晋升计划 教育培训开发项目 人员调配方案 薪酬方案 激励机制	**中期职业管理：** 职业咨询和督导 职业绩效和潜力评估 晋升 工作轮换与调配 工作再设计及丰富化 增强组织归属感
后期主要问题： 成为年轻人良师益友 利用经验优势 发挥余热 做好退出准备	**更新调整规划：** 组织变革与再造 激发创新活力 流动、解雇与买断 退休计划	**后期职业管理：** 工作再分析和再设计 清理人力资源存量 继续教育和回炉培训 开放职位信息系统 退休咨询

　　职业发展前期的主要任务是实现"组织社会化"。组织必须对早期职业的特

定动力仔细加以评估，以保证雇员被组织社会化了的职业态度能够转变为一种最佳状态的"心理契约"，使组织需要与个人要求在确定下来的特定职业贡献区间相互契合。在这个阶段上要特别注意做到如下几点：

（1）避免新成员进入组织之初遇到的"现实震荡"（Reality Shock）；

（2）给新员工提出较为现实的未来工作展望和明确目标要求；

（3）鼓励和帮助员工做好个人的职业生涯设计和规划；

（4）给予员工具有挑战性的第一份工作任务；

（5）以职业发展为导向进行工作绩效评估；

（6）通过阶段性的工作轮换明确每个雇员今后进取和自我实现的"职业通道"。

职业发展中期的主要任务是达成良好的"心理契约"。如果不能洞察员工个人的职业锚，中晚期职业问题很可能会相当严重，个人和组织就会失去相匹配、相融合的基础。因此，必须理解和积极激励员工主动寻求自己的职业锚，使员工面临工作挑战和信息反馈时，能最大限度地发现自己职业发展的机会和空间。其关键环节是做好晋升和调配决策，培养员工的奉献精神。晋升决策要在"凭资历"和"凭能力"之间取得某种均衡，而能力又有显能力和潜能力之分，应以职业发展为导向处理好二者的平衡关系；此外，晋升决策还要在正式化程序与非正式性规则之间做出取舍与调和。工作轮换和调配决策要以工作丰富化为基础，充分考虑个人的职业锚和家庭生活背景等严肃影响，实现人性化管理。

职业管理后期的主要任务是，为去职老员工"送温暖"，整合人心，以增强在职员工的组织忠诚感。员工职业整合开发管理的深层基础和最高宗旨，就是帮助员工实现自我价值，培养员工对组织的献身精神。当个人的职业发展周期临近完成，职业管理过程在逻辑上的最后步骤就是：通过退休计划为员工提供生活、心理、健康、财务和投资等方面的咨询帮助，使他们能够在不从事全日制工作的情况下维护一种自我成就感和回归大自然的心理状态，圆满地划上其职业生涯的句号。

同时，要重新进行组织结构和工作设计及再造，清理和评定组织人力资源存量及职业管理信息系统，准备开始下一个职业管理周期。

14.6

应对组织关键职业生涯问题的特殊挑战

在组织职业生涯开发与管理中，要特别注意解决关键职业生涯问题所带来的一系列特殊挑战，诸如：员工穿越重要组织区域边界的关键职业转换或过渡问题，新雇员的社会化和岗前培训问题，以及员工技能老化、失业、退休等所带来的压力和冲突问题等。[4]

❏　职业转换问题

在职业生涯发展过程中，一个人往往要经历一系列职业转换或过渡的关键环节，诸如：

——从临时成员转变为永久成员；

——从专才转向通才；

——从技术—职能工作转向行政—管理职位；

——从团体成员转变为精英明星；

——从职能经理转变为总经理；

——从完全埋头工作转变为更多地关心和适应家庭及公共事务；

——从崭露头角转变为谋求安稳；

——从最大限度关心自身贡献转向更多地着眼于成为他人良师益友；

——从受雇转为退休，等等。

这些转换或过渡涉及各种各样的职业发展问题，重要的是组织要善于把所有这些问题看做统一的整合管理系统有机组成部分，采取恰当的控制途径和协调方式进行系统化管理，并需人力资源部门与一线职能部门的紧密配合、默契合作，才能达成有效的整合结果。

❏　组织社会化问题

新员工上岗引导和组织社会化也是组织经常遇到的关键职业生涯问题。新成员进入组织，往往需要经历预期、磨合和适应几个社会化阶段，组织应该通过有计划的岗前培训程序辅导和引导新成员顺利完成社会化过程。人力资源部门应高度重视上岗信息引导、化解"现实震荡"、培养员工奉献精神等组织社会化工作，将之作为战略性整合管理的关键环节来抓紧抓好。社会化过程中要实现如下几个方面的有效沟通工作：

——向新成员宣传组织的发展演变历史、核心价值观、文化传统、基本宗旨和发展目标；

——向他们详细介绍组织的规章制度、行为准则、行业专业术语和特殊日常用语或俚语；

——告诉新员工如何通过正式和非正式的渠道获得工作和生活信息；

——辅导新员工与其他成员建立良好的工作关系；

——提供上岗前的技能培训；

——协助他们制定职业发展计划。

❏ 职业生涯路径受阻问题

员工职业生涯路径受阻而导致的离心和流动也是一个值得特别关注的焦点问题。组织应为员工提供多元化、开放的职业发展路径，处理好管理人员、专业技术人员和其他人员在职业生涯发展机会、方向和待遇上的关系，避免和及时化解矛盾、冲突以及不公平感等不良心理状态。

很多组织为了防止员工职业生涯发展路径受阻，往往为员工尽可能多地提供发展机会，并为他们提供备选的职业发展路径系列。例如，为专业技术人员提供一到两个管理职业发展的通道，使那些具有专业技术基础又有特殊管理才干的卓越人员有更大的发展平台，避免技术岗位拥堵而造成人才流失或浪费。但在为员工提供双重或多重职业生涯发展路径时，要特别注意不同路径系列之间在报酬水平、职位高低及其他待遇方面能够相互匹配和衔接，保证组织人力资源在职业路径上能够实现公平流动和有效配置。

❏ 职业向上极限与知识技能老化问题

在职业生涯发展过程中，往往由于内外在的种种原因，如技术进步、组织变革、学习能力不足或缺乏培训机会等，一些员工往往处于或感到处于无法再进取的职业巅峰状态或技能老化困境。这将对组织氛围、团队精神和工作绩效造成很大的不利影响，人力资源部门和管理者必须时刻审视员工职业生涯发展动向并能及时有效地防止和化解这类问题。

"职业巅峰"（Plateauing）是指由于种种原因，造成员工不太可能进一步获得晋升或承担更多工作职责的一种职业发展状态。组织要帮助员工分析造成职业巅峰状态的真正原因，是年龄老化、能力不够，还是个人成就动机不足，是分配不公、发展机会少还是学习培训机制约束方面的原因，然后有针对性地为他们提供咨询，鼓励他们积极参加开发活动，制定应对计划和解决方案。

"技能老化"（Obsolescence）主要是由于缺乏学习进取和开拓创新能力而导致的不适应状态。为避免技能老化，个人要不断提高学习能力，树立创新进取意识，就组织而言，则要建立终身学习制度和鼓励创新的激励机制，使每个成员都能有机会、条件进行学习和创造性工作。

❑ 工作与生活冲突问题

工作—职业生涯周期与生物—社会生命周期及婚姻—家庭周期的冲突是组织整合开发需要关注的一个宏观战略问题。工作与生活往往在时间上、行为上、角色上发生这样或那样的不和谐、矛盾和冲突，有时三种周期性危机同时发作。组织应该真正从员工角度，从员工个人的切身利益出发，采取弹性工作制等多种措施应对之。

此外还有诸如裁员、退休、下岗等带来的一系列职业有关问题，需要组织有相应的危机管理机制和有效的应对策略。

14.7

小结：组织职业生涯规划与开发十大策略

根据欧美、澳大利亚、新加坡等国家大量企业职业生涯开发系统的有关调查和实证研究成果，专家提出了组织在职业生涯开发实践方面一系列具有战略有效性的策略。[5] 归结起来，有如下十大策略，摘录于此作为本章小结。

❑ 整体规划

在各个层次上将职业生涯开发规划真正融于组织总体战略规划之中。鼓励管理人员和员工参与关于业务发展方向的分析研究工作，让他们对组织的职业发展需求及其战略意义进行讨论和评估。

❑ 整合管理

加强职业生涯开发与其他人力资源系统和管理环节之间的联系。随着员工职业生涯开发系统重要性的提高，诸如岗位需求信息发布、绩效评估、薪酬、人员接替规划和质量管理等，均受到职业生涯开发工作的影响。组织人力资源部门应不断探索职业生涯开发系统与其他人力资源工作相配合的途径，将上述所有系统整合在一起，使它们相互配合发挥系统化推动作用。

❑ 开放信息

让职业生涯开发系统更具开放性。信息的流动和开放是至关重要的。管理人员必须支持员工职业生涯开发工作，但不是越俎代庖，应该让员工对个人的职业生涯承担主要责任。要保证员工职业生涯开发系统的每一位参加者都可以调用必不可少的资源、反馈和有关新机会的信息。

❑ 强化职能

通过技能培养和责任制加强管理人员在职业生涯开发中的作用。要保证管理人员对其员工开发工作承担责任，发挥有效的辅导作用。为此，管理人员必须先接受这方面的技巧培训，使他们明确一个合格开发者的标准或职责，并在实际运用这些技巧进行职业生涯开发时能够获得高层管理者不懈的支持。

❑ 团队自主

开发和推广互教互学方法及其他集体性开发方法。随着向员工授权及员工参与度的增强，管理人员所扮演的传统角色逐渐削弱，人才开发工作的动力和责任将越来越落在自我管理的团队身上。应该积极探索和开发互教互学开发模型，使工作团队真正地将职业生涯开发需求与业务现实联系起来。

❑ 注重方法

高度重视在职培训和开发方法的运用。"边干边学"是人力资本积累的最重要途径和方式，在许多情况下，持续的在职培训方法是最富有成效的。

❑ 横向开发

注意工作丰富化及横向调动。应该将职业成功与升迁升职区分开来。随着组织扁平化晋升的机会将越来越少，职业生涯开发工作应该大力强调在自己当前的岗位上发展和学习的观念，同时通过探索本组织内部的其他领域来保持工作的挑战性。

❑ 应对变化

注重转岗应变能力的开发。无论是在公司内部还是外部，组织变革机构重组必然会带来频繁的工作职位变化。职业生涯开发系统应该注意胜任和适应能力，即在组织重组和变革中获得职业成功所必需的技能、态度和学识。

❑ 价值驱动

在员工职业生涯开发活动中，要将关于价值观和生活态度问题的讨论和分析纳入其中。员工的价值观和生活态度在很大程度上决定着其对组织的态度和行为以及能否很好地处理工作与生活的关系，职业生涯开发活动可以而且应该能够在价值观教育和健康社会态度培养方面有所作为。

❑ 弹性学习

采用多种职业生涯开发方法以适应多样化人力资源开发需要，善于借鉴全球环境中企业员工职业生涯开发的先进经验。在当今全球化和多元化的社会经济环境中，一个学习型组织的职业生涯开发系统应该在学习方法、培训方式和开发技术上具有相当大适应弹性，能够针对不同员工的个性化需要因才、因人变换开发手法。

最后，我们在专栏 14 – 2 给出美国电话电报公司（AT&T）职业生涯规划与开发系统的案例，以作为读者实际学习演练的参照。AT&T 职业生涯规划与开发系统的突出特点表现在如下四个方面：
——在驱动力上，最高层领导是为了适应不断变化的业务现实而在全公司范围内开展员工职业生涯开发工作；
——在组织形式上，针对需求分析和规划实施组建跨职能部门的顾问小组；
——在运作方式上，业务单位自主参加，一线管理人员积极参与，具有多元化的员工职业生涯开发工具与丰富的宣传沟通活动，并与其他人力资源管理活动相结合；
——在实施效果上，随着系统效益的显现，员工对职业生涯开发问题的认识、理解和满意程度日益提高。

▪▪
专栏 14 - 2　典型案例

电话电报公司职业生涯规划与开发系统

◇　**背景**

1987 年，美国电话电报公司（AT&T）正式成立"公司员工职业生涯系统部"，它是一个面向整个公司的内部咨询机构，由 15 人组成，专门负责员工职业生涯开发工作。

驱动美国电话电报公司员工职业生涯开发的主要因素：（1）管理层担心公司规模缩减会影响员工士气；（2）通过员工离职谈话和 1987～1988 年度员工调查显示，人们认为公司缺乏对员工职业生涯开发的机遇或关注；（3）重点人才和中层管理人员的大量流失；（4）在实施一项新的人员接替规划过程中员工职业生涯开发显示出核心作用。

公司员工职业生涯系统部的第一步工作是在一个"员工职业生涯开发顾问委员会"的协助下进行需求分析。这一委员会组织由来自各个业务单位的中层人力资源管理人员组成，下设不同的专题小组，其中一个小组专门负责开发一套员工个人职业生涯参考指南。

电话电报公司文化的转型，一定程度上涉及到给各个具体单位以更大的自主权。虽然一线管理人员不参加"员工职业生涯开发顾问委员会"，但公司常常征求他们的意见。员工职业生涯系统的工作人员使命之一就是向全公司员工推广职业生涯开发理念，直接与一线人员接触，并通过"员工职业生涯开发顾问委员会"开展工作。

◇　**实施**

公司通过由各级员工组成的核心小组、与高层管理人员面谈等调查研究活动来进行需求分析，并发现了各部门的具体需求情况，例如公司财务部的具体需要是利用员工职业生涯开发工具来完成新的人员接替过程等。

公司创办了一个向各级主管和员工的职业生涯开发公开研讨班，并制定了开展职业生涯开发讨论活动的指导原则，同时还起草了如何撰写个人简历的指南。这些材料在若干业务部门中试行，并由培训系统设计者和公司外部专家联合进行了修改。

1988 年 5 月，公司推出了多项员工职业生涯开发工具。通过各种简报、公司刊物和人力资源部高级副总裁发表讲话等宣传活动，人们知道公司领导支持员工职业生涯开发这一项全公司范围内的大项目，并认识到这是"应该做的事情"。公司还对培训教员举办了为期一天的培训，辅导各业务单位的人力资源负责人掌握员工职业生涯开发系统及其各项工具，使他们可以对本部门的人力资源代表进行培训。所有人力资源工作人员都要通过培训，每当教材更新、有新员工就职或发现有人尚未学习掌握时都定期举行再培训。

越来越多的员工拟就自己的职业生涯发展计划。最新一次调查表明，当员工制定出个人的职业生涯计划后，80% 的人会参加员工与主管的对话，82% 的人会按制定出的个人职业生涯计划行动。

出于这样或那样的原因，如将职业生涯开发仅仅视为是晋升和调动而不是持续提高技术水平的观念，员工个人职业生涯规划工作有时会遇到公司业务紧缩的影响，等等，仍有部分员工不接受职业生涯开发。虽然公司一再通告员工应对自己的职业生涯负责，但是由于企业文化向自主性发展方面转型，人力资源开发计划无法涵盖所有 320000 名员工。

总之，实施推广工作步履维艰，连个人简历指南都必须附加谨慎的解释，要说明个人简历在内部或外部求职时具有实用价值，而不仅仅是用于裁员。

◇ 内容

美国电话电报公司的员工职业生涯开发系统包括如下内容：

(1) 广泛宣传 25 条员工职业生涯开发指导原则，特别是对未来的展望。

(2) 面向主管和员工的公开研讨班。

(3) 职业生涯开发组合，包括一项自我评估工具，一个基本上由自己掌握进度的学习班，以及其他的辅助性资料。

(4) 一份非常通俗的个人职业生涯参考指南。它使所有员工都清楚各个业务单位的工作内容，并提供具体的工作内容说明实例，以及两份资讯性表格，一份是按业务领域分类的业务单位清单，另一份是按技能分类的业务领域。

(5) 一次人力资源规划与开发运作程序（HRPD）。它帮助员工将自己的个人职业生涯计划与业务计划结合起来。各级管理人员的职责是，就人力资源规划与开发运作程序进行磋商，对员工职业生涯计划进行总结，了解它们怎样与未来的规划相结合，以及需要采取哪些措施。

(6) 若干种岗位需求信息的发布方法，其中包括在线系统、贝尔实验室书面服务系统以及针对那些有下岗风险者的公开研讨班。

(7) 一个针对有下岗风险的人的职业生涯中心，帮助那些失去工作的人寻找外部就业机会。

(8) 一本面向一线管理人员的杂志《正确匹配》，是专门解答员工职业生涯问题的便览。它受到人们广泛欢迎，几乎供不应求。

员工职业生涯开发系统是与其他人力资源活动紧密相联的。例如，将绩效管理周期分离一部分进行职业发展问题讨论，即从战术的角度"展开"战略性的个人职业生涯规划。事实上，电话电报公司的整个评估过程都非常强调职业发展问题，这是一次关系重大的变革；现在，领导者要通过评估过程担负起辅导和开发人才的职责。

◇ 成效

公司负责员工职业生涯系统的地区经理注意到，在实际过程中要花相当长的时间才能实施一套员工职业生涯开发系统，而且维护工作需要极大的韧性和耐心，需要不断增加凭借本项目获得成功者人数，才能"使它具有感染力"。

员工职业生涯开发规划系统是一只"三条腿的凳子"，员工、领导者和公司各担负一个基本角色。个人应该为自己的前途负责，然而领导者和公司需要给予这一过程以不懈的支持，要"言而有信"。在从原有的家长式统治向员工要对自己负责过渡的企业文化转型过程中，员工可能会感到自己"被遗弃"了。幸运的是，通过人力资源规划与开发运作程序特别是主管培训过程，大幅度地提高了公司和领导者对该系统的关心和参与程度。

员工们现在认识到了自己的责任，认识到这是对自己大有好处的事情。另外，人们也广泛意识到事业发展的重要性，承认传统升职不再是衡量成就的必要尺度。

从 20 世纪 90 年代初开始，一线管理层对员工职业生涯开发系统的支持逐步得以加强。当时，该系统的资金支持机制发生了变化，从公司自然而然地提供服务转移到必须向每一个业务单位推销自己的服务。经过大量的推销工作，除资金严重紧缺的单位外，所有单位都购买了这一服务，这一事实令人信服地证明了该系统的价值。

当员工职业生涯开发系统于 1988 年推出时，有些人认为员工职业生涯开发只是别出心裁，类似"本周创意"的东西，一阵风吹过之后，人们还得重新调整到原位。然而现在看来，员工职业生涯开发工作并没有半途而废，人们面对未来难卜的职业前景更加需要有计划地开发自己的职业生涯。

电话电报公司的员工职业生涯开发系统已经通过了两次调查和一次公开研讨班的审查。以往进行的几次年度员工民意调查结果说明，人们对个人职业生涯计划及其工具的满意程度一直在稳定提高。未来的计划包括以计算机为手段的评估工具和个人简历指南，以及协助公司实施员工职业生涯计划（人力资源规划与开发运作过程）的公开研讨班。

资料来源：托马斯·G·格特里奇等《有组织的职业生涯开发》，南开大学出版社，第 134 ~ 139 页。

注释：

[1] 参见施恩《职业的有效管理》，生活·读书·新知三联书店 1992 年中译本，第 8 ~ 9 页。本章有关人生周期和职业锚等重要思想和方法主要受施恩该著作的启发，由其启发而演绎引申的有关内容，读者一看自明，我们不再一一加注说明。

[2] 参见罗双平《职业生涯规划》，中国人事出版社 1999 年版，第 82 ~ 89 页；萧鸣政《人力资源开发的理论与方法》，高等教育出版社 2004 年版，第 229 ~ 233 页。

[3] 参见柯林斯《从优秀到卓越》，中信出版社 2002 年中译本，第 114 ~ 116 页。

[4] 有兴趣的读者可以进一步参阅诺伊《雇员培训与开发》（中国人民大学出版社 2001 年中译本）第 12 章的有关内容。

[5] 参见格特里奇等《有组织的职业生涯开发》，南开大学出版社，第 190 ~ 193 页。

15

精神整合：组织文化系统总体开发

基于能力的文化只有在

为更高的目标服务时才能茁

壮成长。

迈克尔·茨威尔

我相信 21 世纪最有效的

竞争者，将是那些学会如何

利用共享价值观驱策员工情

感动力的组织。

杰克·韦尔奇

"文化"（Culture），简单地说，就是一个社会群体的生活方式。[1]一个组织在应对外部环境的适应性和内部要素的整合性过程中形成、创造和发展的生活方式或运作状态，就是所谓的"组织文化"（Orgnizational Culture）。组织文化犹如一座大部分浸在水下而只有少部分露出水面的冰山，是有层次和丰富内涵的神秘事物。因此，在组织学习背景下讨论"组织文化开发建设"，实际上是关于学习型组织驱动系统最全面、最广泛、最完整意义上的整合开发问题，而其中最核心、最重要的层面还是难于直接观察但却最具实质性决定意义的组织精神整合开发。

15.1

组织文化系统：层次结构与整合功能

组织文化可以看做是一个系统，它是一个组织在长期的发展过程中形成的，为组织成员所认可、接受、传播和遵从的基本信念、共同价值观、道德规范、行为准则、社会角色和人文模式等所组成的一个完整有机体系。组织文化是一个组织的精神凝聚力之所在，是组织人力资源整合开发的精神实质，是组织行为的社会存在形式、群体心理层面和战略运营方式。

关于组织文化系统的具体构成内容和结构形态，国内外学术界有各种界说，其中最广义也是最普遍认同的是"三层次同心圆说"，即认为广义的组织文化由外显的器物层、中间的制度层和内隐的精神层组成，它们关系如同三层同心圆（见图15-1）。

（1）最内层是精神层，即组织文化的精神实质，它是组织文化的核心和灵魂，包括员工共同拥有思想信念、伦理道德、精神面貌、思维方式，企业的经营哲学、科技水平、团队意识及社会责任等。

（2）中间层是制度层，即约束组织成员行为、规范经营管理运作的规章制度体系，包括组织章程、组织结构、管理制度、操作规范、人际关系、礼仪习俗等。

（3）最外层是器物层，即组织文化在物质载体上的体现，包括办公设施、建筑风格、产品包装样式、社区布局、生活环境、着装规范、旗帜标志、业余活动等各种形式反映组织社会形象的物质载体。

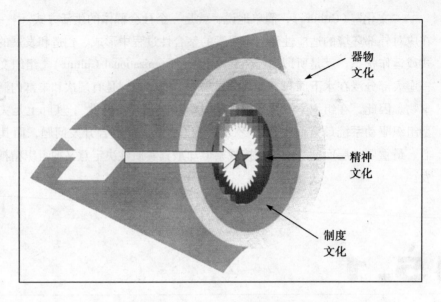

图 15 – 1　组织文化三层次模型

这三个层面是相互联系、内在统一的。如果将组织文化比做一株美丽的花卉，那么它们分别就是这棵有机物的种子要素、催化因素和成长因素。精神层次是组织文化最核心的"种子"要素，从根本上决定着组织文化的性质和导向；制度层次是组织文化得以形成的"催化"要素，它通过有形的规章制度、操作规程或行为规范表现出来，是组织精神凝聚和外在特征体现的行为中介；器物层次是组织文化的"生长"要素，是组织精神志向和制度规范的外化显示和动态表现。

关于组织文化的功能，国内外学者也有各种规范界说和实证研究。有学者归纳组织文化具有目标导向、行为规范、精神凝聚和内在激励等多重功能，也有学者实证"一个强大的文化几乎一直是美国企业持续成功的幕后驱动力"[2]，"企业文化对企业长期经营业绩有着重大的作用"，"具有重视所有关键管理要素（消费者要素、股东要素、企业员工要素），重视各级管理人员的领导艺术的公司，其经营业绩远远胜于那些没有这些企业文化特征的公司。"[3] 总之，无论怎么归纳和实证，组织文化的最基本功能实质上就是一个精神整合功能。能够取得长期经营业绩的企业，其组织文化无论是所谓"强力型"、"策略合理型"或"灵活适应型"[4]，其基本功能无外乎都是有机整合了组织中的各方面力量，使之目标统一、步调一致，面对风云变幻的市场压力能够具有强大的精神凝聚力，能够灵活适应外部环境变化而及时调整经营策略并积极进取和学习创新。

组织文化整合功能的发挥是三层次有机联动的过程，内在精神要靠长期的外在修养和制度建设才能达成。组织文化是一种无形的、隐含的、似乎不可捉摸而又理所当然或习以为常的东西，是组织中一套规范员工日常行为的核心理念和隐含规则，其导向、规范、凝聚和激励等整合功能是潜移默化的、由外在到内在的循序渐进修炼过程。有学者曾举《西游记》里的故事来说明组织文化的功能及三层次有机联动的系统修炼过程。[5]当唐僧师徒一行人来到西天如来佛祖面前的时候，孙悟空并不想被封为什么佛，而是请求观音菩萨念动松箍咒取下头上的禁锢，观音菩萨告诉他禁锢已经消失了。孙悟空一摸果然没有了。为什么孙悟空的紧箍全没有了？悟空等在去西天的路上，一路历尽千辛万苦、经过九九八十一难，反复受到制度制约和磨难锻炼，最后，他对佛家的行为规范已经习惯了，并且把那些约束行为的制度变成了自己的行动指南，从思想上已经接受了佛家的价值理念，使得自己的行为不需要别的外来约束就完全符合了佛家的价值体系要求，这就"修成了正果"。很多优秀的中外企业在某种程度上大都达到了这种"修成正果"的境界。

例如，惠普文化常常被人称为"惠普之道"（HP Way）。其由五个核心价值观组成：（1）相信、尊重个人，尊重员工；（2）追求最高的成就，追求最好；（3）做事情一定要非常正直，不可以欺骗用户，也不可以欺骗员工，不能做不道德的事；（4）公司的成功是靠大家的力量来完成，并不是靠某个个人的力量来完成；（5）相信不断的创新，做事情要有一定的灵活性。惠普公司从来不把"惠普之道"挂在墙壁上，也很少大张旗鼓地进行张扬，可惠普却没有人不相信这种文化，而且"很厉害"，能让堂堂惠普大总裁普莱特全球访问时从来不坐专机，让中国惠普总裁陈翼良说"我不敢不尊重我的员工"。[6]

在国内，从联想、海尔等优秀企业的案例中，我们也可以实在地感受到文化对组织成员的精神作用。这种作用就如同铁屑掉进磁场，立即被磁化产生了磁力一样。联想以"做企业就是做人"为核心理念的文化开发和建设系统就具有这样的精神凝聚和整合功能。联想把做人和做事有机融合在一起，做人先于做事，做人是前提、是关键，把做人的教育融合于企业的生产与经营中，"做人的文化"是联想最大的文化。联想就像和睦的大家庭，不管谁有困难都会有人主动地伸出热情的双手，把你的困难看做是他们自己的困难。在联想集团，"把5%的希望变成100%的现实"，靠的就是这种精神凝聚力。所谓"入模子"，即联想如同坚硬的模子，谁进入联想都必须经由模子重塑的过程，凝聚成联想所要求的价值目标、精神情操和行为状态。这是联想运用心理定势规律成功地进行企业文化开发和建设的法宝，强大的企业文化以及浸润其中的对于企业使命目标的深刻理解，促使每一个员工真正地以主人翁态度来对待自己的岗位和职责。[7]

因此，基于塑造整合功能的组织文化开发是一个实实在在的修炼过程，其目标导向功能不是简单地刷在墙上、写在纸上、挂在嘴上的标语口号，其行为规范功能不是简单地定几条纪律或规章制度本身，其精神凝聚和内在激励功能也不是简单地开展几项文体活动、走一些装模作样的过程或做一些"表面文章"，也不是组织领导人个人偏好、极端价值观或集权思想的简单表达。如果将组织文化当作标语口号、文体活动、表面文章、规章制度本身或其他形式主义的东西，那将会走入文化开发和建设的歧途。

15.2

组织文化建设：基于精神整合的总体开发思路

组织文化建设，就是在既定的社会经济文化背景下，确立组织的经营管理宗旨、目标和价值规范，并将之融入日常各种规章制度和物质载体中，变成每个员工自觉遵守的思想方式和行为规范。

进行文化建设，首先要对组织及其员工的民族文化背景、社会政治经济环境和市场行业特点做出判断分析，然后根据组织的文化性状和具体情况，制定组织文化的目标模式，就组织核心价值体系、经营管理思想、道德伦理规范、团队精神、规章制度、行为准则、社交礼仪等方面的文化建设目标和措施做出规划设计，并经全体员工广泛讨论、认可后颁布推行和实施。其主要操作步骤如下：

——调查分析现有文化状况，了解组织的文化历史和环境条件，以民族性、时代性、行业性等标准客观评价和把握现实的组织文化状况；

——针对本组织具体情况进行文化定位，提出创立组织文化的目标、宗旨及其未来走向，进而确立科学、简练、准确的组织核心价值观，并让所有成员都正确理解其操作意义和要求；

——围绕核心价值观，结合组织经营战略目标，明确制度文化建设目标，将精神文化寓于具体制度文化和外在器物文化形式之中，规划设计组织的目标文化模式；

——在实践中，通过各种传播媒体，有必要的话可以建立诸如"组织文化指导委员会"等有关组织机构，还可以通过座谈会、抽样问卷调查、个别谈话、提合理化建议等民主参与形式，传播、搜集和反馈组织文化信息，循序渐进地精心培育组织文化。

组织的特定文化模式并非一蹴而就，须经过长期的宣传学习贯彻，规章制度强化，良好风气定势，群体互动共认，反复检验修正，人格潜移默化及礼仪情景物化的历史过程，才能最终形成。我们提出如下三个基本整合开发和建设要点：

❏ 领袖主导，全员参与

人是文化的主体。组织文化建设要以人为中心，成功的组织文化无不是以人为本的文化。尊重人、关心人、理解人、爱护人是创立组织文化的核心。组织文化是全体组织成员的文化，需要大家共同努力才能形成。组织文化建设必须有保证全员民主参与的制度安排和机制。

当然，在组织文化的形成过程中，组织创始人和高层管理人员的精神风貌和言谈举止具有决定性的影响。例如，比尔·盖茨的创新精神和竞争个性对微软公司文化的形成，以及盛田昭夫对索尼公司文化、史蒂夫·乔布斯对苹果公司文化的影响，都是无法估量的，而且公司在不同发展时期的文化模式和特征也会因高层管理人员的影响而有所改变。

管理者在文化建设过程中，应注意利用组织员工的从众心理、模仿心理及心理定势等机制，通过典型事件教育和模范人物榜样等，进行组织文化模式的心理和行为强化训练，这对于组织文化开发和建设具有关键意义。

❏ 全过程整合，广泛有效宣传

组织文化建设贯穿于整个人力资源开发与管理全过程，从新员工引进、社会化融合到激励使用及整合管理，组织文化主管应借助故事、录音录像、企业杂志、专栏板报、仪式、器物标志等多种途径和手段，向员工宣传贯彻企业的组织文化。没有传播就没有文化，组织文化建设要依托有效的文化宣传网络。组织文化宣传媒介很多，包括企业报刊、文件、简报、小册子、商标、产品包装、函电等印刷媒介，企业电台、电视台、电子显示屏与电子计算机等电子媒介，以及会议、展览会、着装服饰、宣传栏、标语、黑板报、雕塑等其他媒体。

在组织文化宣传中，企业内刊发挥着重要作用。内刊是企业文化的载体和窗口，在展现企业创业历程、塑造和凝聚企业精神文化方面发挥着不可替代的宣传功能。很多企业大都有自己的企业内刊，例如，万科集团举办的《万科周刊》、联想集团的《联想》、华为公司的《华为人》、金地集团的《金地》、清华同方的《同方月刊》、宁波彬彬有限公司的《彬彬时报》等，都办得有声有色。由于转型期的时代背景影响，很多企业在文化建设中自觉不自觉地具有很明显的"非企业文化"倾向，从而使企业内刊在实际中扮演着非常复杂或错乱的"角色"，具有五光十色的"文化心态"。[8] 如何避免这些误区，做好企业内刊和企业文化的定位，是转型期企业内刊、乃至整个企业文化建设应该特别注意解决的问题。

□ 三层联动，整体有机统一

文化建设实际是融合整个"人气"——基于物质基础和日常生产经营过程的人文精神——的一个升华，不能浮于抽象的口号或语录，不能流于走过场、搞形式，而是要扎扎实实地打基础、搞建设，应该有具体的、可操作的步骤和方法，把文化建设贯穿于企业生产经营全过程。

一般说来，一个组织实践并达成文化建设应有目标和境界，需要经过诊断提炼、典型强化和制度固化这样三个基本环节：首先，从组织发展的实践经验教训中提炼出作为经营宗旨和哲学的核心理念。关心人、尊重人、爱护人，或者以"人"为主线进行建设，其中心和关键是善于捕捉组织价值观的"闪光点"，并予以倡导、弘扬，以使整个组织员工在价值观上有一个根本性转轨，以带动整个企业文化变革。然后，通过典型事例使理念实体化、具体化、生动化，并通过典型事例加以推广和强化。最后，设计和利用可操作性的、制度化的程序或机制，把整个企业员工的"人心"和精神在战略管理层次上真正有机地整合在一起。

在这方面，海尔集团的成功经验很值得借鉴。海尔集团精神整合管理的运作过程是：首先提出理念与价值观；进而推出典型人物与事件；然后在理念与价值观指导下，建立保证人物与事件不断涌现的制度与机制。正是这"制度与机制"和员工"理念与价值观"的互动，使海尔集团获得了持续稳定的发展。这样的"三部曲"整合现象在海尔运营管理的方方面面都有体现。仔细研究海尔管理全过程，你会发现更多的无所不在的"提出理念—推出典型事例—形成制度"三部曲模式。这种精神整合管理模式才是海尔人力资源管理的最高境界，也是海尔的成功和长足发展的根本动因。[9]

15.3

组织文化三层次整合开发：CI 设计原理及案例

一个组织是在社会环境中生存和发展的，其文化也不是孤立于社会公众视界的。因此，组织"文化资本积累"、"无形资产投资"以及组织文化整合开发的一个重要课题就是，如何将组织的核心精神理念和基本行为规范通过统一的识别设计系统外显地整合传播出去，而 CI 设计理论和实践就是在这方面的一个突出发展成果。这是我们本节要讨论的问题。

CI 即 "公司形象识别"（Corporate Identity ）的英文缩写。CI 理论和实践滥觞于 19 世纪中叶，流行昌盛于 20 世纪六七十年代，此后在全世界范围内得到广泛推广应用。最初，CI 设计主要强调视觉识别系统，即运用视觉艺术设计手法向社会传递企业形象和品牌信息，例如 1956 年 IBM 公司请专家将企业表示设计成八道蓝色条纹线构成的标准字造型，融标识性、代表性、说明性和标准性为一体，很好地传达了企业 "深邃、前卫、精密和科技" 的开拓精神。20 世纪 70 年代后，日本学者将 CI 理论和方法进一步扩展和完善，使之成为一个系统，所以又称 CIS（Corporate Identity System）设计。

就是说，CIS 通过一整套传播系统将经营理念和精神文化、组织行为方式以及外在形象整合传递给社会受众，从而使组织获得一种亲和力、认同感。与企业文化的三个层次相对应，CIS 具体包括视觉（VI）、行为（BI）和理念（MI）三个子系统，是三个自系统的辩证有机统一（见图 15 - 2）。

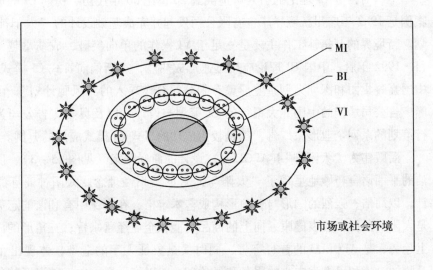

图 15 - 2　CIS 三个子系统

MI，即 "理念识别" 系统（Mind Identity），反映一个组织核心价值观，基本使命和宗旨、战略方针和经营理念等。对此，需要利用简洁的、明确的语言给予表达。例如，日立公司的 "新技术的日立"，菲利浦公司的 "让我们做得更好"，美国杜邦公司的 "为了更好生活创造更好的产品！" 等。

BI，即 "行为识别" 系统（Behavior Identity），是指在组织核心理念指导下所形成的一系列行为规范。一般通过日常经营活动规范和一些特殊活动（如公益、公关、促销、文体活动等），把企业和品牌的形象动态地加以表现。具体可以区分为整体集中性 BI 与个体分散性 BI、市场活动 BI 与社会活动 BI、日常经营 BI 与特殊活动 BI 等，相对来说，整体集中性、市场活动和特殊活动 BI 对企业形象的影响要更直接、更突出些。

VI，即"视觉识别"系统（Visual Identity），是企业形象视觉化的传达方式，其识别表达形式最多、层次最广、效果也最直接。VI 包括实体性 VI 和象征性 VI。实体性 VI 包括建筑风格、门面格式、厂区布局和环境等固定实体 VI，以及产品包装、货车标记等流动性 VI；象征性 VI 包括品牌和企业名称、标记、标准字、标准色等形象因素。相对于实体性 VI 的局限性，形象性 VI 表现和发展余地较广阔。

MI、BI 和 VI 是三位一体的关系。MI 是 CIS 的灵魂，BI 是 CIS 的行为基础，而 VI 是 CIS 的关键系统。VI 是直接感觉到的"物态"，而 BI 是现实观察到的"人态"，二者都是组织文化的"形态"；MI 是无法直接感觉和观察的"心态"，是组织文化的"神态"。组织文化形象传播系统，既要有"形"又要守"神"，有机统一才能"出神入化"。

中国对西方 CI 理论的引入可追溯到 20 世纪 80 年代初。初期 CI 的成功实践案例是 1987 年广州新境界广告有限公司发起并完成基础设计的"太阳神"CI 计划。新境界的开拓性工作主要是立足于 VI 操作的单向突破，成绩卓越，引人注目。1992 年后，中国 CI 理论应用迅速形成热潮，逐渐偏向日式 CI 模式。例如，中国嘉陵集团和深圳力创企业形象有限公司合作导入的"风驰计划"，由中国国际广告公司承担的中国光大银行的 CI 策划与设计，以及奥美广告公司为中国银行策划的系列企业形象广告，都是较为成功的日式 CI 模式应用的典例。

潘殿伟为"太阳神"（APOLLO）设计的商标图案（见图 15 - 3），以高度简洁的平面语言巧妙地呈现了"太阳与人"的关系性理念。太阳神商标的图案设计，以简洁、强烈的圆形与三角形构成艺术定格，在对比中有和谐的态势。圆形是太阳的象征，代表健康、向上的商品功能和企业经营宗旨；三角形的放置呈向上趋势，是 APOLLO 的首写字母，同时又是象征人字的造型，体现出企业向上升腾的意境和以人为中心的服务和经营理念，以红、黑、白三种永恒的色彩，组合成强烈的色彩反差，体现企业不甘现状、奋力开拓的整体心态。"太阳"字体造型是根据中国象形文字的意念，以"阳"字篆书字体的"◎"作为主要特征，结合英文 APOLLO 的黑体字型，形成具有特色的组合文字。这种设计，以单纯、明确、简练的造型，构成瞬间强烈的视觉冲击效果，同时也高层次体现了企业的经营风格。[10]

太阳神集团不仅以自己独特的方式建立了日式 CI 系统，还做了创造性补充完善，在导入 CI 的过程中逐步形成和确立了五大识别系统：

• 理念识别系统：振兴民族工业，提高中华民族健康水平（经营信条）；精诚理解，合作进取（企业意识）；以科技为依据，以市场为导向，以人才为中心

（经营策略）。

图 15-3 “太阳神”商标图案

- 行为识别系统。
- 视觉识别系统：商标设计。
- 听觉识别系统：如企业歌与企业广告音乐等。
- 文本识别系统：元旦献词，学术论文，报告文学等中国特色的文本崇拜。

中国嘉陵集团的“风驰计划”是较为规范的日式 CI 策划典例。[11] 中国嘉陵集团是以中国嘉陵工业股份有限公司为核心，由 13 家子公司、13 家联合企业和 300 多家协作企业组成的大型集团。这 300 多家企业产权关系不同、行政关系各异，在近 15 年的发展中没有形成一个统一的企业认同概念，是一个以产品为纽带的协作型集团。为保证未来集团的国际化发展，嘉陵集团需要有一种凝聚的力量来强化团队精神，以团队的力量加强国际市场的竞争力。从外在环境来看，嘉陵集团从 1979 年开发生产“嘉陵牌”摩托车以来，已累计产销 6 种排量、30 余个车型共 450 多万辆，有 3 种不同的品牌形象，品牌的不规范、不统一给越来越多的假冒伪劣产品以可乘之机，在市场上给嘉陵牌摩托车的声誉造成了极大的损害。因此，1994 年 7 月，中国嘉陵集团决定与深圳力创企业形象设计有限公司合作，导入 CI 系统，取名为“风驰计划”。

“风驰计划”由前期企业内部的 CI 启蒙与实态调查、Cl 设计和发布会三个阶段构成。其 CI 设计严格按照日式 CI 操作规则进行，分为嘉陵集团企业理念的规整、视觉形象设计和行为识别建议三大部分。

——该计划拟定的嘉陵集团企业理念为："启用科技动力，传感全新时代；品质尽善尽美，服务至诚至周"。

——嘉陵集团的标志（见图 15 - 4）以数字符"十"与几何菱形为创意设计基点，以直观的"十菱"隐喻"嘉陵"，在此基础上由"十"号衍生出颇具宇宙感的循环动力图案，暗示企业的国际化取向，中心菱形则以坚实高贵的钻石象征嘉陵集团求实进取、追求完美至善的企业精神；就精神内涵而言，以二度空间表现三度空间的视觉效果，用跨向四方的循环图案意涵中国嘉陵集团以质量佳、服务好、"五位一体"的营销网点遍布全国的经营优势，不断突破现状，志在四方，创造多角化的经营并昂扬进军国际市场。

图 15 - 4　嘉陵集团的商标图案

——在行为识别设计方面，包括职工的教育、培训，企业文化的建设原则，市场策略的重点因素，形象推广的原则，形象管理的原则和职工日常行为规范等。

在 20 世纪 90 年代中期，像嘉陵集团这样全方位进行 CI 设计的企业逐渐多起来，但真正实施者并不多。嘉陵集团作为中国的特大型企业，如此大规模地导入 CI 在当时影响很大。但是嘉陵"风驰计划"存在机械地套用日本 CI 的问题，在设计上没有考虑到 CI 设计各部分的轻重缓急，缺乏针对中国市场与企业的特殊操作策略。在这方面，中国光大银行的 CI 策划与设计似乎要技高一筹。由中国国际广告公司承担的中国光大银行的 CI 策划与设计，依照 CI 理论与中国实际相结合的原则，采用有步骤、分阶段地逐步导入 CI 的策略。当时光大银行第一阶段的 CI 作业以及整体规划颇有特色，在国内 CI 设计界引起广泛注意。

　　光大银行资金雄厚，如果采取以视觉形象设计为主的美式 CI 理念，也许能在短期内起到"立竿见影"的效果，但很容易与企业的发展相脱节；而三位一体的日式 CI 导入方式，对光大银行这样的大型金融机构来说，可能会是一个艰巨、漫长并易反复的过程。因此，面对未来中国金融市场上多家竞争、高速竞争、国际竞争、高层竞争的局面，设计者首先拟定了光大银行 2000 年发展目标，确定了对应策略框架，把 CI 作为其中的一个重要手段，并据此制定了导入 CI 的策略；在与银行发展方向一致的前提下，与银行由初期到成熟期的转变合拍，分期导入 CI，逐步完善，即：先确立企业经营理念与员工行为的基本框架，着重设计、整合形象识别系统，解决企业形象严重滞后的问题；部分深层次的问题，从可行性出发，留待第二阶段解决。[12]针对光大银行原视觉要素比较混乱的现状，设计者花大力气进行并完成了视觉识别系统的艺术要素系统设计、应用系统设计和 CI 手册设计。此外，还对标牌和营业场所等主要标识类型的材料、规格都做了严格的规定，在视觉识别系统设计的严谨方面达到一个新的高度。

　　总之，CI 系统设计是一种明确认知、沟通组织经营理念和组织文化的活动，是企业形象的系统塑造、展示和识别活动。CI 系统设计不仅仅局限于可见或感知的器物层面，还深入到组织行为和精神领域，是将组织文化的三个层面视作一个系统进行整合开发的重要文化建设活动。当然，CI 设计只是组织文化的一种外显化整合开发活动，整个文化建设、开发和传播还需要其他方面的统一协调和配合。

15.4
"文化多元主义"：组织跨文化整合开发要略

　　"文化"（Culture），广义地说，就是一群人的生存状态和生活方式。一群人在特定的历史地理环境下生息繁衍，长此以往便形成特定的社会习俗习惯及生存生活方式，这就是所谓"民族文化"。进一步，不同层次的细分群体，也会各有其独特的"亚文化"（Subcutures），如城市文化、乡村文化、社区文化、组织文化等。因此，就如同生物界自然选择过程中物种形态的多样化和多元化一样，文化多样化和多元化是人类社会历史发展过程中自然选择的必然结果，而组织文化只是文化多样化和多元化大背景下一个层面上的"小生境"，其本身也具有无限多样化和多元化的表现形态。

关于文化的多样化和多元化归类研究，长期以来，一些西方学者也从不同的角度、根据不同的研究目的，提出了各种各样的分类思路，并做了大规模实证调查研究。[13] 我们这里举出几个著名的研究成果，以作为我们讨论组织文化整合开发问题所参照的宏观背景。

❑ 文化差异多维度研究

1961 年，美国人类学家克拉克洪（Kluckhohn，F.）和施特罗特贝克（Strodtbeck，F. L.）提出，文化特性可以通过观察人类面对共同问题时所采取的不同解决方式来进行分类研究。[13] 其基本问题有如下五个基本方面：

——**自然态度维**：对待自然时所采取的态度是什么？

（顺从，征服，还是协调？）

——**人性假设维**：人们对人性的基本信念是怎样的？

（人性善，人性恶，还是中性或混合的？）

——**人际状态维**：人际关系是如何处置的？

（个人主义，集体主义还是层级或官僚主义？）

——**行动取向维**：人们在实际活动中采取什么样的行为取向？

（注重干工作，生活享受，还是注意逻辑理性？）

——**时空观念维**：人们在时间和空间上注意追求什么？

（注重传统和尊重历史，注意眼前短期利益，还是强调长期可持续发展？公开亲近，注重隐私，还是混合取向？）

例如，中国文化的特点表现在：注重人与自然和谐相处，天人合一；相信人之初，性本善；人际以官本位为核心形成复杂的亲缘关系；崇尚实用主义生活方式；比较沿袭传统，但不太尊重古人和历史，也不注意尊重他人隐私权利。而美国文化的特点表现在：注重利用科技征服自然；注意性本恶假设建立法律制度；人际关系基本上属于个人主义的；强调行动、成就和工作；在乎现在，讲求短期绩效，尊重他人隐私权利。

1970 年，荷兰文化学家霍夫斯坦德（Hofstede，G.）通过对 40 个国家的不同文化层次的 IBM 公司职员以 20 种语言进行 116000 份问卷调查，并在此基础上于 1980 年写就名著《文化结局》。[14] 他把"文化"定义为一定环境中人群共同拥有的心理程序，他通过对跨国公司雇员大规模问卷调查，提出"文化四维度论"，即认为所有文化差异都可以从如下四个维度上加以衡量和分类：

——**权力差距**（Power Distance）：

（反映社会成员在掌握权力方面的程度差异以及认可程度，例如，是集权控制型的还是民主分权型的？）

——**不确定性规避**（Uncertainty Avoidance）：

（反映风险偏好意识的强弱，表现为控制机构数量的偏好程度）。

——**个人主义或集体主义**（Individualistic /Collectivist）：

（反映人际关系倾向是个人主义至上还是集体主义至上？）

——**阳刚或阴柔性**（Masculine/Feminine）：

（文化性格或核心价值观是崇尚权威、自信、占有和追逐物质利益，还是注重生活质量、情感幸福、人伦关系？）

霍夫斯坦德认为，对组织领导方式影响最大的文化因素是"权力差距"和"个人主义或集体主义"；对组织结构影响最大的文化因素是"权力差距"与"不确定性规避"；而对激励效果影响最大的文化因素是"个人主义或集体主义"、"不确定性规避"与"阳刚或阴柔"。霍氏根据员工对有关关键问题回答的平均水平，对40个国家和地区的文化四维度给出了相应的指数值，这样就两两对应可以形成一系列平面分布状态图，图15-5显示的是这些国家和地区在权力差距与不确定性规避及个人主义维度上的分布状态。

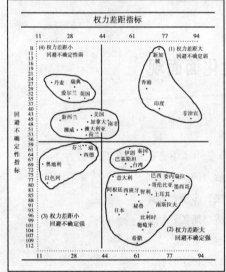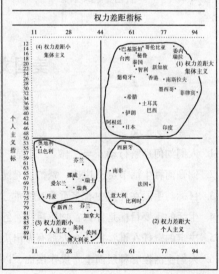

图 15-5　霍夫斯坦德文化维度实证分布图

资料来源：哈里斯和莫兰《跨文化管理教程》，新华出版社 2002 年中译本，第69、70 页。

从图15-5 的分布状态可以看出：权力差距大小与不确定性规避强弱大致呈负相关关系，也就是说，大多数情况下，权力差距大的文化往往不确定性规避也较强，而权力差距小的文化往往不确定性规避也较小；权力差距大小与集体主义倾向呈正相关关系，也就是说，大多数情况下，权力差距大的文化往往集体主义倾向也较强，而大多数情况下，权力差距小的文化往往个人主义倾向则较明显。

1993 年，丹麦经济学家和咨询家特龙纳斯（Trompenaars，F.）根据对 47 个国家、约 15000 名员工所进行的问卷调查结果，进一步从与他人的关系、与时间的关系以及与环境的关系三个方面、七个维度，归纳了不同的文化类型差异。[15] 这七个维度是：

——**普遍主义与特殊主义**（是有统一规范还是关系随机导向？）；

——**个人主义与集体主义**（是自我中心还是群体至上？）；

——**感情内敛性与外露性**（感情表达是强调理性效率还是自然率真？）；

——**个人特殊性与广泛扩散性**（人际关系是强调隐私还是公开？）；

——**成就与归属**（是成败论英雄还是身份论贵贱？）；

——**顺序性与同步性**（过去、现在和未来/计划还是散漫？）；

——**内向型与外向型**（认为自然、环境或局势是可控的还是不可控的？）。

∙∙

专栏 15 - 1   相关文献

美国文化面面观

◇ **行动态度**

1. 人们如何理解行动？与"做"、过程、改变外部环境有关；乐观、努力。

2. 偏爱何种生活节奏？快速、繁忙；充满活力的。

3. 目标与手段在计划中有多重要？注重方法、步骤、技术。

4. 生活的重要目标是什么？物质目标；舒适、痛苦；活动。

5. 决定的责任在谁？每个个人都有做出决定的责任。

6. 人们生活在哪种层面上？操作层面，以结果评定目标。

7. 人们价值评判的基础是什么？实用性（即有效与否）。

8. 由谁做决定？相关人。

9. 问题解决模式的特性是什么？计划行动；预测后果。

10. 学习方式的特性是什么？学习者主动（以学生为中心的学习）。

◇ **社会关系**

1. 角色如何定义？自己获取；宽泛的；一般意义上的。

2. 与不同社会地位的人如何打交道？强调平等；将差异最小化；强调随意和自然。

3. 性别角色如何定义？相似，重叠；性别平等；两性皆可为友；不太将其合法化。

4. 一个团体的成员有何权利和责任？承担有限责任；加入团体以寻找个人目标；积极的成员能影响其所在团体。

5. 人们如何评判他人？特别的兴趣能力；以任务为中心；局部接触。

6. 友谊的内涵是什么？社会交往性友谊（短期承诺，共同朋友）。

7. 社会交往中相互关系的特性是什么？真诚至上；各自独立（各付己账）；平等（各付己账）。

8. 人们如何看待社会交往中友善的咄咄逼人？可以接受，有趣，开心。

◇ **行为动机**

1. 什么是动力？成就。

2. 如何评价人与人的竞争？建设性的，健康的。

◇ **自然观念**

1. （自然）世界是什么样的？物理的；机械的。

2. 世界如何运转？以一种理性的、可知的、可控制的方式；机会和概率。

3. 人的本性是什么？与自然相分离，与一切等级制度相分离；非永恒、非固定、可变的。

4. 人与自然的关系是怎样的？善是无限的；人类应为了自身的目的而改造自然；人们期望拥有健康的身体和舒适的物质享受。

5. 真理的本质是什么？善的本质又是什么？试验性的（工作类型）；与具体情境相关；以两分法分析的经验。

6. 时间如何定义？如何评价？将来（预期）；精确的单位；有限的资源；线性。

7. 财产的特性是什么？作为自身之延伸的私人财产所有权很重要。

◇ **自我认知**

1. 用何种方式定义自身？扩散的、变化的语言；灵活的行为。

2. 一个人的身份何在？在于自身（成就）。

3. 个人的本质是什么？彼此独立的不同方面（意图、思想、行动、生活经历）。

4. 一个人应该依赖谁？自己；非个人的组织。

5. 人们尊重何种人及何种品质？年轻的（充满活力的）。

6. 实现社会控制的基础是什么？说服，诉诸个人；罪。

资料来源：哈里斯和莫兰《跨文化管理教程》，新华出版社，第 241~244 页。

□ 东西方文化比较

季羡林先生认为，文化是"天下为公"的，不管肤色，不择远近，传播扩散。文化虽然千差万殊，各有各的特点；但却又能形成体系，特点相同、相似或相近的文化组成一个体系。季先生认为，全人类文化可以划分为两大文化体系：一是东方文化体系，包括中国、印度和阿拉伯伊斯兰文化；二是西方文化体系，即自古希腊、罗马一直沿袭到今天的欧美文化。东西方文化的最根本差异是思维方式的不同，东方主综合，西方主分析。上下五千年，纵横十万里，东西方文化的变迁是"三十年河东，三十年河西"。[16]

1980 年，美籍日裔学者威廉·大内（Ouchi, W. G.）发表名著《Z 理论：美国企业界怎样迎接日本的挑战》，这是他经过长年对美国、日本各 12 家大型企业所做的跨文化比较研究成果。[17]大内所说的"Z 模式"，是相对于典型的 A（America）模式、J（Japan）模式而言的，即 IBM 等少数几家美国企业自然发展起来并具有许多日本企业相似特点的企业管理模式。

大内从七个方面对美、日企业的跨文化特点进行了比较（见表 15 - 1）。Z理论的核心论点是通过建立信任、微妙性和亲密性的文化来使每个组织成员的努力凝聚起来形成最高的团队效率，大内认为这就是美国企业所欠缺而日本企业所优胜的，如果能够建立一种有坚实信任基础、微妙性内在激励机制和亲密性人际关系并具有明确组织目标导向的 Z 管理模式，那么美国企业就能够应对日本企业的挑战。

表 15 - 1　　　　　　　　大内日、美企业文化模式比较

比较标志	A 模式	J 模式	Z 模式
1. 劳资制度	短期契约雇佣关系	长期契约誓约关系	长期雇佣加短期策略
2. 决策体制	个人决策制	上下结合 U 型决策制	民主互动，集体决策
3. 责任机制	个人负责	集体负责	共同目标，自觉负责
4. 控制方式	明确、形式化的	微妙、含蓄内在的	团队运作，自我控制
5. 评价方式	能力主义	年功序列	长期合作，策略评价
6. 职业路径	高度专业化	一专多能工作轮换制	扩大路径，计划轮换
7. 员工关系	个体局部关系	群体缘约关系	整体开放沟通关系

对于中西文化的差异性和多样性，特别是相对于西方文化中国文化的民族特性，其他中国学者，如冯友兰、梁漱溟、梁启超、胡适等，在早年（20 世纪初叶）也都有大量的比较、讨论和探究。总体而言，东西方文化的差异性可以概略地归纳如下：

——**思维方式**：东方主综合，西方主分析；

——**社会价值**：东方是天下主义，西方属于社会达尔文主义；

　　——**自然观点**：东方是天人合一，西方是人定胜天；

　　——**治理结构**：东方长人治，西方重法治；

　　——**权利层级**：东方重官本位集权专制，西方重民自主分权制衡；

　　——**人性假定**：东方性本善，西方性本恶；

　　——**人际关系**：东方重群体人伦，西方崇尚个人自由；

　　——**技艺特点**：东方倾向以艺术推动技术，西方倾向以技术带动艺术；

　　——**情商指标**：东方人内敛含蓄，西方人热情奔放；

　　——**风险意识**：东方人图小康而安，西方人谋大富冒险。

　　如此等等，不已而举。总之，东西方文化各有优长，也都有局限，不能盲目排外也无须崇洋媚外，而应该开放交流、取长补短、相互融合。

　　组织文化只是这样多元化的民族大文化体系中的一个小支流，由于受各国民族文化特性大背景的框定、影响和驱动，组织文化也表现出明显的差异性。例如，就企业文化来看，美国企业文化就表现出追求卓越的创新精神、注重绩效评估和导向以及强调个人自我实现的特点；德国企业文化则有强烈的德意志民族人文主义和理性主义色彩；日本企业文化自然充满大和民族兼容并蓄特色，渗透着强烈的武士道精神传统；而中国企业文化无不打上中华民族所承载的传统东方文化烙印。因此，只有明白了大的民族文化背景，才能很好地理解组织文化系统深层的底蕴、结构和功能。

❑　跨文化整合策略

　　在经济全球化发展、国际社会平等化互动开放以及文化多元化融合交流的现时代，组织中的跨文化整合开发问题就变得越来越重要、越来越具有事关全局成败的决定性意义。组织中跨文化整合开发的基本指导思想应该是"反对文化霸权主义，提倡文化多元主义"，在此思想指导下，先多元互动，存异求同，开放融合，最后逐步达到有机整合的最佳境界。

　　在跨文化背景进行组织整合开发，既要反对文化霸权主义，也要抛弃文化虚无主义，要用高度平和开放的心态和眼界去审视、比较、分析不同文化模式，相互尊重、平等对待不同文化背景形成的个体行为和做事方式。追求卓越的跨文化企业要有"全球化战略"、"本土化方略"和"跨文化策略"，并将这"三略"有机结合，形成指引组织长期生存和发展的"刺猬理念"和制胜谋略。

　　首先，追求卓越的跨文化企业要有"全球化战略"。所谓"全球化战略"，就是组织在战略眼界上一定要"睁大眼睛看世界"，顺应世界一体化交流融合的大趋势，使自己融入国际社会，成为特定行业或市场的"世界公民"，这样才能有容纳百川、兼容并蓄的发展底气和潜力。

364

同时，追求卓越的跨文化企业还要有入乡随俗的"本土化方略"。在跨文化交往中，无论是在我们看来什么样"奇特"无比的文化环境中，只要真正树立了"文化多元主义"理念，我们就会以宽容、欣赏和尊敬的心态去对待异族文化，入乡随俗、积极沟通，这样，就不会有什么文化是我们所不能融合和整合的。这就是为什么一些国际著名的大公司能在世界范围内无往而不胜的根本原因。[18]

当然，在具体开发和管理过程中也要有可操作性的"跨文化策略"。跨文化整合是一个循序渐进的过程，要从吸收和保留开始，经由长期的磨合和协同，最后才能达到有机融合的佳境。在这个过程中，需要采取如下一些策略性的操作步骤来逐步实现文化整合目标：

——从一定的维度系统上综合分析组织中存在的不同文化范式特性，以及其对组织整体文化模式的影响作用，调查不同文化背景下的员工的意识形态和思想状况，找出不同文化范式的差异性和共同点；

——寻找跨文化整合的契机或支撑点，例如从追求真、善、美等的基本人性特点出发，找出人们面临共同问题时的共同心理情感需要作为跨文化整合开发的精神支撑；或从朋友亲属等个体交往关系和组织运作机制中找出大家认可的东西，作为跨文化整合开发的社会生活基础或工作合作机缘等；

——根据组织核心理念和经营特点决定采取什么样的方式进行跨文化整合开发，哪些是可以相互吸收的，哪些是需要各自保留的，哪些是值得彼此借鉴学习的，对于差异性的方面应该如何沟通和兼容，在实际工作中需要建立什么样的工作方式和协调机制来化解矛盾和冲突，等等，都需要做出操作性的计划和安排。

此外，在跨文化整合开发过程中，还要注意从各个文化层面上综合考虑整合策略。在精神理念上，要善于总结和提炼属于"全人类文明成果"，注意处理文化继承与创新的关系，在求同的基础上策略地处理差异性问题；在行为关系上，要建立有效的跨文化共同网络和机制，重视不同文化群体中"意见领袖"的作用，避免以先入为主的概念化文化模式简单机械地套用到具体的人际交往活动中，有针对性地处理跨文化问题；在器物层面，要树立"管理无小事"的思想，从细处入手注意发挥物质文化的传播载体作用，使跨文化整合开发的工作在潜移默化中走入不断完善的正馈循环，以最后达至佳境。

注释：

[1] 在中文里，"文化"的词语意义即"文治教化"，《周礼》有"关乎人文以化天下"的说法，英文（Culture）的原始词义是指人为耕作、培养、培育和开发出来的事物，与自然存在的事物

相对。20 世纪 20 年代一些中国文人对文化的意义做过一系列研究：梁漱溟认为"文化，就是吾人生活所依靠之一切"，是"人类生活的样法"。蔡元培指出"文化是人生发展的状况"。梁启超将文化定义为"人类心能所开释出来之有价值的共业也"。胡适认为"文明"（Civilization）是"一个民族应付他的环境的总成绩"，而"文化"（Culture）则是"文明所形成的生活方式"。

〔2〕参见迪尔（Deal, Terry E.）、肯尼迪（Kennedy, Allan A.）《企业文化：现代企业的精神支柱》，上海科学技术出版社 1989 年版。

〔3〕〔4〕科特（Kotter, John P.）和赫斯克特（Heskett James L.）《企业文化与经营业绩》，华夏出版社 1997 年中译本，第12 ~ 13 页。

〔5〕参见吴维库等文，载于《企业管理》2001 年第 1 期。

〔6〕参见王成竹文，载于《中国工商》2001 年第 4 期。

〔7〕参见孙树平等《走近联想看文化》，载于《中国工商》2001 年第 2 期。

〔8〕有学者将我国一些企业、特别是民营企业内刊在定位问题上的误区归纳为三大"情结"，即："政治情结"，如牟其中创办的《南德视界》，似乎忘却了企业内刊的根本宗旨，将"视界"伸向企业外部的大社会，很"庄严"地承担起"搞活国有大中型企业"的政治使命；"老板情结"，即企业内刊老板投资创办，以老板为宣传中心，由老板说了算；"报人情结"，即企业内刊的目的主要是为了表明自己的企业有"文化"，将内刊全权交给"职业报人"打理，将之变成文人墨客进行"笔耕"的"自留地"（见朱先春《企业内刊的文化审视》，载于《中国工商》2001 年第 3 期）。

〔9〕参见高贤峰等文，载于《中外管理》2001 年第 1 期。

〔10〕参见潘殿伟《太阳升起之前："太阳神"CI 设计创意观》，载于《中国南方企业的 CI 战略》，湖南美术出版社 1994 年版，第 13 页。

〔11〕关昕《嘉陵集团实施"风驰计划"》，载于《现代广告》1996 年第 3 期。

〔12〕参见谢舒戈《步步光大》，载于《现代广告》1996 年第 2 期。

〔13〕参见 Kluckhohn, F. and Strodtbeck, F. L., *Variations in Value Orientations*, Greenwood Press, Westport, Conn, 1961. 中译本文献可参阅特丰斯·龙彭纳斯和查理斯·汉普登 – 特纳《在文化波涛中冲浪：理解工商管理中的多样性》，华夏出版社 2003 年中译本。

〔14〕参见 Hofstede, G., Culture's Consequences, Sage, London, 1980. 中文文献介绍可参见弗朗西斯科，戈尔德《国际组织行为学》，中国人民大学出版社 2003 年中译本，第 24 ~ 28 页。

〔15〕参见 Trompenaars, F., *Riding the Waves of Culture*：*Understanding Diversity in Global Bussiness*. London：The Economist Books, 1993.

〔16〕季羡林《论东方文化与西方文化》，载于陆嘉玉、姚秉彦主编《企业文化在中国》，光明日报出版社 1998 年版。

〔17〕参见威廉·大内《Z 理论：美国企业界怎样迎接日本的挑战》，中国社会科学出版社 1984 年中译本。

〔18〕在中国人力资源网和中国管理研究国际学会 2004 年 6 月份在北京饭店举办的"中华传统文化与现代企业管理"晚会上，思科中国公司总裁介绍说，他们的员工现在都在学习"三个代表的重要思想"，还不定期地邀请中央党校的教授做中央和国家方针政策方面（如科学发展观等）的专题报告。

第 6 篇

组织学习型人力资源开发评估系统

16

学习反馈：人力资源开发评估概要

如果不能进行有效评估，

就无法进行有效管理。这一

格言不仅适合于公司目标，

对于学习也很适合。

戴维·A·加尔文

所谓"评估"（Evaluation），一般地说，就是人们认识、把握某项活动满足主体价值需要的行为。通过对人力资源开发活动进行评估反馈，可以认识和把握其满足组织需要的程度，以及时矫正、改进和调整开发战略及策略，而这本身实际上就是组织学习的内生环节和重要内容。

16.1

人力资源开发项目评估缘起

在组织中，人力资源部门传统上属于"成本中心"，其活动经费需要财务预算拨付而活动效果或效益无法或不便进行直接计量评估，相对于利润中心的"硬项目"来说这些活动往往是"说不清楚"的，所以显得很"软"，也就是说，在决策或管理优先次序安排的时候也往往不能"理直气壮"，并经常被"硬项目"所挤兑而排在末尾考虑。学习、教育、培训等人力资源开发活动就是这种类型的"软项目"，往往在战略地位上大家都觉得"很重要"而到实际安排上却又被置于"无关紧要"的境地。

为什么会处于如此尴尬的状态？基本上有两个方面的原因：一是人力资源开发项目本身的性质所决定；二是可能来自评估技术和方法方面发展的局限。人力资源开发活动具有自己的特殊复杂性，它在内容上具有多样性，在目标上具有多元性，在动态上具有长期不确定性，在实际后果上具有多变性，总之其前因后果之间具有非线性复杂关系，所以在操作层面和实践环节上往往"说不清楚"，即使就某一个很具体的开发项目来说，人们很难把握究竟是什么样的"因"导致了什么样的"果"。所以，人力资源开发对于组织长期可持续发展所具有的重要战略意义，凭感悟一般可能是都不会否认的，但是又拿不出可信的计量方法、确凿的实证数据来展示和验证其重要作用，长期以来人们颇感踌躇。

其实，人力资源开发项目评估是整个社会项目评估的一个分支。所谓"社会项目"（Social Program），是相对于"工程"（Project）项目而言，其基本特征一般是：围绕特定社会性问题而启动，活动范围往往跨越现存组织各机构的职能、职责和职权，并需要正式的制度安排或工作机制来协调以保证各部门通力合作，且具有专门人、财、物资源调配自主权。社会项目评估作为一个独立的研究领域起源于 20 世纪 30 年代，其后随着社会性热点问题的转移和方法技术的发展，其间经历了一个内容由狭到广、方法不断完善、体系越来越系统全面和深入的历史演变过程。目前，社会项目评估已经演变成为一种运用系统的社会科学理论和方法以及专门的计量技术对社会项目的构思设计、执行过程和实际效果进行全面深入监控、考察、评价和反馈的专门研究领域。

　　人力资源（开发）项目评估始终是社会项目评估研究领域最为活跃、发展成就最为突出的方面，例如 1927～1932 年哈佛大学梅奥（Mayo，Elton）教授在西方电气公司所进行的著名"霍桑研究"就是其中一范例。类似的人力资源开发项目评估研究在第二次世界大战期间也做过。当时，一些社会科学家受聘对士兵及平民士气以及盟军管理当局人事政策及其宣传活动效果进行评估。1945 年，盟军胜利已成定局，为了取得最后彻底胜利，统帅部指示对士兵进行宣传教育以消除麻痹乐观情绪。为了寻找宣传的有效途径，专家采用抽样调查方法进行事前实验评估。研究者选出八个连的士兵，将他们分为三个组（每组八个排）：对第一组仅进行单向宣传；第二组实施双向宣传；第三组不做宣传。结果发现：对受教育程度较高者，或事前持反对意见者，用双向宣传效果较好；而对受教育程度较低者，或事前倾向赞同意见者，用单向宣传更为有效。[1]这样的事前评估为有关社会项目有效开展提供了很好的决策支持和帮助。

　　20 世纪 60 年代以来，西方学者对于人力资源开发（以下简称 HRD）项目的有关计量和评估方法做了一系列探询和不懈研究，并取得了重大进展和可喜成果。图 16－1是西方著名人力资源评估专家菲力普斯（Philips，Jack J.）等人描述的有关计量方法设计及应用的大约时间框架。

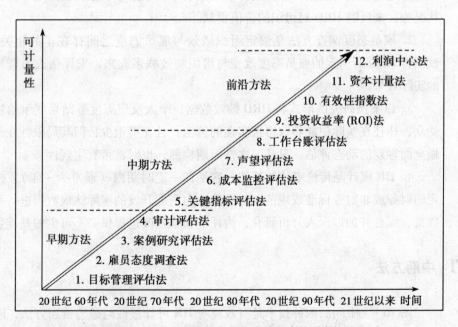

图 16－1　人力资源开发评估方法探索的历史轨迹

资料来源：Philips，Jack J. Stone，Ron D. & Phillips，Patricia Pulliaam：*The Human Resources Scorecard：Measuring the Return on Investment*，Butterworth-HeineMann，2001,P. 3.

16.2

人力资源开发评估的十二种方法

菲力普斯列举的这十二种计量方法虽然是就整个人力资源（以下简称 HR）项目来说的，但对于 HRD 项目更具针对性。从实际推广应用的时间顺序来看，可以大致划分为早期、中期和前沿方法三大类型，共十二种方法。[2]

▢　早期方法

早期方法包括人们熟悉的 HR 目标管理（MBO）、雇员态度调查、HR 案例研究和 HR 审计等一系列试错性甄别方法。

1. 最初正是由于 MBO 的广泛应用才使针对绩效目标的 HRD 评估方法流行开来，通过确定可度量目标，测算诸如流动率、缺勤率、工作满意度和雇员健康状况等，来反映 HRD 对组织的价值贡献。

2. 雇员态度调查方法是假定组织绩效与雇员态度之间存在正的相关关系，试图将 HRD 所引起的雇员态度改变与组织绩效联系起来，来评估人力资源开发的实际效果。

3. 以案例研究的形式将 HRD 绩效数据、个人反应态度等结果展示给特定的受众，往往在实际中能够取得很实在的价值，且花费很少，但其局限性在于不能做全面客观的动态评估，只是一次性短期检测，也时常带有主观性。

4. HR 审计是传统审计的延伸，它是在一定时期内（通常为一年），按照预定的财务或非财务标准或规范，对有关人力资源开发的实际达成数据进行系统地收集、综合并加以深入分析研究，为评估和绩效改进提供必不可少的基准数据。

▢　中期方法

图 16 – 1 中间的四种技术是有效应对 HR 可计量性问题的恰当方法，时常被一些组织用于人力资源开发项目评估。

5. HR 关键指标法是通过对组织运作过程中关键成功因素的提炼和归纳，找出那些对部门和个人工作目标起导向作用的"关键绩效指标"（Key Performance

Indicator or lndex，KPI），诸如事故频率、缺勤率、流动率、多样性等，来度量和评价人力资源开发的效果。

6. HR 成本监控就是将开发 HR 的成本与成本标准或组织其他内部成本相比较，也许更有效的做法是与其他相似组织进行比较，以确定人力资源开发与组织绩效的相关性。

7. HR 声望评估法是将通过其所服务对象的反馈来判定 HRD 的有效性，重要的是对服务职能在人们心目中的期望加以测量，必须确定什么水平的客观绩效被认为是有效的或无效的，以及参与者满意水平与组织整体绩效之间存在联系。

8. HR 工作台账方法是将能代表 HRD 产出成果的关键计量指标与被公认是给定产业中具有最佳实践业绩者的关键计量指标进行比较，来反映和评价一个组织人力资源开发系统的有效性。

☐ 前沿方法

最后四项技术被认为是领导前沿的方法，虽然在一些先行组织中这些方法的运用已取得显著成效，但对于绝大多数组织来说这些方法仍基本处于设计研制的阶段。

9. 投资收益率（ROI）方法是将 HRD 的成本与其所获得的收益加以比较，在大多数情况下 HRD 成本是可以核算或监控的，困难在于确定其收益（特别是作为无形收益）的货币价值。相对于其他前沿方法，ROI 方法是目前许多组织 HRD 的首选评估方法。

10. HR 有效性指数试图运用单一综合的有效性指数，诸如："雇员关系指数"（ERI）由雇员行为系统研究中所得出的八个指标组成，包括缺勤率、初诊次数、合同终止情况、委屈情绪和工作停滞频率等；"人力资源绩效指数"（HRPX），相当于一个关于人力资源系统的巨型数据库；"人力资源效果指数"（HREI）使用了 HR 成本/总运营成本、总薪酬/总运营成本、收益总成本/总运营成本、培训和开发成本/全体雇员人数以及缺勤率和流动率等六种计量指标。指数法以其易于计算和理解的优点令人神往，很多指数便于组织间进行比较，在内部控制和目标设定方面也很有用。

11. 人力资本计量方法通过设置"人力资源账户"（HRA），将雇员价值作为资产来处理，采取与计量其他资产相类似的方法来计量人力资产，并运用标准会计原理对这种价值的改进或变化状态进行计量。

12. HR 利润中心是将 HR 部门或 RHD 项目看做是一个可以取得收益的投资部门或利润中心来运作，通过生产、运行、销售和工程等用户部门向其所提供的服务付费，其服务价格是基于（与来自外部的服务）竞争机制形成的，所以其利润就代表了投资于 HR 职能方面的财务收益。

上述十二种方法在核心计量内容、相关成本以及基于客户期望信息的相对价值方面都有一些差异，但它们都为人力资源开发评估系统在方法论方面提供了一系列有用工具和具有启发性的解决思路。

16.3

人力资源开发评估的基本类型及框架模型

人力资源开发评估的类型可以从多个角度来观察。从人力资源开发活动的动态过程来看，有事前试验性评估、事中监控性评估和事后总结性评估；从人力资源开发系统的组织层次来看，有单个项目评估、特定部门评估和整个组织评估；从人力资源开发反馈的效应状态来看，有直接效果评估、运作效率评估和经济效益评估，如此等等。

首先，人力资源开发评估是贯穿于整个活动全过程的。在规划设计阶段，要进行事前试验性评估，包括开发需求调查、目标对象群体特性分析、目标确定及方案设计的合理性评价等，以便为组织管理当局提供科学真实的决策依据。在具体实施阶段，要进行事中监控性评估，包括对开发目标群体参与状况以及开发活动的内容、强度、频率、时间、进度和中间成果等所进行的跟踪监测和控制，以便及时调整偏误、保证开发计划顺利进行。最后，在开发活动结束阶段，要进行事后总结性评估，包括对直接产出的确认和量度，客观影响情况的测定，前因后果关系的分析，以及运作效率提高、工作行为和业绩改善及整体经济效益的计量评价等，以便总结和推广经验、为今后改进人力资源开发工作提供基石。

其次，人力资源开发评估系统要贯通组织的各个层次。我们已经知道，组织中的人力资源开发是一个系统工程，若干单个项目组成部门或团队的工作系统，进而构成整个组织的学习开发系统。人力资源开发评估当然要对单个人力资源开发项目的直接效果进行评估，这相对来说也较简单和容易些，而更重要、更具有挑战性的任务是，究竟如何对于特定部门的运作效率进行综合分析，对整个组织的学习效益怎样给出客观定量评价。

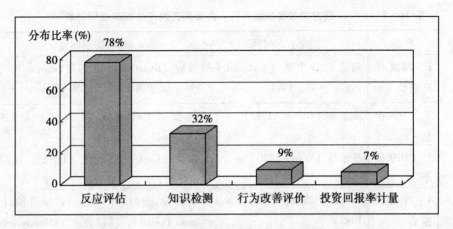

图 16 – 2　2002 年美国企业培训评估层次比例

资料来源：爱尔文·戈尔茨坦、凯文·伏特《企业中的培训》，清华大学出版社 2002 年中译本。

在效应反馈层次上，人力资源开发评估一般包括直接反应效果、行为改善、工作业绩提升以及组织运作效率和经济效益的提高等若干评价层次，这些层次从实际运用情况来看其实施频率是依次递减的（见图 16 – 2）。在实际中容易操作也是实施运用最多的是，对于人力资源开发活动的直接效果，例如对某项培训课程的知识掌握程度等，所进行的评估；而如果要确切度量和评价人力资源开发活动在行为改善、工作业绩提升以及组织运作效率和经济效益提高方面的具体情况，往往技术难度较大，实际操作可行性很成问题。在人力资源开发评估研究领域的挑战性问题主要来自于此。

针对人力资源开发评估的基本类型和内容，一些西方学者先后提出了各自大同小异的评估框架模型（见表 16 – 1）。[3] 柯克帕特里克（Kirkpatrick，D. L.）于20 世纪 60 年代最早提出四级人力资源开发评估经典模型。他将人力资源开发评估分为四个级别：反应（Reaction）评估，即调查学习者是否喜欢该开发项目，对开发人员和设施以及项目的实际应用价值等有何意见或建议；学习（Learning）评估，即检核学习者知识技能有多大程度的提高；工作行为（Job Behavior）评估，学习者将学习的知识和技能应用到实际工作中对其行为有何改善作用；结果（Results）评估，即检测开发项目对组织效率、服务质量和经营业绩有什么影响。

表 16－1　　　　西方学者提出的九种人力资源开发评估框架模型列表

模型	提出者及时间	评估内容
1. 四级经典模型	柯克帕特里克（Kirkpatrick, 1967, 1987, 1994）	反应（Reaction）；学习（Learning）；工作行为（Job Behavior）；结果（Results）
2. CIPP 模型	高尔文（Galvin, 1983）	情景（Context）；投入（Input）；过程（Process）；产品（Product）
3. CIRO 模型	沃尔等（Warr, 1970）	情景（Context）；投入（Input）；反应（Reaction）；产出（Output）
4. 六阶段模型	布林克霍夫（Brinkerhoff, 1987）	目标设定（Goal Setting）；项目设计（Program Design）；项目实施（Program Implementation）；即时产出（Immediate Outcomes）；中间产出或结果运用（Intermediate or Usage Outcomes）；影响或价值（Impacts and Worth）
5. 四组活动系统模型	布什内尔（Bushennell, 1990）	投入（Input）；过程（Process）；产出（Output）；结果（Outcomes）
6. 三种学习效果模型	克里格尔等（Kraiger, Ford, Salas, 1993）	认知效果（Cognitive Outcomes）；技能效果（Skill-based Outcomes）；情感效果（Affective Outcomes）
7. 五级模型	考夫曼等（Kanferman, & Keller, 1994）	能力与反应（Enabling and Reaction）；收获（Aquisition）；应用（Application）；组织产出（Organizational Outputs）；社会效果（Societal Outcomes）
8. 五种变量关系模型	豪尔顿（Holton, 1996）	次级影响（Secondary Influences）；动机因素（Motivation Elements）；环境因素（Environmental Elements）；结果（Outcomes）；能力因素（Ability/ Enabling Elements）
9. 五级模型	菲力普斯（Phillips, 1996）	反应与计划行动（Reaction and Planned Action）；学习（Learning）；学习成果在工作中的应用（Applied Learning on the Job）；经营业绩（Business）；投资回报率（ROI）

资料来源：德西蒙等《人力资源开发》，清华大学出版社2003年英文版，第231页。

　　而后，其他学者在此基础上也陆续从不同角度提出了自己的评估框架模型。例如，高尔文（Galvin, J. C.）、沃尔（Warr P.）、布林克霍夫（Brinkerhoff, R. O.）与布什内尔（Bushennell, D. S.）等人从人力资源开发全过程分别提出

CIPP 模型、CIRO 模型、六阶段模型和四组活动系统模型。克里格尔等（Kraiger, Ford, Salas,）从三种学习效果（认知、技能和情感）角度提出自己的评估框架模型。豪尔顿（Holton）从影响人力资源开发的五类变量关系角度提出评估框架模型。而考夫曼（Kanferman）、菲力普斯（Philips, Jack J.）等人实际是在柯氏四级模型的基础上做了进一步的扩展和完善。

我们将人力资源开发评估在基本内容上分成两个方面：一是人力资源开发（非经济价值）效果评估，包括一般所说的直接知识技能提高、情感态度改变、行为改善和工作业绩提升等；二是人力资源开发（经济价值）效益评估，主要是关于人力资源开发活动的投资回报率（ROI）计量测算。在后面两章，我们分别对这样两个方面的评估方法和技术进行专门讨论。

16.4

人力资源开发评估流程

大致说来，人力资源开发评估的基本流程包括准备、评估数据收集、评估实施（有开发效果评估和投资收益分析两个方面）和报告等几个基本工作环节（见图 16-3）。

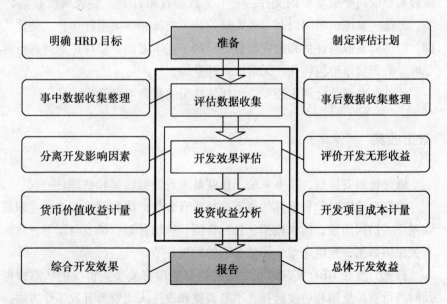

图 16-3 ROI 流程模式

下面我们对人力资源开发评估流程的关键环节分别予以简要说明。

☐ 准备

首先，要做好充分的准备工作。评估计划应该成为整个人力资源开发计划的一个有机组成部分。也就是说，在进行人力资源开发之前制定整个项目或活动计划时，就应该根据人力资源开发项目或活动目标制定出明确具体的评估计划来。制定评估计划要提出和回答如下几个基本问题：

——究竟为了什么目的进行评估？经济上的可行性如何？

——应该重点对人力资源开发的哪些层面进行评估？

——由谁主持和参与评估？

——如何收集和整理评估所需要的数据和信息？

——具体怎样实施评估？

——向谁以及以什么方式呈报评估结果？

人力资源开发项目或活动非常广泛和复杂，由于时间、预算约束，不可能对所有项目或活动都进行评估，要有针对性地选择特定项目或活动、或者项目或活动的特定层面，针对特定目的进行重点有效评估。所以，评估计划的首要内容就是对评估的目的要给予明确界定，确定评估应该主要在哪个层次上进行，选择评估专家及评估相关部门和参与人。

评估计划要对评估的具体实施过程、评估时机和操作方法等做出具体安排，最后要形成两个最重要的文件：一个是数据收集计划，要表明所收集数据的种类、方法、来源、时间以及有关人员的分工安排和各项责任等；二是评估实施安排，包括开发效果评估和投资收益分析两个基本方面，要详述如何进行影响因素分解、数据货币价值转化、无形因素计量等。

此外，在评估计划中还要说明评估结果的报告对象和形式等。

☐ 数据收集

做好计划安排后，接下来的工作就是进行数据收集和整理。

如何在特定时间和预算约束下选择适宜方法，诸如问询调查、在职观察、实验测评、访问面谈、情景模拟、目标检测、行动计划、绩效合同等，收集和整理有关评估数据，是决定整个评估成败的关键环节。

首先，要在 HRD 实施过程中随时收集整理有关事实情况的状态数据，以便及时进行直接反馈和进度监控，不断调整和改进人力资源开发工作方法，以保证任务按时顺利完成。

　　其次，在项目活动结束后，要收集有关综合结果数据，包括产出增加、质量
改进以及成本和时间节约等"硬数据"，也包括工作态度和习惯改变、组织氛围
和环境改善以及创新能力、主动进取心和客户满意度提高等"软数据"。

　　对搜集来的原始数据要进行初步的统计整理和分析，建立完善的评估数据
库，以便为人力资源开发评估提供坚实的数据信息基础。

❑ 实施评估

　　数据收集整理工作完成后，就进入实质性的评估实施阶段，可以大致划分为
开发效果评估和投资收益分析两个基本内容。

　　开发效果评估最具挑战性的工作来自两个方面：一是如何从现实的绩效结果
中分解出 HRD 的贡献份额；一是如何评估人力资源开发活动或项目的无形收益。
关于如何将与 HRD 活动或项目直接有关的绩效改进量测定出来，一般可利用的
方法有：对照试验组、利用趋势线、数理模型、客户或当事人估计、监督管理者
评价、外部研究机构或独立专家提供以及排除分析法等。而关于无形收益的评价
和处理问题，其起因在于，实际中不是所有数据都能够恰当地转化为货币收益来
表现的，有相当多的"软数据"，例如公共效果改善、工作满意度提高、委托业
务增加、员工压力减轻、团队精神改善、客户服务改进、市场反馈快捷等，都很
难硬性转化为货币收益价值去说明，对此与其做很主观、不准确、不可信的转
化，不如将数据以无形收益的具体情景并附带适当注释说明的形式列出。

　　关于人力资源开发投资收益分析，其关键工作是如何将有关数据转化为货币
价值。为了计算 ROI，首先需要将人力资源开发所带来的经营效果数据转化为用
货币计量的收益价值，以便与人力资本投资成本相比较。例如，将结果数据转化
为利润贡献或成本结余，将员工节约时间转变为工资和福利值，由内外部专家估
计或外部数据库提供某些数据项的大约价值或成本等。其次要制作成本表，需监
控或检核与人力资源开发有关的投资成本，包括可初步需求分析成本、开发方案
设计成本、项目执行和实施成本、维持监控成本、评估报告成本以及分摊的行政
管理成本等。而后，将成本与收益比较，核算出人力资源开发的"利润/成本比
率"指标（BCR = HRD 收益/HRD 成本）或"投资收益率"指标[ROI(%) =
HRD 净利润/HRD 成本 ×100%]来。

❑ 报告

　　最后，要拟写 HRD 评估报告，将人力资源开发效果和收益状况以正式研究
报告的书面文件形式表达出来，并将之传达或提交给有关部门或目标受众。在报

告中，不仅要清晰表述实际结果，还应从逻辑层次和整体框架体系，将有关评估方法、假设、关键概念以及指导性原则等一一交代清楚，形成能够系统全面反映人力资源开发评估工作全过程的正式文件。

一份完整的评估分析研究报告应该包括如下内容：

——前言，说明评估的目的和性质等背景情况；

——摘要，将报告的主要结论和关键内容做简明扼要的概括介绍，以便阅读和引起注意；

——评估说明，简略介绍评估的具体实施过程、主要内容、所用计量工具和方法，以及阶段性成果等；

——评估结果说明，客观介绍和描述评估的结论；

——评价意见，对评估结果提出解释性和方向性的评论意见；

——辅助材料，将评估的有关数据图表、问卷资料等附于报告后面，以备有关目标受众查寻。

至于报告篇幅大小或简繁程度，可以根据人力资源开发项目或活动规模大小、不同部门或目标读者的情况和要求，有的放矢、适当灵活调整。

当然，报告要充分发挥作用，还需要做好评估报告的宣传和应用工作，及时地以恰当的形式和途径分发给有关部门和受众，让他们正确了解和理解报告所传递的信息，以保证评估真正起到学习反馈、促进组织学习的作用。

注释：

[1] Hovland, C. 1949. *Experiments in Mass Communication.* Voll. III：The American Soldier. Princeton, NJ：Princeton University Press.

[2] Philips, Jack J. Stone , Ron D. & Phillips, Patricia Pulliaam：*The Human Resources Scorecard*：*Measuring the Return on Investment*，Butterworth-HeineMann，2001，P. 3 – 11.

[3] 参见德西蒙（Deimone，Randy L.）、沃恩（Werner，Jon M.）和哈里斯（Harris David M.）《人力资源开发》（Human Resource Development，第3版），清华大学出版社2003年英文版，第230~238页。

17

四级模型：人力资源开发效果评估

对于开发计划而言，具

有讽刺意味的是，其回报情

况十之八九犹如雾里看花，

高深莫测。

雅克·菲兹－恩兹

柯克帕特里克（Kirkpatrick，D. L.）提出的反应、学习、行为和结果四级模型，可以说是人力资源开发评估领域理论方法上最经典、实际运用中最普遍的模型。本章我们将以此为基础框架，兼顾其他研究者的成果和目前组织人力资源开发评估实践情况，正面提出情感反应效果、学习认知效果、行为技能效果和经营业绩效果四层级人力资源开发效果评估框架模型，并以此为逻辑线索逐次介绍人力资源开发效果评估的有关操作方法。

17.1

人力资源开发效果四级评估框架

人力资源开发效果评估可分为四个基本层级来进行，即情感反应效果评估、学习认知效果评估、行为技能效果评估和经营业绩效果评估（见图17-1）。

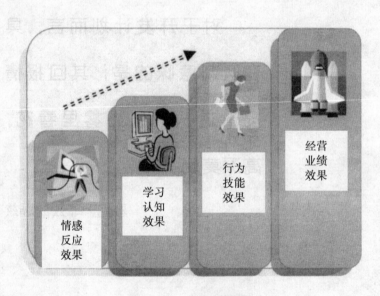

图 17-1　四级评估模型

▢　情感反应效果

情感反应效果（Affective/Reaction Outcomes）评估，是人力资源开发过程中运用最普遍、也是最基础层次的评估。它是通过问卷、访谈等调查方式了解有关当事人对人力资源开发项目或活动的情感反应情况，包括学习动机、态度以及对开发人员、设施和项目及其实际价值等所持的意见或建议。

学习认知效果

学习认知效果（Learning/Cognitive Outcomes）评估，也是人力资源开发过程中常用的评估层次。一般采取正式测试（例如闭卷考试、对照实验、开卷测验等）的方式来检核参与者对有关知识原理、技术程序和操作方法等的学习掌握情况。

行为技能效果

行为技能效果（Skill-based Behavior Outcomes）评估，是事后考察某项人力资源开发项目或活动对工作过程直接影响作用的一个重要评估层次。这种评估一般采取直接观察法或情景模拟法等方式来进行，其评估的侧重点是有关当事人将学习掌握的知识或技术应用到实际工作中所产生的行为技能改善情况。

经营业绩效果

经营业绩效果（Business Performance Outcomes）评估，即检测人力资源开发项目或活动对组织效率、服务质量和经营业绩所产生的综合影响。这一层级典型的评估内容包括产出、质量、成本、时间及客户满意度等。值得注意的是，这种评估虽然是在组织层面上对工作业绩的综合性评价，但是仍然是在业务"效果"意义上的定量评价，尚没有将数据转化为货币价值在"效益"层次上进行整体综合性计量评估，后者是第18章所要讨论的内容。

17.2

人力资源开发过程中的情感反应效果评估

在人力资源开发项目或活动执行过程中收集有关当事人的情感反应效果数据，对于把握和及时调整人力资源开发流程运作状况并保证其成功执行具有关键意义。人力资源开发项目或活动的顺利进行，首先需要直接参与人、支持者和实际投资人的有效配合，不了解他们对项目或活动的情感态度、满意度反应、需求或要求以及支持力度等方面的信息，人力资源开发是无法做到有的放矢，也不可能顺利推行、成功实施。同时，情感反应效果评估也是对人力资源开发项目或活动过程中存在问题进行及时反馈和纠偏调整的必要手段，是调动人力资源开发有关各方面积极性的有效方式，是提高人力资源开发决策的科学性、改进和完善人力资源开发计划的重要基础。

□ 信息来源

从人力资源开发利益相关者主体角度来看，情感反应效果信息来源或数据类型无外乎如下几个方面：

——项目委托人或高层管理者的要求和态度；

——项目参与者，包括项目执行领导人的主观评价，尤其是项目主要影响对象的学习动机、认知态度、参与积极性、要求或需求、意见和建议；

——基层管理者或工作团队领导者的特别兴趣、利害关系、支持态度和有关评价，以及项目所影响到的其他团队成员之反应信息；

——组织内部与人力资源开发有关的其他相关部门或个人的反应情况。

人力资源开发项目或活动情感反应效果评估的内容很广泛，从目标适宜性、计划和日程进度表安排是否妥当，到项目的关联性、支持性、资源配置合理性以及与其他系统的整合效应，以及项目的领导、参与人、协调者的交流合作情况以及关键成功因素和障碍限制因素等。

在人力资源开发过程中，每一事项、步骤、阶段、因素和任务都可能代表一个信息反馈机会，评估的基本任务就是要选择哪些是可以提供有价值信息反馈的最重要数据项。从收集数据的时机角度看，应该选择那些特殊事件、关键执行环节或具有里程碑性质的时间段，进行情感反应调查。具体数据收集时机可以根据可获得性、直接反馈需要、日程安排事件或活动重要性以及承诺和支持情况等，来加以把握和确定。

□ 调查问卷设计

问卷调查是收集情感反应数据的常见方法。问卷式样规格可以灵活多样。从所提问题的种类来看有如下五种基本类型：

（1）**开放型问卷**。这种问卷的问题答案不受限制，答题者可以在问题后设的空栏自由作答。

（2）**多选型问卷**。这种问卷的问题设有选择项列表，要求答题者从中选择适用于其情形的那些事项。

（3）**单选型问卷**。这种问卷的问题给出几个不同的选择，要求答题者从中选出一个最适项。

（4）**是否型问卷**。这种问卷的问题有可选择的"是"／"否"，或"不置可否"，也可能包括"不同意"到"同意"不同程度的选择范围。

（5）**排序型问卷**。这种问卷的问题要求答题者对所列选项目录的先后顺序进行排列，例如按照重要程度或影响作用的大小排序等。

调查问卷表设计是一个看似简单但又很讲科学逻辑的艺术设计工作。其一般步骤是：首先要判断所需调查信息，将开发项目或活动的问题、事项和成功因素分门别类，并以大纲形式列出；然后选择和确定适当的问题类型，并相应设计问卷题目，应当选择简单直率和答题者所熟悉的术语或表达方式；问题设计出来后，应进行反复检验测试，最好选择部分参与者进行小样本测验，或相近工作层级的员工进行替代测试，依照反馈和批评意见进行调整和改进；将问题清单列于一个专门问卷表中，并附适当的解释指导语，这样问卷表设计即告完成。

❏ 基本原则

除态度调查问卷表外，情感反应效果评估还可以采取访谈法和观察法来进行。无论采取什么方式，一些基本的调查指导原则都是需要遵循的。例如：

——要使被调查者确信开发项目或活动会基于调查结果而得到改进；

——要围绕主题明确判定所需测量的是什么样反应信息，调查数据要便于整理分析，具有可比性；

——要尽可能使调查陈述简单化、明确化，可适当设计简易说明图表；

——保证参与者匿名回答，使他们无所顾忌地回答问题；

——要向被调查者有效传递调查目的和宗旨，以获得他们的主动配合，等等。

总之，收集有关情感反应效果信息必须根据评估目的而进行，应及早采集数据和快速反应，要选择最经济、可行、简便、人性化的方式来进行，不要"运动群众"，并注意将调查数据及时有效地加以运用，否则就是搞无谓活动白白浪费参与者的时间。

17.3

从学习角度评估开发项目的认知效果

通常意义上的"学习"（learning），意味着人们认知能力的提高，即了解和掌握了从前不曾拥有的新工作、新流程、新工具、新方法和新技术。组织学习的时代背景下，无论是大量的新工具、新方法、新流程和新技术的运用，还是新环境、新条件、新规则和新制度的引入，几乎所有的人力资源开发项目都需要组织成员不断提高认知能力，以形成组织的核心竞争力。因此，从学习角度评估开发项目或活动给人们所带来的认知效果，是人力资源开发评估系统中一个非常重要的方面。

☐　测试类型

从测试方式来看，传统上最常见的学习测试就是"笔试"，在以电脑为基本书写工具的时代，就表现为"键盘测试"，在这类测试中，测试者通过计算机显示器或视频屏幕给出测试题目，参加测试者通过键盘或是触摸屏幕做出回答。此外，在实际人力资源开发评估工作中也常运用情景模拟测试，即运用模拟工具、计算机或实际设备，让被测试者亲临真实的工作情景，以测试学习所带来的实际技能提高程度。

按照测试组织形式来看，有单人测试和群组测试。单人测试是对单个人员学习认识效果进行独立测验，主要针对那些个人认知性的基础知识、技术原理和操作方法掌握程度进行经验测试。群组测试有两种情况，一是将有关参与者一起组织起来参加集体考试，其所测试的内容与单人测试没有太大区别，只是出于规模效益的考虑将一群人放在一起进行而已；另一种是以小组或团队为单位进行测试，主要测试那些只有有关人员相互配合才能完成的学习认知效果。

从测试内容来看，学习测试包括主观性向测试和客观成绩测试。主观性向测试主要是测试学习者的主观判断能力，即面对具体的开放性或不确定性环境时，如何认识、解决和处理情景问题的基本认知态度、行为方式或应变能力；其问题形式一般有论述论文、综合描述、情景回答、评价量表等。客观成绩测试则主要是测试在某一特定学科领域内的基础知识、技术原理和基本操作技能掌握情况，一般有标准的、客观的正确答案，题目形式通常有单项选择、多项选择、排序搭配、正误判断、简单回答等。

根据测试要求来分类，测试有目标测试、典范测试、达标测试和综合测试等。目标测试有基于人力资源开发项目目标要求来进行的测试，有明确具体的答案。典范测试是根据组织所设定的典范状态，如认可的价值观、提倡的工作态度、推崇的行为规范等，进行有关测试。达标测试不需要确定学习者的成绩序列，只关注参与者是否符合最低标准。综合测试的要求可能是多元化，要求学习者展示通过某一开发项目中所掌握的综合知识和技能。

❑ 情景模拟

工作情景模拟是实际中常用的一种学习评估方法。它要求设计和建立某种能再现实际工作情景的状态模型，参与者在这一模拟环境中模仿真实环境中的工作，评估者根据他们完成任务的优劣状况确定其学习成绩。

人力资本的积累和形成不仅需要"正规学习"，更需要非正规的"情景学习"，需要在"干中学"才能真正实现。情景模拟评估可以很经济、安全地通过真实工作情景，使一些实务操作性技能如飞机驾驶、医务救助、灾害消防等学习效果获得很好反映和评价。实际中常用的情景模拟评估有：

——电子/机械模拟评估，采用电子或机械装置来模拟真实状况；

——操作步骤/任务安排模拟评估，为检核学习者掌握特定操作程序和技能要求而进行的模拟评估；

——经营游戏模拟评估，主要对检测评价商业活动经营管理方面的知识技能掌握程度和灵活运用程度；

——公文处理模拟评估，通过模拟团队领导、主管、管理人员处理便函、短信和报告等时所面临的真实工作情景环境来检测相应的学习效果；

——案例研究模拟评估，通过描述某一案例情景状况，并提出若干问题，要求参与者对案例进行分析并做出回答，最常见的有技术操作型、环境分析型、决策研究型、关键信息型、行动迷宫型等案例研究；

——角色扮演模拟评估，参与者按照预先安排扮演某些特定的角色，在情景过程中运用所学技能同其他人一起完成工作任务。

总之，情景模拟评估方法很多，如果运用得当，将会获得客观准确的评价结果。

此外，在学习效果评估中，在要求不太严格的情况下，有时也可以选择一些非正式方法来进行。例如：学习者进行自我评估；观察学习者练习结果为其打分；通过群体讨论比较评价学习效果等。

17.4

人力资源开发所带来的行为技能改善效果评估

　　行为技能改善效果是人力资源开发评估的第三层级内容。无论从提供信息的价值上看，还是从开发项目的核心目标来说，亦或是对于发现人力资源开发项目或活动的问题、困难和障碍以及能动和促进因素等，知识技能的实际应用和转化都是人力资源开发评估很重要、很关键的内容和环节，它是事后评估开发项目实施成功程度的第一个关键步骤。

　　评估人力资源开发所带来的行为技能改善效果，需要确定评估范围、数据来源、时间安排及责任分工，相关负责人应明白自己各自所负责任的性质和范围以及需要从哪些渠道采集数据。行为技能效果评估最常见的数据收集方法包括问卷、访谈、核心组、观察和行动计划等。

☐　跟踪问卷

　　问卷调查具有灵活性、成本低和易实施的优点。所以，在评估行为技能效果方面，跟踪问卷也已成为一种普遍采用的主流数据采集工具。一个跟踪问卷设计的关键是确定调查哪些具体事项，一般说来包括：

　　——相对于开发目标来说，哪些事项实现了，实现的程度如何？

　　——如果制定行动计划，那么其实施情况如何？

　　——开发项目或活动的重要性如何？

　　——开发项目或活动提供的辅助和参考材料利用情况如何？

　　——所获得知识和技术的运用情况如何？

　　——项目参与者在工作中哪些行为或方式发生了变化？

　　——与项目直接相连、可度量的进步、成绩或成功是什么？

　　——工作团队成功的障碍和动因是什么？

　　——参与者关于每个数据估计的可信度水平有多高？

　　——管理层的支持力度大小？

　　——解决方案的适用性和有效性如何？

　　——有什么建设性意见？等等。

专栏 17 -1 是关于某金融公司实施团队压力管理开发项目的行为技能改善效果评估跟踪问卷调查表。[1]该金融公司由于不断收购了许多小型银行，公司治理结构和工作流程面临再造挑战，在大部分分支机构里，工作负荷和压力随之加大。所以，公司管理层实施了一个团队压力管理开发项目，来缓解员工的紧张情绪和心理压力。项目执行六个月后，HRD 部门组织实施行为技能改善效果评估，于是设计了此跟踪问卷调查表。

专栏 17 -1   工具举例

某公司团队压力管理开发项目行为
技能效果追踪问卷

| 被调查者身份： | □ 团队成员 | | □ 团队领导 |

1. 请指出压力管理开发项目在下列目标上的成功程度。用 0、1、2、3 分别表示失败、有限成功、一般成功和完全成功。

目 标	0	1	2	3
个人层面的目标				
□查明工作中个人的压力来源	□	□	□	□
□采取有效措施来处理压力	□	□	□	□
□了解多大压力会妨碍个人健康和能力	□	□	□	□
□采取有效措施增强个人健康和能力	□	□	□	□
□改善内外部环境来达到个人目标	□	□	□	□
小组层面的目标				
□寻找小组压力和挫折的根源	□		□	□
□加强管理以减缓工作组的压力	□	□	□	□
□制定行动计划以改进小组工作效率	□	□	□	□
□改进工作组氛围	□	□	□	□

2. 你是否开发和实施了一个为期 21 天的行动计划？是□；不是□。如果是的话，请描述所取得的成功；如果不是，请解释为什么。

_____

_____

_____

3. 请评估下面每个项目因素与你工作的关联度，关联度用数字1、2、3、4、5来表示，1表示不关联，5表示非常关联。

压力图解＿＿＿＿＿＿＿＿＿＿＿＿   行动计划＿＿＿＿＿＿＿＿＿＿＿＿

小组讨论＿＿＿＿＿＿＿＿＿＿＿＿   项目内容＿＿＿＿＿＿＿＿＿＿＿＿

4. 参加这个项目以来你使用过参考材料吗？   是□   不是□

请解释＿＿＿＿＿＿＿＿＿＿＿＿＿＿＿＿＿＿＿＿＿＿＿＿＿＿＿＿＿＿＿

5. 请指出参加该项目使你成功运用下面所列技能和行为的程度。0、1、2、3、4、5分别表示没有机会使用技能、不成功、一点成功、一些成功、重大成功和非常成功。

行为技能项	0	1	2	3	4	5
(a) 对变化采取容忍的行为	□	□	□	□	□	□
(b) 认同行为测量	□	□	□	□	□	□
(c) 对行为负全责	□	□	□	□	□	□
(d) 选择配套措施来改变行为	□	□	□	□	□	□
(e) 认识和革除改变行为的障碍	□	□	□	□	□	□
(f) 实施21天行动计划	□	□	□	□	□	□
(g) 运用恰当策略来管理压力环境	□	□	□	□	□	□
(h) 能够有效控制行为	□	□	□	□	□	□
(i) 明白何时该采取回避行为	□	□	□	□	□	□
(j) 对冲突做出恰当应对	□	□	□	□	□	□
(k) 营造一种积极的工作氛围	□	□	□	□	□	□
(l) 适当认同抱怨行为	□	□	□	□	□	□
(m) 能够反思和重构问题情景	□	□	□	□	□	□
(n) 恰当使用压力谈话策略	□	□	□	□	□	□

6. 请指出你使用行为技能对象属于如下哪些关系类型：
□ 同事
□ 经理或主管
□ 另一机构的公司雇员
□ 配偶
□ 孩子
□ 朋友
□ 其他（列举）＿＿＿＿＿＿＿＿＿。

个 人 变 化

7. 参加该开发项目后，你的工作行为发生了什么改变？（例如：积极的态度、更少的争吵、更

好的组织能力、愤怒的减少，等等）

_____

_____

8. 如果发现你个人行为发生了变化，请指出哪些个人行为改进与该开发项目相关（例如：时间节约、计划完成、更少错误，等等）

_____

_____

_____

团 队 变 化

9. 参加该项目后，你所在的工作团队发生了什么变化？（例如：相互沟通、团结合作、承担义务、解决问题、集体创新等）

_____

_____

10. 请指出团队由于参加该项目而取得的进步（包括：计划完成、反应时间、创新措施等）。

_____

_____

11. 你认为该项目对公司来说是一个较好的投资项目吗？ 是□   不是□

请解释：

_____

_____

12. 你认为所在团队中下面哪些方面受该开发项目的影响较大？用0、1、2、3、4分别表示没有影响、一些影响、中等影响、重大影响和巨大影响。

指标	0	1	2	3	4
生产率	□	□	□	□	□
效率	□	□	□	□	□
质量	□	□	□	□	□
反应时间	□	□	□	□	□
成本控制	□	□	□	□	□
顾客服务质量	□	□	□	□	□
顾客满意度	□	□	□	□	□
人员流动	□	□	□	□	□
缺勤率	□	□	□	□	□
员工满意度	□	□	□	□	□
健康护理费用	□	□	□	□	□
安全与健康费用	□	□	□	□	□

请举出具体事例或提供更详细说明:

_____

_____

13. 请评估在项目实施期间你所在团队所取得的成绩,用数字 0 ~ 4 来衡量,分别表示不成功、有限成功、中等成功、成功和非常成功。

团队特点	0	1	2	3	4
能力	☐	☐	☐	☐	☐
动力	☐	☐	☐	☐	☐
协作	☐	☐	☐	☐	☐
支持	☐	☐	☐	☐	☐
培训	☐	☐	☐	☐	☐
交流	☐	☐	☐	☐	☐

14. 你在运用所学技能和知识方面遇到了哪些困难和障碍?请说明。

_____

_____

15. 你认为哪些因素有助于开发项目的成功?请解释。

_____

_____

16. 在实施该项目期间,下面哪些陈述恰当地描述了你的主管经理在该项目中的行为?

☐ 对项目给予很少讨论或指导

☐ 偶尔注意到项目

☐ 详细讨论与项目有关的内容、问题和担心等

☐ 讨论项目如何应用于工作团队

☐ 设立改进或变革目标

☐ 提供行动计划的反馈意见

☐ 鼓励和支持团队成员改变工作行为

☐ 其他

意见_____

_____

17. 对于开发项目你有什么具体建议项目?请详述。

☐ 内容_____

☐ 期限_____

☐ 方法_____

☐ 其他_____

_____

资料来源:根据 Philips, Jack J. 等,2001,表 4 - 1 改编。

如果问卷调查结果同评估效果的相关程度很高，而在调查问卷中涉及的问题范围又很广泛，并要求被调查对象一一回答所有问题，那么就应该采取有效措施来提高应答率。

首先，项目参加者及其他相关人员应该就问卷调查计划进行事先交流，让他们明白问卷调查的目的和特殊要求，由谁来评价和评价什么，是否匿名以及谁能够看到评价结果等。还有必要让被试者明白问卷结果将如何与其他数据一起被整合到整个人力资源开发效果研究结论之中。

其次，问卷设计和回收程序应尽可能简化。为了便于问卷回收，最好能提供一个已写好地址贴好邮票的信封，在靠近工作地点处放置问卷回收箱，或建议使用电子邮件。

再次，争取组织管理层的支持也很重要。上级主管介入，例如亲自分发问卷，召开会议对问卷做出解释，督促问卷完成，让经理为介绍信签名等，对提高问卷回收率及保证数据有效性至关重要。同时，让参与者知道他们提供的数据将被用于重要决策，以提高其准确客观地回答问卷的责任感。

此外，还可以选择其他适当的激励手段，例如答题可以获得一件小礼物、随问卷附带上一元钱或一支钢笔，或及时答题可获得更丰厚的奖励，必要的话让参加者明白他们将会得到关于本项调查最终研究报告等，以激励被调查者快速正确地回答问题。

□ 访谈与集体讨论

访谈是通过面对面交流信息来了解人力资源开发项目或活动所带来的行为技能改善效果。利用访谈搜集评估所需要的数据信息，在实际中也比较常用。访谈包括结构化和非结构化两种。结构化访谈要求采访对象按照事先确定的程式和范围来回答问题，非结构化访谈通常使用开放性和综合性的问题，允许采访对象自由回答，根据自己情况提供情景信息。

访谈应该按照预先确定的计划实施。事先要精心制定访谈计划，包括访谈的时间、地点、对象和环境等，都要一一做出恰当安排。其中设计访谈问题和培训访谈人员是制定访谈计划两个最为核心的工作。

要通过访谈获得有用的评估信息，访谈者必须巧妙设计访谈问题，拥有高超的询问技巧。访谈问题应该简洁、准确并易于回答，并提供简明清晰的指导语，在正式实施前应对其进行反复测试和修改。访谈者应该具备一定的专业素质，包括人际关系技能、倾听和诱导问题技巧以及信息处理能力。

实际中，访谈可以采取小组集体讨论的形式来进行，以获得相互印证、客观全面和深度反馈的信息。在评估开发项目的行为技能改善效果时，例如评估某些具体程序、任务、方案应用效果以及项目整体效果或潜在影响，小组集体讨论的形式尤其有用。

在采用集体讨论进行数据信息搜集时，需要注意如下问题：要取得管理层及参与者的认同和支持；要明确讨论主题和规则；小组讨论的规模要适当，在大多数情况下 6~12 人是比较适合的；应确保参与者具有代表性；可选取经验丰富的专家担任主持人。总之，集体讨论法是一种成本较低且能够快速发现开发项目问题的方法，应与其他工具结合使用以获得最佳效果。

☐ 观察法

在行为技能效果评估中，观察法是一种非常有用的数据收集方法。它是由HR 人员、上司主管或外聘专家到项目参加者的实际工作现场进行观察，并记录其行为状态和变化情况，以准确了解开发项目所带来的行为技能改善效果。

为了提高观察的有效性，观察者必须事先进行充分的准备，清楚知道需要获得哪些信息以及项目中涉及到哪些技能等，对整个观察过程详细安排。具体工作包括：

——决定观察哪些行为；

——准备观察表格；

——挑选和培训观察者；

——安排观察日程，通知参加者并告知其详情；

——实施观察；

——总结整理观察数据，报告观察评估结果。

观察者应该知道如何解释和汇报他们所观察到的东西。观察涉及到判断和决策，观察者必须分析参加者展示了哪些行为，知道如何对行为进行总结并以适当的形式报告结果。

应尽量避免观察者的外在和主观影响。观察者一般应与被观察对象没有密切关系，观察者应善于客观记录行为，并注意避免主观偏袒意见。实际观察方法可以选择如下几种：

——**行为清单法**，即利用行为编码一览表的形式将被观察对象的行为状态、行为频率、行为持续时间、行为质量或强度及行为发生环境等相关信息一一记录下来。

——**回顾报告法**，即观察者在观察期间不进行任何表格和文字记录，而是在观察结束后或观察某特定隔隙中通过回想所观察到的行为并把它记录下来。

——**视频或声音记录法**，即用摄像机或录音机记录工作中所发生的身体或语言行为细节。

——**电脑监控法**，即对于那些经常使用键盘的员工，可以通过计算机监控其工作状态、时间、步骤及内容等，并据此确定员工是否按照开发项目要求具备的规则进行工作。

☐ 行动计划

在实际中，一些人力资源开发项目或活动本身往往包含有相应的后续行动计划。因此，在这种情况下，评估其所引起的行为技能改善效果，可以借助其后续行动计划的执行情况来加以评估。

行动计划要求参加者制定在某一确定期限内完成项目中某一特定目标的详细行动步骤。典型的行动计划一般采用表格形式，列示期望目标、承担责任者和完成目标时限等。通过对照行动计划的完成情况，可以方便地获得如下数据信息：开发项目实施后当事人在工作中取得了哪些进步？其中哪些进步与该项目有关？没有完成目标的原因何在？有了这些信息，就可以据此对开发项目的行为技能效果进行评价。

制定行动计划，需要决定行动发生的范围及具体行动事项，所计划的行动应该可以观测其变化的，并且作为开发项目的一个必要组成部分来设计。利用行动计划进行评估，要注意如下事宜：

——提前就行动计划的要求进行沟通交流，最好是在项目一开始便详细就行动计划进行知识介绍、方法培训和日程安排；

——确保参加者有效分离开发项目对其行为技能运用的具体影响；

——召集参加者讨论行动计划所取得的进步，可要求参加者当众陈述其行动计划，或者组织评估者、参加者和参加者的直接上司一起讨论计划；

——在预定时间收集行动计划执行情况的数据信息，及时总结汇报数据。

在实际中，行动计划常采用的一种特殊形式即"绩效协议"，即项目参加者和主管经理之间订立一个在开发项目完成后立即执行的书面协议，参加者同意提高双方都关注的某一领域绩效水平，完成什么、何时完成、应获得何种结果等都要在协议中一一详细说明。评估目标应该是可测量的、参加者明白并可控制的、具有挑战性但经过努力可实现的，其主要领域一般包括：在某些常规绩效考评方面的进步；某些特殊问题如事故增加、效率降低和士气低落等的有效解决；工作方法、程序和技术等应用中的创造性变化等。

总之，运用行动计划进行行为技能效果评估具有灵活性强、操作方便的优点，因此成为人力资源开发项目第三层级评估的重要方式。

17.5
组织经营业绩中人力资源开发效果的评估

人力资源开发是组织运作经营和长期发展的根本驱动力。因此，评估人力资源开发对于组织经营业绩的影响作用，是组织决策管理者和客户最为关注的效果评估层面。组织经营业绩往往是一种易于估量的数据，关键的问题是如何从中分解出人力资源开发项目或活动的贡献份额来。也就是说，经营业绩效果评估的前提和困难在于如何收集与人力资源开发项目直接相关的数据，包括硬数据和软数据（见表17－1）。

表17－1　　　　　　　　　　　　**两类数据特点比较**

硬数据	软数据
□　易于测量和量化	□　一般难以测量或直接量化
□　比较容易转换成货币价值	□　难以转化成货币价值
□　比较客观	□　比较主观
□　是组织绩效常用的衡量指标	□　往往是基于行为的
□　可信度高	□　作为绩效度量可信度较低

硬数据主要是那些无可争议的客观数据，例如生产率、盈利、成本和质量等，这些数据一般比较容易收集到，是效果评估最关键、最理想的数据，但这类数据有相当的滞后期，需要在开发项目或活动结束后的很长一段时期才能表现出来。因此，在经营业绩效果评估时需要同时使用一些过渡性的软数据作为补充，例如态度、动机和满意度等，这些数据往往比较难于收集和把握。

硬数据有四种基本类型：产出增加、质量改进、成本降低和时间节约（见表17－2）。这四组数据之间的界限并不是截然分开而是相互关联和重叠的。例如，事故会导致成本增加，也会影响工作和生产质量，还会引起时间损失，这必然会导致产出的减少。可见，要清楚划分四类数据是比较困难的，但并不影响这种分类对效果评估的重要意义。

表 17-2 硬数据的具体表现形式

产量	质量	成本	时间
产品件数	废料量	预算变化	周期时间
产出吨位	废物量	单位产品成本	抱怨响应时间
装配零件数	次品率	会计核算成本	设备停机时间
销售量	错误率	可变成本	加班时间
销售额	返工	固定成本	平均延误时间
处理的表格数	不足量	无形损耗	项目完成时间
批准贷款数	产品缺陷	运行成本	加工时间
访问病人数	标准差	延迟费用	监督管理时间
毕业学生人数	产品故障	罚没	培训时间
完成任务数量	调整存货	项目完成费用	会议时间
生产率	完成任务百分比	事故损失	修复时间
工作积压量	偶发事件次数	销售费用	效率损失时间
获得奖励数	顾客抱怨	管理监督成本	停工时间
装运量	投诉次数	总成本	订单响应时间
创造新价值			延迟报告时间

资料来源：根据 Philips, Jack J., 2001, P.144。

软数据一般有工作行为、组织氛围、顾客反应、价值观转换和首创精神等，这些数据所反映的情况往往对组织经营业绩具有极为重要的影响。硬性数据和软数据各有适用之处。一些项目需要以软数据为基础，而另一些项目则主要以硬数据为基础；一般来说，人力资源开发经营业绩评估大都是将硬数据与软数据结合使用。经营业绩效果评估的主要步骤和方法大致如下：

❑ 收集有关数据

经营业绩数据可以通过监控产出、质量、成本、时间以及工作和顾客满意度等绩效状态来获得，应尽量使用已有的数据库和统计报表，必要时可考虑开发有关专门的数据调查系统。

❑ 选择衡量指标

对于某个层面的经营业绩数据都有若干不同的衡量方法和指标，应该对已有的各种计量标准进行全面系统考察，以找出那些与开发项目最相关的衡量指标。在某些情况下如果找不到现成的合适衡量指标，需要与有关方面协商特别设计新的估量系统。

❑ 借助行动计划

对于收集经营业绩影响数据来说，行动计划也是一个很好的工具。可以要求每个参加者预测和确定人力资源开发项目的应用实施步骤，并制定可实现的具体绩效改进目标、细分衡量指标以及业绩改进所带来的货币价值。参加者实施行动计划后估计其所取得的进步，并要求他们分离业绩改进中的人力资源开发效果以及所做估计的可信度（可用0~100%来表示），最后收集和总结每个成员行动计划数据并计算出人力资源开发所带来的经营业绩效果。

❑ 利用问卷调查

也可以运用问卷收集经营效果方面的数据，可以要求参加者详细讲述在实施开发项目后工作行为和绩效出现了哪些变化，以及由此带来的实际货币价值中开发项目的贡献份额有多大。

总之，可以针对具体情况选择多种途径和方法搜集有关经营业绩数据。选择数据收集方法时，应该综合考虑数据类型、收集数据所需时间、不同方法所需成本、对正常工作干扰程度、方法本身的科学性和准确性以及组织文化环境等因素，使各种方法取长补短、相互结合，以获得好的综合评估效果。

17.6

人力资源开发效果评估的可靠性问题

在选择人力资源开发效果评估的方法和技术时，"效度"（Validity）与"信度"（Reliability）是判断评估可靠性的两个基本标准，这也是决定评估是否成功的关键因素。[2]

❑ 效度

所谓"效度"，是指相对于测试和度量目标而言，评估结果反映实际效果的准确程度。一个有较高"效度"的评估工具意味着，其所测量的结果与人力资源开发的实际效果高度吻合，效度大小是选择和评价评估工具的最重要标志和依据。效度具体又分为：

（1）内容效度（Content Validity），从工作内容角度检验评估的有效性。评估要具有好的内容效度，必须具备两个条件：一是测试内容在范围上要明确，二是测试取样要有代表性。内容效度一般没有可用的数量指标，只能靠推理判断来评估。评估者可以通过咨询有关专家和业务精通者，看其评估工具是否在内容上涵盖了人力资源开发项目所要求的知识、技术和能力。一般的做法是：先要识别哪些是决定人力资源开发效果的关键行为，以此选择和界定评估内容，然后须证明评估中经验的工作内容是否是人力资源开发项目所要求执行工作内容的全面或随机样本，若是则说明评估具有内容效度，否则内容效度就差。

（2）标准效度（Criterion Validity），反映测验结果与外在标准的关联程度。外在标准可以是学术研究成果、特殊训练成绩、实际工作表现和相关对照团体等，一个评估工具与这些标准对照，其相关程度越高说明标准效度越高，否则越低。也就是说，评估是否有效，要看测验得分高低与参照标准的绩效好坏是不是相一致，只有能证明测试分数确实反映了参照标准所要求的效果表现，就意味着评估是有效的。

（3）建构效度（Construct Validity），实际是标准效度的一个特例，不过其参照标准不是实际可观察到的，而是理论上构建的抽象标准，如智商、创造力等。一个评估工具建构效度的检验步骤大致是：通过专家研究成果、因素分析和逻辑推演建立理论框架，并根据理论假设设计效度衡量体系，然后通过理论和实证分析检验和修正假设，直到做出恰当解释为止。

评估效度受多种因素影响，诸如评估工具本身的质量、评估过程中的各种干扰因素、被评估者的反应定势、评估持续时间的长度以及样本群体和效度标准的性质等，都会对评估的效度有不同程度的影响。

☐ 信度

所谓"信度"，是指评估结果的可信程度，即用同样或等价的评估测试对同一对象重复进行所得分值的稳定性或一致性。如果被评估者多次接受同一测试或对等形式测试，其得分是相近或相一致的，则说明信度较高，否则说明信度较低。信度评价具体又有四种：

（1）重置信度（Retest Reliability），又称稳定性系数。是指对被评估者先后进行同样的测试，以分析判断计算两次测试结果的相关程度，如果相关程度高就说明信度高，否则说明信度较低。显然此法不适合于评估成绩和熟练程度相关的评估信度检验。重置信度所考察的误差来源于时间变化所带来的随机影响，而不反映被试行为本身的持续变化；因此只有当所测量的行为较为稳定时，评估的重置信度检验才会有效。

（2）复本信度（Equivalent-form Reliability），又称等值性系数。是对被评估者先后进行两次内容相当或等价但具体题目可能有区别的测试，估算两次测试结果的相关程度，以此判断检验测试的信度。复本信度评价能够避免重置信度面临的记忆或熟练效应等问题，比较适用于长期追踪效果评估项目。

（3）内容信度（Consistency Reliability），主要反映一个评估体系内部各题目之间的一致性或相关性程度的指标，即考察评估工具各测试问题是否是针对同一内容或特质。可以分半或分题目计算其相关系数。

（4）评者信度（Raters Reliability），是反映不同评估者对相同对象测试结果一致性程度的指标。

在利用不同测试工具进行人力资源开发效果评估时，要特别注意各种测试技术的适用性、应用条件和环境因素，要经过反复验证测试方案的效度和信度，必要时可聘请有关专家协助进行测试设计工作，还要特别注意测试中的经济性、可行性以及有关伦理道德和法律问题。

注释：

[1] Philips，Jack J. Stone，Ron D. & Phillips，Patricia Pulliaam：*The Human Resources Scorecard*：*Measuring the Return on Investment*，Butterworth-HeineMann，2001，P. 104 – 117.

[2] 关于这方面的详细介绍文献，可参见王垒等：《实用人事测量》，经济科学出版社1999年版，第84~109页。

18

ROI 模型：人力资本投资收益分析

ROI 要成为人力资源开
发的有效评估方法，必须具
有可行性、简洁性、可信性
和适用性。

杰克·J·菲力普斯

投资收益分析（Cost-benefit Analysis）是基于会计核算数据对某一投资项目的经济效益进行核算评价的传统方法，而"投资回报率"（Return on Investment，ROI）是其最基本、最常用的衡量指标和分析工具，其理论研究和实践应用的历史已有二三百年，但是将基于 ROI 的投资收益分析方法运用于人力资源开发领域则是近半个世纪的事情，尤其是在实际操作层面的应用还很不成熟，需要解决的难题还很多。如何设计出具有可行性、简便性、可信性和适用性的人力资本投资收益分析体系和 ROI 核算操作方案，尚是一个具有挑战性的难题。本章根据有关研究文献，对人力资本投资收益分析的一些基本问题作简要介绍和讨论，以为读者在实践中探索运用提供初步的方法论基础和操作性基准。

18.1

人力资本投资收益分析的基本要求和框架

从最一般的方法论意义上和实践操作要求来说，直面现实的人力资本投资收益分析大致应该符合如下条件：

——简单性，应尽量避免复杂冗长的数理模型和公式，简便易行；

——经济性，最好能够成为人力资源（以下简称 HR）日常运作管理的有机组成部分而不需附加额外大量的资源；

——可信性，假设、理论和结果必须是可信的和实用的；

——合理性，具有理论合理性，并以广泛接受的实践为基础；

——周全性，应能够说明相对于其他因素来说人力资源开发（HRD）对效益的特殊贡献；

——灵活性，能够灵活地运用于整个人力资源开发的全过程；

——适用性，最好能够对所有类型的 HRD 项目或活动和各种数据类型都适用。

关于人力资本投资收益分析的基本操作框架，按照菲力普斯（Philips，Jack J.）等人的意见[1]，大致包括如下几个基本环节：

☐ 分解 HRD 效果

首先要分解和确定与 HRD 项目直接有关的绩效改进量，这是保证人力资本投资收益分析准确性和可信性的关键环节。一般方法有：

——将试验组与控制组相比较来分解 HRD 效果；

——利用趋势线来分解 HRD 效果；

——利用数理预测模型来分解 HRD 效果；

——让参与者、监督者和管理者估计 HRD 效果；

——借助外部研究机构或独立专家提供的相关信息资料估算 HRD 效果；

——利用排除法间接估算 HRD 绩效改进贡献；

——由客户提供关于 HRD 效果的反馈信息；等。

☐ 将效果数据转化为货币价值

其次，要将经营效果数据转化为货币价值，以便与投资成本相比较。应根据数据类型和具体情况来选择相应的转化策略，例如：

——将产出数据转化为利润贡献或成本结余；

——计算诸如事故数等质量方面的成本；

——将节约的工作时间转变为工资和福利价值；

——由内外部专家、监控者、经理 HR 人员提供估计数值；

——由外部数据库提供某些数据项的大约价值；等等。

这个环节极具挑战性，特别是有关软数据，其转换难度相当大，需要运用多个策略有机结合、相互参照才能圆满完成任务。

☐ 核算项目成本

最后，需要制作 HRD 项目成本表。

人力资本的形成是一种长期的、动态的过程，是通过一系列人力资本投资活动来实现的。从广泛的意义上说，人力资本投资包括一切为形成组织人力资本存量而预期进行的支付活动。所以，人力资本投资成本广义上包括获取引进、教育培训、维持使用和健康保障等方面的投资成本。

从具体的人力资源开发活动来看，主要成本项目涉及需求分析成本、方案设计成本、执行应用成本、维持监控成本、评估报告成本以及分摊的行政管理成本等。

☐ 计算投资收益指标

投资收益指标有两种基本形式：一是收益/成本比率（BCR），即人力资本投资收益除以人力资本投资成本所得的比率；二是投资回报率（ROI），即人力资本投资净收益除以人力资本投资成本，净收益是总收益减去成本的余额。

BCR 与 ROI 反映的基本信息是相同的，但看问题的角度有微妙的差别。BCR 说明单位投资可以带来多少回报，而 ROI 则意味着，在该项人力资本投资中单位投资扣除成本后可以获得多少净收益。

❑ 辨析无形收益

除了可以计量的货币收益外，开发项目会产生无形的非货币收益，诸如社会效益明显、工作满意度提高、客户委托业务增加、心理压力减轻、团队内聚力增强等。在人力资本投资分析过程中，应尽量将所有数据转化为货币收益，而对于有些数据来说，往往转化方法不合理或很主观，那么即使转化为货币价值也不会使人信服。在这种情况下，与其硬性转化为货币价值，倒不如将数据以无形收益形式列出，并附带相应解说为好。

最后将分析报告拟写成正式的研究报告，并传达给不同的目标受众。

18.2

分解计量经营业绩中的 HRD 效果

实际中经常观察到这样的现象：实施某项人力资源开发项目后，组织经营业绩出现明显提高。那么，经营业绩提高在多大程度上与开发项目有关，又在多大程度上是由其他因素造成的影响，这是一个对准确评估很重要但技术操作难度又很大的问题。

为了分解计量组织经营业绩中 HRD 影响效果，首先需要对所有可能导致业绩提高的因素予以确认，这可以通过征询客户、项目参与者及其主管上级、HR专家和项目管理者以及中高层经理等人员的意见，以便搞清楚可能对绩效造成影响的变量究竟有哪些。然后，可以考虑采用如下途径或方法来分解计量经营业绩中 HRD 效果。

❑ 控制组

控制组法的基本做法是：将员工分成两个小组，一个是实施组，让他们开展HRD 项目或活动；另一个是控制组，不接受 HRD 项目训练。两个组的人员构成情况要尽可能相同，如果有可能应随机选择和组合。项目结束后观察两个组的绩效差别，便可确认经营业绩中 HRD 影响的份额有多大。

控制组法可以说是分解计量经营业绩中 HRD 效果的最理想、最准确方法，所以实际运用非常普遍。但使用控制组往往给人一种被操纵实验的感觉，这在应用时要特别注意。另外控制组法有其自身固有的问题，诸如小组选择和组合的随机代表性问题、实施组和控制组相互影响的问题、不同环境影响问题以及现实操作层面的可行性问题等。因此，实际运用中需要做出适当策略性的调整和安排。

趋势线分析

另一个估计 HRD 项目或活动影响的有用技术是趋势线分析。其基本做法是：利用经营业绩的历史数据绘制一条趋势线，并将该趋势外推扩展到未来；当实施 HRD 项目或活动后，将项目实施后的经营业绩数据同趋势线数据进行比较，其高于趋势线数据的部分即为开发项目所带来的效果。

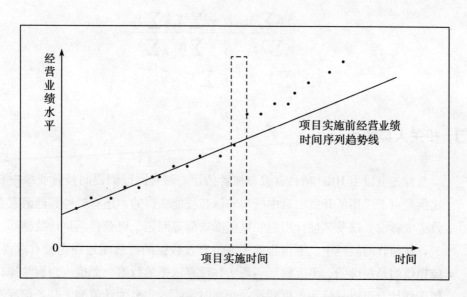

图 18-1　趋势线估计法

运用趋势线估计法的一个前提假设是，在实施开发项目前后其他所有影响因素保持不变，而这通常是不可能的。所以其估算结果往往不够准确，但它简单易行且实施成本较低，如果历史数据健全很容易估计出影响结果。

❑ 回归模型

运用统计上的回归模型来测算经营业绩中 HRD 效果，一般是以某 HRD 变量（用 X 表示）为自变量，以与之有密切相关关系的滞后经营业绩变量为因变量（用 Y 表示），根据两者某相当长的时间序列数据拟合回归方程式，以超前一定期间的经营业绩值倒推与之有关的 HRD 贡献值。

例如，如果时滞为两个时期，那么要拟合简单直线回归方程为 $Y_t = a + bX_{t-2}$，根据最小平方法的要求，即两变量 X、Y 的估计值与观测值之差的平方和为最小，那么，两参数要由标准方程组求解：

$$\begin{cases} \sum Y_t = na + b \sum X_{t-2} \\ \sum X_{t-2} Y_t = a \sum X_{t-2} + b \sum X_{t-2} X_{t-2} \end{cases}$$

由此，可以推导出两参数的求解式为：

$$b = \frac{n \sum X_{t-2} Y_t - \sum X_{t-2} \sum Y_t}{n \sum X_{t-2} X_{t-2} - \sum X_{t-2} \sum X_{t-2}}$$

$$a = \sum Y_t / n - b \left[\sum X_{t-2} / n \right]$$

❑ 相关人员估计

首先可以由 HRD 项目直接参加者估计。通常向他们提问经营业绩中有多大比例是由于应用了开发项目中所学知识和技能获得的，还有哪些其他因素会对绩效造成影响，以及其估计根据和可信度如何等问题，以获得其估计数据。

在回收的问卷中，不报告或不提供有效数据的可独断地判定没有取得进步，或提供的是极端的、不完整、不现实和没有依据的数据，那也应当剔除掉；为了便于估计，可以只使用年度数据；必要时将绩效贡献估计值乘上某个信度百分比或其他修正值，以减小错误估计的影响。尽管这仅仅是估计，但还是有相当准确性和可信度的，特别是当项目参加者素质较高时（如开发项目是针对经理、主管、团队领导、销售助理、工程师或其他专业技术人员等时），是比较适宜采用参加者估计的。

除了由参加者估计以外，参加者主管或下属、高层管理者、客户和专家等也能提供 HRD 项目业绩贡献份额的估计数据。实际中，可以同时由不同主体参与估计，以便相互参照和修正，以提高估计的准确性和可信度。

□ 倒算法

在某些情况下，经营业绩中其他因素的影响很容易确定，或确定其他因素影响的方法信度较高。这时，可以先计算出其他因素对经营业绩绩效的影响，然后再从总业绩中减去之，便得到 HRD 项目的业绩贡献份额。

总之，分解计量经营业绩中的 HRD 项目影响，方法很多，实际中应根据具体情景，方法的可行性、准确性、可信度、实施成本或时间以及对正常工作的干扰程度大小等因素，选择合适的方法进行估计。为了提高估计质量，可考虑同时使用多种方法和多种数据来源。

18.3

收益估算：将效果数据转化为货币价值

为了计算人力资本投资所带来的收益，需要将第四级评估获得的经营效果数据转化为货币值。效果数据有硬数据和软数据之别。产出、质量、成本和时间等硬数据一般是测量组织绩效比较常用指标，比较客观且易于计量和转化为货币值，也具有很高的可信度。而软数据通常主观性较强，且难以测量和转化为货币值。其评估信度也较低。本节将介绍一些将效果数据转化为货币值的基本步骤和方法技术。

□ 一般步骤

首先，应该确认在哪些方面取得了业绩进步，并确定评估指标。例如，产出指标可能包括产品服务量及销售完成情况，时间指标涉及流程周期、周转时间及顾客反馈时间等，质量指标包括差错率、次品率和返工率，软指标范围更为广泛，包括旷工率、人员流动率和顾客满意指数等。

其次，评估每一测量指标的数据值。对于产出、质量、成本和时间等指标，确定指标值较为容易，因为大多数组织一般都有相关的会计或统计数据记录；而软数据的测量则比较困难些。当估计有多个数据值时，应选用可信度最高或最保守的数据值。

最后，计算产出效果数据中应归因于 HRD 项目的绩效份额，并将其转化为年度指标数值，最后乘以每单位绩效改进的货币价值，便得到人力资本投资所带来的年度绩效改进总货币价值。

硬数据转化

当开发项目或活动带来产出变化时，可以直接根据组织的会计核算体系或经营业务记录系统确定出其货币价值，即单位产品或服务的边际收益（对营利性组织来说）或成本节约（对非营利性组织来说）。

关于质量改进所带来的成本节约，在很多企业中都有相应的估量标准，这便为每一质量改进数据转化为货币价值提供了依据。例如，产品缺陷率降低所减少的产品维修和更换费用、以及返工所带来的材料成本和人力成本等便是质量改进的价值。

成本节约也是重要的硬数据。除了劳动成本（包括平均工资和员工福利）而外，还包括原材料消耗、固定资产、办公设施设备占用和管理分摊等辅助成本，这些成本数据可以从有关历史记录中获得。

节约劳动或工作时间是 HRD 项目比较常见的目标。时间货币值可以通过所节省时间量乘上单位时间的劳动成本来获得。

软数据估计

在没有历史记录可利用的情况下，要将员工态度、顾客满意度、人员流动、旷工以及抱怨等方面的软数据转化为货币值，可以借助具有丰富专业知识并受到管理层认可的内部或外聘专家估计来进行。

对于某些软指标来说，可利用同行业中与组织自身状况相近的某些外部数据库来完成对软数据的估计。例如，可以借助同行业中关于人员流动成本（一般以年薪的倍数来表示）的资料来估计人力资源精神整合开发所带来的人员凝聚力提高货币价值。

同样，在一些情况下，根据具体情景，由项目参加者、上级主管、高级经理人或 HR 人员等来估计软数据的货币价值，可能较为可行和适当。具体要领不再赘述。

□ 应用问题

将数据转化为货币价值，可以利用的方法很多，要根据具体情况选择最合适的方法。选择方法应与数据类型相适应，硬数据与软数据所用的方法有所不同；采用方法时要优先采用准确性和可信度高的方法，同时应考虑其方便性和可行性，并在可行性允许的条件下选择准确性最高的方法。如果条件允许，可将多种方法结合使用。

尽管在理论上任何数据都可以使用一种或多种方法估计出其货币价值，但关键的问题是所得到的计算结果能否被管理高层所接受，其信度受数据类型、数据源可靠性、研究者声誉、评估者动机、计算方法等多种因素影响，其中数据的准确性以及转化方法科学性和合理性是至关重要的。

在形成最终货币值时，应该征得高层管理者的审核和修正，并根据其意见进行适当调整。同时，应该注意货币的时间价值问题，用对未来现金流进行贴现的方法来调整人力资本投资收益值。

18.4

人力资本投资成本：主要项目构成与基本核算方法

人力资本的形成是一种长期的、动态的过程，是通过一系列人力资本投资活动来实现的。人力资本投资，从广泛的意义上说，不仅限于我们所讨论的以学习为核心内容的人力资源开发活动，它是一切为形成人力资本存量而预期进行的支付活动，其成本包括获取引进、教育培训、维持使用和健康保障四个方面的投资成本项目。

□ 获取引进投资

人力资本获取引进方面的投资，即组织从社会上获取引进人力资本，包括招募、选拔、聘用及安置等费用支出。

招募费用包括：招募人员劳务费用；招募直接业务费用，如招聘洽谈会议费、差旅费、代理费、广告费、宣传材料费、办公费等；招募间接费用，如行政管理费、临时场地及设备使用费等；以及为吸引未来可能成为组织成员的人选所预先支付的宣传费、委培费等。

选拔方面的投资成本是企业为从招募对象中选择合格职工而发生的费用支出，包括各选拔环节诸如在初选、面试、测试、背景调查、体格检查等活动中发生的所有费用支出。选拔投资成本因人力资本的异质性而有很大差别。

录用和安置方面的投资成本是指组织为取得人力资本的合法使用权和实际使用效益而发生的费用，包括录取手续费、调动补偿费、搬迁费等由录用引起的有关费用，以及组织将被录取的职工安排在确定的工作岗位上的各种间接成本支出。

❏ 教育培训投资

人力资本教育培训方面的投资，是组织为提高员工的人力资本水平和增加企业人力资本的资产价值，而在教育培训方面支付的费用，包括岗前教育培训、在职教育培训和脱产培训等环节的费用支出。

岗前教育培训投资成本是企业对上岗前的新职工在企业文化、规章制度、基本知识和技能等方面进行教育培训所发生的各项费用，包括教育与受教育者的薪酬和人工损失费用、教育管理费、资料费用和教育设备折旧费用等。

在职教育培训投资成本是在职工不脱离工作岗位的情况下对职工进行业余教育培训所支付的费用。

脱产教育培训投资成本是企业根据生产和工作的需要，委托正规学校或其他教育机构或者企业自行组织，对有关职工进行专门的短期（一年内）或长期教育培训而发生的直接或间接费用支出。

❏ 维持使用投资

人力资本维持使用方面的投资，是指维持人力资产正常发挥作用、维持其正常简单再生产的费用支出。其具体项目包括：

（1）维持其劳动力生产和再生产所需的费用支出，如计时或计件工资；各种津贴，如职务津贴、生活补贴、保健津贴、法定的加班加点津贴等；劳动保护费；各种福利费用。如住房补贴、幼托费用、生活设施支出、补助性支出、家属接待费用等。

（2）组织对职工超额劳动所支付的各种超产奖、革新奖、建议奖和其他表彰支出等。

（3）类似于对其他资产进行"维修"和"保护"而支付的费用，如疗养费用、娱乐及文体活动费用、业余社团开支、定期休假费用、节假日开支费用、改善组织工作环境的费用等。

健康保障投资

人力资本健康保障方面的投资，是组织为保障员工在人力资本使用过程中的健康状况，以及暂时或长期丧失使用价值时的生存权而必须支付的费用。人力资本健康保障投资项目包括：

（1）组织为保护劳动者在人力资本使用过程中的安全和健康所采取的各种技术和组织措施而发生的费用支出，以及保障职工因工作以外的原因（如疾病、伤害、生育等）引起的医疗保健费用。

（2）为保证员工退休后基本生存和生活而支付的退休金和其他费用，或者对有工作能力但因客观或主观原因造成暂时失去其工作的职工所给予的离职补偿费用及其他有关间接成本等。

人力资本投资项目的成本内容确认之后，要进一步选择相应的计量基础和方法，具体核算人力资本的成本价值量。

在成本会计核算中，一般有原始成本、重置成本和机会成本三种选择。按照重置成本和机会成本作为计价基础来核算成本价值，接近于目前价格水平下的实际经济价值，但这样却脱离了传统会计模式，核算工作量也较大。相对而言，原始成本法是最客观、最现实、最简易的核算方法。其优点是取得的数据比较客观，具有可验证性，与传统的会计原则和方法相吻合。

人力资本投资成本会计核算涉及账户设置、账务处理与财务报告三方面内容。在进行会计核算时，可以将人力资本投资成本纳入传统会计来核算，也可以单独设置会计核算体系来进行。[2]具体计量方法有如下几种。

直接计量法

人力资本投资成本价值计量，可以采用投入法，也可称做直接计量法，即从人力资本形成角度将人力资本投资的各项成本直接加总算得人力资本投资价值量。组织所拥有的人力资本价值存量，其投资成本总价值应该包括两个组成部分：一部分是进入企业前由家庭个人、政府和社会进行教育培训及医疗卫生等投资而形成的人力资本原始价值，另一部分是组织新追加的人力资本投资价值，包括获取引进、教育培训、维持使用和健康保障四个方面的投资成本。因此，最直接、客观的计量办法就是根据有关历史数据，将到核算时点为止包括家庭个人、政府和社会以及企业在内的所有投资主体进行的各项人力资本投资成本项目——

核实和加总起来，算得人力资本投资成本价值量。

这种方法理论上是合理可行的。但在实际上由于缺乏准确、完整的历史统计数据，进入组织前的由家庭个人、政府和社会进行教育培训及医疗卫生等投资而形成的人力资本原始价值很难直接做出评估，从而大大影响直接计量方法的实际应用价值。需要注意的是，这种计量方法的假定条件是人力资本的实际价值等于其原始投资成本（账面价值）。实际上，人力资本投资额的大小与人力资本的实际价值创造能力是有很大出入的，实际投资额大并不一定说明实际形成的人力资本价值创造能力也大，反之，实际投资额小并不一定说明实际形成的人力资本价值创造能力就小。

❑ 间接预计法

另一类人力资本投资价值计量方法是产出法，也可叫间接预计法，即从人力资本预期收益角度间接核算人力资本投资价值量。

从动态过程和产出角度来看，一个人"过去"投资形成的人力资本价值量，其大小可以通过它进入市场作为生产要素的市场交换价值来衡量，也就是通过将其人力资本投入组织实际发挥作用后所得报酬的折现值来反映。[3]假定员工自进入组织不会因死亡或其他原因离开或调离其工作岗位，人力资本价值应该等于一个员工从目前年龄到退休年龄整个期间提供服务将得到的工资总额。其计算公式为：

$$V_n^* = \sum_{t=n}^{T} I_t^* / (1 + r)^{t-n}$$

其中，V_n^*表示目前年龄为 n 的职工的预计人力资本价值；I_t^*为该职工今后第 t 年的预计工资报酬收益；r 为适用于该职工的收益贴现率；T 为退休年龄，T－n 为人力资本价值的预计折算年限。

如果要计量全体员工人力资本价值，可以将上式修正为：

$$V^* = \sum_{t=1}^{T} W^* N^* (1 + i)^t / (1 + r)^t$$

其中，V^*表示群体预计人力资本价值；W^*为各期加权平均工资额；N^*为预计全部员工人数；i 为工资报酬平均增长速度；T 为现有劳动者预计平均工作年限。

利用上述方法计算员工人力资本价值时，还应考虑到组织整体人力资本运营效率和效益的差异性，同样的人力资本工资报酬其实际使用效率和运营效益在不同的组织可能有很大差异。关于这个问题的解决办法，有学者提出，用一个

"效率系数"，即反映本企业盈利水平与本行业盈利水平差异的指标，来修正以上述方法计算出的工资总额现值。效率系数的计算公式可以表示为：

$$E^* = \sum_{i=1}^{s} \{[F_i \cdot (RE_i^*/RE_i)]/F_i\}$$

式中，RE_i^*、RE_i 分别为估算期前第 i 年本企业和全行业平均的资产收益率；F_i 为估算期前第 i 年的权数，为强调接近当前年度业绩的权重可采取往前逐年递减的取权方法。

如果考虑到了职工提前离职、提升等情况发生的概率，未来工资报酬折现法计算公式可以进一步修正为：

$$E(V_n^*) = \sum_{t=n}^{T} [P_n(t+1) \cdot \sum_{i=n}^{t} I_i^*/(1+r)^{t-n}]$$

式中，$E(V_n^*)$ 表示一个年龄为 n 的职工人力资本价值期望值；$P_n(t+1)$ 为该职工第 $t+1$ 年离开组织或死亡的概率。

员工薪酬是非常广义的，包括外在薪酬和内在薪酬，外在薪酬又有直接薪酬和间接薪酬，直接薪酬又包括基本薪酬和剩余分享。在这里，采用上述间接预计法计量人力资本投资成本价值时，我们认为，内在薪酬度量较为困难，剩余分享收益不属于人力资本投资成本价值项目，因此，未来收益折现法的薪酬范围应该扩及直接薪酬与间接福利薪酬为宜，也就是与企业对于人力资本的维持使用投资与健康保障投资这两项投资项目口径一致的员工利得或收益。

基此，我们可以根据 1985 年弗兰霍尔茨（Flamholts, Eric G.）在《人力资源会计》中提出的随机报偿价值模型所提供的思路，给出一个完善的人力资本投资成本价值间接预计法公式为：

$$V^* = \sum_{t=1}^{n} [\sum_{i=1}^{m} C_{it}^* \cdot P(C_{it}^*)/(1+r)^t]$$

式中，C_{it}^* 为员工第 t 年处于第 i 种工作状态下预期的基本薪酬和福利；$P(C_{it}^*)$ 为员工第 t 年处于第 i 种工作状态下预期获得基本薪酬和福利的概率；m 为预期的工作状态数，包括离职状态（其预期的基本薪酬和福利为零），n 为该员工为企业服务的预期年限，也是人力资本投资成本价值的计算年限；r 为贴现率。

采用间接预计法测算人力资本投资成本价值，虽然避免了历史资料统计的局限，但又会遇到一系列预测技术方面的问题。这种方法从事前角度对未来服务期限人力资本市场交换价值进行折现加总，所用指标都是有很大主观随意性的预期指标；而且其核算的基本假定是，认定人力资本实际价值存量就是未来它在市场中能够实现的基本薪酬和福利服务报偿流量，而实际上，后者是受很多复杂因素决定和影响的变量，二者是不能直接等同的。

人力资本投资成本价值间接预计测算方法，实际上主要涉及人力资本投资构成项目中的维持使用和健康保障投资项目，而在所有的人力资本投资项目中，教育培训等是最重要的、具有战略性的人力资源开发活动和人力资本投资项目，所以应该单独进行有针对性的核算计量。

总之，在进行成本核算时，所有能够确认的与 HRD 项目有关的成本都应考虑进来。为稳妥和提高可信度起见，当对某一项成本是否该计入感到怀疑或不能确定某项成本是否该计入时应该采取计入的保守策略。但是，这并不意味着故意偏高估计和报告 HRD 项目的成本，而隐去或低估这些成本带来的收益（特别是无形收益），这样做会扭曲人力资源开发和人力资本投资的成本—收益关系，从而带来误导。实际操作中，为了便于 HR 人员进行规范化的成本监控和报告，可以考虑编制成本指导手册，详细介绍 HRD 成本项目及其相关数据收集、分析和报告的方法。

18.5

计算以 ROI 为核心的投资收益指标数值

应该看到，人力资本投资是一种长期投资行为和活动，要计算投资收益指标，就应该将有关投资的成本项目及其所带来的长期收益全部估算出来进行比较。但对于大多数具体的短期培训项目来说，为了简便起见，用年度收益数据即可说明一定问题。

☐ 两种基本指标

投资收益指标有两种基本形式，即收益—成本比率（BCR）和投资收益率（ROI）。收益—成本比率是直接将人力资本投资收益同人力资本投资成本进行比较，以比率的形式表示，其计算结果说明单位人力资本投资所带来的收益是多少。实际中运用较多的是投资收益率（ROI），即将人力资本投资收益减去成本后的净收益同成本进行比较，通常以百分比形式表示。其计算公式为：ROI（%）=人力资本投资净收益/人力资本投资成本×100%

ROI 值实际上等于 BCR 值减去 1。例如，某 HRD 项目投资收益率（ROI）为 25%，表示项目扣除成本后的净收益为项目成本的 25%，即 100 元的投资能够带来 25 元的净收益。在实际中，25% 也是大多数组织希望达到的最低 HRD 投资收益率水平。

专栏 18 - 1   典型案例

人力资本投资收益率计算方法简例

某中型制造企业为其下属一分公司实施了 HRD 项目，以提高生产效率、减少废料、降低缺勤和人员流动、减少抱怨和提高安全性。在对以上各领域进行了全面分析之后，要求主管人员制定行动计划并在项目实施后六个月报告结果。下面是某试验组所取得的结果：

——每人平均产量从 65 件上升到 75 件；

——废料率从 11% 下降到 7.4%；

——缺勤率从 7% 下降到 3.5%；

——年度人员流动率从 30% 猛降到 5%；

——抱怨减少了 80%；

——事故减少了 95%。

根据这些结果计算投资收益率，还须进一步实施如下三个步骤：

第一步，必须确定与项目实际有关的业绩改进量。采取主管估计的办法。例如，在缺勤率下降的 3.5 个百分点中，主管估计只有 40% 的缺勤减少应归因于 HRD 项目的实施，3.5% ×40% = 1.4%，可见 HRD 项目所贡献的缺勤率下降仅为 1.4%。此外，还需通过信度对该数据作进一步调整，在本例中，主管们认为他们提供的数据具有 84% 的可信度，因此可进一步调整为：1.4% ×80% = 1.12%。

第二步，将效果数据转换成货币价值。在本例中，主管估计出一次缺勤的货币价值，这一货币价值便是缺勤产生的成本，将全年减少的缺勤总数乘上一次缺勤的货币价值，便得到项目在减少缺勤方面取得的年度收益。对本例中所取得的六个方面业绩改进货币价值数据加以汇总之后得出的总价值，便是该项目所取得的年度收益。

第三步，计算实施项目所产生的全部成本。要对成本项目进行分摊核算。其中，项目参加者在参加项目期间的薪酬是直接成本，所有参加者的薪酬总和反映了 HRD 项目在人员方面的总投资。

通过以上三步，计算得出与 HRD 项目直接相关的年度总收益为 775000 美元，项目总成本为 65000 美元，因此，投资收益率为：

$$ROI = 项目净收益/项目总成本$$
$$= (775000 - 65000) / 65000$$
$$\approx 1095\%$$

资料来源：Philips, Jack J. Stone, Ron D. & Phillips, Patricia Pulliaam, 2001.

❑ 其他分析指标

回收期是评价资本支出的一项重要指标，它表示由人力资本投资所带来的收益需要多长时间累积才能达到与原始投资额相等的水平。其计算方法是用 HRD 项目原始总投资除以项目年度平均收益。回收期法简单易行，但因忽略了货币的时间价值，在评价 HR 投资中使用并不广泛。

人力资本投资的收益需要在未来很长一段时间才能获得，因此需要考虑货币的时间价值。其中，净现值法便是评估这种投资机会的一种常用方法，它要求未来每一年的预期收益都按一定的利率进行贴现，如果收益的现值大于投资的现值，便认为是可接受的投资项目。

内部收益率（IRR）则是指使人力资本投资项目未来收益净现值之和恰好为零的贴现率。如果项目所有投资都由借贷取得，则内部收益率为所能支付得起的最大借款利率。内部收益率指标常用于投资项目的取舍决策场合。

❑ 应用注意问题

其实，计算人力资本投资收益率指标数值是一个相当复杂的过程，从数据收集到分解业绩效果影响因素再到货币价值核算，这一过程是相当复杂的。因此，除了特别需要，一般不要兴师动众地进行以计算 ROI 为核心的投资收益分析。同时，应尽量挑选最可靠和最可信的评估人员，采取保守的方法计算人力资本投资成本和相应的收益数值，并尽可能地让管理层参与 ROI 分析过程，注意多方面的批评意见。

在将人力资本投资收益率同其他方面的财务收益指标进行比较时，应持小心审慎态度，不可盲目吹嘘人力资本投资的高收益计量结果。对于不易量化进行 ROI 分析的，采用其他评估方法的效果可能会更好。

18.6

人力资本投资收益分析的实施

第一，要有效地进行 ROI 分析，需有一个可行实施计划安排。要选择和组建强有力的 ROI 分析领导小组和技术支持小组，并对有关人员进行特殊培训，要求他们熟练掌握 ROI 分析评估的知识和技能；要明确相关人员的具体工作职责，包括有关测算评估职责和技术支持职责；要为不同评估层次设立具体目标和衡量指标，并制定具体的时间进度表；要制定或修订组织有关人力资源开发测算和评估的方针政策，以及进行相应的组织氛围和政策环境营造工作安排。

第二，充分发挥组织 HR 职能部门的协调功能。在所有重要决策和问题上，都应该有 HR 人员参与，可运用头脑风暴法等使他们积极参与到制定 ROI 工作中来，并将之作为一个自身学习提高的机会和途径。

第三，在实施 ROI 分析中，要尽可能排除一些现实或观念上的障碍，使具体运作过程要简便易行，不会浪费太多时间和资源。要将 ROI 分析作为人力资源开发系统中的一种常规工作流程来建设，不仅能够评估过去而且也能够预测未来，满足组织多样化的信息需要。为此，要进行 ROI 分析本身的学习型开发，加强 HRD 人员的相关培训和技能开发工作。

第四，在具体操作中要先易后难、循序渐进。先选择那些涉及面广、能够长期有效、对总体战略目标有重大影响、具有较高透明度和综合性需求评估的项目进行全面的 ROI 分析。而后确定在不同领域内需要采用多少项目，开始时项目要少些，然后逐渐增加。项目选择完成后，在实施过程中应随时召开会议，报告实施进展情况，进行团队学习和调整计划安排。还要注意处理好 HR 人员与关键经理人员之间的关系，使之建立起一种战略合作伙伴关系。

这里要特别提及一下，在具体进行 ROI 分析时，要注意人力资本投资无形收益的衡量问题。无形收益是与人力资源开发项目直接相关但无法货币化的收益，其度量指标包括：员工态度、组织承诺、工作氛围、客户抱怨、压力减小、跳槽流动、旷工怠工、协同合作、矛盾冲突、有效沟通和满意度等。在整个评估过程中，无形指标数据可以在不同阶段运用不同方法加以确定。在很多情况下，无形数据反应了项目所取得的进步，但却难以准确量化评价，可以作为证明项目获取成功的辅助性证据。

第五，实施过程中要建立强有力的监控管理系统，对整个计划方案实施的进展情况进行灵敏的动态控制，并通过有效的沟通网络将 ROI 分析结果传播给组织内外的相关目标受众。

注释：

[1] Philips, Jack J. Stone, Ron D. & Phillips, Patricia Pulliaam: *The Human Resources Scorecard: Measuring the Return on Investment*, Butterworth-HeineMann, 2001.

[2] 将人力资本投资成本纳入传统会计核算，有两种思路：第一种思路是按照传统会计的原则，分为资本性支出和收益性支出，对这两种支出分别设立账户进行核算；第二种思路是不按照传统会计的方法严格划分资本性支出和收益性支出，而将人力资产全部支出看做组织对人力资产的投资。

第一种思路，就是将属于资本性支出的人力资本投资，包括获取引进投资和教育培训投资成本，计入"人力资产"账户，再分期逐步摊销计入生产制造成本、服务成本和管理费用等；而人力资本维持使用成本和健康保障成本，则作为收益性支出，单独作为费用项目全部计入当期生产制造成本、服务成本、管理费用等账户处理。这样设置核算账户比较简单，也符合传统会计的核算方法，容易并入传统会计核算。但"人力资产"账户不能全面反映企业人力资本投资情况。

第二种思路是不按照传统会计的方法严格划分资本性支出和收益性支出，而将人力资产全部支出看做企业人力资本投资，记入"人力资产"账户，并按照不同成本设立明细账户进行核算；然后将人力资产的收益性支出如工资、福利费等及由本期生产经营成本负担的应摊销的资本性支出，一起作为本期人力资产费用计入生产制造成本、服务成本、管理费用等。这样做的好处是可以从"人力资产"账户得到有关企业人力资本投资的累计总成本，便于评价人力资本投资效益，但账户设置较复杂，同时与传统会计核算原则也有一定的出入。

将人力资本投资成本在传统会计账外单独核算，其账户设置与上述第二种思路相同。它可以打破传统会计假设和原则的限制，如可以突破历史成本原则，不仅将人力资产的历史成本登记入账，而且还将各种机会成本记录入账；突破传统会计划分资本性支出和收益性支出的费用记账原则，将全部人力资本投资方面的开支记入"人力资产"账户；同时需要联系"人力资产价值"和"人力资本"账户进行核算和财务报告。这种核算方法不会影响传统会计的正常核算程序，可以为人力资源管理部门和企业外部利益相关者提供必要而全面的决策信息，但单独核算显然工作难度大、成本高。

参见刘仲文：《人力资源会计》，首都经济贸易大学出版社，第59~81页。

[3] 巴鲁克·列夫（Baruch Lev）和阿巴·施瓦茨（Aba Schwartz）两位学者于1971年在《会计评论》上发表题为《论人力资本的经济概念在财务报表中的应用》的论文，提出人力资本价值的未来工资报酬折现计量方法。

参 考 文 献

阿里顿多（Arredondo, Lani），2001：有效沟通（2000），企业管理出版社中译本。

安东尼（Anthony, R. N.）等，1999，管理控制系统（1998），机械工业出版社中译本。

Barrett, Jim 等，2001：素质测评手册，南海出版社中译本。

Bennis, W. G. & Nanus, B. 1985. *Leaders: The strategies for taking charge.* New York: Harper & Row.

Barrett, J., Russell, K., Carter, P. 2000: *Test Your IQ*, Arragement With Kogan Page Ltd.

Beer, M., Spector, B., Lawrence, P., Quin Mills, D., and Walton, R., 1984: *Manageing Human Assets*, New York: Fress Press.

Blanchard, k. Zigarmi, P., & Zigarmi, D. (1985). *Leadership and the one minute manager: Increasing effectiveness through situational leadership.* New York: William Morrow.

Blanchard, K., Zigarme, D., & Nelson, R. 1993. Situational leadership after 25 Years: A retrospective. *Journal of Leadership Studies*, l (1), 22 – 36.

Blake, R. R. and Mouton, J. S., 1978: The New Managerial Grid, Houston, Gulf Publishing Co.; 新管理方格，中国社会科学出版社 1986 年中译本。

布莱克和麦坎斯，1991：领导难题·方格解法：管理风格新论，中国社会科学出版社 1999 年中译本。

Boxall, F., Strategic, 1992: Human Resource Management: Beginning of a New Theoretical Sophistication? *Human Resource Management*, Vol. 2, No, 3.

Belbin, M. (1993) *Team Roles at Work*, Oxford: Butterworth-Heinemann, P. 58

庞巴维克（Bohm-Bawerk, E. V.），1964：资本实证论（1889），商务印书馆中译本。

Brad, J., and Gold, J., 1994: *Human Resource Management: Theory and Practice*, Macmillan.

Brickley, J. A., Smith, C. W., Zimmerman, J. L. 1995: *Managerial Economics and Orgenizational Architecture*, Richard D. Irwin; . (2001：管理经济学与组织架构，新华出版社中译本)。

Bramham, I., 1989: *Human Resource Management*, IPM.

贝克尔（Becker, G. S.），1987：人力资本，北京大学出版社；－1993：人类行为的经济分析（1976），上海三联书店中译本。

本尼迪克特，1987：菊花与刀：日本文化的诸模式，浙江人民出版社中译本。

康芒斯（Commons, J. R.），1964：制度经济学（1934），商务印书馆中译本。

柯林斯（Collins, Jim）、波勒斯（Porras, Jerry I.），1997：基业长青（Built to Last），中信出版社 2002 年中译本。

柯林斯，2001：从优秀到卓越，中信出版社 2002 年中译本。

柯文尼（Coveney, Peter）与海菲尔德（Highfield, Roger），1995：时间之箭：揭开时间最大奥秘之科学旅程，湖南科学技术出版社中译本。

陈荣德，2002：就是要超过你，中国科学技术出版社。

陈向明，2003：在参与中学习与行动（上下册），教育科学出版社。

Daft, R. L., 1998：*Essentials of Organization Theory and Design*, South-western College Publishing.

Dansereau, F., Graen, G. G., & Haga, W.（1975）. A vertical dyad linkage approach to leadership in formal organizations. *Organizational Behavior and Human Performance*, pp13, 46 – 78.

德西蒙（Deimone, Randy L.）、沃恩（Werner, Jon M.）和哈里斯（Harris David M.），2003：人力资源开发（Human Resource Development，第 3 版），清华大学出版社英文版。

Dessler, G., 1999：人力资源管理（1994），中国人民大学出版社中译本。

迪尔（Deal, Terry）、肯尼迪（Kennedy, Allan），1989：企业文化：现代企业的精神支柱，上海科学技术出版社中译本。

多普勒（Doppler, Klaus）等，2001：变革管理，人民邮电出版社 2003 年中译本。

杜拉克（Drucker, Peter），2000：创新与企业家精神（1995），海南出版社中译本。

德鲁克（Drucker, Peter），1987：管理：任务·责任·实践，中国社会科学出版社中译本。

德鲁克（Drucker, Peter）等，1999：公司绩效测评，中国人民大学出版社中译本。

迪尔克斯（Dierkes, Meinolf）等（主编），2001：组织学习与知识创新，上海人民出版社中译本。

丹哈特（Denhardt, R. B.），2002：公共组织理论，华夏出版社中译本。

德普雷、肖维尔（主编），2004：知识管理的现在与未来，人民邮电出版社中译本。

戴园晨、姚先国（主编），2001：新经济时代人力资本开发与管理战略，中国劳动社会保障出版社。

伊特韦尔等（Eatwell, J.）（主编），1992：新帕尔格雷夫经济学词典（1987），经济科学出版社中译本。

Ehrenberg, R. G. and Smith, R. S., 1991：*Modern Labor Economics*, New York：Harpercouins Publishers Inc.

Fiedler, F. E. 1964. Acontingency model of leadership effectiveness. InL. Berkowitz（Ed），*Advances in experimental social psychology*（Vol. 1, PP. 149 – 190）. New York：AcGraw-Hill；

– 1967. *A theory of leadership effectiveness*. New York：McGraw-Hill；

– 1987. *New approaches to Leadership：Cognitive resources and organizational performance*. New York：John Wiley；

— 1993. The leadership situation and the black box in contingency theories. In M. M. Cheners & R. Ayman (Eds.), *Leadeship, theory, and research: Perspectives and directions* (PP. 1 – 28). New York: Academic Press;

— 1995. Reflections by an accidental theorist. *Leadership Quarterly*, 6 (4), pp453 –461.

Fiedler, F. E., & Chemers, M. M. 1974. *Leadership and effective management.* Glenview, IL: Scott, Foresman; — 1984. *Improving leadership effectiveness: The Leader match concept* (2nd ed.). New York: JohnWiley.

Fiedler, F. E., & Chemers, M. M. Blanchard, K. H. 1985. SLII: *A situational approach to managing people.* Escondido, CA: Blanchard Training and Development.

菲兹 – 恩兹（Fitz-enz, Jac），2000：人力资本的投资回报，上海人民出版社。

弗朗西斯科、戈尔德，2003：国际组织行为学，中国人民大学出版社中译本。

弗里德曼（Friedman, Milton & Ross），1982：自由选择：个人声明（1979），商务印书馆。

冯友兰，1985：中国哲学简史，北京大学出版社。

樊纲，1989：论经济学的五个基本要素，天津社会科学，第5、6期。

樊纲（主编）、张曙光（副主编），1990：公有制宏观经济理论大纲，上海三联书店。

Guest, D., 1987: Human Resource Management and Industrlal Relations, *Journal of Management Studies*, Vol. 25, No. 5.

Graen, G. B., (1976). Role-making processes within complex organizations. In M. D. Dunnette (Ed.), *Handbook of industrial and organizational psychology* (PP. 1202 – 1245). Chicago: Rand McNally.

Graen, G. B., & Cashman, J. (1975). A role-making model of leadership in formal organizations: A developnental approach. In J. G. Hunt & L. L. Larson (Eds.), *Leadership frontiers* (PP. 143 – 166). Kent, OH: Kent state University Press.

格特里奇（Gutteridge, Thomas G.）等，2001：有组织的职业生涯开发（1993），南开大学出版社中译本。

加尔文（Garvin, David A.），2000：学习型组织行动纲领，机械工业出版社2004年中译本。

Herzberg, F., Mausner, B. and Snyderman, B., 1959: *The Motivation to work*, New York: John Wiley & Sons.

Hoffman, S. D. 1986: *Labor Market Economics*, Prentice-Hall, INC., Englewood Cliffs, New Jersey.

Hovland, C. 1949: *Experiments in Mass Communication.* Voll. III: The American Soldier. Princeton, NJ: Princeton University Press.

Houpp, Lawrence, 1999: *Managing Teams*, the McGraw-Hill Companies, Inc.

Hersey, P., & Blanchard, K. H. 1969a. Life-cycle theory of leadership. *Training and Development Journal*, pp23, 26 – 34. –. *Management of organizational behavior: Utilizing human resources.* Englewood Cliffs, NJ: Prentice Hall.; – 1977. *Management of organizational behavior: Utilizing human re-*

sources. Englewood Cliffs, NJ：Prentice Hall.

Hersey, p. , & Blanchard, K. H. 1988, 1993. *Management of organizational behavior*：*Utilizing human resources.*（5th ed. 6th ed.）. Englewood Cliffs, NJ：Prentice Hall.

House, R. J.（1971）. A path-goal theory of leader effectiveness. *Administrative science Quarterly*, l6, pp321 –328. ；–1996. Path-goal theory of leadership：Lessons, legacy, and a reformulated theory. Leadership *Quarterly 7（3）*, pp323 –352.

House, R. J. , & Dessler, G. 1974. The path-goal theory of ledership：Sone post hoc and a prioritests. In J. , Hunt & L. Larson（Eds. ）, *Contingency approaches in lesdership*（PP. 29 –55）. Carbondale：Southern Illinois University Press.

House, R. J. , & Mitchell, R. R.（1974）. Path-goal theory of leadership. *Journal of Contemporary Business*, 3, pp81 –97.

Huntington, S. *The Clash of Civilizations and the Remaking of World Order*, New York：Simon & Shuster, 1996.

Hofstede, G. Cultures'Consequences：International Differences in Work-Related Values, Beverly Hills, CA：SaGE Publications, 1984.

Hurst, David K. , 1995：*Crisis and Renewal*：*Meeting the Challenge of Orgnazitional*。Harvard Business Press, 1995。赫斯特, 1998：危机与振兴：迎接组织变革的挑战, 中国对外翻译出版公司中译本。

赫塞尔本（Hesselbein, F. ）等（主编）, 1998：未来的组织：50 位世界顶尖管理大师的世纪断言, 四川人民出版社中译本。

哈耶克（Hayek；F. A. V. ）, 1991：个人主义与经济秩序（1949）, 北京经济学院出版社中译本。

哈里斯、莫兰, 2002；跨文化管理教程, 新华出版社中译本。

哈肯（Haken, Hermann）, 1995：协同学：大自然构成的奥秘, 上海译文出版社中译本。

亨利, 2002：公共行政与公共事务, 华夏出版社中译本。

黄卫伟, 吴春波（主编）, 1999：走出混沌, 人民邮电出版社。

艾什比等, 2002：领导——全球顶级 CEO 的领导智慧, 辽海出版社 2003 年中译本。

琼斯（Jones, H. G. ）, 1994：现代经济增长理论导引（1976）, 商务印书馆中译本。

Joynt, P. & Warner, M. , 1997：*Managing Across Cultues*：*Issues and Perspectives*, International Thomson Businss Press, a Division of International Thomson Publishing Inc.

约翰逊（Johnson, D. W. ）等, 1998：合作性学习的原理与技巧, 机械工业出版社 2001 年中译本。

乔恩特（Joynt, Pat）和华纳（Warner, Malcom）, 1997：跨文化管理, 东北财经大学出版社 1999 年中译本。

杰伊（Jay, Ros）, 2000：打造优质团队, 中华工商联合出版社 2002 年中译本。

Kenneth L. Murrell, Mimi Meredith, 2000: *Empowering Employees*, the McGraw-Hill Companies, Inc.

Kleiman, L. S., 1997: *Human Resouce Management: A Tool for Competitive Advantange*（人力资源管理：获取竞争优势的工具），West publishing Company；1999 年机械工业出版社英文版和中译本。

Kotter, J. P. 1990. A force for change: *How leadership difers from management.* New York: Free Press.

Kluckhohn, F. and Strodtbeck, F. L., 1961: *Variations in Value Orientations*, Greenwood Press, Westport, Conn.

科特（Kotter, John P. ）和赫斯克特（Heskett James L. ），1997：企业文化与经营业绩，华夏出版社中译本。

昆德（Kunde, Jesper）2002：公司精神（2000），云南大学出版社。

卡普兰（Kapla, Robert S. ）、诺顿（Norton, David P. ），1992：平衡记分法：良好绩效的测评体系，哈佛商业评论，1/2 月号。1996：将平衡记分法作为战略管理的基石，哈佛商业评论，1/2 月号。

Lazear, E. P., 1998: *Personnel Economic for Managers*（人事管理经济学），John Wiley & Sons. Inc. ；生活·读书·新知三联书店和北京大学出版社 2000 年中译本。

拉姆斯登（Lumsden, G. ）等，2000：群体与团队沟通，机械工业出版社 2001 年中译本。

李宝元，2000：人力资本与经济发展，北京师范大学出版社；

－2002：战略性激励，经济科学出版社；

－2003：人本方略，经济科学出版社。

李雪峰，岳峥嵘（主编），1999：现代领导发展与培训，中国人事出版社。

罗双平，1999：职业生涯规划，中国人事出版社。

陆嘉玉、姚秉彦（主编），1998：企业文化在中国，光明日报出版社。

刘仲文，1997：人力资源会计，首都经济贸易大学出版社。

马歇尔（Marshall, A. ），1964：经济学原理（1890），商务印书馆中译本。

Maslow, A. H., 1954: *Motivation and Personality*, New York: Harper and Row.

Mondy, R. W., Noe, R. M., 1998：人力资源管理（Human Resouce Management），经济科学出版社中译本。

麦吉尔（McGil, Ian）等，2001：行动学习法，华夏出版社 2002 年中译本。

茅于轼，1996：谁妨碍了我们致富，四川文艺出版社。

诺伊（Noe, Paymond A. ），2001：雇员培训与开发（1999），中国人民大学出版社中译本。

诺伊（Noe, Paymond A. ）等，2001：人力资源管理：赢得竞争优势（第三版，2000，1997，1994），中国人民大学出版社中译本。

Northouse, Peter G., 2001：卓越领导力：十种经典领导模式，中国轻工业出版社 2003 年中译本。

尼文，2003：平衡记分卡：战略经营时代的管理系统，中国财政经济出版社中译本。

纽拜（Newby, Tony），1992：培训评估手册，中国劳动社会保障出版社 2003 年中译本。

欧阳莹之，2003：复杂系统理论基础，上海科技教育出版社中译本。

Pappas, L., and Hschey, M., 1990：*Managerial Economics*, Dryden Press.

Porter, L. W. and Lawler, E. F., 1968：*Managerial Attitudes and Performance*, Homewood, Ill.：Irwin – Dorsey.

Poole, L., and Warner, M., 1998：*The IEBM Handbook of Human Resource Management*, International Thomson Business Press.

Philips, Jack J. Stone, Ron D. & Phillips, Patricia Pulliaam, 2001：*The Human Resources Scorecard：Measuring the Return on Investment*, Butterworth-HeineMann.

菲利普斯（Philips, Jack J.），1997：培训评估与衡量手册，南开大学出版社 2001 年版。

普蒂（Putti, J. M.）等，1999：管理学精要：亚洲篇（1998），机械工业出版社中译本。

格特里奇等，2001：有组织的职业生涯开发，南开大学出版社中译本。

钱学森（主编），1986：关于思维科学，上海人民出版社。

邱昭良，2003：学习型组织新思维，机械工业出版社。

瑞（Rae, Leslic），1986：培训效果评估，中国劳动社会保障出版社 2003 年中译本。

Romer, P. M., 1986：Increasing Returns and Long-Run Gronth, *Journal of Political Economy*, Vol. 94, No. 5/1002 – 1037。

Robbins, S. P., 1996：Organizitional Behavior：Concepts, Contrversies and Applications (7 th ed.), Prentice Hall Inc.；组织行为学，中国人民大学出版社中译本。

Rost, J. C. 1991. *Leadershipfor the twenty-first century.* New York：Praeger.

Stogdill, R. M. 1948. Personal factors associated with leadership：A survey of literature. *Journal of Psychology*, pp 25, 35 – 71；

– 1963. *Manual for the Leader Behavior Description Questionnairs-Form XII.* Columbus：Ohio State University, Bureau of Business Research.

– 1974. *Handbook of leadership：a survey of theory and research.* New York：Fre Press.

Scannell, E. & Newstrom, J. (1983). More Games Trainers Play. McGraw-Hill Inc., USA.

舒尔茨（Schultz, T. W.），1990：人力资本投资（1971），商务印书馆中译本；– 1990：人力投资：教育和研究的作用（1981），华夏出版社中译本；– 1990：论人力资本投资，北京经济学院出版社。

熊彼特（Schumpeter, J. A.），1990：经济发展论（1912），商务印书馆中译本。

施恩（Schein, E. H.），1992：职业的有效管理，生活·读书·新知三联书店。

圣吉（Senge, Peter），1998：第五项修炼（The Fifth Discipline, 1995），上海三联书店中译本。

圣吉（Senge, Peter）等，2001：变革之舞：学习型组织持续发展面临的挑战，东方出版社；—2002：第五项修炼·实践篇，东方出版社。

小舍尔曼（Sherman A. W. Jr.）等，2001：人力资源管理（1998），东北财经大学出版社中译本。

Storey, J., 1989: *New Perspective on Human Resource Management*, Routledge；—1992: *Development in the Management of Human Resources*, Basil Blackwell.

施良方，1994：学习论，人民教育出版社。

盛洪，1996：经济学精神，四川文艺出版社。

石金涛（主编），1999：现代人力资源开发与管理，上海交通大学出版社。

泰勒（Taylor, F. W.），1984：科学管理原理（The Principles of Scientific Management, 1911），中国社会科学出版社中译本。

秦百玲（Tamblyn, Doni）、蔚丝（Weiss, Sharyn），2002：培训游戏大全，企业管理出版社中译本。

Torrington, D., and Hall, L., 1987: *Personnel Mangement*: *A New Approach*, Prentice Hall.

Tracey, W., 1994: *Human Resource Management and Development Handbook*, AMECOM.

Trompenaars, F., 1993: *Riding the Waves of Culture*: *Understanding Diversity in Global Bussiness*. London：The Economist Books.

Timm, Paul R. & Peterson, Brent D., 2004：人的行为与组织管理，中国轻工业出版社中译本.

唐思群，屠荣生，2001：师生沟通的艺术，教育科学出版社。

Vroom, Victor H., 1964: *Work and Motivation*, New York：John Wiley & Sons.

Vroom, V. H. & Yetton, P. W. 1973. Leadership and decision-making. Pittsburgh, PA：University of Pittsburgh press.

Watson, T., 1986: *Management*, *Organizations and Employment Strategy*, Routledge and Kegan Paul.

沃克（Walker, James W.），2001：人力资源战略（1992），中国人民大学出版社中译本。

沃斯、德勒顿，1998：学习的革命：通向21世纪的个人护照，上海三联书店中译本。

雷恩（Wren, D. A.），1994: *The Evolution of Management Thought*, John Wiley & Sons, Inc.；2000：管理思想的演变，中国社会科学出版社中译本。

威廉·大内，1984：Z理论：美国企业界怎样迎接日本的挑战，中国社会科学出版社中译本。

吴维库等，2002：基于价值观的领导，经济科学出版社。

汪丁丁，1995：经济发展与制度创新（论文集），上海人民出版社。

王一江，孔繁敏（主编），1998：现代企业中的人力资源管理，上海人民出版社。

王垒等，1999：实用人事测量，经济科学出版社。

薛进军，1993："新增长理论"述评，经济研究，第2期。

谢晋宇，2001：人力资源管理模式：工资生活管理的革命，中国社会科学，第 2 期。

谢舒戈，1996：步步光大，现代广告，第 2 期。

萧鸣政，2004：人力资源开发的理论与方法，高等教育出版社。

Yang，X. and Borland. J.，1991：A Microeconomic Mechanism for Economic Growth，*Journal of Political Economy*，Vol 99，No. 3/460 – 540.

杨春学，1996：经济人的理论价值及其经验基础，经济研究，第 7 期；

 – 1997："经济人"的三次大争论及其反思，经济学动态，第 5 期。

杨瑞龙、周业安，2000：企业的利益相关者理论及其应用，经济科学出版社。

杨小凯，1998：经济学原理，中国社会科学出版社。

野中郁次郎，竹内广隆，1999：创造知识的公司：日本公司是如何建立创新动力学的，科学技术部国际合作司编译。

Zaleznik，a. 1977. Managers and leaders：Are they different? *Harvard Business Review*，May-June，pp*55*，*67 – 78*.

茨威尔（Zwell，Michael），2000：创造基于能力的企业文化，华夏出版社 2002 年中译本。中国教育与人力资源问题报告课题组，2003：从人口大国迈向人力资源强国，高等教育出版社。

赵德志，1988：论人本主义经济学，学习与探索，第 5、6 期。

周其仁，1996：人力资本的产权特征，载于中国资本市场回眸（财经丛书第三辑），学林出版社。

周志忍（主编），1999：现代培训评估，中国人事出版社。

赵曙明，2001：人力资源管理研究，中国人民大学出版社。

朱法良，2001：对全面开发人脑的思考，教育研究，第 7 期。

张春兴，1994：现代心理学：现代人研究自身问题的科学，上海人民出版社。

郑全全、俞国良，1999：人际关系心理学，人民教育出版社。

图书在版编目（CIP）数据

战略性投资：现代组织学习型人力资源开发全鉴／李宝元著．—北京：经济科学出版社，2005.1
  ISBN 7-5058-4638-8

Ⅰ．战⋯ Ⅱ．李⋯ Ⅲ．劳动力资源－资源开发
Ⅳ．F241

中国版本图书馆 CIP 数据核字（2005）第 006120 号

责任编辑：周丽丽
责任校对：桂裕生
版式设计：代小卫
技术编辑：段健英

战略性投资：现代组织学习型人力资源开发全鉴

李宝元 著

经济科学出版社出版、发行 新华书店经销

社址：北京海淀区阜成路甲 28 号 邮编：100036

总编室电话：88191217 发行部电话：88191540

网址：www.esp.com.cn

电子邮件：esp@esp.com.cn

天宇星印刷厂印刷

永明装订厂装订

787×1092 16 开 28 印张 540000 字

2005 年 1 月第一版 2005 年 1 月第一次印刷

印数：0001—5100 册

ISBN 7-5058-4638-8/F·3911 定价：44.00 元